Helmut Kohl:
»Ich wollte Deutschlands Einheit«

HELMUT KOHL:

»ICH WOLLTE DEUTSCHLANDS EINHEIT«

DARGESTELLT
VON KAI DIEKMANN UND
RALF GEORG REUTH

PROPYLÄEN

Die Deutsche Bibliothek – CIP-Einheitsaufnahme

Kohl, Helmut:
Helmut Kohl: »Ich wollte Deutschlands Einheit« /dargest. von
Kai Diekmann und Ralf Georg Reuth. – Berlin : Propyläen, 1996
ISBN 3-549-05597-8

NE: Diekmann, Kai [Bearb.]

1. Auflage September 1996
2. Auflage Oktober 1996

© 1996 by Ullstein Buchverlage GmbH, Berlin
Propyläen Verlag
Die Verwertung der Texte und Bilder, auch auszugsweise, ist ohne
Zustimmung des Verlags urheberrechtswidrig und strafbar. Dies gilt
auch für Vervielfältigungen, Übersetzungen, Mikroverfilmungen und
für die Verarbeitung mit elektronischen Systemen.

Satz: Utesch Satztechnik GmbH, Hamburg
Druck und Verarbeitung: Graphischer Großbetrieb Pößneck GmbH,
Pößneck
Printed in Germany
ISBN 3 549 05597 8

Gedruckt auf alterungsbeständigem Papier
mit chlorfrei gebleichtem Zellstoff

INHALT

Vorwort   7

Ein langer Weg   9
Perestroika und die deutsche Frage   35
Der SED-Staat in der Defensive   53
Exodus über Ungarn   65
Wir sind das Volk   87
Der Fall der Mauer   125
Zehn Punkte für Deutschland   157
Der Tag in Dresden   213
Die DDR vor dem Zusammenbruch   229
Grünes Licht aus Moskau, aber ...   253
Allianzen für Deutschland   283
Sieg der Selbstbestimmung   333
Zwischen Bündnisfrage und Staatsvertrag   363
Von Gipfel zu Gipfel   407
Durchbruch im Kaukasus   421
Feilschen bis zum Schluß   445
Einigkeit und Recht und Freiheit   475

Personenregister   484

VORWORT

Die deutsche Einheit, einhergehend mit dem Zusammenbruch des sowjetischen Imperiums, ist eine der großen weltpolitischen Zäsuren dieses Jahrhunderts. Sie markiert das Ende des Ost-West-Konflikts und damit das Ende der europäischen Nachkriegsgeschichte.

Die Staats- und Regierungschefs jener Zeit, vom amerikanischen Präsidenten George Bush bis zum Generalsekretär der KPdSU, Michail Gorbatschow, von der britischen Premierministerin Margaret Thatcher bis zum französischen Staatspräsidenten François Mitterrand, haben nach ihrem Ausscheiden aus der großen Politik die Ereignisse und Zusammenhänge aus ihrer Sicht geschildert.

Vom deutschen Bundeskanzler Helmut Kohl gibt es eine solche Darstellung nicht. Als amtierender Regierungschef – übrigens der einzige noch im Amt befindliche der in den Jahren 1989/90 für die hier geschilderten Vorgänge unmittelbar politisch Verantwortlichen – legt er sich Zurückhaltung auf. Außerdem hat er schon mehrfach erklärt, er werde eines späteren Tages keine Memoiren veröffentlichen.

So verständlich diese Haltung auch sein mag, so sehr ist sie zu bedauern. In der Bundesrepublik wird nämlich die Frage, wie es zur deutschen Einheit kam, kontroverser denn je beurteilt. Sieben Jahre nach dem Fall der Berliner Mauer bestimmen eher Legenden und Vorurteile den Blick auf die Ereignisse von damals. Dies mag zum einen mit dem im Vorfeld der Einigung im Westen verlorengegangenen deutschlandpolitischen Konsens zu tun haben; zum anderen mit der noch nicht vollendeten »inneren Einheit« der Nation.

Um so wichtiger schien es uns, die Sicht des Bundeskanzlers auf die Ereignisse von damals zu erfragen. Helmut Kohl ermöglichte uns dies. Er hat uns in einer Reihe vielstündiger Gespräche mit großer Offenheit und Intensität Auskunft darüber gegeben, wie er den Weg zur Einheit mitgestaltete, welche Hindernisse es dabei zu überwinden galt und welche Gedanken und Gefühle ihn in den entscheidenden Augenblicken bewegten. Dabei wurde deutlich, wie sehr er diese Zeit als die wichtigste seines politischen Wirkens begreift.

Der Bundeskanzler gewährte uns auch Einblick in bislang unveröffentlichte Dokumente, die seine mündlichen Mitteilungen stützen und ergänzen. Hinzu kam Material, das wir durch eigene Nachforschungen in verschiedenen Aktenbeständen erschließen konnten.

Auf der Grundlage dieser mündlichen und schriftlichen Informationen haben wir die vorliegende Darstellung von Helmut Kohls Beitrag zur Wiedervereinigung Deutschlands verfaßt. Das Buch erhebt nicht den Anspruch, den Weg zur deutschen Einheit in allen Details und aus der Distanz eines unbeteiligten Beobachters nachzuzeichnen. Es macht sich vielmehr ganz bewußt den Blickwinkel zu eigen, aus dem einer der Hauptakteure, wenn nicht der Hauptakteur von 1989/90 die Ereignisse von damals betrachtet. Wir hoffen, auf diese Weise den vielfach verstellten Blick auf jene so wichtige Wegmarke der deutschen und europäischen Geschichte wieder freier zu machen.

Hamburg/Berlin, im August 1996

KAI DIEKMANN UND RALF GEORG REUTH

Ein langer Weg

Die Wiedervereinigung Deutschlands am 3. Oktober 1990 – war sie Zufall, Notwendigkeit oder keines von beiden? Wer einem fatalistischen Geschichtsverständnis anhängt, wird nur die Laune des Schicksals oder das Wirken von Gesetzmäßigkeiten darin erkennen können. Hiernach käme es auf menschliches Planen, Entscheiden oder Handeln gar nicht an. Helmut Kohl teilt demgegenüber die Überzeugung des von ihm geschätzten Philosophen Karl Raimund Popper, der in seinem großen Werk »Die offene Gesellschaft und ihre Feinde« nachgewiesen hat, daß der Mensch nicht bloßer Spielball anonymer Geschichtsprozesse ist, sondern zu verantwortlicher Gestaltung historischer Entwicklungen befähigt und berufen. Der Weg zur deutschen Einheit, so der Kanzler, habe diesen Standpunkt vielfach bestätigt und die Verkünder eines fatalistischen, pessimistischen Geschichtsverständnisses eindrucksvoll widerlegt.

»Für mich war es die Erfüllung eines Traumes«, so Kohl, »als unter den Klängen des Deutschlandliedes in der Nacht vom 2. auf den 3. Oktober die schwarzrotgoldene Fahne vor dem Reichstag aufgezogen wurde. Nach Jahrzehnten bitterer Teilung hatte unser deutsches Vaterland ohne Blut und Tränen seine Einheit in Freiheit wiedererlangt. Dies war in der modernen Geschichte ein beispielloser Vorgang. Ich war glücklich, als ich damals mit meiner Frau auf der Treppe unter dem Hauptportal des Reichstages stand und eine halbe Million Menschen mit uns dort fröhlich feierte.

In den Monaten, die diesem 3. Oktober 1990 vorangegangen waren, hatten wir den dramatischen Zusammenbruch des kommunistischen Systems erlebt. Dieser Prozeß war damals noch nicht abgeschlossen. Noch gab es die Sowjetunion, noch hieß das alte St. Petersburg Leningrad. Aber wir hatten allen Grund, auf die Reformpolitik und damit auf die Verbesserung der Lebensumstände der Menschen in der östlichen Hälfte unseres Kontinents zu hoffen. Zum ersten Mal seit vielen Jahrzehnten bestand die Chance, das ganze ›Haus Europa‹ wetterfest für die Zukunft zu bauen.

Mich erfüllte aber auch ein Gefühl tiefer Dankbarkeit. Viele haben zur deutschen Einheit beigetragen. Wer denkt dabei nicht an Persönlichkeiten wie George Bush und Michail Gorbatschow? Ich möchte aber auch an die zahlreichen Weggefährten in der deutschen Politik, in meiner Partei, in der CDU/CSU-Bundestagsfraktion und auch in der Bundesregierung erinnern, die treu zum Ziel der deutschen Einheit standen, als andere sich längst mit den sogenannten Realitäten arrangiert hatten. So mancher dieser Freunde hat den Tag der deutschen Einheit nicht mehr erleben dürfen, wie zum Beispiel Johann Baptist Gradl, der Vorsitzende der Exil-CDU, oder Heinrich Krone, einer der engsten Vertrauten Konrad Adenauers, der drei Monate vor dem Fall der Mauer verstarb. Ohne diese vielen Männer und Frauen hätte sich unser Traum nicht verwirklichen lassen.

Ich dachte in der Nacht vor dem Reichstagsgebäude auch an die Mütter und Väter des Grundgesetzes, die dem gesamten deutschen Volk aufgegeben hatten, die Einheit Deutschlands in freier Selbstbestimmung zu vollenden. Wir hatten doch noch die Kraft aufgebracht, diesem Verfassungsauftrag gerecht zu werden, nachdem die weltpolitische Entwicklung uns die Chance dazu gegeben hatte. Dies erfüllte mich mit tiefer Genugtuung.«

Mit diesen Worten faßt Helmut Kohl die Gedanken zusam-

men, die ihn damals bewegt haben. Dann nennt er den Namen
Konrad Adenauers, des ersten Kanzlers der Bundesrepublik
Deutschland, der in den fünfziger Jahren gegen große Wider-
stände darauf gesetzt hat, für die Wiedervereinigung zunächst
einmal die Unterstützung des Westens zu sichern, die deutsche
Frage rechtlich und auch politisch offenzuhalten und mit Ge-
duld und langem Atem auf eine Überwindung des Ost-West-
Konflikts hinzuarbeiten.

Die Ereignisse der Jahre 1989/90 hätten Konrad Adenauer
auf beeindruckende Weise bestätigt, sagt der Kanzler und verweist auf die Erinnerungen des großen alten Mannes, in denen
dieser geschrieben hat: »Die Sowjets würden früher oder später
einsehen, daß sie sich mit dem Westen verständigen müßten,
daß sie ihn nicht niederzwingen könnten. In einer solchen
friedlichen Verständigung lag meine Hoffnung und sah ich unsere Chance. Sie würde allerdings für uns nur dann gegeben
sein, wenn wir uns im Zeitpunkt einer solchen allgemeinen
Einigung zwischen West und Ost bereits als zuverlässiger Partner des Westens erwiesen hätten. Nur dann würde der Westen
bei einer Verständigung unsere Interessen zu seinen eigenen
machen.«

Der Schritt ins wiedervereinte Deutschland sei für ihn – so
Kohl – auch Anlaß gewesen, zurückzuschauen auf die langen
Jahrzehnte der Teilung. Wenn er diese vielleicht als bedrücken-
der empfunden habe als manch anderer im Westen, wenn ihm
die Einheit der Nation immer ein hohes Gut gewesen sei, dann
habe dies auch mit seiner Herkunft und seinem Lebensweg zu
tun. Er sei in der Pfalz geboren, und die Pfälzer seien ein besonderer Menschenschlag. Sie seien bodenständig, tief verwur-
zelt in ihrer Heimat mit deren Geschichte und Geschichten
um die Römer, die den Weinbau brachten, um den Dom zu
Speyer, in dem deutsche Kaiser zur ewigen Ruhe gebettet wurden, um die Reichstage zu Speyer und Worms. Und Kohl fügt

hinzu: »Das Hambacher Fest vom Mai 1832 steht bis heute für den Aufbruch deutscher Demokraten. Die wenigsten Deutschen wissen heute, daß in Hambach unsere schwarzrotgoldene Fahne zum ersten Mal als Symbol der Demokratie getragen wurde.«

Der Kanzler weist noch auf eine andere Eigenschaft der Pfälzer hin: »Obwohl die Menschen in der linksrheinischen Pfalz europäisch orientiert sind, sind sie auch deutsche Patrioten; in diesem Jahrhundert sicherlich zeitweise sogar ein bißchen patriotischer als die Menschen im übrigen Deutschland. Die Ursache dafür liegt wiederum in der Geschichte meiner Heimat, die als Grenzregion zu Frankreich jahrhundertelang fast in jeder Generation unter der Furie des Krieges zu leiden gehabt hat. Nach dem Ersten Weltkrieg hat die linksrheinische Pfalz den hartnäckigen Versuchen Frankreichs widerstehen müssen, von Deutschland abgespalten zu werden. Nach dem Zweiten Weltkrieg ist dies nicht anders gewesen. Die Besatzungsmacht setzte damals alles daran, das linke Rheinufer bis Koblenz zu Frankreich zu schlagen.«

Entsprechend habe Paris die Separatismus-Bewegung unterstützt, die in der Pfalz eine politische Realität gewesen sei. Kohl erinnert sich an eine politische Kundgebung im großen Saalbau zu Landau, an der seinerzeit mehr als viertausend Menschen teilgenommen hatten: »Unter den argwöhnischen Blicken des Beobachters der französischen Besatzungsmacht, eines Obersten, der oben auf der Tribüne saß, wurden unten im Saal leidenschaftliche Reden gehalten. Als schließlich der Versammlungsleiter in tiefer Erregung, mit hochrotem Kopf den ›lieben Landsleuten‹ zurief: ›Und jetzt singen wir zum ersten Mal wieder unsere deutsche Nationalhymne‹, protestierte der Oberst ebenso lautstark wie vergeblich: Die viertausend hatten bereits aus voller Brust das Deutschlandlied angestimmt. Die Stimmung war unbeschreiblich − viele weinten in diesem Augenblick, und keiner zweifelte mehr daran, daß die linksrheinische Pfalz bei Deutschland bleiben würde.«

»Der Verbleib bei Deutschland, aber auch die Zusammengehörigkeit aller Deutschen«, so fährt der Bundeskanzler fort, »war schon uns Schülern im zerbombten Nachkriegs-Ludwigshafen ein besonders hohes Gut. Außerdem wollten wir aus der bitteren Erfahrung von Krieg und Gewalt praktische Konsequenzen ziehen. Das heißt, wir jungen Menschen wollten alles tun, damit sich die Schrecken der Vergangenheit niemals mehr in der Pfalz, in Deutschland und in Europa wiederholten. Wir strebten nach der Aussöhnung mit Frankreich, wir träumten von einem Europa, in dem die Völker fortan friedfertig miteinander lebten. Und wir waren davon überzeugt, daß die Zukunft nicht dem Nationalstaat des 19. Jahrhunderts gehören konnte, sondern daß wir aufbrechen mußten zur Einigung Europas.«

Diese Ideen hätten zu dem christlich-sozialen Gedankengut gehört, das ihm Dekan Johannes Finck vermittelt habe, erzählt Kohl und fährt fort: »Johannes Finck war Abgeordneter des Zentrums und ein entschiedener Gegner der Nationalsozialisten gewesen. Er verkörperte so ein Stück Kontinuität zwischen der ersten deutschen Demokratie und dem Neuanfang nach dem Zweiten Weltkrieg, der schließlich zur zweiten deutschen Demokratie geführt hat. Finck, einer der Gründerväter der pfälzischen CDU, hatte nach dem Krieg am Stadtrand von Ludwigshafen eine politische Gesprächsrunde ins Leben gerufen, der ich als jüngstes Mitglied angehören durfte. Wir diskutierten damals auch über die Grundlagen der Wirtschafts- und Gesellschaftsordnung für den künftigen demokratischen Staat.«

Beim Rückblick auf die Anfänge seines politischen Wirkens in der Pfalz kommt Kohl auch auf Jakob Kaiser, den Mitbegründer der CDU, zu sprechen. Er habe stets Hochachtung vor dem Mut und der Grundsatztreue empfunden, mit denen dieser in Berlin gegen Willkür und Diktatur der Sowjets gefochten habe. Kaiser, dem er einen prägenden Eindruck verdanke, habe gute Beziehungen zur entstehenden CDU der Pfalz unterhalten und sie in ihrem politischen Kampf gegen die französische Abspaltungspolitik mit Rat und Tat unterstützt. Die linksrheinische Pfalz sei bei Deutschland geblieben und so Teil der 1949 ins Leben gerufenen Bundesrepublik geworden. Kohl beschreibt seine damaligen Gefühle: »Ich war begeistert, als das Grundgesetz in Kraft trat. Wie viele in meiner Generation, die noch den Zweiten Weltkrieg bewußt miterlebt hatten, habe ich gespürt: Das wird unsere Republik. Bei aller Begeisterung mußten wir jedoch zur Kenntnis nehmen, daß die freiheitliche Ordnung des Grundgesetzes den Menschen in der Sowjetischen Besatzungszone und im Ostsektor Berlins versagt blieb. Ich habe nie einen Zweifel daran gehabt, daß sie dieser Verfassung damals zugestimmt hätten, wenn sie nur die Möglichkeit dazu gehabt hätten.«

In der Präambel des Grundgesetzes war verankert worden, daß das deutsche Volk, »von dem Willen beseelt, seine nationale und staatliche Einheit zu wahren und als gleichberechtigtes Glied in einem vereinten Europa dem Frieden der Welt zu dienen«, sich diese neue Ordnung lediglich »für eine Übergangszeit« gegeben habe. Ausdrücklich wurde von den Müttern und Vätern des Grundgesetzes hervorgehoben, daß man damit auch für jene Deutschen gehandelt habe, denen mitzuwirken versagt gewesen sei. Am Ende der Präambel standen die Worte: »Das gesamte Deutsche Volk bleibt aufgefordert, in freier Selbstbestimmung die Einheit und Freiheit Deutschlands zu vollenden.«

»Wie den meisten Deutschen« – so Helmut Kohl – »schien es auch mir seinerzeit keine unrealistische Hoffnung zu sein, daß auch die sowjetisch besetzte Zone bald unter das gemeinsame Dach des demokratischen Deutschland treten würde. Um so bitterer enttäuscht waren wir über die Ereignisse vom Oktober 1949, als der Kreml und dessen deutsche Helfer einen zweiten Staat auf deutschem Boden errichteten.«

Konrad Adenauer warf den Sowjets damals vor, sich über die Bestimmung im Potsdamer Abkommen hinweggesetzt zu haben, Deutschland während der Besatzungszeit als wirtschaftliche und politische Einheit zu betrachten. Er bekräftigte, daß die Bundesregierung bis zum Erreichen der deutschen Einheit die alleinige staatlich legitimierte Ordnung des deutschen Volkes sei und ihre Treue und Sorge daher auch den (damals noch) achtzehn Millionen Menschen zwischen Elbe und Oder gelte.

Bis 1969, so Kohl, hätten alle CDU-geführten Bundesregierungen diese Politik ungeachtet aller Kritik konsequent verfolgt. Sie hätten sich auch dann nicht von ihr abbringen lassen, als Stalin im März 1952 den Westmächten angeboten habe, Deutschland als einheitlichen Staat wiederherzustellen. Der sowjetische Diktator habe bekanntlich im Gegenzug gefordert, daß sich Deutschland verpflichte, keinerlei Koalitionen oder Militärbündnisse einzugehen. Das vereinte Deutschland habe also neutral werden sollen.

In seiner Antwort forderte Adenauer parallel zu den Westmächten freie Wahlen in ganz Deutschland als Voraussetzung für weitere Schritte. Helmut Kohl ist überzeugt, daß dies der einzig richtige Weg gewesen sei: »Konrad Adenauer ging nämlich zu Recht davon aus, daß die angebotene Neutralisierung Deutschlands dem verschleierten Expansionsdrang der Sowjets gedient hätte. Er befürchtete, daß durch eine Neutralisierung ein Machtvakuum in der Mitte Europas entstünde, das schließlich ›Sowjetrußland‹, wie er es nannte, ausfüllen würde. Eine solche Vermutung lag nahe: Die Offerte des Kreml kam nämlich nur wenige Wochen vor der Unterzeichnung des Deutschland-Vertrages, in dem sich die West-Alliierten – die USA, Großbritannien und Frankreich – verpflichteten, mit friedlichen Mitteln ein vereintes, freiheitlich-demokratisches und in die europäische Gemeinschaft integriertes Deutschland wiederherstellen zu wollen.«

Er sei – so Helmut Kohl – zu dieser Zeit noch Student gewesen und habe zu denen gehört, die Adenauers nüchterne Auffassung teilten. »Auch aus dieser Einschätzung ergab sich für uns, daß zur Integration der Bundesrepublik in den Westen keine politisch verantwortbare Alternative existierte – eine Erkenntnis, die gut ein Jahr später ihre Bestätigung fand, als am 17. Juni 1953 russische Panzer den Volksaufstand der Arbeiter in der sowjetischen Besatzungszone niederwalzten.«

Diese Ereignisse führten der Welt die Kluft zwischen den Deutschen in der DDR und deren moskauhöriger Regierung vor Augen. Der Alleinvertretungsanspruch der Bundesrepublik wurde damit nachhaltig gerechtfertigt. Das änderte sich auch nicht, als Ost-Berlin im März 1954 formal die Souveränität der DDR verkündete. Adenauer rief am Tag der Bekanntgabe der Souveränität der Bundesrepublik, dem 5. Mai 1955, den Menschen in der DDR zu: »Ihr gehört zu uns, wir gehören zu euch! Die Freude über unsere wiedergewonnene Freiheit ist solange getrübt, als die Freiheit euch versagt bleibt: Ihr könnt euch immer auf uns verlassen, denn gemeinsam mit der freien Welt werden wir nicht rasten und ruhen, bis auch ihr die Menschenrechte erlangt habt und mit uns friedlich vereint in einem Staat lebt.«

Adenauer habe gewußt, so Kohl, daß auf dem Weg zu diesem Ziel langer Atem nötig sei. Viele aus den Reihen der Opposition in der Bundesrepublik hätten demgegenüber die Illusion gehabt, daß sich die Einheit Deutschlands mit etwas gutem Willen gegenüber dem Osten auf schnellem Wege erreichen lasse. Diese Erwartungshaltung habe in schroffem Gegensatz zur damaligen weltpolitischen Wirklichkeit gestanden: »Solche Erwartungen trugen nicht der Tatsache Rechnung, daß die Spaltung Deutschlands eine Folge des Kalten Krieges war. Mithin konnte die Spaltung erst überwunden werden, nachdem die Ost-West-Konfrontation beendet worden war. An eine ewige Dauer dieser politischen Konstellation zu glauben, verboten die geschichtlichen Erfahrungen ebenso wie der Glaube an die Sehnsucht der Menschen nach Freiheit.

Die Friedens- und Wiedervereinigungs-Schalmeien aus Moskau und Ost-Berlin klangen nicht besonders überzeugend. Zu sehr klafften Worte und Taten auseinander. Besonders zeigte sich das in Berlin, dessen freien Teil die Sowjets immer wieder unter ihre Kontrolle zu bringen versuchten. Zuerst erlebten wir Stalins Versuch, die West-Berliner in den Jahren 1948/49 mit einer Blockade auszuhungern, worauf die westlichen Alliierten erfolgreich mit der Luftbrücke antworteten. Zehn Jahre später war es Chruschtschow, der mittels eines Ultimatums die West-Alliierten aus Berlin vertreiben wollte. Die Antwort der Westmächte auf die sowjetischen Erpressungsversuche war eine Politik der Stärke, um auf jeden Fall die Freiheit West-Berlins und der Bundesrepublik zu gewährleisten. Der Grundsatz ›Freiheit vor Einheit‹ beinhaltete freilich auch die schmerzhafte Entscheidung, die Zweistaatlichkeit für eine Übergangszeit als unabwendbar hinnehmen zu müssen.«

Das geschah ausgerechnet zu einem Zeitpunkt, da Ulbrichts DDR vor dem politisch-moralischen Bankrott stand: Allein in der ersten Hälfte des Jahres 1961 verließen hunderttausend Menschen den SED-Staat in Richtung Westen. Seit 1945 waren es damit über 2,7 Millionen. Die Konsequenz daraus ist bekannt: Berlin wurde durch eine Mauer geteilt. Der Westen hatte ohnmächtig zuschauen müssen. Die Einflußsphären der beiden Supermächte in Deutschland waren damit abgesteckt. Adenauers Politik hatte zunächst einen schweren Rückschlag erlitten. Durch die Hinnahme der von Moskau geschaffenen machtpolitischen Realitäten hatte der Westen die Existenz des zweiten deutschen Staates praktisch anerkannt. Dadurch war dem Alleinvertretungsanspruch der Bundesrepublik eine wesentliche Grundlage entzogen worden.

»Und dennoch war es richtig, daß Konrad Adenauer und mit ihm CDU und CSU unbeirrt daran festhielten, die deutsche Frage offenzuhalten. Wir glaubten an die geistig-moralische und ökonomisch-technische Überlegenheit des Westens, an seinen Selbstbehauptungswillen und vor allem an die ungebrochene Sehnsucht des deutschen Volkes nach staatlicher Einheit in einem freien und friedlichen Europa«, sagt Kohl und beruft sich auf den großen alten Mann. Konrad Adenauer sei immer der Überzeugung gewesen, die Sowjetunion werde allen Unkenrufen zum Trotz eines Tages einsehen, daß die Trennung Deutschlands und Europas ihr nicht zum Vorteil gereiche. Er habe damals sinngemäß gesagt: »Wir müssen aufpassen, ob der Augenblick kommt. Wenn ein Augenblick naht oder zu nahen scheint, der eine günstige Gelegenheit bringt, dann dürfen wir ihn nicht ungenutzt lassen.«

Zur Zeit der Kanzlerschaft Ludwig Erhards wurde dann endgültig klar, daß der Weg zur deutschen Einheit eine lange Durststrecke sein würde. Kleinere Schritte wie Passierscheinabkommen, Familienzusammenführung und andere menschliche Erleichterungen sollten helfen, das Los der Teilung zu lindern. Unter Kurt Georg Kiesingers Großer Koalition wurde der von Ludwig Erhard eingeschlagene deutschlandpolitische Kurs fortgeführt. Der Alleinvertretungsanspruch wurde der Wirklichkeit jedoch immer weniger gerecht. Am Ende der sechziger Jahre nahmen zahlreiche Staaten diplomatische Beziehungen zur DDR auf. Die Vorstellung, die DDR außenpolitisch isolieren zu können, ließ sich nicht länger halten.

Unter Willy Brandt und Walter Scheel wurde dann ein neuer Kurs auf der Grundlage von Egon Bahrs Formel »Wandel durch Annäherung« eingeschlagen, als dessen Ergebnis die Ostverträge und später dann der deutsch-deutsche Grundlagenvertrag zustande kamen. Der Verhandlungsspielraum war jedoch eng, da weder die Verantwortung der Vier Mächte für Deutschland als Ganzes noch das in der Präambel des Grundgesetzes festgeschriebene Wiedervereinigungsgebot angetastet werden durften.

Im Sommer 1970 wurde der Moskauer Vertrag geschlossen, im Herbst der Warschauer Vertrag. Helmut Kohl war 1969 Ministerpräsident von Rheinland-Pfalz geworden und konnte sich daher über den Bundesrat in die Ratifizierungsdebatte einschalten. Er erinnert sich: »Wir, die Unionsparteien, waren damals durchaus der Überzeugung, daß man für die offene deutsche Frage eine Regelung, einen Modus vivendi, finden müsse, solange es keine Aussicht auf einen Friedensvertrag für Deutschland als Ganzes gab. Diesem Gedanken der Brandtschen Ostpolitik, der bereits in der Ostpolitik Erhards und Kiesingers angelegt gewesen war, konnten wir ohne weiteres zustimmen. Gegen die Mehrdeutigkeit der Verträge richteten wir jedoch heftige Kritik. Die kommunistischen Herrscher in Moskau und Warschau interpretierten sie als endgültige Anerkennung des Status quo, während der Westen die Teilung Deutschlands und Europas weiterhin als nur vorläufig betrachtete. Es ist das große Verdienst der damaligen Opposition – vor allem der CDU/CSU-Bundestagsfraktion unter der Führung von Rainer Barzel –, durch bohrende Fragen und beharrliches Drängen erreicht zu haben, daß der östlichen Interpretation ein wirksamer Riegel vorgeschoben wurde. Dies geschah zunächst durch den ›Brief zur deutschen Einheit‹ und später dann durch die Gemeinsame Entschließung des Deutschen Bundestages vom 17. Mai 1972.«

Mit dem »Brief zur deutschen Einheit« wurde verbindlich klargestellt, daß die Ostverträge nicht im Widerspruch zu dem politischen Ziel der Bundesrepublik Deutschland stünden, »auf einen Zustand des Friedens in Europa hinzuwirken, in dem das deutsche Volk in freier Selbstbestimmung seine Einheit wiedererlangt«.

Parallel zu den Ostverträgen, denen die Union im Bundesrat die Zustimmung verweigerte, kam es dann zu den Treffen Willy Brandts mit dem Ministerpräsidenten der DDR, Willi Stoph. Der ersten Begegnung folgten langwierige Verhandlungen, an deren Ende der Transit-Verkehr auf den Land- und Wasserwegen von und nach Berlin geregelt wurde. 1973 trat der Grundlagenvertrag zwischen der Bundesrepublik Deutschland und der DDR in Kraft. Innerhalb der CDU/CSU-Bundestagsfraktion hatten sich nach heftigen internen Debatten fast alle dazu entschlossen, mit »Nein« zu stimmen. »Diese Kolleginnen und Kollegen«, erläutert Kohl, »machten sich große Sorge darüber, daß der Grundlagenvertrag die Teilung Deutschlands zementieren würde. Die gleiche Sorge veranlaßte die Bayerische Staatsregierung, das Bundesverfassungsgericht gegen diesen Vertrag anzurufen. Sie erstritt in Karlsruhe ein Urteil, in dem unmißverständlich klargestellt wurde, daß kein Verfassungsorgan der Bundesrepublik die Wiederherstellung der staatlichen Einheit Deutschlands als Ziel und Auftrag aufgeben dürfe.«

Bestandteile des Karlsruher Spruchs waren nicht zuletzt das Festhalten an der einen Staatsbürgerschaft sowie die Hervorhebung des besonderen Charakters der innerdeutschen Grenze. Vor allem die Staatsbürgerschaftsfrage – so der Kanzler – hätte sich später als entscheidender Faktor auf dem Weg zur deutschen Einheit erwiesen. Die SED-Führung habe nur zu gut gewußt, weshalb sie gerade in diesem Punkt so energisch um eine Änderung der Haltung der Bundesrepublik gekämpft habe.

Im Juni 1973 wurde Helmut Kohl zum Bundesvorsitzenden der CDU gewählt. Von da an, so erinnert er sich, habe er noch stärker als bisher in die deutschlandpolitischen Debatten eingegriffen. Zwischen den politischen Parteien in der Bundesrepublik sei weiterhin darum gestritten worden, wieviel praktische

Zugeständnisse man gegenüber der DDR-Führung um der Menschen willen machen könne, ohne das Ziel der deutschen Einheit zu verraten. CDU und CSU hätten allen Grund gehabt, an der deutschlandpolitischen Grundsatztreue vor allem in der SPD immer mehr zu zweifeln. So hätten führende Repräsentanten der SPD den Unionsparteien vorgeworfen, daß das »Gerede von der Wiedervereinigung« die Entspannungspolitik, ja den Frieden gefährde.

»Als ich 1976 Oppositionsführer im Deutschen Bundestag wurde, stellte man mich gleich in die Ecke der Entspannungsgegner. In Wirklichkeit ist es immer das Ziel christlich-demokratischer Politik gewesen, eine echte Entspannung zu fördern. Entspannungspolitik durfte aber nicht dazu führen, Grundprinzipien zu verleugnen. Es zeichnete sich damals ab, daß die Auseinandersetzung um Deutschland zwischen dem Westen und dem Osten auf dem Feld der Innen- und Gesellschaftspolitik beginnen würde. Entscheidend blieb die Frage, wer letzten Endes die Wiedervereinigung vollziehen würde – die Kräfte der Freiheit oder die Kräfte der Unfreiheit.

Schon in der Zeit, als sich die Kanzlerschaft Brandts dem Ende zuneigte« – so Helmut Kohl weiter –, »zeigte sich immer deutlicher, daß sich die weitgespannten Erwartungen der neuen Ostpolitik nicht erfüllt hatten. Politisch kam der erhoffte Prozeß zunehmender Kooperation, vom geregelten Nebeneinander hin zu einem echten Miteinander, nicht zustande. Dennoch konnte man die Erleichterungen bei der Familienzusammenführung und den erweiterten innerdeutschen Besuchs- und Reiseverkehr nicht hoch genug einschätzen. Außer der mehr als eine Million Rentner, die seit der zweiten Hälfte der sechziger Jahre jährlich zu Besuch in die Bundesrepublik reisten, kamen nun auch einige zehntausend Besucher unterhalb des Rentenalters. Zugleich stieg auch die Zahl der Westdeutschen, die nach Ost-Berlin und in die DDR fuhren, auf über eine Million an. Sie alle straften damit Honecker Lügen, der schon zu Beginn der siebziger Jahre das ›Gerede von der sogenannten Einheit‹ verhöhnt hatte und sich damals anschickte, in einer umgeschriebenen DDR-Verfassung die DDR vom sozialistischen Staat deutscher Nation zu einem sozialistischen Staat der Arbeiter und Bauern umzutaufen.

Mich beunruhigte, daß man in vielen politischen Kreisen in der Bundesrepublik immer weiter von dem Gedanken abrückte, daß die Einheit der Nation trotz staatlicher Teilung fortbestand. Hier wurde einfach nicht zur Kenntnis genommen, daß das Nationalbewußtsein kein beliebiger Wert ist, den man nach Laune akzeptieren oder von sich weisen kann. Solange sich die Deutschen gegenüber anderen Nationen als Deutsche verstanden, war ihre Nation eine Tatsache. Die Menschen, die in beiden Teilstaaten lebten, gehörten unstreitig zum deutschen Volk, auch wenn sie als Deutsche in verschiedenartigen Gesellschaftsformen lebten. Sie waren nach wie vor deutscher Nationalität, auch wenn die Gemeinsamkeiten, die ein Volk als Einheit verbinden, durch die Trennung geschwächt waren. Diesen Erosionsprozeß galt es aufzuhalten und im Gegenzug das Zusammengehörigkeitsgefühl der Deutschen zu stärken. Dazu gehörte es nach unserem Verständnis, nach dem Verständnis des Grundgesetzes, festzuhalten am Ziel der staatlichen Einheit, an der Wiederherstellung der Identität von Nation und Staat.«

Leider seien vor allem viele westdeutsche Eliten immer stärker von diesem Ziel abgerückt. Er habe dies seinerzeit am eigenen Leibe erfahren müssen, wenn er zum Thema »Nation« gesprochen habe. Er sei damals als ein Ewiggestriger beschimpft worden, weil er für Überzeugungen eingestanden sei, wie sie in den fünfziger und sechziger Jahren noch Gemeingut gewesen seien. Was er damals in den Siebzigern zur deutschen Einheit vorgetragen habe, höre sich heute wie eine Selbstverständlichkeit an, sei seinerzeit aber längst keine mehr gewesen. Auch

Begriffe wie »deutsche Frage« und »Wiedervereinigung« seien
zusehends aus dem politischen Sprachgebrauch verschwunden.
Wer sich ihrer dennoch bedient habe, sei belächelt worden, besonders, wenn er noch nicht zur älteren Generation gehört
habe. Der sowjetische Außenminister Andrej Gromyko habe
ihn Ende der siebziger Jahre einmal in Bonn jovial gefragt: »Sie
sind doch noch jung, wie können Sie immer noch an die Einheit
glauben? Warum akzeptieren Sie nicht, daß das letzte Wort der
Geschichte in der deutschen Frage gesprochen ist?«

Für diese Entwicklung sieht der Bundeskanzler mehrere
Ursachen: »Zum einen ging bei immer mehr Zeitgenossen der
lange Atem verloren. Anstatt in historischen Zeiträumen zu
denken, begnügten sie sich immer mehr mit einer rein gegen-
wartsbezogenen polit-soziologischen Weltsicht. Zum anderen
war eine Generation herangewachsen, die in ihrem Leben nur
den Zustand der Teilung kannte. Hinzu kam bei manchen der
Verlust der Fähigkeit, zwischen Freiheit und Unfreiheit, zwischen Demokratie und Diktatur klar zu unterscheiden. Dies
war sicherlich auch eine Folge des nie dagewesenen Wohlstandes, den immer mehr Menschen für etwas Selbstverständliches hielten. Manche sahen die Zukunft mehr und mehr im
Sozialismus und eben nicht mehr in der bürgerlichen Existenz.
Aus diesem Blickwinkel betrachtet, wandelte sich natürlich
auch das Bild der DDR und der gesamten kommunistischen
Welt.

Dies hatte zur Folge, daß selbst in einem so zentralen Bereich
demokratischer Gemeinsamkeit wie dem Eintreten für Freiheit
und Menschenrechte im sowjetisch dominierten Teil Europas
Parteienstreit entstand. Ich erinnere in diesem Zusammenhang
an die Diskussion, inwieweit man mit der Bürgerrechtsbewegung ›Charta 77‹ in der ČSSR sprechen und Kontakt haben
sollte; ich erinnere an die spätere Auseinandersetzung um die
Beziehungen zur unabhängigen polnischen Gewerkschaft Soli-

24 EIN LANGER WEG

darność oder um die Reaktion des Westens auf den sowjetischen Einmarsch in Afghanistan.«

Der Verlust an Solidarität mit der westlichen Wertegemeinschaft und die zunehmende Gleichsetzung der USA mit der Sowjetunion hätten sich ihm besonders deutlich in der Auseinandersetzung um den NATO-Doppelbeschluß Anfang der achtziger Jahre gezeigt, sagt Kohl. Dieser Beschluß sah vor, moderne Pershing-Raketen in Europa aufzustellen, wenn es nicht bis 1983 gelänge, mit Moskau eine Vereinbarung über den gänzlichen Verzicht auf landgestützte Mittelstrecken-Raketen auszuhandeln. »Mit ihren SS 20-Raketen«, so der Kanzler, »hatte die Sowjetunion ein furchtbares nukleares Bedrohungspotential gegenüber Westeuropa aufgebaut, vor dem Helmut Schmidt schon Ende der siebziger Jahre zu Recht eindringlich gewarnt hatte. In der Bundesrepublik formierten sich Hunderttausende unter dem Dach der Friedensbewegung – nicht etwa um gegen die SS 20, sondern um gegen die Antwort der NATO auf diese Bedrohung zu protestieren. In Aktionsbündnissen vereint, demonstrierten sie gegen die Politik der ›Kriegstreiber‹ und meinten damit die amerikanische Administration und ihre Partner in der NATO.«

Ausgeblieben sei hingegen der Protest gegen den Einmarsch der Sowjets in Afghanistan, gegen Truppenkonzentrationen des Warschauer Pakts um Polen und gegen die SED-Führung in Ost-Berlin, die nicht nachgelassen habe, die Sperranlagen an der innerdeutschen Grenze mit Metallgitterzäunen und Selbstschußanlagen auszustatten. Wenn Honecker das Wort »Frieden« in den Mund genommen habe, dann hätten sich viele so sehr davon beeindrucken lassen, daß sie den Gegensatz zwischen Worten und Taten nicht mehr hätten wahrnehmen können. In diesem Zusammenhang erinnert der Kanzler an das Treffen Honeckers mit Helmut Schmidt am Werbellinsee im Dezember 1981. Damals habe der SED-Generalsekretär von

Entspannung und Friedenssicherung gesprochen, während zur selben Stunde Jaruzelski in Polen das Kriegsrecht ausgerufen habe.

Den NATO-Doppelbeschluß nahm Honecker zum Anlaß, offen auf Konfrontationskurs zu gehen. Die DDR-Führung warf der Bundesregierung Schmidt/Genscher vor, sich durch ihre Zustimmung zum Doppelbeschluß zum Vorreiter der Aufrüstung zu machen. Gleichzeitig versuchte der SED-Generalsekretär, der damaligen Bundesregierung Zugeständnisse abzunötigen, mit denen die deutsche Zweistaatlichkeit endgültig gemacht werden sollte. Mit den Geraer Forderungen verlangte er die Anerkennung der DDR-Staatsbürgerschaft sowie Grenzkorrekturen an der Elbe, ferner die Umwandlung der im Grundlagenvertrag von 1972 vorgesehenen Ständigen Vertretungen in reguläre Botschaften und die Schließung der Zentralen Erfassungsstelle für DDR-Unrecht in Salzgitter.

Nach Errichtung der Berliner Mauer im Jahre 1961 hatten die Justizminister und -senatoren der Bundesrepublik Deutschland einstimmig die Errichtung der Erfassungsstelle Salzgitter beschlossen. Aufgabe dieser Behörde war es, Gewaltakte und Menschenrechtsverletzungen des SED-Regimes zum Zwecke einer späteren Strafverfolgung der Täter zu erfassen. Über vierzigtausend Delikte bis hin zu den Todesschüssen an Mauer und Stacheldraht wurden im Laufe der Jahre registriert. Die Tatsache, daß es eine solche Erfassungsstelle gab, ließ erwiesenermaßen manchen Grenzsoldaten bewußt danebenschießen und bewahrte manchen politischen Häftling vor Folter. So wurde »Salzgitter« für viele Menschen in der DDR ein letzter Hoffnungsschimmer.

Der Streit um die Nachrüstung, die inzwischen von einer großen Mehrheit in der SPD nicht mehr mitgetragen wurde, sowie die zu Beginn der achtziger Jahre sich verschärfende Wirtschaftskrise hatten die Koalitionspartner entzweit und im

Herbst 1982 das Ende der sozialliberalen Ära eingeleitet. »Die Bundesrepublik befand sich damals in einer schweren Krise«, konstatiert der Kanzler und fährt fort: »Es war nicht nur eine wirtschaftliche und außenpolitische, sondern auch eine geistig-moralische Krise, und diese war das Resultat einer Verunsicherung im Verhältnis zur Geschichte, zu vielen grundlegenden ethischen Werten und sozialen Tugenden, zu Staat und Recht – und letztlich auch einer Verunsicherung im nationalen Selbstverständnis der Westdeutschen.

Gleich zu Beginn meiner Amtszeit als Bundeskanzler standen neben den drängenden Entscheidungen zur Belebung der Wirtschaft zwei Kursbestimmungen, ohne die die Geschichte der Jahre 1989/90 mit Sicherheit einen anderen Verlauf genommen hätte. Die erste war ein klares ›Ja‹ zur Umsetzung des NATO-Doppelbeschlusses. Nur noch wenige erinnern sich heute daran, daß die SPD damals von diesem Beschluß nichts mehr wissen wollte. Sie hatte in dieser entscheidenden Frage deutscher Außen- und Sicherheitspolitik ihren eigenen Kanzler im Stich gelassen. Helmut Schmidt gebührt das Verdienst, diesen Beschluß für die Bundesregierung in der NATO mit herbeigeführt zu haben; aber er war nicht in der Lage, dafür in seiner eigenen Partei die Mehrheit zu gewinnen.

Bei der Umsetzung des NATO-Doppelbeschlusses, also der Stationierung von Pershing-Raketen und amerikanischen Marschflugkörpern auf dem Boden der Bundesrepublik, ging es letztlich um die Frage, ob wir noch ein zuverlässiger Partner sind. Ich behaupte, wenn wir 1983 nicht mit der Stationierung begonnen hätten, wäre das Verhältnis der Bundesrepublik vor allem zu den Vereinigten Staaten schwer erschüttert worden; die NATO wäre in eine tiefe Krise geraten, möglicherweise sogar auseinandergefallen.

Ich weiß aus den Gesprächen mit Michail Gorbatschow, welch fundamentale Bedeutung diesem Thema in der Sowjetunion beigemessen wurde. Er hatte damals erkannt, daß es ein aussichtsloses Unterfangen war, den Rüstungswettlauf forcieren zu wollen, das westliche Bündnis zu spalten und Deutschland aus der westlichen Solidarität herauszulösen. Auch diese Einsicht führte zu Perestroika und Glasnost.

Bei der zweiten Kursbestimmung ging es darum, das Tief im europäischen Einigungsprozeß zu überwinden. Das meistgebrauchte Wort für den Zustand Europas 1982/83 war ›Eurosklerose‹, der Begriff Europa in Verbindung mit dem Begriff einer schlimmen Krankheit. Als nach meiner Wahl zum Bundeskanzler die Staats- und Regierungschefs auf dem EG-Gipfel im Dezember 1982 in Kopenhagen zusammenkamen, mußte ich feststellen, daß die Aussichten desaströs waren. Die Bundesregierung und unsere französischen Freunde mit François Mitterrand an der Spitze haben dann einen neuen Anlauf unternommen. Es wurde eine Intensivierung der deutsch-französischen Beziehungen verabredet, und wir setzten uns das Ziel, den Europäischen Binnenmarkt bis Ende 1992 zu schaffen. Das war eine der entscheidenden Voraussetzungen, um bei unseren Nachbarn und Partnern im Westen Verläßlichkeit zu zeigen. Für mich steht außer Zweifel, daß ohne die Festigung des Vertrauens unserer europäischen und amerikanischen Partner in die Zuverlässigkeit der Bundesrepublik der Ablauf der Dinge in den Jahren 1989/90 so nicht möglich gewesen wäre.«

Die Deutschlandpolitik der von ihm geführten Bundesregierung habe im Vergleich zur Deutschlandpolitik seiner Vorgänger sowohl Kontinuität als auch Wandel beinhaltet. Er sei für Kontinuität gewesen, soweit es um menschliche Erleichterungen gegangen sei, betont der Kanzler und verweist darauf, daß sowohl Willy Brandt als auch Helmut Schmidt mit voller Unterstützung der demokratischen Parteien im Bundestag im Bereich der humanitären Hilfe schon vieles weitergeführt hätten, was zu einem früheren Zeitpunkt von den Regierungen Adenauer, Erhard und Kiesinger auf den Weg gebracht worden sei. Dazu hätten der Freikauf von Häftlingen, die Erweiterung der Besuchserlaubnisse und vieles andere mehr gehört.

Der Wandel habe besonders die Hervorhebung der deutschlandpolitischen Grundsatzpositionen betroffen, für die die Union als Opposition dreizehn Jahre lang eingestanden sei. »Dazu gehörte an erster Stelle das Wiedervereinigungsgebot des Grundgesetzes. Um in diesem Sinne ein Zeichen zu setzen, habe ich bald nach meiner Amtsübernahme anstelle der Bezeichnung ›Bericht zur Lage der Nation‹ wieder den Begriff ›Bericht zur Lage der Nation im geteilten Deutschland‹ eingeführt. Zu den Grundsatzpositionen der CDU zählte auch die strikte Ablehnung der Geraer Forderungen Honeckers. Von diesen waren die psychologisch wichtigsten die Frage der Staatsbürgerschaft und die Forderung nach einer Abschaffung der Erfassungsstelle in Salzgitter.«

In beiden Fragen habe Honecker bei SPD und Grünen nicht wenige offene Verbündete gefunden. Die Forderung nach Abschaffung der Zentralen Erfassungsstelle in Salzgitter sei im Bundestag völlig ungeniert von vielen Oppositionsabgeordneten mit der Begründung unterstützt worden, sie sei ein Überbleibsel des Kalten Krieges. Immer wieder habe er dies mit dem Hinweis zurückgewiesen, an der innerdeutschen Grenze werde nach wie vor geschossen, und nach wie vor verbluteten Menschen bei dem Versuch, von Deutschland nach Deutschland zu fliehen. Ihm habe jedes Verständnis dafür gefehlt, daß die SPD-regierten Bundesländer schließlich ihre Zahlungen eingestellt hätten, um so die Arbeit der Erfassungsstelle praktisch unmöglich zu machen; dies sei eines der beschämendsten Kapitel in der Geschichte der alten Bundesrepublik gewesen. Nur aufgrund der Zahlungen der unionsregierten Bundesländer und des beispielhaften Einsatzes der Mitarbeiter der Erfassungsstelle sei es gelungen, die Pläne der SPD zu durchkreuzen.

Bei Kohls Amtsantritt wurden düstere Prognosen über die Zukunft des innerdeutschen Verhältnisses gestellt. Man sprach von einem endgültigen Ende der Entspannung, ja sogar von einer neuen »Eiszeit«, die heraufzöge. Um dies zu verhindern – so der Kanzler –, hätten viele derer, die den »Zeitgeist« verinnerlicht hätten, nunmehr das mit Leben angefüllt, was der SPD-Fraktionsvorsitzende im Bundestag, Herbert Wehner, mit seinen vertraulichen Gesprächen in Ost-Berlin und Moskau begründet habe: eine regelrechte Neben-Deutschland- und Neben-Außenpolitik der SPD. »Kaum ein führender Sozialdemokrat, der nicht zu politischen Gesprächen in die DDR fuhr und sich dort – wie man heute in den SED-Akten nachlesen kann – von meiner Politik und der meines Freundes Ronald Reagan distanzierte. Eine Vorreiterrolle in der sozialdemokratischen Neben-Deutschlandpolitik spielte ausgerechnet der Berliner Landesverband der SPD, der auf einem Parteitag Mitte der achtziger Jahre unter dem Beifall der eingeladenen Vertreter des DDR-Außenministeriums den Leitantrag stellte, daß die Bundesrepublik die Friedenspolitik der Sowjetunion, notfalls ›bis zum Konflikt im Bündnis‹, verteidigen und vertreten müsse. Es war beschämend, in welcher Weise Abertausende demonstrierten, als Ronald Reagan im Jahre 1987 während der 750-Jahr-Feiern der Stadt nach Berlin kam und Gorbatschow vor dem Brandenburger Tor aufforderte, die Mauer niederzureißen.«

Bei den Beziehungen zwischen SPD und SED, so der Kanzler, sei es längst nicht mehr nur um die Sorge um den Frieden gegangen, sondern auch um die Frage, wie der SPD in Wahlkämpfen geholfen werden konnte. Im Gegenzug sei aus den Reihen der SPD in Aussicht gestellt worden, von der einen deutschen Staatsbürgerschaft abzurücken oder Salzgitter endlich abzuschaffen.

»Neben der Hervorhebung unserer Grundsatzpositionen«, so

Kohl, »ging es mir vor allem darum, das Zusammengehörig-keitsgefühl der Deutschen zu erhalten und zu stärken. Die jahr-zehntelange Teilung hatte zu einer gegenseitigen Entfremdung geführt. Natürlich war die Propaganda der DDR nicht ohne Wirkung geblieben. Gleiches galt für die allmähliche mora-lisch-politische Aufwertung des SED-Regimes, nicht zuletzt durch einen Teil der westlichen Medien. Wo der Unterschied zwischen den Gesellschaftsordnungen verwischt wurde, drohte in der Bundesrepublik auch das Bewußtsein für die Mitverant-wortung und Solidarität gegenüber den Landsleuten in der DDR zu schwinden.

Angesichts der dramatischen Verschlechterung der ökono-mischen Lage, die damals zum ersten Mal von den Emissären der DDR in Gesprächen mit uns deutlich zugegeben wurde, stellte sich für uns dann die Frage, ob es eine Möglichkeit gebe, durch finanzielle Hilfen das Tor der Besuchserlaubnis weiter zu öffnen. Es war Franz Josef Strauß' und meine Überzeugung, daß wir alles tun sollten, damit mehr Landsleute aus der DDR zu Besuch in den Westen kommen könnten. Wir erhofften uns davon, daß dies die Menschen in der DDR gegen die feindselige SED-Propaganda immunisieren würde. Franz Josef Strauß ver-mittelte deshalb 1983 den Milliardenkredit für die DDR, und die Bundesregierung übernahm die Bürgschaft. Unsere Rech-nung ging auf: Kamen bis Anfang der achtziger Jahre neben den Rentnern jährlich nur einige zehntausend Besucher, konn-ten wir etwa 1986 über eine halbe Million Menschen unterhalb des Rentenalters aus dem anderen Teil Deutschlands zählen. Die Zahl stieg stetig an.«

1987 waren es fünf Millionen Besucher, darunter eine Mil-lion jüngerer Menschen. Das bedeutete, daß Millionen Deut-sche aus der DDR die Bundesrepublik aus eigener Anschauung, aus eigener Erfahrung kennenlernten. Von großer Bedeutung für das Bewußtsein, daß die Deutschen in Ost und West eine

Nation sind, waren die bei den Besuchen geknüpften und ge-
pflegten zwischenmenschlichen Beziehungen. Etwa zwei Drittel der Ost- und ein Drittel der Westdeutschen unterhielten
solche Kontakte.

Um das innerdeutsche Tor noch weiter öffnen zu können,
habe er auch den Besuch Honeckers in der Bundesrepublik in
Kauf genommen: »Das war wohl bis zum Jahre 1989 die wichtigste innerdeutsche Entscheidung, die ich persönlich zu treffen
hatte. Sie fiel mir ungewöhnlich schwer, weil sich alles in mir
dagegen gesträubt hat. Aber wir befanden sie dann doch als
notwendig. Wer die Bilder gesehen hat, wie Honecker und ich
die Ehrenformation des Wachbataillons abschritten, wer gesehen hat, wie mir zumute war, als die DDR-Hymne vor dem
Kanzleramt gespielt wurde, der kann sich gut vorstellen, welche Gedanken mir an diesem Tag durch den Kopf gingen.«

Er habe das alles schweren Herzens hingenommen, sagt der
Kanzler, weil für die Bundesrepublik auch eine große Chance
in dem Besuch gelegen habe. Im Verlauf der Vorbereitung sei
nämlich einer der wichtigsten Diskussionspunkte gewesen, ob
Honecker und die SED-Führung bereit wären, die Tischreden
in beiden Teilen Deutschlands live im Fernsehen übertragen zu
lassen. An diesem Punkt sei eine ungewöhnliche Härte in die
Gespräche gekommen, denn Honeckers Unterhändler hätten
dies unbedingt vermeiden wollen, nur nicht um den Preis, auf
den Besuch zu verzichten. Die Vertreter der Bundesregierung
hätten ihnen allerdings klargemacht, daß aus dem Honecker-
Besuch sonst nichts würde, weshalb die DDR schließlich habe
einlenken müssen. So habe sich für ihn an jenem Abend im
September 1987 die Möglichkeit ergeben, sich direkt an die
siebzehn Millionen Landsleute in der DDR zu wenden.

Helmut Kohl sagte in seiner Rede, daß das Bewußtsein für
die Einheit der Nation wach sei wie eh und je und der Wille
ungebrochen, sie zu bewahren. Diese Einheit finde ihren Aus-

druck in gemeinsamer Sprache, im gemeinsamen kulturellen Erbe, in einer langen, fortdauernden Geschichte. An den unterschiedlichen Auffassungen der beiden Staaten zu grundsätzlichen Fragen, darunter zur nationalen Frage, könne und werde der Besuch Honeckers nichts ändern. Für die Bundesregierung stehe die Präambel des Grundgesetzes nicht zur Disposition. Sie wolle das vereinte Europa, und sie fordere das gesamte deutsche Volk auf, in freier Selbstbestimmung die Einheit und Freiheit Deutschlands zu vollenden. Sie stehe zu diesem Verfassungsauftrag und habe keine Zweifel, daß dieser dem Wunsch und Willen, ja, der Sehnsucht der Menschen in Deutschland entspreche.

Die Bonner Oppositionsparteien nahmen den Honecker-Besuch kurz danach im Bundestag zum Anlaß, ihre deutschlandpolitischen Positionen herauszustellen. Der SPD-Abgeordnete Jürgen Schmude sprach vom symbolischen Gehalt des Staatsbesuches und erklärte, daß die Deutschlandpolitik Konrad Adenauers endgültig gescheitert sei. Er erinnere sich noch gut daran, so Kohl, wie sich der damalige Partei- und Fraktionsvorsitzende der SPD, Hans-Jochen Vogel, mit einem ganzen Forderungskatalog an die Bundesregierung gewandt habe. Auf dieser Liste habe die Aufnahme »normaler Beziehungen« zwischen Bundestag und Volkskammer ebenso gestanden wie die Abschaffung der Erfassungsstelle in Salzgitter.

Als Beispiel für eine systemöffnende Zusammenarbeit würdigte Vogel im Bundestag das gemeinsame Grundwertepapier von SPD und SED. In diesem Dokument bescheinigten sich beide Seiten Reformfähigkeit, da sie aus dem Geiste der Aufklärung kämen. Es hieß darin, keine der beiden Seiten dürfe der anderen ihre Existenzberechtigung absprechen. Ziel der Zusammenarbeit sei es, den Frieden in Europa neu zu gestalten.

»Hierfür war im Zuge der sozialdemokratischen Neben-Außenpolitik ein ›sicherheitspolitischer Dialog‹ mit der Partei

Honeckers eingeleitet worden. Gemeinsame Vorstellungen wurden erarbeitet, etwa der Gedanke eines atomwaffenfreien Korridors, eines atom- und chemiewaffenfreien Europa oder auch konkrete Vorschläge in Richtung gegenseitiger Nichtangriffsfähigkeit – so als beruhte die Strategie des westlichen Verteidigungsbündnisses auf Angriff«, sagt Kohl und bedauert, daß in weiten Teilen der politischen Eliten der Bundesrepublik kaum noch wahrgenommen worden sei, wie die seit 1987 in der Sowjetunion unter den Leitbegriffen Glasnost und Perestroika sichtbar gewordenen Entwicklungen Bewegung in die Ost-West-Beziehungen gebracht und damit auch Chancen für die Sache der Deutschen eröffnet hätten. Warum auch, fragt Kohl und gibt selbst die Antwort: »Man hatte sich doch mit Honecker und seiner Partei zumindest innerlich arrangiert.«

Zu viele in der westdeutschen Politik hätten die deutsche Frage nicht mehr als offen betrachtet. »Zu mächtig hatte der Zeitgeist gewirkt, zu sehr hatten Resignation und auch – man muß es so nennen – Verrat ihre Spuren hinterlassen«, sagt der Kanzler und illustriert dies mit einem Bild aus seiner pfälzischen Heimat: »Wenn ich heute auf die Bundesrepublik der ausgehenden achtziger Jahre schaue, dann muß ich an die alten, im letzten Jahrhundert erbauten Rheindämme in meiner Heimat denken. Sie müssen immer wieder ausgebessert werden, damit sie nicht beim nächsten Hochwasser brechen. Auch die Fundamente der Bundesrepublik waren immer wieder durch Erosion gefährdet. Dennoch ist es uns gelungen, sie stabil zu halten. Dafür bin ich dankbar, denn wie hätten wir sonst mit den Herausforderungen fertig werden sollen, vor denen wir in der zweiten Hälfte des Jahres 1989 und dann 1990 standen?«

Perestroika
und die deutsche Frage

Es ist der frühe Sommer 1989. Voller Erwartungen sieht das politische Bonn dem Besuch des Generalsekretärs der KPdSU, Michail Gorbatschow, in der Bundesrepublik entgegen. Bedeutsame Fortschritte in den Ost-West-Beziehungen haben die einst so starre bipolare Welt in Bewegung versetzt. In der Sowjetunion ist mit Glasnost und Perestroika ein gewaltiger Veränderungsprozeß in Gang gekommen. Tiefgreifende Reformen sind nun auch in den übrigen »realsozialistischen« Ländern möglich geworden. In Polen finden die ersten demokratischen Wahlen seit mehr als vierzig Jahren statt, die eine von dem Solidarność-Intellektuellen Tadeusz Mazowiecki geführte Regierung ins Amt bringen. In einer zukunftsweisenden Vereinbarung zwischen Staatspartei, Opposition und gesellschaftlichen Gruppen bekennen sich die Ungarn zur Souveränität des Volkes und zu freien Wahlen. Zugleich zieht Budapest einen würdigen Schlußstrich unter ein schändliches Kapitel des Stalinismus: Mit der Rehabilitierung und dem ehrenvollen Begräbnis von Imre Nagy wird dem mutigen Führer des Aufstandes von 1956 historische Gerechtigkeit erwiesen und der Weg der Versöhnung im Inneren und nach außen beschritten.

Doch nicht überall im Warschauer Pakt wird der Entwicklung in der Sowjetunion Rechnung getragen. In Rumänien, der Tschechoslowakei und der DDR versagen sich die Parteiführer hartnäckig jedweden Reformen. Was die DDR angeht, so manifestiert sich dies für jedermann sichtbar im Verbot der sowjetischen Zeitschrift *Sputnik* mit ihren reformerischen Beiträgen sowie in der Streichung systemkritischer sowjetischer Filme aus den Programmen der Kinos. Was die SED-Führung von Demokratisierung hält, macht ihre Reaktion auf die Pekinger Juni-Ereignisse überdeutlich: Lautstark verteidigt sie die blutige Niederschlagung der Demonstration auf dem Platz des Himmlischen Friedens.

»Ich betrachtete die Entwicklung im Warschauer Pakt mit Hoffnung, aber auch mit einer gewissen Skepsis«, erinnert sich Helmut Kohl. »Ich hatte immer dazu geraten, uns von Tatsachen und Realitäten leiten zu lassen und nicht von irgendwelchen Illusionen. Dennoch war unübersehbar, daß in Ungarn, in Polen und in der Sowjetunion Prozesse eingetreten waren, die – sofern sich die führenden Personen würden halten können – unumkehrbar sein würden. Siebzig Jahre nach Lenin war die kommunistische Ideologie am Ende. Bei uns im Westen gab es dazu zwei Denkschulen. Die eine empfahl uns, als Zuschauer von der Loge aus die Akteure auf der Bühne zu beobachten nach dem Motto: ›Am Ende wollen wir mal sehen, was rauskommt, und uns dann entscheiden.‹ Die andere Richtung, zu der ich mich selbst zählte, sah die Dinge so: ›Die notwendigen Entscheidungen können zwar nicht bei uns fallen, sie müssen in den jeweiligen Staaten getroffen werden. Von uns aus gibt es aber sehr wohl Möglichkeiten, einen solchen Prozeß wohlwollend zu fördern.‹ Diese Überzeugung wurde in Washington und den meisten europäischen Hauptstädten geteilt. Um die Öffnung der Warschauer-Pakt-Staaten voranzutreiben, hatten wir eine konzertierte Aktion miteinander verabredet. So hatte der amerikanische Präsident George Bush für die ersten Julitage einen Besuch in Ungarn und Polen angekündigt; auch der französische Staatspräsident François Mitterrand wollte noch im Juni nach Warschau reisen.

Wir als Deutsche hatten bei alledem noch ein elementares

nationales Interesse: Das war natürlich die Entwicklung in der DDR. Mir wurde im Frühjahr 1989 zunehmend bewußt, daß Gorbatschows Reformkurs nicht vor der DDR haltmachen würde. Letztlich beruhte die Macht der SED auf ihrer Unterstützung durch Moskau, und die zunehmenden Spannungen zwischen beiden Führungen verhießen nichts Gutes für Honecker. Daß auch die DDR vor großen Veränderungen stand, war mir schon bei meiner Reise dorthin im März 1988 klargeworden.«

Diese Privatreise sei im Zusammenhang mit dem Honecker-Besuch vereinbart worden. Er, Kohl, habe die Bedingung gestellt, auf einer Route seiner Wahl fahren zu können und außerdem nicht von Sicherheitskräften behelligt zu werden. Aus letzterem sei allerdings nichts geworden. Nachdem er zusammen mit seiner Frau, dem damaligen Regierungssprecher Friedhelm Ost, Wolfgang Bergsdorf, einem langjährigen vertrauten Mitarbeiter und damals Abteilungsleiter Inland im Bundespresseamt, seinem Fahrer Ecki Seeber und zwei Sicherheitsbeamten mit dem Hubschrauber nach Herleshausen geflogen und mit den beiden Autos an den Grenzkontrollpunkt herangefahren sei, habe sich herausgestellt, daß dieser für den gesamten Verkehr gesperrt worden sei. Neben den Grenzern habe es von betont unauffälligen Gestalten in schwarzen Ledermänteln gewimmelt.

»Von Herleshausen«, so Kohl, »fuhren wir auf der Autobahn, vorbei an der Wartburg, in Richtung Osten. Wir hatten keine feste Planung. Irgendwann kam ein Hinweisschild ›Gotha‹. Dorthin machten wir einen kurzen Abstecher und stellten uns auf dem Marktplatz an einer Eisbude an. Wir wurden von den Passanten sehr schnell erkannt. Mehrere von ihnen kamen sofort auf uns zu, sprachen uns an und schimpften über die Zustände in der DDR. Wir hätten für sie doch der Klassenfeind schlechthin sein müssen. Was mochte in diesen Menschen vorgehen?

Weiter ging es dann nach Erfurt, wo Willy Brandt 1970 begeistert gefeiert worden war. Wir spazierten durch die Altstadt mit ihren herrlichen Barockhäusern und besichtigten den imposanten Dom. Ich unterhielt mich mit dem Organisten und fragte ihn nach seinem Bischof. Der sei drüben im Priesterseminar, gab er mir zur Antwort. Als wir dorthin kamen, war die Aufregung natürlich groß. Nachdem Lehrer und Schüler ihre Sprachlosigkeit überwunden hatten, redeten wir eine gute Stunde recht offen miteinander, auch über die deutsche Frage. Am Abend kamen wir – unsere unauffälligen Begleiter immer in der Nähe – in Dresden an. Im Hotel Bellevue, wo wir Zimmer reserviert hatten, wurden wir von einer sehr resoluten Chefin empfangen. Sie führte ein straffes Regiment in dem Haus. Alles klappte wie am Schnürchen.

Aus unseren Zimmern hatten wir einen herrlichen Blick über die Elbe hinweg auf die Silhouette der Stadt. Besonders beeindruckte mich ein Gottesdienst in der Hofkirche. Ich weiß noch, wie es nach unserer Ankunft auf einmal totenstill in dem Gotteshaus wurde und wie kurz darauf ein aufgeregtes Gemurmel einsetzte. Ohne Rücksicht auf eventuelle Aufpasser von der Stasi begrüßte der Pfarrer noch während der Messe ›die Gäste von auswärts‹. Als die Messe dem Ende zuging und wir uns zur Kommunion anstellten, wurden uns von einigen Gottesdienstbesuchern, die gerade vom Altar zurückkamen, Adreßzettel zugesteckt, die sie in ihren Gesangbüchern verborgen gehalten hatten. Es waren Dresdner, die bislang vergeblich Ausreiseanträge gestellt hatten.«

Insgesamt, so Helmut Kohl, habe er bei dieser Reise durch die DDR die Menschen im Vergleich zu seinen früheren Besuchen als unbefangener erlebt: »Sie sprachen uns ohne Scheu an und zeigten ganz offen ihre Sympathie. Man konnte es geradezu spüren, daß es im Land gärte und es dort eben nicht so war, wie es uns viele im Westen weismachen wollten.« Seine Beobachtungen hätten sich kurz darauf bestätigt: In Ost-Berlin hätten mehrere tausend Jugendliche aufzubegehren gedroht, als diesseits der Mauer vor dem Reichstag ein Rockkonzert stattgefunden habe und sie von Volkspolizei und Stasi daran gehindert worden seien, in die Nähe der Mauer und damit der Musik zu gelangen. Auch die Ereignisse um die Ost-Berliner Zionskirche, wo sich zum ersten Mal so etwas wie eine Opposition formiert habe, oder die Vorfälle bei der Liebknecht-Luxemburg-Kampfdemonstration der SED, als junge Leute (wie schon im Vorjahr) friedlich die »Freiheit der Andersdenkenden« einforderten, hätten ihm verdeutlicht, daß die Tage der Honecker-Führung gezählt seien.

Trotz aller Versicherungen der SED, man sei von der sowjetischen Zentralmacht unabhängig, lag der Schlüssel zur Wiedervereinigung nach wie vor im Kreml. »Ich hatte Michail Gorbatschow bei meinem Besuch in Moskau im Oktober 1988 zum ersten Mal persönlich kennengelernt«, so Kohl. »Wir hatten damals auch über die deutsche Frage gesprochen. Gorbatschow hatte auf meine Bemerkungen in Sachen Einheit erwidert, daß die beiden deutschen Staaten zu den Realitäten gehörten, die infolge des Zweiten Weltkriegs geschaffen worden seien. Er verstehe zwar die Gefühle des deutschen Volkes, aber die Geschichte könne nicht umgeschrieben werden. Der Generalsekretär hatte sich aber für eine Verbesserung der Zusammenarbeit zwischen der Bundesrepublik und der DDR im Rahmen der sich weiterentwickelnden Ost-West-Beziehungen ausgesprochen.«

Es ist ein herrlicher Tag, als am 12. Juni 1989 die weißblaue Iljuschin 62 mit dem sowjetischen Generalsekretär und seiner Frau Raissa an Bord um 11.15 Uhr auf dem Köln-Bonner Flughafen landet. Gorbatschow wird von siebenundsechzig Delegationsmitgliedern begleitet; sogar ihre eigenen schweren SIL-

40 PERESTROIKA UND DIE DEUTSCHE FRAGE

Limousinen haben die Gäste aus Moskau mitgebracht. Einundzwanzig Schuß Salut stehen dem sowjetischen Staatsgast zu. Außenminister Hans-Dietrich Genscher ist zur Begrüßung zum Flughafen gekommen.

Nach einem Mittagessen bei Bundespräsident Richard von Weizsäcker treffen Gorbatschow und der Kanzler zu ihrem ersten Gespräch unter vier Augen zusammen. »Zunächst sollte eine Art Bestandsaufnahme auf der Tagesordnung stehen«, erinnert sich Kohl. »Was hatten wir seit meinem Besuch in Moskau erreicht in der Absicht, ein neues Kapitel in den Beziehungen zwischen der Sowjetunion und der Bundesrepublik aufzuschlagen? In Moskau hatten wir verabredet, bei Gorbatschows Gegenbesuch in Bonn ein zukunftsorientiertes gemeinsames Dokument zu erarbeiten – ein deutliches Signal für einen neuen Abschnitt in der Geschichte unserer beiden Staaten. Monatelang war daran gearbeitet worden, jetzt lag es unterschriftsreif vor.« Vor allem aber habe Gorbatschow auf die Hilfe der Bundesrepublik bei der Bewältigung der enormen wirtschaftlichen Schwierigkeiten seines Landes gehofft. »In der Tat«, so Helmut Kohl, »konnten wir Deutschen dabei eine wichtige Rolle spielen. Zum einen sind wir ein wirtschaftlich starker Partner, zum anderen hat unser Wort in Europa und in Amerika Gewicht. Die Erwartungen waren groß, und deshalb hatten wir keinen Grund, die deutsche Frage bei den Gesprächen auszuklammern.«

Fast zwei Stunden dauert dieses erste von insgesamt drei vertraulichen Gesprächen zwischen Gorbatschow und Kohl im Bonner Kanzleramt. »Gorbatschow war in sehr viel besserer Verfassung«, erinnert sich der Kanzler, »als dies bei meinem Besuch im Oktober des Vorjahres in Moskau der Fall gewesen war. Vor allem im Blick auf seine eigene Lage schien er mir viel optimistischer.« Zunächst sei es um die weltpolitische Lage gegangen. Im Mittelpunkt hätten dabei die Ost-West-Beziehungen und die damit verknüpften komplizierten Abrüstungsfragen gestanden: »Gorbatschow vertrat die Meinung, daß auf dem europäischen Kontinent ganz offensichtlich die Beziehungen zwischen der Sowjetunion und der Bundesrepublik eine Schlüsselrolle spielten, was die Zukunft Europas angehe. Er bevorzuge es, ganz offen und ohne schöne Worte zu sprechen, mit vollem Vertrauen zu seinem Gesprächspartner. Das gefiel mir an ihm, denn ich selbst habe nicht viel übrig für diplomatische Floskeln. Zu den vielen Fragen, die wir dann freimütig erörterten, gehörte natürlich auch die Reformpolitik in den Staaten des Warschauer Paktes. Ich sagte ihm, daß in der Bundesrepublik die Entwicklung in Ungarn mit Interesse verfolgt würde: ›Wir sind der Meinung, daß die Ungarn selbst entscheiden sollen, was für sie richtig ist. Niemand soll sich in ihre Angelegenheiten einmischen. Gleichwohl unterstützen wir die dortige Reformpolitik.‹ Gorbatschow schien dies genauso zu sehen.

Ich sagte nun ein paar direkte und offene Worte zur DDR: Es sei doch für niemanden ein Geheimnis, daß DDR-Staatschef Erich Honecker zu irgendwelchen Veränderungen und Reformen nicht imstande sei und damit selbst die Lage in seinem Lande destabilisiere. Gorbatschow zeigte keine Reaktion. Er wollte mir gegenüber offenbar keine Kritik an Honecker üben. Aber was er dann sagte, zeugte doch von einer bemerkenswerten Distanz zur Ost-Berliner Führung: Auch für die DDR gelte der Grundsatz, daß jeder für sich selbst verantwortlich sei. Moskau hätte nicht die Absicht, anderen Lehren zu erteilen. Man bäte ja selbst auch nicht darum, belehrt zu werden. Sein Land trete für positive Veränderungen in allen Beziehungen, für politische Erneuerung, für den Umbau der Wirtschaft sowie für die Selbständigkeit der sozialistischen Staaten ein.

Ich entgegnete Gorbatschow, daß man heute mit Moskau besser reden könne als mit Ost-Berlin. Wir wünschten, daß er mit der Perestroika Erfolg habe, denn sie eröffne der gesamten

42 PERESTROIKA UND DIE DEUTSCHE FRAGE

Menschheit großartige Chancen: ›Wir stehen an der Schwelle zum letzten Jahrzehnt eines Jahrhunderts, das unendlich viel Leid gesehen hat. Meine beiden Söhne haben in der Bundeswehr gedient. Sie sind Reserve-Offiziere, und ich möchte nicht, daß sie oder die Söhne anderer Eltern irgendwann einmal in einen Krieg ziehen müssen.‹«

Bei den beiden darauffolgenden Treffen am 13. und 14. Juni – Gorbatschow und der Bundeskanzler sprechen von »Arbeitstagen« – nimmt die Frage einen breiten Raum ein, wie die Bundesrepublik der desolaten sowjetischen Wirtschaft helfen könne. Neben längerfristigen Projekten, die von gemeinsamen Arbeitsgruppen vorbereitet werden sollen, diskutieren beide Männer auch Möglichkeiten der Soforthilfe. Gorbatschow – so Kohl – habe ganz offen die schwierige Versorgungslage vor allem in den großen Städten wie Moskau und Leningrad angesprochen und ihn gefragt, ob die Bundesregierung – wenn erforderlich – kurzfristig helfen könnte. »Ich antwortete ihm mit einem uneingeschränkten Ja, das wir dann bereits Anfang 1990, zu einem für den deutschen Einigungsprozeß enorm wichtigen Zeitpunkt, eingelöst haben.«

Kohl erörtert mit Gorbatschow aber auch anderes. Dazu gehört die Suche nach vermißten Kriegsgefangenen ebenso wie die Öffnung des nordöstlichen Teils des früheren Ostpreußen für Touristen aus der Bundesrepublik oder auch die Wiederherstellung der Autonomie der Rußlanddeutschen. Gorbatschow habe dabei zugesichert, daß er für all diese Fragen volles Verständnis aufbringe. »So aufgeschlossen er in diesen Punkten auch war, so ausweichend reagierte er, als ich während des dritten Arbeitstages noch einmal das Gespräch auf ›unseren gemeinsamen Freund‹ lenkte«, erinnert sich Kohl. »Ich sagte Gorbatschow geradeheraus, daß mir für Honeckers Haltung jegliches Verständnis fehle. Kürzlich sei dessen Frau Margot mit einer Erklärung an die Öffentlichkeit getreten, in der sie die Jugend der DDR aufgerufen habe, die Errungenschaften des Sozialismus notfalls mit der Waffe vor äußeren Feinden zu verteidigen. Es sei offensichtlich, daß sie mit ›äußeren Feinden‹ die sozialistischen Länder meine, die Reformen verwirklichten und ihren eigenen Weg gingen. In erster Linie hätte sie dabei wohl Polen und Ungarn im Blick gehabt. Das sei eine furchterregende Erklärung. Auch diesmal enthielt sich Gorbatschow eines Kommentars und fragte mich statt dessen, wie es um die Beziehungen zwischen der Bundesrepublik und Polen stünde.«

Am Abend des dritten Tages, einem Mittwoch, führen die beiden Staatsmänner im Park des Bundeskanzleramtes, fernab jeglichen Protokolls, das Gespräch, das nach Kohls Auffassung von entscheidender Bedeutung für die Sache der Deutschen werden sollte: »Wir hatten zusammen mit unseren Frauen im Bungalow zu Abend gegessen. Gorbatschow war wie immer ein aufgeschlossener, eloquenter Gesprächspartner voller Charme und Selbstironie. Es war schon nach Mitternacht, als der Generalsekretär und ich beschlossen, noch etwas im Park spazierenzugehen. Nur der Dolmetscher war dabei, als wir hinunter in Richtung Rhein liefen. Dort setzten wir uns auf die Mauer, von der aus man diesen schönen Blick auf den vorbeifließenden Strom und das gegenüberliegende Siebengebirge hat. Unterhalb der kleinen Mauer schlenderten die Spaziergänger vorbei und waren überrascht, dort oben Michail Gorbatschow zu sehen. Aufgeschlossen, wie er ist, kam er mit den jungen Leuten auch gleich ins Gespräch, scherzte mit ihnen. Sie überschütteten ihn mit Komplimenten, was er sehr genoß.

Es war die ideale Voraussetzung für ein sehr offenes, freundschaftliches Gespräch. Wir waren einer Meinung, daß wir die deutsch-sowjetischen Beziehungen auf eine neue Basis stellen müßten, wenn sich die Lage in Europa zum Besseren wenden solle. Daraus entwickelte sich der Gedanke, daß man einen Vertrag schließen müsse, in dem die Deutschen und die Sowjetunion zwar keinen Schlußstrich unter die Vergangenheit zögen, aber eine neue Perspektive für die Zukunft entwickelten. Ein solcher Vertrag – wir nannten ihn den ›Großen Vertrag‹ – würde von den Menschen in beiden Staaten gewiß begrüßt werden. Ich fügte allerdings hinzu: ›Aus dem Vertrag wird jedoch nichts Richtiges, solange zwischen uns die Teilung Deutschlands steht. Sie ist die entscheidende Belastung zwischen unseren beiden Völkern.‹ Er hat dem widersprochen, und zwar ganz im Sinne der sowjetischen Haltung. Die Teilung sei die logische Folge der geschichtlichen Entwicklung, sagte er.

Ich zeigte auf den Rhein und meinte: ›Schauen Sie sich den Fluß an, der an uns vorbeiströmt. Er symbolisiert die Geschichte; sie ist nichts Statisches. Sie können diesen Fluß stauen, technisch ist das möglich. Doch dann wird er über die Ufer treten und sich auf andere Weise den Weg zum Meer bahnen. So ist es auch mit der deutschen Einheit. Sie können ihr Zustandekommen zu verhindern suchen. Dann erleben wir beide sie vielleicht nicht mehr. Aber so sicher wie der Rhein zum Meer fließt, so sicher wird die deutsche Einheit kommen – und auch die europäische Einheit.‹ Die Frage laute nur: ›Machen wir es in unserer Generation, oder warten wir weiter – mit all den Problemen, die damit verbunden sind?‹ Und ich bekräftigte noch einmal, daß sich die Deutschen nicht mit der Teilung abfinden würden. Michail Gorbatschow hat sich meine Überlegungen angehört und nun nicht mehr widersprochen.«

Von diesem Zeitpunkt an habe bei Gorbatschow ein Prozeß des Umdenkens eingesetzt, meint Kohl – nicht zuletzt deshalb, weil sie sich menschlich nähergekommen seien und Vertrauen zueinander gefaßt hätten. Sehr persönlich hätten sie über ihre Herkunft und ihren Lebensweg gesprochen. Gorbatschow sei Jahrgang 1932, also nur zwei Jahre jünger als er. Sie beide gehörten der Generation an, die noch die Schrecken des Zweiten Weltkrieges bewußt erlebt habe.

»Gorbatschow erzählte mir, sein Vater sei Mähdrescher-Fahrer in einer Kolchose gewesen, in einem kleinen Dorf in der Nähe von Stawropol. Schon bei Ausbruch des Krieges sei er zur Roten Armee eingezogen worden und habe vier Jahre im ›Großen Vaterländischen Krieg‹ gekämpft, sei schließlich als Minenräumsoldat schwer verwundet worden und wenige Jahre nach Kriegsende an den Folgen dieser Verwundung gestorben. Er selbst, Gorbatschow, habe als Kind in seinem Heimatdorf den Einmarsch der Wehrmacht erlebt, unter deutscher Besatzung gelitten und Schlimmes durchgemacht.«

Gorbatschow habe ferner erzählt, sein eigener Großvater sei unter Stalin im Lager gewesen. Dies sei der persönliche Hintergrund für sein angekündigtes Vorhaben gewesen, die Verbrechen der Stalin-Zeit offenzulegen. In rund einem Jahr sollten ein entsprechender Bericht und Akten veröffentlicht werden. Es seien schreckliche Wahrheiten, die man nicht unterdrücken könne.

»Auch ich erzählte Gorbatschow von meinem Elternhaus, von meiner Mutter, die sehr gläubig war, von meinen beiden Geschwistern und von meinem Vater, einem Finanzbeamten, der dem Nationalsozialismus ablehnend gegenübergestanden hatte. Nach Hitlers Machtübernahme trat er — obwohl er seinem beruflichen Weiterkommen damit sicher geschadet hat — aus dem ›Stahlhelm‹ aus, dem deutschnationalen Bund der Frontsoldaten, in dem er sich bis dahin auch als engagierter Zentrumswähler wohl gefühlt hatte. Mein Vater war als Oberleutnant aus dem Ersten Weltkrieg heimgekehrt. Im Oktober 1938 — zur Zeit des Münchner Abkommens — kam er eines Tages nach Hause und brachte für jeden von uns ein Fahrrad mit — fünf Fahrräder mit einer doppelten Bereifung. Seine Begründung für den außergewöhnlichen Kauf: ›Es gibt bald Krieg.‹

Ein Jahr später kam der Krieg, und ich stand als kleiner Junge mit meiner Mutter an der alten Ludwigshafener Rheinbrücke und sah die ersten Flüchtlinge des Zweiten Weltkriegs. Es waren Bauern aus dem deutsch-französischen Grenzgebiet, die mit ihrer armseligen Habe vom sogenannten Westwall weg ins Rechtsrheinische evakuiert wurden. Meine Mutter und andere Frauen, die mit uns Kindern am Wegesrand standen, weinten. Es waren wohl diese Tränen, die das für mich als Kind noch Unbegreifliche in meiner Erinnerung wachhielten.

Mein Vater wurde eingezogen, wir erlebten bald die schweren Luftangriffe auf Ludwigshafen, das wegen seiner kriegswichtigen chemischen Industrie bombardiert wurde. Ungezählte Nächte haben wir im Luftschutzbunker verbracht, und jedes Mal, wenn alles vorüber war, standen wir vor der bangen Frage, ob unser Elternhaus noch steht. Wir hatten Glück, zerstört wurde es nie.

In der Schule, wo ich zum Schülerlöschtrupp herangezogen wurde, hörten wir jetzt öfter von gefallenen Brüdern und Vätern. Im Herbst 1944 erreichte uns dann die furchtbare Nachricht, daß mein älterer Bruder Walter gefallen war. Kurz vor der alliierten Landung in der Normandie war er verwundet worden und ein letztes Mal nach Hause gekommen. Walter mußte zurück an die Front. Wenige Wochen später fiel er.

Ich selbst wurde Ende 1944 mit der Kinderlandverschickung evakuiert. An Hitlers letztem Geburtstag – dem 20. April 1945 – wurden wir als Fünfzehnjährige im Berchtesgadener Stadion von Reichsjugendführer Arthur Axmann auf den ›Führer‹ eingeschworen. Als alles vorüber war, machte ich mich mit einigen Jungen aus meiner Heimat auf den weiten Weg zurück nach Ludwigshafen. Nach einer abenteuerlichen Odyssee, mit wochenlangen Fußmärschen, Hunger und vielen Nächten unter freiem Himmel, kam ich schließlich im Spätsommer 1945 heim nach Ludwigshafen, wo ich meine Eltern wiederfand.

Es war Gorbatschow anzumerken, daß auch er innerlich bewegt war. Friede war für uns beide nicht nur ein Wort, sondern ein existentielles Grundbedürfnis. Als das Ehepaar Gorbatschow schließlich den Bungalow verließ, umarmten wir uns zum Abschied. Für mich war dieser Abend ein Schlüsselerlebnis. Ich denke, für Gorbatschow auch.«

Zum sich verändernden Denken über Deutschland trägt bei Gorbatschow sicherlich auch die große Herzlichkeit bei, mit der ihm die Deutschen begegnen. Unvergeßliche Szenen spielen sich auf dem Bonner Rathausplatz ab. Eine Woge von Sympathie- und Freundschaftsbekundungen schlägt ihm dort entgegen. Nicht anders ist es, als er den Hoesch-Konzern in Dortmund besucht, bei Mercedes in Sindelfingen weilt oder in Köln mit Politikern und Unternehmern diskutiert. Eine regelrechte »Gorbimanie« hat die Bundesrepublik erfaßt. »Gorbatschow selbst sagte mir«, erinnert sich Kohl, »er habe zwar gewußt, daß die Menschen in der Bundesrepublik gegenüber den Veränderungen in der Sowjetunion eine positive Einstellung hätten. Eine ganz andere Sache aber sei es, dies selbst zu sehen und zu spüren. Auf dem Bonner Marktplatz habe er sich gefühlt wie auf dem Roten Platz in Moskau! Die Bonner«, so fügt der Kanzler schmunzelnd hinzu, »werden dieses Kompliment schon richtig verstehen.«

Sichtlich beeindruckt erklärt Gorbatschow am Ende seines Besuches den Kalten Krieg zwischen der Sowjetunion und der Bundesrepublik Deutschland für beendet und spricht von einer neuen Qualität der bilateralen Beziehungen. Während seines Besuches werden elf Abkommen unterzeichnet, darunter ein Investitionsschutz- und -förderungsvertrag sowie eine Abmachung über eine vertiefte Zusammenarbeit in der Aus- und Weiterbildung von Fach- und Führungskräften. Das wichtigste Dokument jedoch ist die vorbereitete Gemeinsame Erklärung. Darin heißt es: »Die Bundesrepublik Deutschland und die Union der Sozialistischen Sowjetrepubliken stimmen darin überein, daß die Menschheit an der Schwelle zum dritten Jahr-

48 PERESTROIKA UND DIE DEUTSCHE FRAGE

tausend vor historischen Herausforderungen steht. Probleme, die von lebenswichtiger Bedeutung für alle sind, können nur gemeinsam von allen Staaten und Völkern bewältigt werden. Das erfordert neues politisches Denken. ... Bei der Gestaltung der friedlichen Zukunft kommt Europa eine herausragende Rolle zu. Trotz jahrzehntelanger Trennung des Kontinents ist das Bewußtsein der europäischen Identität und Gemeinsamkeit lebendig geblieben und wird zunehmend stärker. Diese Entwicklung muß gefördert werden.«

Beide Länder, so heißt es in der Erklärung weiter, »betrachten es als vorrangige Aufgabe ihrer Politik, an die geschichtlich gewachsenen europäischen Traditionen anzuknüpfen und so zur Überwindung der Trennung Europas beizutragen. Sie sind entschlossen, gemeinsam an Vorstellungen zu arbeiten, wie dieses Ziel durch den Aufbau eines Europas des Friedens und der Zusammenarbeit – einer europäischen Friedensordnung oder des gemeinsamen ›Europäischen Hauses‹, in dem auch die USA und Kanada ihren Platz haben – erreicht werden kann. Die KSZE-Schlußakte von Helsinki in allen ihren Teilen und die Abschlußdokumente von Madrid und Wien bestimmen den Kurs zur Verwirklichung dieses Zieles. Europa, das am meisten unter zwei Weltkriegen gelitten hat, muß der Welt ein Beispiel für stabilen Frieden, gute Nachbarschaft und eine konstruktive Zusammenarbeit geben, welche die Leistungsfähigkeit aller Staaten, ungeachtet unterschiedlicher Gesellschaftssysteme, zum gemeinsamen Wohl zusammenführt. Die europäischen Staaten können und sollen ohne Furcht voreinander und in friedlichem Wettbewerb miteinander leben.«

Als Bauelement eines Europas des Friedens und der Zusammenarbeit wird die uneingeschränkte Achtung der Integrität und der Sicherheit jedes Staates genannt. Von besonderer Bedeutung ist für die deutsche Seite dabei die Feststellung, daß jeder Staat das Recht habe, das eigene politische und soziale

System frei zu wählen. Helmut Kohl: »International war diese Erklärung eine Sensation. Erstmals hatten wir mit einem Partner aus einem kommunistischen Land festgeschrieben, daß die menschlichen Anliegen vorrangig vor Klassenkampf und Konfrontation sind.«

Am 15. Juni endet der Besuch Gorbatschows in der Bundesrepublik. Noch am selben Tag telefoniert der Kanzler mit dem amerikanischen Präsidenten, um ihn über seine Gespräche mit dem sowjetischen Generalsekretär zu informieren: »Ich sagte George Bush, ich sei mit dem Verlauf des Besuchs von Gorbatschow sehr zufrieden. Gorbatschow spreche völlig offen über seine Schwierigkeiten. Er wisse sehr gut, daß schwierige Jahre bevorstünden, dennoch sei er fest entschlossen, seinen Kurs weiterzuverfolgen. Er habe erkannt, daß die Sowjetunion militärisch zwar eine Weltmacht, wirtschaftlich aber eine Mittelmacht sei.

Was die Entwicklung im Warschauer Pakt angehe, so habe Gorbatschow eindeutig klargemacht, daß er dem polnischen Präsidenten Jaruzelski nahestehe. Er hoffe, daß die Lage in Polen sich gut entwickle. Ähnliches gelte auch für Ungarn. Seine Distanz zu Ost-Berlin und Bukarest sei beachtlich. Gorbatschow habe auch seine Bestürzung über die Niederschlagung der Demokratie-Bewegung in China zum Ausdruck gebracht.

Dann kam ich auf das amerikanisch-sowjetische Verhältnis zu sprechen. Das prinzipielle Mißtrauen gegenüber den USA sei immer noch unverkennbar, sagte ich George Bush. Trotzdem sei Gorbatschow nach meinem Eindruck sehr an einem guten Kontakt mit dem US-Präsidenten gelegen. Gorbatschow habe die Hoffnung, daß dies mit ihm besser möglich sei als mit Ronald Reagan. In dieser Auffassung werde er sehr stark von seiner Frau Raissa unterstützt. Diese habe sich sehr nett über Barbara Bush geäußert. Ich empfahl George Bush daher, ein Stück auf Gorbatschow zuzugehen, und schlug ihm vor, von sich aus

50 PERESTROIKA UND DIE DEUTSCHE FRAGE

ab und zu eine direkte Nachricht an Gorbatschow zu geben. Das wäre ein Zeichen des wachsenden Vertrauens zwischen den USA und der Sowjetunion. Für Gorbatschow sei ein persönliches Vertrauensverhältnis sehr wichtig, die ›Chemie‹ müsse stimmen.

Ich selbst hätte Gorbatschow nachdrücklich erklärt, daß es keine Chance gebe, einen Keil zwischen die USA und die Bundesrepublik zu treiben oder die Europäer von den USA abzukoppeln. Gorbatschow habe auf diese Bemerkung heftig reagiert; es sei keineswegs seine Absicht, die Bundesregierung aus dem Westen herauszulösen. Neutralismus würde zur Destabilisierung führen. Dies wäre auch eine Gefahr für die Sowjetunion. Gorbatschows Botschaft an die Deutschen sei gewesen, daß der Kalte Krieg vorbei sei, eine neue Generation lebe und man bei allen Unterschieden der Systeme jetzt auf Zusammenarbeit setzen solle. Ich hätte Gorbatschow darin zugestimmt, aber gleichzeitig betont, daß es in wesentlichen Fragen unterschiedliche Auffassungen gebe, vor allem was die Teilung Deutschlands und den Status Berlins angehe. Gorbatschow wisse, wo ich, Helmut Kohl, stünde und daß es gut sei, diese Position zu respektieren.«

In einer Schlußbilanz bewerten alle Bonner Parteien den Besuch Gorbatschows als »herausragendes Ereignis« und als »großen Erfolg«. Die Bundestagsfraktionen von CDU/CSU, FDP und SPD verständigen sich darüber hinaus auf eine gemeinsame Resolution, die mit großer Mehrheit vom Plenum verabschiedet wird.

»Ich selbst«, so Kohl, »erläuterte in einer Regierungserklärung den Stellenwert des Besuches und zitierte dabei den bemerkenswerten Satz Gorbatschows: ›Wir ziehen den Strich unter die Nachkriegsperiode.‹ Ich wies auf meine Tischrede beim Gala-Diner für Gorbatschow hin, in der ich mit den Worten der Präambel des Grundgesetzes den politischen Willen der Bundesregierung bekräftigt hatte, in freier Selbstbestimmung die Einheit und Freiheit Deutschlands zu vollenden und als gleichberechtigtes Glied in einem vereinten Europa dem Frieden der Welt zu dienen. Selbstbestimmung sei heute aktueller denn je: Jede den Völkern Europas eröffnete echte Wahlmöglichkeit, jedes Mehr an Freiheit, an Menschenrechten, jeder weitere Schritt zur Überwindung trennender Grenzen in Europa und in der Welt sei immer auch ein Markstein auf dem Weg zu freier Selbstbestimmung des ganzen deutschen Volkes.«

Am Schluß seiner Regierungserklärung geht der Kanzler auf die Bedeutung der Gemeinsamen Erklärung ein: »Diese enthält Formulierungen, die uns Deutschen gerade auf diesem wichtigen Feld in einer bemerkenswerten Weise entgegenkommen. Hier ist ein politisches Programm vorgezeichnet, das wir in den kommenden Jahren Schritt für Schritt umsetzen wollen. Seine Verwirklichung hängt untrennbar damit zusammen, daß sich, wie es in der Gemeinsamen Erklärung wörtlich heißt, das Recht aller Völker und Staaten, ihr Schicksal frei zu bestimmen, und die uneingeschränkte Achtung der Grundsätze und Normen des Völkerrechts, insbesondere die Achtung des Selbstbestimmungsrechts der Völker, in ganz Europa endlich durchsetzen.«

»Ich habe mir« – so Helmut Kohl – »damals vorgestellt, was für Empfindungen wohl ein junger Mann oder eine junge Frau aus dem östlichen Teil unseres Vaterlandes haben mußte, die meine Regierungserklärung in Radio oder Fernsehen verfolgt haben. Ihnen mußte in diesem Augenblick doch bewußt sein, daß wir sie nicht abgeschrieben hatten, sondern beharrlich daran arbeiteten, ihnen eine Zukunft in Freiheit zu ermöglichen. Der Gorbatschow-Besuch in der Bundesrepublik war ein Signal der Hoffnung auch für unsere Landsleute in der DDR.«

Der SED-Staat
in der Defensive

Für den SED-Generalsekretär Erich Honecker und sein Politbüro sind der Gorbatschow-Besuch in der Bundesrepublik und
vor allem die Gemeinsame Erklärung ein Affront. Sie gehen –
wie die Geschichte zeigen wird, durchaus zu Recht – davon aus,
daß die Daseinsberechtigung der DDR vor allem darin besteht,
»sozialistische Alternative zur kapitalistischen BRD« zu sein.
Nun weicht Gorbatschow ausgerechnet in der Bundesrepublik
diese Gegensätze weiter auf, isoliert die reformfeindliche SED-
Führung zusehends und steigert damit den Druck auf diese.
Mit anderen Worten: Aus Ost-Berliner Sicht wird das Thema
Reformen allmählich zu einer existentiellen Bedrohung.

»Wenn ich heute zurückschaue« – so Helmut Kohl – »und
mich in Honeckers Lage versetze, dann wird er im Frühjahr
1989 geglaubt haben, noch gute Karten im Spiel zu haben –
zumal er ja zu diesem Zeitpunkt schon etwas der Wirklichkeit
entrückt war. Das war mir bereits während seines Besuches in
Bonn im September 1987 aufgefallen. Ich sprach damals mit
dem SED-Generalsekretär und seinem Wirtschaftslenker Günter Mittag und fragte Honecker während unserer Unterhaltung,
wie es eigentlich um seine Nachfolge bestellt sei. Er war ja nicht
mehr der Allerjüngste, und es war daher legitim, diese Frage zu
stellen. Zu meinem Erstaunen reagierten sowohl Honecker als
auch Mittag mit einer ungewöhnlichen Heiterkeit. Honecker
wird wohl gedacht haben: ›Der ist vielleicht gar nicht so unsympathisch, der Helmut Kohl, aber doch ziemlich ahnungslos.‹

›Gar nicht so unsympathisch‹, weil wir trotz härtester politischer Gegensätze ein irgendwie menschliches, wenn auch seltsames Verhältnis zueinander hatten. Wir hatten uns 1984 in Moskau am Rande der Beisetzungsfeierlichkeiten für den verstorbenen sowjetischen Generalsekretär Juri Andropow zum ersten Mal getroffen. Das war wirklich eine sehr ungewöhnliche Begegnung. Honecker besuchte mich in der Gäste-Datscha, in der ich wohnte. Durch ein Spalier von Fotoreportern und Fernsehleuten trat er ein. Als er mich sah, war er sichtlich befangen, sogar verlegen, denn ich verkörperte gerade damals – zur Zeit der Stationierung der amerikanischen Mittelstreckenraketen – aus kommunistischer Sicht den Erzbösewicht. Ich zeigte auf das reichhaltige Buffet und fragte ihn: ›Herr Generalsekretär, haben Sie schon etwas gegessen?‹ Er antwortete: ›Ja, ja‹, worauf ich erwiderte: ›Essen Sie doch noch etwas mit. Sie in der DDR müssen es ja sowieso bezahlen.‹ Er schaute mich überrascht an. Dann setzte er sich zu mir und griff noch einmal zu. Kurz darauf schlug ich Honecker in Anspielung auf unsere fast gemeinsame Heimat vor, doch pfälzisch miteinander zu reden, denn ›dafür haben die hier beim Abhören keinen Dolmetscher‹. Er schaute mich wieder beinahe entgeistert an – aber dann fing er wirklich herzhaft an zu lachen.

Es fiel uns nicht schwer, pfälzisch miteinander zu reden, denn er stammte aus dem saarländischen Becksbach, das nicht weiter als achtzig Kilometer von Ludwigshafen entfernt ist. Eineinhalb Stunden plauderten wir über Begebenheiten und Gestalten aus der Heimat. Honecker erzählte von seinem Zuhause, von seiner Zeit als kommunistischer Jugendsekretär an der Saar. Wir klapperten die ganze Gegend ab, stellten daraufhin fest, daß wir viele gemeinsame Bekannte hatten, vor allem aus dem katholischen Klerus.

Wir kamen auch auf Willi Graf zu sprechen. Der Medizinstudent hatte dem Kreis der Geschwister Scholl angehört und war von den Nationalsozialisten hingerichtet worden. Grafs Eltern betrieben das Kolping-Haus in Saarbrücken, in dem auch der Jungkommunist Honecker hin und wieder aufgetaucht war. Auf meine Vermittlung hin machte es Honecker später möglich, daß die Schwester des Hingerichteten bis dahin unzugängliche Akten des Volksgerichtshofes aus einem Ost-Berliner Archiv erhielt.

Die Unterhaltung wurde immer entspannter. Das waren für Honecker natürlich Heimatklänge, die er da in Moskau fernab jeglicher Politik vom deutschen Bundeskanzler vernahm. Er mußte auch seinen politischen Freunden von unserem Gespräch erzählt haben, denn als einige Zeit darauf Volkskammerpräsident Horst Sindermann nach Bonn kam, sagte dieser recht unvermittelt zu mir: ›Sie sind ja wirklich so, wie der Generalsekretär erzählt hat.‹ Ich fragte ihn, was Honecker denn gesagt habe. Und da erzählte mir Sindermann die Geschichte von der Datscha.

Andererseits muß Honecker auch geglaubt haben, ich sei ›ziemlich ahnungslos‹, um das einmal zurückhaltend auszudrücken. Das galt in den darauffolgenden Jahren, spätestens im Sommer 1989, sicher noch mehr, denn aufgrund der ihm zugeleiteten Berichte und Informationen – nicht zuletzt der inzwischen bekannt gewordenen Aufklärungsergebnisse der Stasi – mußte er annehmen, ich säße auf einem Stuhl, dessen Beine angesägt seien, ohne daß ich dies merkte.«

Die Konsequenzen eines Sturzes der von ihm geführten Bundesregierung, den Honecker im Sommer 1989 für möglich gehalten habe, schätzt der Bundeskanzler folgendermaßen ein: »Nutznießer wäre allein die Opposition gewesen. Das, was vielerorts als ›hohle Vereinigungsrhetorik‹ verunglimpft wurde, würde dann – so erwartete man nicht nur in der SED, sondern auch bei der SPD und den Grünen – ein Ende gehabt haben. Endlich wäre der Weg für eine ›realistische‹ Bonner Deutschlandpolitik frei gewesen.« Mit »realistisch« war die Anerkennung der DDR-Staatsbürgerschaft ebenso gemeint wie das faktische Abrücken vom Wiedervereinigungsgebot des Grundgesetzes.

In dieser für Honecker vermeintlich günstigen Situation beginnt es nun für ihn kritisch zu werden. Die Unzufriedenheit über die wachsenden wirtschaftlichen Schwierigkeiten, vor allem aber über die ausbleibenden Reformen, führen trotz eines ständig ausgebauten Unterdrückungsapparats zu offenen Unmutsbekundungen in der Bevölkerung der DDR.

»Das Problem für Honecker« − so der Kanzler − »lag in der prinzipiellen Entwicklung im gesamten Warschauer Pakt. Man muß sich das nicht aus dem Blickwinkel eines geschichtsphilosophischen Seminars vorstellen, sondern in der praktischen Betrachtung der Menschen. Was haben denn unsere Landsleute in der DDR damals täglich im West-Fernsehen für Bilder sehen können? An einem Tag sahen sie Hunderttausende in den baltischen Staaten, die gegen die zwischen Hitler und Stalin verabredete Annexion ihrer Länder vor fünfzig Jahren demonstrierten. Am anderen Tag konnten sie eine Kundgebung der Reformer auf dem Roten Platz verfolgen. Sie hörten Debatten-Ausschnitte aus dem Obersten Sowjet, in dem über Minderheitenrechte geredet wurde, nachdem lange genug gesagt worden war, es gäbe nur noch den einheitlichen Sowjetmenschen. Sie haben nach Polen geschaut und dort einen polnischen Ministerpräsidenten erlebt, der noch vor kurzer Zeit von derselben Polizei verfolgt wurde, die nun für ihn Eskorte fuhr. Viele Menschen aus der DDR hatten Gelegenheit, im Urlaub persönliche Erfahrungen in Ungarn zu sammeln. Dort hatten sie gesehen, wie die Leute am Morgen von Budapest nach Wien fuhren und einkaufen gingen und dann am Abend zurückkehrten. Es war die natürlichste Sache der Welt, daß man sich in diesem Augenblick in Dresden, in Leipzig, Dessau und Potsdam die Frage stelle: ›Was geschieht eigentlich bei uns in der DDR? Ist jetzt nicht die Stunde gekommen zu sagen: Wir gehen raus?‹«

In der Tat steigt seit Beginn des Jahres 1989 die Zahl der Ausreisewilligen sprunghaft an. Dies belastet natürlich auch das Verhältnis beider deutscher Staaten zueinander. Für die Bundesregierung gilt es daher, einerseits behutsam die pragmatische Politik der kleinen Schritte im Sinne menschlicher Erleichterungen fortzusetzen, andererseits aber die Grundpositionen ihrer Deutschlandpolitik zu wahren. Am 4. Juli 1989 reist Kohls neuer Kanzleramtschef Rudolf Seiters, innerhalb der Bundesregierung zuständig für die operative Deutschlandpolitik, zu seinem Antrittsbesuch bei Honecker nach Ost-Berlin. »Rudi Seiters«, so Kohl, »hatte sich innerhalb kürzester Zeit in seine schwierige Aufgabe als Chef des Bundeskanzleramtes eingearbeitet. Ich schätzte ihn ganz besonders wegen seiner absoluten Zuverlässigkeit, wegen seines sicheren Gespürs und des menschlichen Takts, mit dem er viele komplizierte Situationen meisterte.«

Neben der Ankündigung, das Verhältnis zwischen beiden deutschen Staaten weiter verbessern zu wollen, und der Erörterung einer Reihe pragmatischer Fragen weist Seiters in Ost-Berlin auch auf die Konsequenzen der KSZE-Menschenrechtsverpflichtungen hin, die sich aus der Schlußakte von Helsinki für alle Unterzeichnerstaaten, und damit auch für die DDR, ergeben.

Der SED-Generalsekretär pocht seinerseits auf die Unverletzlichkeit der Grenzen und die Achtung der territorialen Integrität und der Souveränität aller Staaten in Europa als grundlegende Bedingungen für den Frieden. Seiters versichert, die Bundesregierung habe die Verpflichtung auf sich genommen, die Grenzen nicht in Frage zu stellen. Sie habe aber auch immer darauf hingewiesen, daß eine friedensvertragliche Regelung noch ausstehe.

Überraschend kommt Honeckers Erklärung zum Schießbefehl an der innerdeutschen Grenze: Künftig werde nur noch im Fall von ›Notwehr, Angriff und Desertion von der Waffe Gebrauch gemacht‹. Bis dahin hat die DDR-Führung die Existenz eines solchen Schießbefehls überhaupt nur indirekt eingestanden, etwa wenn Honecker um die Jahreswende 1986/87 behauptet, den Waffeneinsatz auf den Fall persönlicher Gefährdung der Grenzsoldaten beschränkt zu haben; tatsächlich sind der Zentralen Erfassungsstelle in Salzgitter allein im Laufe des Jahres 1988 mindestens neunundzwanzig Fälle von Schußwaffengebrauch an der Grenze gemeldet worden. Erst wenige Monate zuvor, noch im Februar 1989, ist der junge Chris Gueffroy bei dem Versuch, von Ost- nach West-Berlin zu fliehen, von DDR-Grenzsoldaten erschossen worden.

Kaum ist Seiters aus Ost-Berlin zurück, überstürzen sich die Ereignisse: Der Warschauer Pakt widerruft im Schlußkommuniqué von Bukarest die Breschnew-Doktrin, mit der die Sowjetunion bei einer »Gefährdung des Sozialismus« ein Interventionsrecht der kommunistischen Bruderländer − wie zum Beispiel bei der Niederschlagung der politischen Reformbewegung in der Tschechoslowakei, des sogenannten Prager Frühlings, im Jahre 1968 − beansprucht hatte. Jede Einmischung in die inneren Angelegenheiten, jeder Versuch, die Souveränität der Staaten zu begrenzen, sei unannehmbar, heißt es nun. Die Ähnlichkeit mit der deutsch-sowjetischen Gemeinsamen Erklärung vom Juni des Jahres ist unübersehbar. Honecker ist so verärgert darüber, daß er den Warschauer-Pakt-Gipfel schon am darauffolgenden Tag verläßt. Offiziell wird später mitgeteilt, er habe eine Gallenkolik erlitten und sich in Urlaub begeben.

Doch auch im innerdeutschen Verhältnis werden die Dinge komplizierter. In Ost-Berlin haben seit Mitte Juli Deutsche, denen die Ausreise verweigert worden ist, Zuflucht in Bonns Ständiger Vertretung gesucht. Gleiches geschieht in der Bonner Botschaft in Budapest. Das DDR-Außenministerium wirft der Bundesrepublik »grobe Einmischung in souveräne Angelegenheiten der DDR« vor. Man bestreitet den Botschaften der Bundesrepublik jegliches Recht, für Flüchtlinge aus der DDR tätig zu werden. Die Wahrnehmung sogenannter Obhutspflichten sei eine »typisch großdeutsche Anmaßung«. Helmut Kohl: »Wir protestierten mit einer Gegenerklärung. Es könne keine Rede davon sein, hieß es darin, daß sich Deutsche aus der DDR in der Ständigen Vertretung und in Botschaften der Bundesregierung widerrechtlich aufhielten. Der Zugang zu den Missionen stehe grundsätzlich allen Deutschen offen. Dies entspreche auch den Festlegungen der KSZE-Folgekonferenz von Madrid.«

Am 8. August schließt die Bundesrepublik ihre Ständige Vertretung in Ost-Berlin bis auf weiteres für den Publikumsverkehr. Man sei gezwungen, dies zu tun, verlautet aus Bonn, denn inzwischen hätten dort einhundertdreißig Personen Zuflucht gesucht. Der Aufenthalt weiterer Deutscher unter menschenwürdigen Bedingungen sei nicht mehr gewährleistet. Die vorübergehende Schließung bedeute jedoch keine Abkehr von der Politik der Bundesregierung, die nach wie vor auf eine humanitäre Lösung der Probleme ausreisewilliger DDR-Bürger abziele.

»Ich war« – so Kohl – »voller Sympathie für diejenigen, die sagten: ›Wir wollen raus, wir können nicht anders.‹ Ich fand es schäbig, wenn ihnen vorgehalten wurde, sie kämen nur aus wirtschaftlichen Gründen. Freiheit ist unteilbar, und wirtschaftliche Freiheiten wie zum Beispiel das Recht der freien Berufswahl oder auf Eigentum gehören mit dazu. Wer sechsundzwanzig, siebenundzwanzig Jahre alt ist und das Leben, dieses große Abenteuer, vor sich hat und sich sagt: ›Ich greife die Gelegenheit beim Schopfe, ich stelle einen Ausreiseantrag oder setze mich in die Ständige Vertretung ab und fange ein neues

Leben an – und sei es auch nur mit einer Plastiktüte in der Hand –, dem kann ich doch nicht vordergründige materialistische Motive unterstellen.«

Angesichts der dramatischen Ereignisse bricht Kanzleramtsminister Seiters in Abstimmung mit dem Bundeskanzler seinen Urlaub in Tirol ab. Kohl befindet sich seit dem 21. Juli in St. Gilgen, seinem österreichischen Feriendomizil am Wolfgangsee. Er habe sich bemüht, nach einem aufreibenden Jahr etwas Entspannung zu finden: »Der einzig feste Termin war mein täglicher Anruf im Kanzleramt bei Eduard Ackermann. Gegen neun Uhr morgens versammelten sich mein außenpolitischer Berater Horst Teltschik und gegebenenfalls auch Rudi Seiters bei ihm im Zimmer und schalteten das Telefon auf Lautsprecher. Ich erteilte bei dieser Gelegenheit gleich auch die wichtigsten Aufträge des Tages. Die anderen anfallenden Telefonate erledigte ich, wie immer, am späten Abend. Wie üblich, hatte mich mein Büroleiter Walter Neuer nach St. Gilgen begleitet und mit seinem mobilen Büro im Gasthof Kendler Quartier genommen, ausgerüstet mit einem Fernschreiber, über den auch verschlüsselte Meldungen empfangen und abgesetzt werden konnten.«

Obwohl ständig mit dem Bonner Kanzleramt in Kontakt und laufend über die dramatischen Ereignisse informiert, hält sich Kohl zunächst mit öffentlichen Erklärungen zurück: »Wir wollten die DDR-Führung nicht noch mehr verunsichern. Wir waren an einer Eskalation nicht interessiert. Auf östlicher Seite warteten einige doch nur auf schärfere Töne aus Bonn, um zu den aggressiven Methoden des Kalten Krieges zurückkehren zu können. Entsprechend moderat im Ton verfaßte ich auch meine persönliche Botschaft an Honecker, die von einem leitenden Angehörigen des Kanzleramtes am 11. August dem Stellvertretenden DDR-Außenminister Kurt Nier überreicht wurde. Dennoch stellte ich noch einmal unmißverständlich klar, daß die

Bundesrepublik nicht von ihrer Praxis abrücken werde, sich für alle Deutschen verantwortlich zu fühlen und damit auch für diejenigen, die Zuflucht in den diplomatischen Vertretungen gesucht hätten.«

In dem Brief des Bundeskanzlers heißt es weiter: »Unser Wunsch ist freilich, daß die Menschen in ihrer angestammten Heimat ein für sie lebenswertes Leben führen können. Nach meinem Eindruck sehen derzeit nicht nur einzelne, sondern eine größere Zahl, insbesondere auch viele jüngere Menschen, dafür unter den gegebenen Umständen keine Perspektive. Dies zu ändern liegt ausschließlich in der Verantwortung der Führung der Deutschen Demokratischen Republik. ... Auf die Dauer sind Belastungen unserer Beziehungen mit negativen Auswirkungen in allen Bereichen nicht auszuschließen.«

Wie schon Nier pocht auch Honecker weiter gebetsmühlenartig auf die Souveränität der DDR und hebt wieder einmal hervor, daß die Bundesregierung keinerlei Zuständigkeiten für die Bürger der DDR besitze. Er droht, daß »bei einer Beibehaltung dieser Praxis ... Belastungen unserer Beziehungen nicht auszuschließen« seien. Die Lösung des entstandenen Problems sei nur möglich, wenn die Bundesregierung dafür Sorge trage, daß die Bürger der DDR »unverzüglich die Vertretungen der Bundesrepublik Deutschland verlassen«. Honecker sichert zu, daß den Betroffenen nach Verlassen der Missionen keine Nachteile entstünden. Darüber hinausgehende Zusagen seien jedoch nicht möglich. Im übrigen betrachte er die Vorhaltungen des Bundeskanzlers als »eine Einmischung in souveräne Angelegenheiten eines anderen Staates«; dies sei der Gestaltung gutnachbarlicher Beziehungen zwischen beiden Staaten nicht dienlich.

Dennoch benennt der SED-Generalsekretär in seiner Antwort vom 17. August einen Gesprächspartner für Kanzleramtsminister Seiters, nämlich den Stellvertretenden Außenminister

62 DER SED-STAAT IN DER DEFENSIVE

Werner Krolikowski. Ein entsprechendes Treffen, das bereits am darauffolgenden Tag in Ost-Berlin stattfindet, verläuft ergebnislos und führt eher noch zu einer Verhärtung der Lage. Offenbar verfolgt Ost-Berlin das Ziel, ein Gespräch auf höchster Ebene herbeizuführen.

»Ich sollte also« – so der Kanzler – »in die DDR reisen. Ich erklärte meine grundsätzliche Bereitschaft dazu, falls die Lage in der Ständigen Vertretung in Ost-Berlin und der Botschaft in Budapest sich so zuspitzen sollte, daß es zwingend geboten wäre, einen direkten Kontakt aufzunehmen. Einen offiziellen Besuch schloß ich in der gegenwärtigen Lage jedoch aus. Ich war überzeugt: Die Zeit arbeitet gegen Honecker. Auch für ihn galt der berühmte Satz, den Talleyrand zu Napoleon gesprochen hatte: ›Sire, auf Bajonetten kann man nicht sitzen!‹«

Der SED-Parteichef droht inzwischen der Bundesrepublik in aller Öffentlichkeit. Er spricht von »ständigen Angriffen und vielfältigen Störversuchen«, die alle das Ziel hätten, den Sozialismus auf deutschem Boden zu beseitigen. Davon zeuge die Tatsache – so Honecker –, »daß sie sich gegenwärtig besonders anstrengen, uns die Werte des Kapitalismus nahezubringen, obwohl von ihnen überhaupt keine Rede sein kann, da sie Millionen in eine neue Armut stoßen. Ihr Ziel, den Bürgern der DDR den Sozialismus madig zu machen, werden sie jedoch nie erreichen. Auch künftig werden wir stets für die Stärkung der Macht der Arbeiter und Bauern, für ihren zuverlässigen Schutz Sorge tragen.«

Zum 28. Jahrestag des Mauerbaus, dem 13. August 1989, einem Sonntag, erreicht die Propaganda aus Ost-Berlin einen neuen Höhepunkt: Während am Checkpoint Charlie wieder ein Fluchtversuch scheitert und die Verzweiflung unter den Menschen in der DDR immer weiter wächst, ist im SED-Zentralorgan *Neues Deutschland* in kaum noch zu überbietender Verkennung der Wirklichkeit zu lesen, daß die »zunehmende

Wirtschaftskraft« sich »als solides Fundament für wachsenden Lebensstandard, soziale Sicherheit, Vollbeschäftigung, hohes Bildungsniveau und kostenlose Gesundheitsfürsorge« erweise. Die barbarische Mauer wird als Garant der Stabilität gefeiert und jeglicher Reform abermals eine strikte Abfuhr erteilt: »Die Mauer wird nicht niedergelegt, solange die Bedingungen weiterbestehen, die zu ihrer Errichtung führten. Und solche Bedingungen bestehen weiter.« Der Mauerbau habe die Völker Europas vor einem »neuen kriegerischen Inferno« bewahrt.

Honecker selbst preist aus Anlaß der propagandistisch aufgebauschten Übergabe der ersten in der DDR hergestellten modernsten Mikroprozessoren die Vorzüge des DDR-Sozialismus, mit denen unter Beweis gestellt werde, »daß das Triumphgeschrei westlicher Medien über das Scheitern der sozialistischen Gesellschaftskonzeption nicht das Geld wert ist, das dafür ausgegeben wird«. Er fügt hinzu: »Den Sozialismus in seinem Lauf hält weder Ochs noch Esel auf.« Diese alte Erkenntnis der deutschen Arbeiterbewegung finde durch die große Initiative der Werktätigen der DDR ihre aktuelle Bestätigung.

EXODUS ÜBER UNGARN

In Ungarn erhält die Entwicklung, die in letzter Konsequenz zur deutschen Einheit führen sollte, einen entscheidenden Impuls: Nachdem schon am 2. Mai 1989 mit dem Abbau der Grenzsperranlagen begonnen worden ist, durchschneiden am 28. Juni der ungarische Außenminister Gyula Horn und sein österreichischer Amtskollege Alois Mock in einer symbolischen Geste vor den Augen der Weltöffentlichkeit den Stacheldraht.

Diese Ereignisse sind für diejenigen in der DDR, denen die Ausreise in den Westen verweigert wird oder die sich scheuen, einen entsprechenden Antrag zu stellen, das Signal zum Aufbruch – vor allem deshalb, weil man fürchtet, daß die Gorbatschow-Ära nicht lange andauert. Die Folge: Die Zahl der Ferienreiseanträge, die in der DDR für Ungarn gestellt werden, ist ungleich höher als in den vorangegangenen Jahren. Kohl versetzt sich in die Lage der Deutschen aus der DDR: »Da wurde in vielen Familien die Diskussion neu belebt, die sie kurz vor dem Bau der Mauer schon einmal hatten. Ich weiß aus vielen Gesprächen, wie das seit 1961 bei nicht wenigen Ehepaaren diskutiert wurde: ›Wenn du damals nicht gezögert hättest, wären wir noch rausgegangen.‹ Und so war es ja auch gewesen. Viele hatten gesagt: ›Wir warten noch, es ist noch Zeit.‹ Und dann wurde die Mauer gebaut, und sie konnten nicht mehr hinaus. Die Kinder von damals saßen heute als Eltern auf den Campingplätzen in Ungarn und sahen sich vor die gleiche Entscheidung gestellt wie einst ihre Eltern. Von nicht wenigen mußten wir deshalb annehmen, daß sie sich in den Westen absetzen wollten.«

Tatsächlich beginnt im Juli die große Flucht. Zunächst melden sich pro Woche zwanzig bis dreißig DDR-Deutsche, die die »grüne Grenze« passiert haben, bei den österreichischen Behörden. Viele werden allerdings anfangs noch auf ungarischer Seite aufgegriffen und bekommen dies in ihren DDR-Pässen vermerkt oder werden gemäß den bilateralen Verträgen in die DDR zurückgeschickt, wo sie Repressalien ausgesetzt sind – eine Praxis, von der Budapest nach Intervention Bonns jedoch bald absieht. In der Zwickmühle, einerseits den Verträgen mit der DDR gerecht werden zu müssen und andererseits den Forderungen der UN-Flüchtlingskonvention Rechnung tragen zu wollen, legen die ungarischen Grenzbehörden nunmehr lose Zettel in die DDR-Pässe ein, die die Besitzer problemlos wieder entfernen können.

Im August eskaliert die Lage in Ungarn: Zehn Tage nach der Ständigen Vertretung in Ost-Berlin muß Bonn nun auch seine Botschaft in Budapest wegen Überfüllung schließen; über 180 Ausreisewillige haben dort mittlerweile Zuflucht gesucht. Die Aufnahmekapazität ist restlos erschöpft. Insgesamt halten sich jetzt mehr als zweihunderttausend Deutsche aus der DDR in Ungarn auf, von denen viele auf grenznahen Zeltplätzen kampieren und nur auf eine günstige Gelegenheit warten, um sich in die Freiheit abzusetzen. Am 19. August ist diese Gelegenheit da: Die Paneuropa-Union – eine internationale Organisation mit Sitz in Basel – hat zusammen mit dem ungarischen Bund Freier Demokraten zu einem »Paneuropäischen Picknick« in den Grenzort Sopron eingeladen. Im Verlauf der Veranstaltung soll ein Tor im Grenzzaun für kurze Zeit geöffnet werden, um gemeinsam feiern zu können. Diese Meldung verbreitet sich wie ein Lauffeuer unter den DDR-Deutschen in Ungarn. Hunderte nutzen die Chance. Die *BILD-Zeitung* berichtet am Tag darauf: »Sie drückten das hölzerne Tor auf, hakten sich unter, sangen ›We shall overcome‹ und stürmten in die Freiheit! Rund siebenhundert DDR-Bürger rannten am Sonnabend einfach über die ungarische Grenze nach Österreich. Es war die spektakulärste Massenflucht von Ost nach West, die es je gegeben hat. Nach dem Durchbruch weinten viele Menschen, fielen sich in die Arme, einige knieten nieder, küßten die Erde.« Ermöglicht hat dies der ungarische Ministerpräsident Miklós Németh, der auf einer Länge von mehreren Kilometern um Sopron die Grenzposten hatte abziehen lassen.

Die Massenflucht von Sopron hat Signalwirkung nicht nur auf die Ausreisewilligen in Ungarn, sondern auch auf die noch Unentschlossenen in der DDR. Obwohl die Sommerferien fast vorüber sind, machen sich noch einmal Zehntausende auf den Weg nach Süden. In Budapest und vor allem in den grenznahen Städten stauen sich Trabants und Wartburgs. Der ungarische Malteser-Caritas-Dienst und das Rote Kreuz bauen mit Unterstützung der Behörden riesige Zeltlager auf. In der Bundesrepublik werden Spendenkonten für die ungarischen Hilfsdienste eingerichtet.

Noch heute – so Helmut Kohl – ärgere er sich darüber, wenn er daran denke, welche Hürden bei der Organisation der Hilfsmaßnahmen zu überwinden gewesen seien: »Ich bin immer ein leidenschaftlicher Anhänger der Hilfe für die Dritte Welt gewesen. Aber ich fand es damals zum Teil schon sehr bestürzend, um nicht zu sagen beschämend, um wieviel schwieriger es gewesen ist, Unterstützung von den großen gesellschaftlichen Gruppen – bis in kirchliche Kreise hinein – zu erhalten, wenn es sich um deutsche Landsleute handelte. Und das, obwohl es uns so gut ging wie nie zuvor. Wenn das Thema Deutschland in diesen Wochen tatsächlich wieder in den Mittelpunkt der geschichtlichen Entwicklung zu rücken begann, konnten wir den Flüchtlingen doch nicht unsere Unterstützung versagen.«

Schon am 13. August ist Staatssekretär Jürgen Sudhoff vom Auswärtigen Amt zu ersten Gesprächen über die Flüchtlingsproblematik nach Budapest gereist, wo er mit dem ungarischen Außenminister Horn zusammengekommen ist, der ein düsteres Bild von der Lage seines Landes zeichnet. Die DDR-Führung hat es zwar vermieden, Ungarn öffentlich zu verurteilen. Doch hinter den Kulissen steigern Ost-Berlin, aber auch Bukarest und Prag den Druck auf die ungarischen Reformer.

Auch gegenüber der Bundesrepublik wird der Ton Ost-Berlins von Tag zu Tag schärfer. Das SED-Zentralorgan *Neues Deutschland* behauptet gar, DDR-Bürger seien von westlichen Geheimdiensten mit Narkotika betäubt und anschließend entführt worden. Die Wirklichkeit sieht anders aus: Ganze Einsatzgruppen des Staatssicherheitsdienstes sind nach Ungarn entsandt worden, wo sie in den Zeltlagern der auf eine baldige Ausreise in den Westen hoffenden Menschen ihr Unwesen treiben.

Am 22. August wiederholt der Bundeskanzler, der einen Tag zuvor aus dem Urlaub nach Bonn zurückgekehrt ist, öffentlich seine Bereitschaft zu einem Treffen mit Honecker, wenn damit Erleichterungen für die Menschen in der DDR erreicht werden könnten. In der Verlautbarung heißt es: »Wir alle sind in diesen Wochen durch die Berichte und Bilder aus Budapest und Ost-Berlin aufgewühlt, die uns vor Augen führen, wie Männer, Frauen und Kinder – unsere deutschen Landsleute – einen Weg in die Freiheit suchen. Niemanden in unserem Land darf das Schicksal dieser Menschen gleichgültig lassen.«

Gleichzeitig fordert Kohl die DDR auf, Konsequenzen aus der aktuellen Lage zu ziehen. Er erklärt: »Für die jetzt entstandene Lage trägt ausschließlich die DDR-Führung die Verantwortung. Wir werden sie daraus nicht entlassen. Alle müssen wissen – auch die Zufluchtsuchenden –, daß nicht die Bundesregierung über ihre Ausreise entscheiden kann, sondern nur die

DDR.« Die Bundesregierung habe stets deutlich gemacht, daß niemand an einer krisenhaften Entwicklung in der DDR mit möglicherweise verhängnisvollen Folgen für ganz Europa ein Interesse haben könne. Die DDR-Führung müsse sich aber fragen lassen, was sie selbst tue, um einer solchen Entwicklung entgegenzutreten.

Aus den Zeugnissen der Menschen, die in diesen Tagen in den Westen gelangt seien, wisse man, daß es vor allem die Erstarrung des dortigen Systems und das Fehlen jeder Hoffnung auf Veränderung seien, die die Menschen dazu brächten, der DDR den Rücken zu kehren: »Wer – wie immer mehr Menschen in der DDR – für sich keine Zukunft sieht, wird auch zukünftig jedes Schlupfloch zum Entkommen als einzigen Ausweg sehen.«

Es könne die DDR-Führung nicht verwundern, daß diese Stimmung in dem Maße zugenommen habe und noch zunehme, wie sich ringsherum in Mittel- und Osteuropa tiefgreifende Veränderungen in Richtung auf Demokratisierung, Öffnung und Reformen durchsetzten, die den Menschen neue Freiheiten brächten. Die DDR dürfe sich solchen Entwicklungen nicht verschließen. Es reiche jetzt nicht mehr, an den Symptomen herumzukurieren. Auch die SED-Führung müsse die Zeichen der Zeit erkennen. Ein künftiges »Europäisches Haus« könne nicht auf Repression gebaut, sondern müsse auf dem Fundament von Freiheits- und Bürgerrechten errichtet sein.

Kohls Erklärung endet mit einem abermaligen Bekenntnis zur Einheit der Nation: »Die Entwicklung der letzten Wochen hat deutlich gemacht, daß die deutsche Frage – entgegen dem, was hier und da auch bei uns gesagt wird – nach wie vor auf der Tagesordnung der internationalen Politik steht. Der Wille der Deutschen zur Einheit in Freiheit ist ungebrochen. Was die Lösung der deutschen Frage betrifft, sind hier nicht nur die Deutschen alleine gefordert. Hierbei vertrauen wir vor allem auch auf die besondere Verantwortung der drei Westmächte. Das Verhältnis der beiden deutschen Staaten zueinander ist aber zugleich ein wesentliches Element der Stabilität in Europa, das alle europäischen Staaten berührt. In der Gemeinsamen Erklärung, die Generalsekretär Gorbatschow und ich am 13. Juni in Bonn unterzeichnet haben, sprachen wir von der ›vorrangigen Aufgabe‹ unserer Politik, ›zur Überwindung der Trennung Europas beizutragen‹. Die jetzige Lage beweist die Dringlichkeit dieser Aufgabe.«

»Als die Erklärung verbreitet wurde« – so der Kanzler –, »hatte ich bereits allen Grund, in der Flüchtlingsfrage optimistischer zu sein. Kurz zuvor, noch in St. Gilgen, hatte mich der ungarische Ministerpräsident Miklós Németh angerufen. Zu meiner Erleichterung hatte er mir mitgeteilt, er bemühe sich darum, keinen Deutschen gegen seinen Willen in die DDR zurückschicken zu müssen. Dies ließ auf eine baldige Ausreise unserer Landsleute in die Freiheit hoffen, wenngleich Zweifel blieben, denn Ungarn gehörte nach wie vor dem Warschauer Pakt an.«

Am Nachmittag des 22. August fliegt Kohl nach Berlin, um im Reichstagsgebäude ein Symposium zu eröffnen. An der Veranstaltung aus Anlaß des Kriegsbeginns vor fünfzig Jahren nehmen Historiker aus ganz Europa teil. »Als wir am darauffolgenden Morgen mit einer Maschine der amerikanischen Luftwaffe von Tempelhof in Richtung Bonn starteten, wären wir beinahe abgestürzt«, erinnert sich der Kanzler. Eine Krähe ist ins Triebwerk geraten. Die zweistrahlige C-21 mit Helmut Kohl, der Leiterin seines persönlichen Büros Juliane Weber und seinem stellvertretenden Büroleiter Stephan Eisel an Bord ist nach dem Start schon etwa zwei- bis dreihundert Meter hoch in der Luft, als es plötzlich einen explosionsartigen Knall gibt. Im rechten Triebwerk ist ein faustgroßes Loch – Vogelschlag. Mit Glück und Können gelingt es dem US-Piloten, die Maschine unter

Kontrolle zu bringen und in Tempelhof notzulanden. Mit einem Linienjet kehrt der Kanzler von Tegel aus nach Bonn zurück.

Die Lösung der Flüchtlingsproblematik rückt für die Bundesregierung näher, als der ungarische Botschafter in Bonn, István Horváth – ein Mann, der der Sache der Deutschen aufgeschlossen gegenübersteht –, mit Kohls außenpolitischem Berater Teltschik Kontakt aufnimmt und den Wunsch von Ministerpräsident Németh vorträgt, mit dem Kanzler so rasch wie möglich und unter Wahrung absoluter Diskretion zusammenzutreffen. Man einigt sich unverzüglich auf den folgenden Freitag, den 25. August. Als geheimer Treffpunkt wird Schloß Gymnich bei Bonn vereinbart.

Nur einen Tag vor dem verabredeten Treffen verschärft sich die Lage an der ungarischen Grenze zu Österreich. Offenbar auf Befehl von Offizieren haben ungarische Grenzsoldaten Jagd auf DDR-Flüchtlinge gemacht. Sie schießen mit Maschinenpistolen über die Köpfe der Flüchtenden, prügeln mit Gummiknüppeln. Selbst Kinder werden verletzt. Gleichwohl gibt es auch eine gute Nachricht: 117 Flüchtlinge dürfen aus der deutschen Botschaft in Budapest ausgeflogen werden.

Noch heute ist Kohl die innere Anspannung anzumerken, unter der er am Tag des Treffens mit Németh, dem 25. August, gestanden hat. »Außer Hans-Dietrich Genscher, der sich gerade erst von seinem Herzinfarkt erholt hatte«, so der Kanzler, »hatte ich nur Horst Teltschik, Eduard Ackermann, Rudi Seiters sowie Juliane Weber in das geplante Treffen mit der ungarischen Führung in Gymnich eingeweiht. Am frühen Freitagmorgen habe ich diesen kleinen Kreis noch einmal gebeten, unbedingtes Stillschweigen zu wahren. Es mußte alles getan werden, um das äußerst gespannte Verhältnis zwischen Budapest und Ost-Berlin nicht weiter zu verschärfen.«

Am Freitagmorgen landen Ministerpräsident Németh, Außenminister Horn und Botschafter Horváth mit einer ungarischen Regierungsmaschine auf dem militärischen Teil des Flughafens Köln-Bonn. Von dort fliegen sie mit einem Hubschrauber des Bundesgrenzschutzes weiter nach Gymnich, wo sie von Kohl und Genscher vor dem Schloß begrüßt werden. »Németh begann das Gespräch« – so der Kanzler – »mit einer ungeschminkten Schilderung der Lage Ungarns. Sein Land, das nach wie vor dem Warschauer Pakt angehöre, breche gültige Verträge, wenn es die ›Staatsbürger der DDR‹ ohne gültige Dokumente ausreisen lasse, sagte er und verwies auf die bilateralen Abkommen zwischen beiden Staaten, denen zufolge es untersagt war, Staatsbürger des jeweils anderen Landes in den Westen ausreisen zu lassen, wenn sie nicht über gültige Ausreisegenehmigungen verfügten. Niemand wisse, so fuhr Németh fort, wie Honecker, der sich mit dem rumänischen Diktator Ceauşescu zusammengetan habe, darauf reagieren werde. Er frage sich manchmal schon, wie ernst Informationen zu nehmen seien, nach denen sie gemeinsame Schritte gegen Ungarn planten.

Némeths Sorge hatte ihren Ursprung in seiner Einschätzung beider Politiker. Er berichtete, daß er vor gar nicht so langer Zeit ein Gespräch mit Honecker geführt habe, der sich einmal mehr als verbohrter Reformgegner erwiesen habe. Er, Németh, habe bei der Gelegenheit die Reformpolitik seines Landes erläutert. Honecker habe zwar zugehört, ihm aber dann drei Bücher überreicht, die er unbedingt lesen solle. Es habe sich dabei um Honecker-Reden, um Materialien über den letzten SED-Parteitag und das Programm der SED gehandelt – eine wahrlich spannende Lektüre. Ich antwortete Németh, daß ich von Honecker den gleichen Eindruck hätte wie er. Dieser wolle unter allen Umständen im Amt bleiben – und jede Reform würde ihn sein Amt kosten.

Was Ceauşescu anging, erzählte Németh, er habe den Rumänen auf dem Bukarester Treffen der Warschauer-Pakt-Staaten im Juli des Jahres als psychisch kranken Mann erlebt. Bei seinen endlosen Monologen habe er manchmal so gellend geschrien, daß ihm die Stimme versagt habe. Den Ungarn habe er vorgeworfen, die gesamte Weltpresse gekauft zu haben, um Lügen über Rumänien zu verbreiten. Auf die Entwicklung in der Tschechoslowakei und Bulgarien eingehend, zeigte sich Németh davon überzeugt, daß es nur eine Frage der Zeit sei, bis auch dort die Reformdiskussion beginne. Die Bulgaren hätten derweil so große wirtschaftliche Probleme, daß das Politbüro wiederholt einen Antrag auf Mitgliedschaft in der Sowjetunion gestellt habe.

Die ungarischen Politiker, die völlig offen über die in ihrem Lande notwendigen Reformen sprachen, berichteten uns auch, daß sie während des Warschauer-Pakt-Gipfels in einem Neuentwurf des Dokuments zur Regelung der wechselseitigen Beziehungen gefordert hatten, jedem Mitgliedsstaat das Recht auf eine eigene Entwicklung zuzugestehen. Der Vorschlag sei erst dann von einigen Teilnehmerstaaten akzeptiert worden, nachdem sich Gorbatschow mit Nachdruck dafür eingesetzt habe. Doch auch Gorbatschow, der den ungarischen Reformen ja wohlwollend gegenüberstand, sei in der sowjetischen Nomenklatura nicht unumstritten, und niemand wisse, wie Moskau letztendlich auf eine Öffnung der Grenze für die DDR-Deutschen reagieren werde. Immerhin stünden zweihunderttausend sowjetische Soldaten in Ungarn.

Miklós Németh kam dann wieder auf die eigentliche Flüchtlingsproblematik zu sprechen. Er berichtete, daß sich nach seinen Informationen sowohl in Bulgarien als auch in Rumänien und der Tschechoslowakei eine große Zahl deutscher Touristen aus der DDR aufhalte, um von dort den Fortgang der Ereignisse zu beobachten. Sie würden die nächsten Schritte der ungarischen Regierung abwarten, um davon ihre Entscheidung abhängig zu machen, entweder in die DDR zurückzukehren oder aber über Ungarn in den Westen auszureisen.

74 EXODUS ÜBER UNGARN

Dann wartete Németh endlich mit der erlösenden Nachricht auf: ›Eine Abschiebung der Flüchtlinge zurück in die DDR kommt nicht in Frage. Wir öffnen die Grenze. Wenn uns keine militärische oder politische Kraft von außen zu einem anderen Verhalten zwingt, werden wir die Grenze für DDR-Bürger geöffnet halten.‹ Es sei beabsichtigt, so Németh, alle Deutschen bis Mitte September ausreisen zu lassen.

Mir stiegen Tränen in die Augen, als Németh dies ausgesprochen hatte«, fährt Kohl fort. »Mir wurde in diesem Moment deutlicher denn je bewußt, wie wichtig und richtig es gewesen war, daß wir all die langen Jahre an der einen deutschen Staatsbürgerschaft festgehalten hatten, daß wir nicht den Forderungen aus der Opposition und weiter Teile der Medien gefolgt waren, die sich mit der Teilung unseres Landes längst arrangiert hatten. Der Gedanke, daß all diese Deutschen, die in Ungarn und anderswo ihre Ausreise in die Freiheit herbeisehnten, als Ausländer einen Antrag auf politisches Asyl hätten stellen müssen, war absurd und unerträglich gleichermaßen.«

Mehrmals habe er − Kohl − Németh gefragt, ob die Ungarn dafür eine Gegenleistung erwarteten, und jedesmal habe dieser abgewinkt mit den Worten: »Ungarn verkauft keine Menschen.« Gleichwohl gewährt die Bundesregierung dem Land einen Kredit von fünfhundert Millionen D-Mark, über den bereits seit längerer Zeit verhandelt worden ist. Außerdem sagt Bonn die Aufhebung des Visumzwangs zu und versichert Budapest der deutschen Unterstützung beim angestrebten Beitritt zur Europäischen Gemeinschaft. »Ich hielt es für selbstverständlich«, sagt Kohl, »daß wir denen helfen, die uns auch helfen. Die Ungarn hätten sich auch ganz anders verhalten können. Es war für die Regierung in Budapest keine leichte Entscheidung, trotz der geltenden Abmachungen mit der DDR-Regierung in dieser Situation einfach zu sagen: Wir lassen die Deutschen raus.«

Kaum haben der ungarische Ministerpräsident und sein Außenminister Schloß Gymnich verlassen, läuft über eine ungarische Nachrichtenagentur die Meldung, daß Németh und Horn mit dem deutschen Bundeskanzler zusammengekommen seien. »Ich erfuhr dies von Eduard Ackermann«, so Kohl, »der sich bitter darüber beklagte, daß er und seine Mitarbeiter zum Schweigen verdonnert worden seien und sich auch daran gehalten hätten, während nunmehr die Ungarn ihrerseits die Nachricht verbreiten würden. Ich beruhigte Ackermann mit dem Hinweis, daß über die Absprachen ja Gott sei Dank nichts nach außen gedrungen sei.«

In der entscheidenden Frage, wie die Moskauer Führung zu den Absichten der Ungarn steht, erhält der Bundeskanzler kurze Zeit später Klarheit, als er mit Gorbatschow telefoniert:»Ich berichtete ihm, was ich mit Miklós Németh und Gyula Horn besprochen hatte, und fragte, ob sie seine Unterstützung hätten. Gorbatschow schwieg zunächst. Dann antwortete er: ›Die Ungarn sind gute Leute‹ – nicht mehr und nicht weniger. Für mich war damit klar, daß der ungarische Ministerpräsident und sein Außenminister nicht auf eigene Faust handelten, sondern daß sie sich des ›Segens‹ aus Moskau sicher waren. Dies mußte für das SED-Regime unweigerlich der Anfang vom Ende sein.«

Während abseits der Öffentlichkeit im Dreieck Moskau–Budapest–Bonn Entscheidungen von weltgeschichtlicher Tragweite vorbereitet werden, beschäftigt sich die innenpolitische Berichterstattung der Medien vor allem mit dem vermeintlich bevorstehenden Ende von Kohls Zeit als CDU-Vorsitzender. Da der für den 10. September anberaumte Parteitag naht, fragen sich die Leitartikler:»Zielen die Kohl-Kritiker Ernst Albrecht, Rita Süssmuth, Lothar Späth und Kurt Biedenkopf auf die Ablösung des Kanzlers?« oder: »Ist Heiner Geißler stärker als Kohl?«

»Zwischen mir und Heiner Geißler als Generalsekretär«, so

Kohl, »war in der Tat das Tischtuch zerschnitten. Ende August – es war mein erster Arbeitstag nach der Rückkehr aus meinem Urlaub – hatte ich eine harte Auseinandersetzung mit Heiner Geißler, dem ich schon ein knappes Jahr zuvor einen Brief geschrieben und den ich darin aufgefordert hatte, er möge mir gegenüber loyaler sein, ansonsten müßte ich mich von ihm trennen. Geißler hatte dies offenbar wenig ernst genommen. Er erschien an jenem Morgen im Kanzleramt und breitete vor mir seine Akten aus – zur Vorbereitung des Parteitages. Ich habe ihn gefragt: ›Was willst du mit den Akten?‹ Geißler antwortete: ›Wir müssen über den Parteitag reden.‹ Ich entgegnete ruhig: ›Es gibt darüber nichts zu bereden. Du wirst von mir nicht mehr als Generalsekretär vorgeschlagen. Ich habe dir das rechtzeitig mitgeteilt.‹ Geißler saß völlig versteinert da und sagte: ›Das kannst du nicht machen.‹ Ich antwortete ihm: ›Das werden wir ja sehen.‹ Er packte seine mitgebrachten Unterlagen zusammen und ging.«

Eine Woche später begründet Kohl in den Führungsgremien der Partei seine Trennung von Geißler als CDU-Generalsekretär: Nach der Satzung sei es das Recht des Parteivorsitzenden, dem Parteitag einen Generalsekretär seiner Wahl vorzuschlagen. Geißler, ein langjähriger politischer Weggefährte und Freund, habe sein Amt mit Bravour, Mut und Intelligenz sowie Ideenreichtum geführt. Er habe mehr als alle anderen die Pfeile des politischen Gegners auf sich gezogen. Trotzdem sei er, Kohl, nach sorgfältiger Prüfung zu der Überzeugung gelangt, daß das notwendige Vertrauen für die Zusammenarbeit nicht mehr bestehe. Geißler habe offenbar andere Vorstellungen vom Auftrag eines Generalsekretärs als er. Mit der Entscheidung für einen neuen Kandidaten – Volker Rühe – sei keine Veränderung der politischen Richtung verbunden.

Unterstützung erhält der CDU-Vorsitzende im Parteivorstand von Altbundespräsident Karl Carstens. Und auch der

CDU/CSU-Fraktionsvorsitzende Alfred Dregger stellt sich hinter Kohl: Der Parteivorsitzende habe nicht nur das Recht, sondern auch die Pflicht zu einem solchen Schritt, wenn die Vertrauensbasis so brüchig geworden sei. Der wichtigste Mann sei der Vorsitzende – zumal wenn er Kanzler sei. Andere warnen vor einer Zerreißprobe. Sie werfen Kohl vor, die Ablösung Geißlers schade der Sache der Union. Selten habe ein Vorgang wie dieser die Öffentlichkeit und wichtige Teile der Partei derart getroffen; die Trennung von Heiner Geißler stelle eine schwere Verletzung der von Christen geschuldeten Rücksichtnahme im mitmenschlichen Umgang dar. Damit sei auch das ›C‹ im Namen der CDU in Gefahr, die Partei befinde sich in einer tiefen Identitätskrise. Auch wird Kohl vorgeworfen, die Entscheidung an den Führungsgremien der Partei vorbei getroffen zu haben. Hier sei ein Mensch einem Zweck geopfert worden. Mit diesem Streit, den Kohl vom Zaun gebrochen habe, würden die Wahlchancen der CDU nicht verbessert. Andere gehen so weit, ihre künftige Mitarbeit in Parteipräsidium und -vorstand in Frage zu stellen.

Geißler selbst verteidigt sich gegen den Vorwurf der Illoyalität mit dem Hinweis, er habe es an Unterstützung für den Bundeskanzler nicht fehlen lassen. Man dürfe aber auch intern nicht zu allem ja und amen sagen. Im übrigen gehöre seine Loyalität nicht nur dem Vorsitzenden, sondern auch der CDU. Natürlich sei es ihm manches Mal schwergefallen, Entscheidungen mitzutragen, auch habe es zwischen ihm und Helmut Kohl unterschiedliche Auffassungen gegeben. Man habe versucht, ihn zum Sündenbock für alle Probleme der Partei zu machen. Er bedauere sehr, daß der Parteivorsitzende seine Entscheidung nicht zuvor mit ihm oder anderen Mitgliedern des Präsidiums beraten habe. Durch Inhalt und Stil der Auseinandersetzung seien erheblicher Streit und Unruhe in die Partei hineingetragen worden. Geißler berichtet weiter, daß der Bundeskanzler ihm noch zwei Monate zuvor das Amt des Bundes-innenministers angeboten habe. Er habe nach dreitägiger Über-legung abgelehnt, weil diese zusätzliche Belastung nicht mit seiner Aufgabe als Generalsekretär zu vereinbaren sei.

Kohl erinnert sich noch lebhaft an jene dramatische Vor-standssitzung vom 28. August 1989: »Zum Schluß ergriff ich nach mehr als dreißig Diskussionsbeiträgen selbst noch einmal das Wort. Ich sagte, es sei schon komisch, daß ich für manche in der einen Woche Entscheidungen ›aussäße‹, in der anderen Woche dann wieder ein ›Diktator‹ sei, der ›wie eine Dampf-walze‹ über die Interessen der Menschen hinwegrolle. Beides gleichzeitig könne doch wohl nicht stimmen. Ich hätte aller-dings meine Überzeugungen, und für diese stünde ich auch ein. Nicht zuletzt deshalb sei ich das Hauptangriffsziel für viele Medien. Die Stationierung der Mittelstrecken-Raketen 1983 habe jedoch gezeigt, daß es richtig sei, auch gegen die veröf-fentlichte Meinung die als richtig erkannte Politik durchzuset-zen. Ich sagte: ›Mir ist gleichgültig, was die Gegner und die politischen Magazine schreiben. Darüber beschwere ich mich nicht. Aber ich gebe zu, daß ich etwas Wärme der Partei um mich herum brauche.‹ Die Entscheidung, Heiner Geißler nicht wieder zu nominieren, sei eine der schwierigsten Personalent-scheidungen gewesen, die ich in meinem Leben getroffen hätte. Ich sei nach reiflicher Überlegung zu der Auffassung gelangt, daß es eine ersprießliche Zusammenarbeit nicht mehr geben könne. Man könne dies kritisieren. Ich müsse mich die-ser Kritik stellen, aber man könne nicht erwarten, daß ich ein Thema um des lieben Friedens willen einfach unter den Tisch kehre. Gerade in der gegenwärtigen weltpolitischen Lage schauten viele auf die politische Führung der Bundesrepublik und fragten sich, ob diese in der Lage sei, Kurs zu halten. Jeder wisse, wofür ich stehe. Wer etwas anderes wolle, solle es offen aussprechen.«

Helmut Kohl – sonst mit einer widerstandsfähigen Natur ausgestattet – macht zu dieser Zeit auch sein Gesundheitszustand zu schaffen: »Just in der Woche vor dem Bremer Parteitag, als ich auf den Termin für die Öffnung der österreichisch-ungarischen Grenze wartete, erkrankte ich an der Prostata. Schon bei einem Koalitionsgespräch am Dienstagabend, dem 5. September, hatte ich solch starke Schmerzen, daß ich wiederholt die Runde verlassen mußte. Unerträglich wurden die Beschwerden in der Nacht von Donnerstag auf Freitag. Ich wußte nicht mehr ein noch aus, habe mich von meinem Schlafzimmer aus quer durch den Garten des Kanzleramtes zur Wache geschleppt, von wo mich die Grenzschutzbeamten in einem Peterwagen ins Bonner Johanniter-Krankenhaus brachten. Die Frage war zunächst, ob es möglich sein würde, die Sache ohne Operation wieder unter Kontrolle zu bringen.

Mir fiel ein, daß einer der bedeutendsten Urologen Europas – Professor Rudolf Hohenfellner – an der Mainzer Universitätsklinik praktizierte. Ich suchte ihn auf und ließ mich untersuchen. Er eröffnete mir dann seelenruhig: ›Das muß operiert werden, bleiben Sie gleich da, das machen wir morgen früh.‹ Für mich kam das einer Katastrophe gleich. Niemand hätte mir damals in dieser Situation abgenommen, daß ich wirklich krank war. Es gab den offenen Konflikt zwischen Heiner Geißler und mir, und viele würden denken, daß ich mich vor der Auseinandersetzung mit ihm und seinen Anhängern auf dem bevorstehenden Parteitag drücken wollte. Deshalb sagte ich: ›Herr Professor, ich muß auf jeden Fall nach Bremen.‹ Wir einigten uns auf einen provisorischen Eingriff, um die Operation noch einige Tage hinausschieben zu können. Der von mir ebenfalls hochgeschätzte Bonner Professor Walter Möbius fuhr dann mit nach Bremen, saß dort hinter den Kulissen und weiß seitdem, wie er sagt, was wirklicher Streß ist. Juliane Weber mußte während des Parteitages unzählige Male die Frage beantworten, wer denn dieser Herr in der Umgebung des Kanzlers sei. ›Ein neuer Mitarbeiter!‹, beschied sie die Fragenden.«

Wenige Stunden vor seiner Abreise zum CDU-Bundesparteitag – es ist in der Mittagszeit des 10. September, eines Sonntags – erhält der Bundeskanzler nach Tagen angespannten Wartens, in denen allerlei Falschmeldungen und Gerüchte für Verunsicherung gesorgt haben, von Botschafter Horváth endlich die Nachricht aus Budapest, daß es um 24 Uhr desselben Tages soweit sein werde. Das unerwartete zeitliche Zusammentreffen dieses Ereignisses mit dem Bremer Parteitag, das Helmut Kohl bei der Abwehr des Angriffs der Gruppe um Geißler und Süssmuth atmosphärisch äußerst gelegen kommt, verdankt er – wie er später erfahren wird – ausgerechnet dem außenpolitischen Sprecher der SPD-Bundestagsfraktion, Karsten Voigt.

Der Sozialdemokrat hat sich Anfang September zu Gesprächen in Budapest aufgehalten. Dabei hat er von Horns Staatssekretär Kovacs unter dem Siegel höchster Verschwiegenheit die zutreffende Information erhalten, daß die ungarische Regierung die Deutschen aus der DDR am 6. September ausreisen lassen werde. Noch in Budapest teilt Voigt dies westdeutschen Reportern mit, womit die Sache publik ist. Daraufhin beschließen die Ungarn, den Termin auf die Nacht vom 10. zum 11. September zu verlegen.

Für Verstimmung sorgt in diesem Zusammenhang auf ungarischer Seite ein Artikel in der Tageszeitung *Die Welt.* Dort heißt es, der von Voigt genannte Termin habe nicht eingehalten werden können, weil man zwischen Bonn und Budapest noch nicht über den Preis einig sei. Dies kränkt die Ungarn. Sie vermuten das Auswärtige Amt hinter der Sache. Der Druck, der von der DDR ausgeht, hat inzwischen weiter zugenommen, und für Németh ist der Entschluß zur Grenzöffnung nicht eben leichter geworden. Anfang September hat DDR-Außenminister Oskar Fischer seinem nach Ost-Berlin gereisten ungarischen Kollegen Horn offen gedroht. Wie aus heute vorliegenden Dokumenten bekannt ist, meldet Fischer dem krank darniederliegenden Honecker, daß Ungarn »Schritte zur Ermöglichung der Ausreise der DDR-Bürger vorbereitet, die sich alle gegen die Interessen der DDR richten. Diese Maßnahmen sind offenbar bereits mit der BRD und über die BRD mit Österreich abgestimmt.«

Für den Abend vor der Ausreise der DDR-Deutschen ist mit Budapest verabredet, daß die Außenminister Horn und Genscher die Öffentlichkeit über das Fernsehen informieren. »Ich bat die ungarische Seite nun«, so Kohl, »nachdem der Termin genannt worden war, das Ereignis bereits um 20 Uhr publik machen zu lassen; zu diesem Zeitpunkt begann der traditionelle Presseabend in der Bremer Stadthalle, auf dem ich dazu würde sprechen können. Ich sollte mit meiner Bitte Erfolg haben.«

Trotz peinigender Schmerzen habe es ihm große Genugtuung bereitet, an jenem denkwürdigen 10. September vor die versammelten, mit ganz anderen Erwartungen zu dem Parteitag gereisten Journalisten zu treten und die Nachricht von der Öffnung der ungarischen Grenze zu verkünden: »Vor wenigen Minuten hat der ungarische Außenminister die Entscheidung seiner Regierung bekanntgegeben, daß ab heute nacht null Uhr Deutsche aus der DDR in ein Land ihrer Wahl von Ungarn aus ausreisen können. Wir wissen sowenig wie die ungarischen Behörden, wie groß die Zahl unserer Landsleute aus der DDR ist, die gegenwärtig in Ungarn sind und die Chance wahrnehmen, Ungarn verlassen zu können.«

Es folgen Worte des Dankes an die ungarische Regierung und an die ungarischen Behörden: »Wir sind uns nicht zuletzt aufgrund unserer Gespräche in den vergangenen Wochen sehr wohl bewußt – auch ich selbst –, welche Entscheidung die ungarische Regierung getroffen hat. Es ist eine Entscheidung der

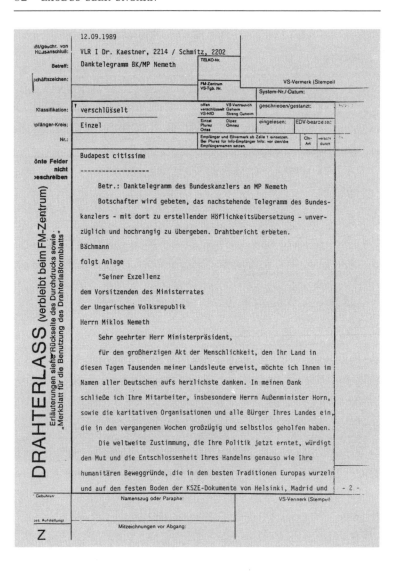

Danktelegramm des Bundeskanzlers an den ungarischen Ministerpräsidenten Miklós Németh. Zwei Tage zuvor hatte die ungarische Regierung Tausenden Flüchtlingen aus der DDR die Ausreise in den Westen gestattet.

- 2 - verschlüsselt

Wien gegründet sind. Ihre Politik ist richtungsweisend und vorbildlich für eine europäische Friedensordnung, in der der Mensch mit seiner Würde und seinen Rechten im Mittelpunkt der Politik steht.

Herr Ministerpräsident, was Ungarn in diesen Tagen für uns geleistet hat, werden wir nie vergessen. Sie haben in überwältigender Weise Ihr Wort gehalten, sich für die menschliche Lösung eines Problems einzusetzen, das in der deutschen Teilung begründet ist.

Auch ich stehe meinerseits zu dem, was wir während Ihres kürzlichen Besuchs in der Bundesrepublik Deutschland besprochen haben.

Nochmals meinen herzlichsten Dank und alle guten Wünsche für Sie und Ihre Mitarbeiter.

gez. Ihr Helmut Kohl

Bundeskanzler der Bundesrepublik Deutschland"

#####

84 EXODUS ÜBER UNGARN

Menschlichkeit, es ist eine Entscheidung der europäischen Solidarität. Und ich bin für diese Entscheidung sehr, sehr dankbar. Wer in die Gesichter der Betroffenen schaut, wer erlebt hat, welche Spannung bis hin zur Verzweiflung in diesen Tagen und Wochen herrschte, kann ermessen, was es heißt, daß diese Entscheidung ab heute nacht null Uhr in Kraft tritt.«

Und dann fügt der Kanzler hinzu: »Ich nutze die Gelegenheit, allen in Ungarn, aber auch allen in Österreich – das gilt auch für die österreichische Regierung und für viele Bürgerinnen und Bürger im Burgenland – sehr herzlich zu danken. Danken dafür, daß sie sich um die Deutschen aus der DDR, die noch in Ungarn waren oder aus Ungarn kommend in den letzten Wochen die Grenze überschritten hatten und nach Österreich kamen, in einer besonderen Weise bemüht hatten.«

Kohl kündigt an, daß die Bundesregierung alles tun werde, um die Landsleute aus der DDR, die jetzt in die Bundesrepublik kämen, herzlich aufzunehmen und ihnen Startchancen zu verschaffen. Seine Bitte geht auch an alle Mitbürgerinnen und Mitbürger in der Bundesrepublik Deutschland, den Deutschen aus der DDR im Rahmen ihrer Möglichkeiten zu helfen: bei der ersten Unterbringung, der Wohnungssuche und nicht zuletzt bei der Suche nach Arbeitsplätzen.

Unbeeindruckt von den Pressionsversuchen Ost-Berlins lösen die Ungarn in jener Nacht ihr Versprechen ein und öffnen die Grenze. Mehr als sechstausend Menschen passieren sie in den darauffolgenden Stunden in Richtung Freiheit, mehr als hunderttausend sollten es noch werden. »Wie Geschichte sich fügt«, so Kohl im Rückblick, »weiß niemand vorher. Niemand konnte damals sagen, wohin dieser Aufbruch in Mittel- und Osteuropa am Ende führen würde. Aber jeder konnte spüren, daß dies eine geschichtliche Stunde war. Das Wort ›geschichtlich‹ ist seitdem oft benutzt worden, aber hier war es wirklich angebracht. Der Eiserne Vorhang, der Europa seit fast vier Jahrzehnten trennte, hatte sich wieder um ein – entscheidendes – Stück gehoben. Deutschland war einen nicht minder entscheidenden Schritt auf seinem Weg zur Einheit in Frieden und Freiheit vorangekommen.«

Wir sind das Volk

Die 738 Delegierten des Bundesparteitags der CDU in der Bremer Stadthalle stehen ganz unter dem Eindruck der Ereignisse, die die Welt verändern werden. Nachdem Kohl den traditionellen Bericht des Parteivorsitzenden vorgetragen hat, stellt er sich der Diskussion. Er wird von einigen Delegierten hart kritisiert. Schließlich geht er selbst noch einmal ans Mikrofon und weist in einer leidenschaftlichen, offensiven Rede alle Angriffe zurück. Die Delegierten sind begeistert und zollen ihm stehend Beifall. Dem Ansinnen, ihn als Parteivorsitzenden zu stürzen, ist der Boden entzogen. Lothar Späth, dem man es offenbar übelnimmt, daß er Kohl nicht mit offenem Visier herausgefordert hat, wird aus dem Präsidium der Partei abgewählt. Kohl wird eindrucksvoll im Amt bestätigt, und Volker Rühe setzt sich als Nachfolger von Geißler als Generalsekretär durch.

»Nach dem Parteitag«, so Kohl, »fuhr ich nach Mainz, um mich in der dortigen Universitätsklinik operieren zu lassen. Der Eingriff verlief ohne Komplikationen.« Am Krankenbett erreicht ihn ein Telegramm von George Bush. Der US-Präsident schreibt: »Lieber Helmut, Du bist in meinen Gedanken und Gebeten. Alles Beste. Dein George.« Insgesamt erhält Kohl während seines Aufenthaltes in der Klinik fast zweitausend Postkarten und Briefe mit Genesungswünschen.

»Nach einer guten Woche wurde ich aus dem Krankenhaus entlassen, mußte mich aber noch schonen. Die Nachrichten, die ich während meiner Genesung in Ludwigshafen erhielt, gaben zu Freude und Sorge gleichermaßen Anlaß. Freude bereitete es mir«, so der Bundeskanzler, »mit welcher Herzlichkeit unsere Landsleute aus dem Osten in der Bundesrepublik aufgenommen wurden. Es waren aufwühlende Szenen, die ich wie fast alle Bürger der Bundesrepublik in diesen Tagen im Fernsehen verfolgte: Junge Menschen, die daheim alles stehen- und liegengelassen und Hals über Kopf den Weg in die Freiheit gewählt hatten; die spontanen Hilfsaktionen von Vereinen, Firmen und Einzelpersonen – das alles schuf auf einmal ein Wir-Gefühl, an das viele bei uns schon nicht mehr geglaubt hatten. Das Zusammengehörigkeitsgefühl der Deutschen – es war lebendige Wirklichkeit. Ich war immer davon überzeugt gewesen: Wenn ein Volk zu sich selbst steht, dann wird es vor der Geschichte bestehen. Wenn die Deutschen sagten: ›Wir gehören zusammen‹, dann würden sie – wie lang die Durststrecke der Geschichte auch sein mochte – schließlich in freier Selbstbestimmung die Einheit Deutschlands vollenden, wie es die Präambel des Grundgesetzes uns auftrug.«

Interesse und Sympathie auch der westdeutschen Medien wenden sich nun zunehmend den Deutschen aus der DDR zu, die über Ungarn in die Bundesrepublik kommen. »Verschwunden war aus der Berichterstattung«, so betont Kohl, »ein vielfach verbreitetes, unerträgliches Vorurteil, es seien ja doch nur die verkrachten Existenzen, die die DDR verließen und zu uns in die Bundesrepublik kämen.« Es fehlt allerdings seinerzeit auch nicht an Stimmen, die die dramatische Entwicklung bagatellisieren und der Bundesregierung sowie den Unionsparteien mahnende Ratschläge erteilen. So schreibt zum Beispiel der Konsistorialpräsident der Berlin-Brandenburgischen Kirche, Manfred Stolpe, in einem *Spiegel*-Essay von einem »deutschen Sommertheater«. Auf die Nazi-Zeit anspielend, warnt er vor »Stammtischparolen«, die die Welt schon einmal in Atem gehalten hätten. Stolpe fragt schließlich, an die Adresse der Bun-

desregierung gewandt, »ob sie Wiedervereinigung trommeln
wolle, bis alles in Scherben fällt, oder eine am Wortlaut orien-
tierte Neuinterpretation der Grundgesetzpräambel versuchen
könne«.

Sorge bereiten dem Bundeskanzler die aus dem Osten zu ver-
nehmenden Reaktionen. »Radio Moskau« poltert: Wenn Behörden der Bundesrepublik Deutschland DDR-Bürgern sofort
bundesdeutsche Pässe aushändigten, so stehe dahinter eine
Auffassung, die die nach dem Krieg entstandenen Realitäten in
Frage stelle. Es habe keinen Zweck, über die »Vereinigung der
BRD mit der DDR« zu reden oder insgeheim darauf zu hoffen.
Der einflußreiche Gorbatschow-Gegner Jegor Ligatschow
spricht von einer »provokatorischen Aktion gegen die Souveränität der DDR«. »Diese und andere Töne«, so Kohl, »verdeut-
lichten mir einmal mehr, auf welch dünnem Eis sich Gorbatschow bewegte.«

Während die SED-gelenkten Medien der DDR die giftigsten
Stimmen aus Moskau aufgreifen, reagiert die ohnmächtige
SED-Parteiführung fast hysterisch auf die ungarische Grenzöffnung. Staatssicherheitsminister Erich Mielke soll sich sogar
für eine gemeinsame militärische Intervention Ost-Berlins,
Prags und Bukarests gegen das abtrünnige Ungarn ausgesprochen haben. Die Stasi muß es jedoch bei Maßnahmeplänen und
Aktionen belassen, mit denen man vergeblich die Zahl der »Re-
publikflüchtlinge« einzudämmen hofft.

Am 12. September – es ist der Tag, an dem Kohl vom Bremer
Parteitag als CDU-Vorsitzender wiedergewählt wird – übergibt
die DDR dem ungarischen Außenministerium eine Protestno-
te. Mit harschen Worten beschwert sich Ost-Berlin darin über
die Entscheidung Budapests und verlangt die sofortige Schließung der Grenze. Die Ungarn weisen das Ansinnen in aller
Öffentlichkeit entschieden zurück. Ministerpräsident Németh
erklärt, sein Land habe im Namen der Menschlichkeit den

DDR-Flüchtlingen den Grenzübertritt gestattet. Wenn man das »Europäische Haus« wirklich bauen wolle, könne man die Grenzen nicht wieder schließen. In einem solchen Haus dürfe es nämlich keine Zimmer geben, die mit Stacheldraht voneinander getrennt seien.

Das Flüchtlingsdrama nimmt immer drastischere Formen an. Immer noch halten sich Hunderte Deutsche in Bonns Prager Botschaft und nun auch in der Vertretung in Warschau auf. Täglich wächst ihre Zahl. Am 12. September verlassen zwar nach Zusagen des DDR-Unterhändlers, Rechtsanwalt Wolfgang Vogel, etwa dreihundert von ihnen die Vertretung in Prag und machen sich auf den Heimweg. Aber das Problem ist damit nicht gelöst. Im Gegenteil: Bis Ende September steigt die Zahl der Botschaftsflüchtlinge in Prag auf mehr als dreitausend und in Warschau auf mehr als sechshundert. Die hygienischen Zustände in beiden Vertretungen sind katastrophal. Abhilfe ist vorerst nicht zu erwarten, denn die Gespräche über die diplomatischen Kanäle kommen nicht voran. Ost-Berlin hat auf stur geschaltet, und von den kommunistischen Machthabern auf der Prager Burg ist ebenfalls keine Unterstützung zu erwarten, sind sie sich doch mit der Honecker-Führung einig in der Ablehnung des Gorbatschowschen Reformkurses.

Er habe in dieser Hinsicht keine Illusionen gehabt, sagt Kohl. »Die Bilder von brutal gegen Botschaftsflüchtlinge vorgehenden Sicherheitskräften, die ich daheim in Ludwigshafen im Fernsehen sah, machten mir dies überdeutlich. Ich erinnerte mich in dieser Situation an meinen Besuch in Prag Ende Januar 1988. Als Bedingung für mein Kommen hatte ich einen Besuch beim Prager Kardinalprimas František Tomašek genannt. Ich war kaum aus dem Flugzeug gestiegen, als mir der tschechoslowakische Ministerpräsident Štrougal mitteilte, daß aus meiner Visite bei Kardinal Tomašek nichts werden würde. Er sei nicht in der Stadt. Ich erwiderte darauf, daß ich dies nicht glaube, und drohte, binnen zwei Stunden wieder abzureisen, falls man das Treffen verhindern wolle. Ministerpräsident Štrougal gab schließlich nach.«

Mit großer Eskorte sei er schließlich beim Kardinalprimas vorgefahren:»Ich hatte darauf bestanden, ihm auf diese Weise meinen besonderen Respekt zu bezeugen. Ganze hundertzwanzig Meter vom Hradschin, dem Sitz des Staatspräsidenten, entfernt lebte der Mann, der von den Deutschen ins Konzentrationslager deportiert und später von den Stalinisten jahrelang eingekerkert worden war. Auch die damals noch amtierende kommunistische Regierung hatte ihn zur Unperson gemacht. Sie wollte ihn einfach totschweigen. Ich habe es noch vor Augen, als sei es gestern gewesen: Der alte Mann stand in seiner Kardinalstracht unter dem Portal und weinte. Ich war einer der wenigen Politiker aus der westlichen Welt, der ihn nicht ignorierte. Der Kardinal war damals schon neunzig Jahre alt. Ich habe eine unvergeßliche Stunde bei ihm verbracht.

Später, nach dem Fall des kommunistischen Regimes, habe ich Kardinal Tomašek noch einmal privat besucht. Ich bin auch 1992 zu seiner Beisetzung gefahren. Zum Requiem waren Politiker aus ganz Europa angereist. Hunderte von Kirchenleuten und einheimischen Priestern waren gekommen, um von ihrem Kardinal Abschied zu nehmen. Viele von ihnen bedankten sich bei mir noch während des Gottesdienstes. Sie alle hatten meinen ersten Besuch bei Tomašek noch gut in Erinnerung.«

Die tschechoslowakische Führung habe innerhalb des Warschauer Paktes zu den Reformgegnern gezählt. Wenn das Problem der Botschaftsflüchtlinge doch noch habe gelöst werden können, dann habe dies nicht am Prager Regime gelegen, meint der Kanzler:»Es waren vielmehr die Reformer in Moskau, die hinter den Kulissen wirkten.« Kohl telefoniert während dieser dramatischen Tage mit Generalsekretär Gorbatschow und stellt fest, daß dieser die Bemühungen um die deutschen Landsleute in den Botschaften wohlwollend begleitet. Der Bundeskanzler weist darauf hin, daß Gleiches auch für dessen Außenminister Eduard Schewardnadse gegolten habe. Am Rande der UN-Vollversammlung in New York erhält Außenminister Genscher von seinem sowjetischen Kollegen die Zusage, daß der Kreml mit der DDR-Führung in Verbindung treten und auf eine Verbesserung der Lage der Flüchtlinge hinwirken werde.

»Kurz darauf, an einem Freitagabend«, so erinnert sich Helmut Kohl, »unterrichtete mich Rudolf Seiters zu Hause, daß der Ständige Vertreter der DDR in Bonn im Kanzleramt angerufen und für Samstagvormittag um einen dringenden Gesprächstermin gebeten habe. Ich sagte Rudi Seiters, er solle Hans-Dietrich Genscher zu diesem Gespräch hinzuziehen und mit mir ständigen telefonischen Kontakt halten. Ursprünglich hatte die DDR wohl erwartet, daß wir unter dem Zwang der Verhältnisse Druck auf die Menschen ausüben würden, die Botschaften zu verlassen. Von Anfang an hatten wir jedoch klargestellt, daß dies für uns nicht in Frage kam, daß von uns niemand auf die Straße gewiesen würde und wir uns auf eine lange Wegstrecke einrichteten, wenn die DDR ihre Haltung nicht änderte. Von dieser Position waren wir keinen Millimeter abgewichen; das hat die DDR-Führung erkennen müssen. Die Bilder von den menschenunwürdigen Zuständen in unserer Prager Botschaft waren ja um die Welt gegangen und hatten auch bei anderen osteuropäischen Regierungen ihren Eindruck hinterlassen. Unmittelbar vor den geplanten Feierlichkeiten zum vierzigjährigen Bestehen der DDR wollte man in Ost-Berlin nun wohl einen weiteren Ansehensverlust vermeiden. Der Ständige DDR-Vertreter unterbreitete uns schließlich den Vorschlag, daß die Prager Botschaftsflüchtlinge über das Territorium der DDR in die Bundesrepublik ausreisen dürften. Diese Entscheidung war ganz offensichtlich von Honecker selbst getroffen worden. Er wollte keine ›ungarische Lösung‹, sondern selbst als Herr des Verfahrens die Ausreise gestatten und deshalb die Züge über DDR-Territorium führen.«

Mit Erleichterung nimmt der Kanzler den Vorschlag an: »Es hat mich damals sehr gereizt, nach Prag zu reisen. Doch meine Ärzte rieten mir dringend davon ab. Weil die Ausreise der Flüchtlinge über das Territorium der DDR gehen sollte, kam es entscheidend darauf an, den Menschen das Mißtrauen zu nehmen, daß mit dieser Route ein Risiko verbunden sein könnte. Deshalb wurde beschlossen, daß Hans-Dietrich Genscher und Rudi Seiters noch am selben Nachmittag – es war der 30. September – nach Prag fliegen sollten.« Es soll Kohl geärgert haben, daß Genscher Seiters nach Prag zunächst nicht habe mitnehmen wollen – wohl, so wird im Kanzleramt vermutet, um den publizistischen Lorbeer selbst zu ernten. Noch größer wird der Unmut, als wenige Minuten nach dem Start der Luftwaffenmaschine mit Genscher und Seiters an Bord eine Eilmeldung der Nachrichtenagenturen über den Ticker läuft, der Bundesaußenminister befinde sich auf dem Weg nach Prag. Obwohl ausdrücklich Vertraulichkeit vereinbart war, ist eine entsprechende Meldung aus dem Auswärtigen Amt an die Presse lanciert worden.

Kohl verfolgt am Fernsehgerät die unbeschreiblichen Szenen, die sich in Prag an jenem Abend abspielen, als Genscher und Seiters kurz vor 19 Uhr vom Balkon des »Palais Lobkowitz« den Tausenden die erlösende Botschaft der Freiheit überbringen. Er erinnert sich: »Rudi Seiters berichtete mir stündlich: Wie er die Botschaft betreten habe, wie die Menschen auf den Treppenstufen gelegen und Eltern ihm ihre Kinder entgegengehalten hätten. Das Verhalten der Menschen, so Seiters am Telefon, sei ein unglaublicher Vertrauensbeweis gegenüber den Vertretern der frei gewählten Bundesregierung. Dabei hätten die Menschen nicht einmal gewußt, ob sie mit einer guten, einer schlechten oder mit gar keiner Nachricht zu ihnen gekommen seien.« Zur selben Stunde eröffnet Staatssekretär Sudhoff den Botschaftsflüchtlingen in Warschau, daß auch ihre Ausreise – über das Territorium der DDR – gesichert sei. Schon am darauffolgenden Morgen verläßt der erste von insgesamt sechs Sonderzügen Prag in Richtung Hof.

Im Bundeskanzleramt richtet der Leiter des Büros von Kanzleramtsminister Seiters, Manfred Speck, in enger Zusammenarbeit mit dem stellvertretenden Leiter des Büros von Außenminister Genscher, Bernd Mützelburg, unverzüglich eine Stabsstelle ein, die gemeinsam mit dem Innen- und dem Verkehrsministerium die technisch-operative Durchführung der Sonderzug-Aktion steuert. Speck verbringt ganze Nächte in seinem Büro, wo er auf einem Feldbett kampiert.

Kaum ist der letzte Zug in Prag abgefahren, strömen erneut Flüchtlinge in die tschechoslowakische Hauptstadt; noch am späten Abend desselben Tages werden die ersten Mütter mit kleinen Kindern in die Botschaft gelassen. Bald sind es wieder einige tausend. Um auch für sie die Ausreise zu erwirken, bestellt Seiters den Ständigen Vertreter der DDR in Bonn ins Kanzleramt. Dieser wirft der Bundesregierung nunmehr vor, sie halte sich nicht an die getroffenen Absprachen. Seiters widerspricht und weist empört die Forderung Ost-Berlins zurück, die Menschen aus der Botschaft wieder auf die Straße zu setzen: Die Bundesrepublik baue keine Mauern um ihre Botschaften und weise auch niemanden aus.

»Mich hielt es nicht mehr daheim«, erinnert sich der Bundeskanzler. »Trotz des Stirnrunzelns meiner Ärzte unterbrach ich am 3. Oktober meinen Genesungsurlaub und eilte von Ludwigshafen zurück nach Bonn. Die Lage hatte sich zugespitzt. Wie mir Rudi Seiters berichtete, war unsere Prager Botschaft auf die dringende Bitte des Deutschen Roten Kreuzes hin in der Nacht um vier Uhr geschlossen worden, vor allem im Blick auf die katastrophalen hygienischen Verhältnisse.«

In der Botschaft befinden sich zu diesem Zeitpunkt etwa
4 700 Menschen. Bis zum Morgen des 3. Oktober haben sich
rund dreihundert Flüchtlinge vor der Botschaft versammelt,
gegen Mittag sind es schon mehr als tausend. Tschechoslowakische Miliz hat das Gebäude abgeriegelt, wird aber von den
verzweifelten DDR-Flüchtlingen einfach überrannt. Es kommt
zu brutalen Szenen: Polizisten schlagen die Menschen mit
Knüppeln, Kinder werden niedergetrampelt. »In pausenlosen
Krisensitzungen«, so Kohl, »suchten wir nach einem Ausweg.
Da sich Ost-Berlin unnachgiebig zeigte und sich die Lage weiter zuspitzte, meldete ich ein Telefongespräch bei Honecker an.
Bei Rudi Seiters ging daraufhin eine schroffe Absage ein: Der
Generalsekretär stehe bis zum 7. Oktober aus Termingründen
nicht zur Verfügung.« Für diesen Tag sind in Ost-Berlin die
Feiern zum 40. Geburtstag des SED-Staates anberaumt.

Nachdem der Bundeskanzler Honecker nicht hat erreichen
können, ruft er am späten Nachmittag den tschechoslowakischen Ministerpräsidenten Adameč an: »Ich sagte ihm, daß ich
über die Vorgänge zutiefst beunruhigt sei. Die Entwicklung im
Hinblick auf die Deutschen aus der DDR bereite mir große
Sorgen. Ich hoffte, daß in den nächsten Stunden eine befriedigende Lösung gefunden werden könne. Mein Wunsch sei es,
daß diese Frage unter humanitär akzeptablen Bedingungen geregelt werde und daß die Tschechoslowakei dazu ihren Beitrag
leiste.«

Adameč berichtet dem Kanzler, daß sich um 16 Uhr sechstausend Deutsche aus der DDR in der Botschaft der Bundesrepublik aufgehalten hätten, weitere zweitausend in deren Umgebung. Außerdem seien drei- bis viertausend Ostdeutsche auf
dem Weg nach Prag. Mit der DDR sei vereinbart, daß an diesem 3. Oktober ab 17 Uhr die Grenzen geschlossen würden und
alle DDR-Bürger, die sich zu diesem Zeitpunkt in der Tschechoslowakei befänden, die Möglichkeit bekämen, noch am sel-

ben Abend oder in der Nacht über die DDR in die Bundesrepublik auszureisen. »Auf meine Frage«, so der Kanzler, »wann er die Öffentlichkeit darüber informiere, antwortete Adameč, dies sei für den Abend vorgesehen.« In Anwesenheit von Hans-Dietrich Genscher, so Kohl weiter, habe er anschließend Seiters beauftragt, vor die Bundespressekonferenz zu gehen und die Ausreise der neuen Flüchtlinge aus Prag anzukündigen.

Die Grenzöffnung in Ungarn sowie die Ereignisse in Prag und Warschau erschüttern das SED-Regime in seinen Grundfesten. Ohne die Perestroika wäre das, was sich nun in der DDR abspielt, nicht möglich gewesen. »Ganz normale Leute«, erinnert sich Kohl, »begannen auf die Straße zu gehen, um öffentlich gegen die Zustände in der DDR zu demonstrieren. Sie hatten Mut gefaßt und keine Angst mehr vor den Repressionen des SED-Regimes. Es war ihnen bewußt geworden, daß die Realitäten in der DDR gar nicht so unabänderlich waren und daß es Möglichkeiten gab, dort etwas zu verändern. Immer mehr Menschen trauten sich jetzt, dem Beispiel der Bürgerrechtsbewegung zu folgen – dem Vorbild von Frauen und Männern wie Bärbel Bohley und Freya Klier, Rainer Eppelmann und Christian Führer oder Wolfgang und Lotte Templin.

Für mich gehört die Geschichte der Opposition gegen die SED-Diktatur zu den besten Kapiteln der deutschen Geschichte. Alle Deutschen dürfen und sollten stolz darauf sein. Unsere Hochachtung verdienen jene tapferen Frauen und Männer, die wegen ihres Einsatzes für die Achtung der Menschen- und Bürgerrechte von den SED-Machthabern bespitzelt und verfolgt, eingesperrt und ausgebürgert wurden. Ich habe größten Respekt vor den Menschen, die sich der kommunistischen Diktatur nicht beugten und so auch einen Beitrag dazu leisteten, daß die friedliche Revolution im Herbst 1989 zustande kam.

Das große Erbe der ostdeutschen Bürgerrechtsbewegung ist die Erkenntnis – und dies geht jeden von uns etwas an! –, daß

Demokratie eine lebendige Bürgergesellschaft braucht wie die Luft zum Atmen. Deshalb bin ich nachdrücklich dafür, das Verdienst der Bürgerrechtler wieder stärker zu würdigen. Es wird ja immer weniger von der Unmenschlichkeit des alten Regimes gesprochen, und es wird viel verharmlost oder sogar beschönigt. Eine Reihe von denen, die geistig, politisch und materiell die Nachfolge der SED angetreten haben, meldet sich heute wieder mit schwer erträglicher Dreistigkeit zu Wort. Dem müssen wir uns ganz energisch widersetzen, sonst verlieren wir das Gespür für den Wert dessen, wofür die vielen Menschen im Herbst 1989 auf den Straßen und Plätzen in der DDR demonstriert haben.«

Der Zulauf, den die schon früher aktiven Gegner des SED-Regimes mittlerweile erhalten, drückt sich nun auch in der Entstehung und Ausbreitung neuer Zusammenschlüsse aus. Beinahe täglich bilden sich neue Oppositionsgruppen, die sich allesamt auf den sowjetischen Generalsekretär berufen. Dazu gehört das »Neue Forum«, das an alle Bürgerinnen und Bürger der DDR appelliert, an der Umgestaltung der Gesellschaft mitzuwirken. Dem gleichen Ziel verschreiben sich die Gruppierung »Demokratie Jetzt« und der wenig später – Anfang Oktober – ins Leben gerufene »Demokratische Aufbruch«, aber auch die im brandenburgischen Schwante gegründete SDP, die Sozialdemokratische Partei.

Doch auch in den Blockparteien beginnt man, sich abzuwenden. Der LDPD-Vorsitzende Manfred Gerlach, bislang ein treuer Gefolgsmann Honeckers, fordert Reformen à la Gorbatschow. In der Ost-CDU, in der sich die Zeiten eines Gerald Götting, eines hochdekorierten Funktionärs und ehemaligen Volkskammerpräsidenten, ihrem Ende nähern, wird ähnliches in einem »Brief aus Weimar« formuliert. »Viele derjenigen, die in der DDR bei der Wende mitmachten, hatten sicherlich die Vision eines menschlichen Sozialismus nicht-totalitären Charakters«, so schätzt der Kanzler die damalige Situation heute ein. »Daneben existierten auch Seilschaften, die die Wende unter reformkommunistischer Kontrolle halten sollten.«

Nach dem Friedensgebet in der Leipziger Nikolaikirche haben sich am 25. September in der Messestadt mehr als fünftausend Menschen zu einer Protestdemonstration versammelt. Es ist die größte, die die DDR seit Jahrzehnten erlebt hat. Sie verläuft friedlich, zur Erleichterung nicht nur des Kanzleramts. Die Machthaber halten sich zurück. Sorge bereitet allerdings die Situation im Süden der DDR, den die Sonderzüge mit den Botschaftsflüchtlingen aus Prag durchqueren. In Dresden versammeln sich am 4. Oktober Tausende am Bahnhof. Dramatische Szenen spielen sich dort ab. Menschen versuchen sogar, auf die durchfahrenden Züge aufzuspringen. Mit unerbittlicher Härte läßt die Dresdner SED-Bezirksleitung, deren Vorsitzender Hans Modrow ist, die Demonstration in den Abendstunden zerschlagen. Die Volkspolizei setzt Wasserwerfer und Knüppel ein. Es kommt zu Massenfestnahmen. Verletzte irren durch die Straßen.

Überhaupt hat es den Anschein, als bunkere sich die SED-Führung um den erkrankten Honecker immer mehr ein. Nach wie vor unfähig, auf die Herausforderungen in geeigneter Form zu reagieren, bezichtigt sie kurzerhand alle, die Kritik üben, der »Komplizenschaft mit dem Klassenfeind«. In diesem Zusammenhang werden wieder heftige Attacken gegen die Bundesregierung geführt, wegen ihrer »propagandistischen und revanchistischen Politik«, die für die gegenwärtigen Probleme der DDR verantwortlich gemacht wird.

»In Wahrheit«, so berichtet der Bundeskanzler, »galten unsere Bemühungen dem Ziel, die Entwicklung in der DDR zu entschärfen. Von unseren deutschlandpolitischen Grundpositionen rückten wir natürlich nicht ab. Letztlich hatte es die SED-Führung selbst in der Hand, mit den überfälligen und von uns immer wieder geforderten Reformen zu einer Entspannung der Lage beizutragen. Die Menschen fühlten sich entmündigt und wollten politisch mitentscheiden. Sie wollten frei reisen und sich frei äußern können. Sie wollten nicht mehr um die Früchte ihrer Arbeit betrogen werden.«

In diesen Oktobertagen ist vorerst von einem Einlenken des SED-Regimes keine Rede. Ost-Berlin drückt den Deckel noch fester auf den ohnehin unter Hochdruck stehenden Dampfkessel. Es setzt den paß- und visumfreien Verkehr zwischen der DDR und der Tschechoslowakei aus, um den anhaltenden Flüchtlingsstrom zu unterbinden. Daraufhin ertrinken in der Donau mehrere Flüchtlinge, die nach Ungarn hatten schwimmen wollen.

Die Lage eskaliert, als Gorbatschow zu den Feiern zum 40. Jahrestag der Gründung des SED-Staates in Ost-Berlin eintrifft. Auf ihn und seine Perestroika haben die meisten Deutschen in der DDR ihre Hoffnungen gesetzt. Nun ist er unter ihnen und ergeht sich in Anspielungen auf Honecker, wenn er etwa vor der Neuen Wache Unter den Linden den bedeutungsschweren Satz ausspricht: »Wer zu spät kommt, den bestraft das Leben.« Solche Worte aus dem Munde des ersten Mannes der Sowjetunion ermutigen die Menschen, ihre tiefe Unzufriedenheit immer offener zu zeigen.

Am Abend des 7. Oktober erlebt Ost-Berlin eine gewaltige Demonstration. Doch nicht nur dort gehen die Menschen zu Abertausenden auf die Straßen, sondern überall im Lande: in Dresden, Chemnitz, Halle, Erfurt, Potsdam oder Leipzig. Von Tag zu Tag werden es mehr. Bei aller Freude über den Freiheitswillen, der sich hier so eindrucksvoll manifestiert, wächst im Kanzleramt die Sorge vor einem bewaffneten Eingreifen der Sicherheitsorgane, das zwangsläufig zu einem Blutbad führen würde. Die Unnachgiebigkeit Honeckers scheint derartige Befürchtungen zu rechtfertigen: Am Rande eines Treffens mit dem stellvertretenden chinesischen Ministerpräsidenten Yao Yilin bekräftigt er die Führungsrolle der SED und kündigt die Fortsetzung des gegenwärtigen Kurses an.

»Wir im freien Teil Deutschlands«, so Kohl, »konnten nicht schweigen zu dieser Entwicklung. Am 9. Oktober ließ ich in meiner Eigenschaft als CDU-Vorsitzender eine Erklärung verbreiten, in der ich die verordneten Vierzig-Jahr-Feiern der DDR zu ›Tagen der nationalen Betroffenheit‹ erklärte.« Darin heißt es: »Während die SED-Führung mit Fackelaufmärschen, Stechschritt und Militärparaden feierte, ist die Weltöffentlichkeit Zeuge, wie Polizei und Staatssicherheit der DDR friedliche Demonstrationen mit brutaler Gewalt auflösten.« Und weiter: »Überfüllte Gefängnisse, zahlreiche Verletzte, anhaltende Fluchtbewegung sind heute Symbole eines erstarrten autoritären Systems, das seine Macht nur noch durch Repression nach innen und Abschottung nach außen zu sichern versucht. Sie sind zugleich Ausdruck tiefer Unsicherheit der Verantwortlichen in Ost-Berlin.«

»Den Menschen in der DDR, die ihre selbstverständlichen staatsbürgerlichen Rechte in Anspruch nehmen wollten und für mehr Freiheit und Menschenrechte auf die Straße gegangen waren«, so Kohl rückblickend, »sprach ich meine Sympathie und Solidarität aus. Ich versicherte ihnen, die Bundesregierung werde alle Reformkräfte unterstützen, die für die Achtung der Menschenwürde und die Verwirklichung der Menschenrechte einträten und die ihre Zukunft selbst bestimmen wollten. Heute wissen wir dank einer Studie der Gauck-Behörde noch genauer als damals, wie weit die DDR-Führung gegenüber der eigenen Bevölkerung zu gehen bereit war. Pläne für Isolierungs- und Internierungslager wurden noch im Herbst 1989, kurz vor dem Fall der Mauer, ausgearbeitet; die Namenslisten für die Inhaftierung von Oppositionellen sollten neu erstellt werden. Offene Kritiker des Regimes, aber auch Zehntausende von Landsleuten, denen die Machthaber aus anderen Gründen mißtrauten, waren von dieser Planung erfaßt.«

Abermals appelliert Kohl in seiner Erklärung vom 9. Oktober an die DDR-Führung, endlich politische und wirtschaftliche Reformen einzuleiten und auf die Bedürfnisse und Sorgen ihrer Bürger einzugehen: »Innerer Frieden und Stabilität können nicht durch Gewalt und Entmündigung der Menschen garantiert werden. Äußerer Friede und gute Nachbarschaft durch Dialog und Zusammenarbeit können nicht gedeihen, wenn die DDR-Führung fortfährt, sich von den internationalen Veränderungen und Reformen in Ost und West abzukoppeln und sich selbst zu isolieren. Die DDR allein trägt die Verantwortung für eine Politik des Unfriedens nach innen und nach außen.« Für den Fall, daß die DDR-Führung bereit sei, grundlegende politische, soziale und wirtschaftliche Reformen durchzuführen, kündigt Kohl die Bereitschaft der Bundesregierung an, diese Reformanstrengungen umfassend und weitreichend zu unterstützen.

Kohls Erklärung schließt mit den Worten: »Die CDU Deutschlands sieht sich durch die Entwicklungen in ihren deutschlandpolitischen Zielen voll bestätigt. Im Gegensatz zur SPD muß sie ihre Politik nicht revidieren. Auf der Grundlage der Ostverträge hält sie an dem politischen Ziel fest, ›auf einen Zustand des Friedens in Europa hinzuwirken, in dem das deutsche Volk in freier Selbstbestimmung seine Einheit wiedererlangt‹. So heißt es im ›Brief zur deutschen Einheit‹ zum Moskauer Vertrag von 1970.«

In diesen Tagen, so Helmut Kohl rückblickend, habe er sich mitunter geradezu die Augen reiben müssen, wenn er gelesen habe, wer in den westdeutschen Medien so alles plötzlich entdeckte, daß in der DDR doch nicht alles zum besten stand: »Viele waren darunter, die sich noch kurz zuvor nicht gescheut hatten, Honecker als eine Art guten Onkel von nebenan darzustellen. Wer es zuvor dagegen gewagt hatte, über Menschenrechts-verletzungen in der DDR zu sprechen oder gegen Mauer und Stacheldraht zu protestieren, der war von denselben Leuten als ›kalter Krieger‹ beschimpft worden. Plötzlich hatten sie alle es schon immer gewußt, daß in Ost-Berlin Alt-Stalinisten an den Schalthebeln der Macht saßen, die von Reformen nichts wissen wollten. Wenn man da an manchen Abenden Fernsehen schau-te, konnte man das kalte Grausen bekommen: Da berichtete beispielsweise ein Privatsender über die Reformen in Ungarn. Als repräsentativer Vertreter der deutschen Politik trat in der Sendung ausgerechnet ein grüner Oppositionsabgeordneter auf, der mir bis dahin noch nie als Kritiker des Kommunismus aufgefallen war. Ich habe die Frechheit eines großen Teils der Linken bewundert: Wären noch ein paar Tage ins Land gegan-gen, dann hätten sie es noch fertiggebracht, den Spieß umzu-drehen und den Unionsparteien vorzuwerfen, sie seien gegen die deutsche Einheit.«

Gleichzeitig habe die Linke mit mimosenhafter Empfind-lichkeit reagiert, wenn sie mit ihren eigenen Fehlurteilen von gestern konfrontiert worden sei. Kohl findet dies zwar verständ-lich, ist jedoch nicht bereit, das alles unter den Teppich zu keh-ren. »Es konnte und durfte nicht unterschlagen werden, daß unsere Politik die richtige gewesen war und die Gegenseite das alles aufs Spiel setzen wollte. Es mußte doch wohl erlaubt sein, die SPD – den saarländischen Ministerpräsidenten Oskar La-fontaine und andere – an ihre Aussagen noch aus jüngster Ver-gangenheit zu erinnern. Nun durfte auf einmal keine Rede mehr sein von den Forderungen aus der SPD nach Änderung der Präambel des Grundgesetzes oder nach Anerkennung einer DDR-Staatsbürgerschaft. Noch 1987 hatten die Sozialdemokra-ten stolz ein gemeinsames Papier mit der SED präsentiert – jetzt wollte kein Mensch mehr dabeigewesen sein.«

Die deutschlandpolitischen Vorstellungen auch der Grünen

seien völlig an der Wirklichkeit vorbeigegangen: »Die meisten von ihnen hatten die Teilung Deutschlands längst zum Dogma erhoben. In der Frage der Menschenrechte waren allerdings – dies darf auch nicht unterschlagen werden – manche Grünen mutiger als die SPD. Dafür machte sie ihr Pazifismus besonders anfällig für die Friedensschalmeien der SED. Wir haben mit denen, die die Macht hatten, sprechen müssen, wenn wir zugunsten der Menschen etwas erreichen wollten. Im Gegensatz zur SPD haben wir in der CDU jedoch keine parteiamtlichen Kontakte nach Ost-Berlin unterhalten und nicht nach ideologischen Gemeinsamkeiten mit der SED gesucht. Und vor allem haben wir nie die Idee der Einheit der Nation und das Ziel der Wiedervereinigung aufgegeben.«

Gleichzeitig habe er allerdings in den Führungsgremien der CDU davor gewarnt, durch »zu lautes Reden über die aktuelle Lage in Deutschland« den Eindruck zu erwecken, als sei für die Bundesrepublik die europäische Integration zweitrangig geworden: »Ich forderte die Mitglieder des Bundesvorstandes auf, in Gesprächen mit einflußreichen Persönlichkeiten aus den befreundeten Ländern dem Eindruck entgegenzuwirken, die Bundesrepublik sei dabei, vom Westen abzudriften. Nationalneutralistische Ideen, wie sie zum Beispiel einer der außenpolitischen Vordenker der SPD vertrat, waren noch nie Sache der CDU gewesen.« Es sei von größter Bedeutung gewesen, so Kohl, daß die CDU immer einen klaren Kurs gehalten habe: »Und dies gerade vor dem Hintergrund, daß während der Ereignisse im Herbst 1989 das Mißtrauen im Ausland gegen die Bundesrepublik wieder zunahm. Wenn wir in Richtung Einheit weiterkommen wollten, war das Mittun unserer Partner in der freien Welt natürlich von entscheidender Bedeutung. Aus Gegnern waren Freunde geworden, doch wer wollte es manchem unter ihnen verdenken, daß es da noch Vorbehalte gab.« Es ist gerade die Zeit, in der man sich in Deutschland und in vielen anderen

Ländern an den Beginn des Zweiten Weltkriegs erinnert, der genau fünfzig Jahre zurückliegt.

Um diese prowestliche Haltung auch persönlich zu bekräftigen, greift der Bundeskanzler in diesen turbulenten Tagen zum Telefon und läßt sich mit dem amerikanischen Präsidenten Bush verbinden. Das Gespräch ist – wie immer bei Telefonaten mit ausländischen Staats- und Regierungschefs – von den Büros verabredet und vorbereitet worden. Der zuständige Ministerialdirektor, Horst Teltschik, hat zunächst im Weißen Haus in Washington mit einem engen Mitarbeiter des Präsidenten einen genauen Zeitpunkt ausgemacht. Zur vereinbarten Uhrzeit wird ein Dolmetscher einbestellt, der vor dem Schreibtisch des Bundeskanzlers Platz nimmt und einen eigenen Telefonhörer zugeschaltet bekommt. Im Weißen Haus – beziehungsweise im Kreml, im Élysée-Palast, in der Downing Street oder sonstwo – wird genauso verfahren. Beide Politiker sprechen in ihrer Sprache und lassen sich die Antwort übersetzen.

»In den USA und bei unseren europäischen Nachbarn sei gegenwärtig viel die Rede davon, erklärte ich George Bush, daß wir Deutschen uns jetzt nur noch mit Ostpolitik und Wiedervereinigung beschäftigten; unsere Bindungen an EG und NATO, an den Westen insgesamt, seien nicht mehr so stark. Dies sei Unsinn. Gerade an die Adresse der Linken in der Bundesrepublik gerichtet würde ich immer wieder öffentlich sagen, die großen Veränderungen im Bereich des Warschauer Paktes seien nicht zuletzt darauf zurückzuführen, daß der Westen in den vergangenen Jahren zusammengestanden habe. Die konsequente Haltung der Bundesregierung in der Frage der Nachrüstung habe mit dazu beigetragen, und es sei nicht einfach gewesen, dies innenpolitisch durchzusetzen. Habe nicht sein Vorgänger im Amt, Ronald Reagan, bei seinem Berlin-Besuch im Jahre 1987 gefordert: ›Mr. Gorbatschow, reißen Sie diese Mauer nieder!‹ Der Präsident antwortete mir, er kenne die bösartigen

Zeitungsartikel über einen angeblichen deutschen Neutralismus. Er glaube nicht, daß dies die Haltung der Bundesrepublik sei. Die USA seien für eine starke NATO und eine starke EG. Diese Stärke, so stimmte George Bush mit mir überein, habe zweifellos zum Wandel in Osteuropa ermutigt.«

Dann geht Helmut Kohl auf die Situation in der DDR ein: »Ich erklärte dem amerikanischen Präsidenten, daß in der Bevölkerung eine enorme Unruhe bestehe. Die Dinge würden unkontrollierbar, wenn keine Reformen durchgeführt würden. Es liege nicht in unserem Interesse, daß möglichst viele Menschen aus der DDR wegliefen, denn dies habe katastrophale Folgen für die DDR. Ich wolle alles tun, was vernünftig sei, um den Druck im Kessel zu verringern; dennoch könne die Lage sehr schwierig werden. George Bush erklärte mir, die USA reagierten zurückhaltend auf die Entwicklung in der DDR. Er sei im Kongreß dafür angegriffen worden, daß er nicht genug tue, um den Wechsel zu befördern. Er wolle aber bewußt nicht zu schnell vorangehen, um nicht den Prozeß im gesamten Osteuropa zu gefährden. Zum Schluß lud er mich zu einem informellen Besuch nach Camp David ein. Er wolle damit ein Zeichen setzen, welche Bedeutung er den deutsch-amerikanischen Beziehungen beimesse.«

Am 11. Oktober telefoniert der Kanzler mit Gorbatschow. Der Generalsekretär der KPdSU sei soeben von den Jubelfeiern aus Ost-Berlin zurückgekehrt und habe einen abgespannten Eindruck gemacht, erinnert sich Kohl. »Ich sagte ihm, daß für die Bundesregierung die Leitlinien der Politik, die wir bei seinem Besuch in Deutschland verabredet hätten, uneingeschränkt gelten würden. Gorbatschow entgegnete, er nehme dies gern zur Kenntnis; dies sei ›gut‹, sagte er wörtlich auf deutsch. Hinsichtlich der dramatischen Entwicklung im anderen Teil unseres Vaterlandes versicherte ich auch ihm, daß die Bundesrepublik keinesfalls an einem Chaos in der DDR interessiert sei. Wir hofften, daß die Entwicklung dort nicht außer Kontrolle gerate, daß die Gefühle nicht überschwappten. Unser Interesse sei vielmehr, daß sich die DDR dem sowjetischen Kurs der Reformen und der Umgestaltung anschließe und die Menschen dort blieben. Gorbatschow erwiderte, daß es ihm sehr wichtig sei, solche Worte aus dem Munde des deutschen Bundeskanzlers zu hören. Er hoffe, daß diese Worte mit meinem Handeln in Einklang stünden.

Um seine Zweifel zu zerstreuen, verabredete ich mit Gorbatschow einen engeren Kontakt. Ich bat ihn, unverzüglich mit mir zu telefonieren, wann immer er es für erforderlich halte. Für ihn sei ich stets ansprechbar. Ich hielte es für richtig, daß wir noch häufiger miteinander sprächen als bisher. Gorbatschow stimmte mir zu, sprach von einem ›heißen Draht‹, einer vertraulichen Telefonverbindung, die wir so schnell wie möglich zwischen Moskau und Bonn schaffen müßten. Abschließend wolle er mir sein Vertrauen ausdrücken und sich – so wörtlich – mit einem ›Händedruck‹ verabschieden.«

Noch am selben Tag, nach einer Krisensitzung des Politbüros, sprechen Honecker und seine Partei unter dem Druck der Ereignisse erstmals von »notwendigen Erneuerungen«. Es heißt nun, daß der Sozialismus jeden brauche. Er habe Platz und Perspektive für alle. Er sei die Zukunft der heranwachsenden Generation, weshalb es der Staatsmacht nicht gleichgültig sei, wenn sich Menschen, die hier arbeiteten und lebten, von der DDR lossagten. In der Verlautbarung, in der der Bundesrepublik abermals vorgeworfen wird, sie mische sich völkerrechtswidrig in die inneren Angelegenheiten der DDR ein, werden für die nächste Tagung des Zentralkomitees Vorschläge »im Sinne unserer strategischen Konzeption von Kontinuität und Erneuerung« angekündigt.

Ost-Berlin stellt in Aussicht, sämtliche festgenommenen Demonstranten – es sind inzwischen einige hundert – alsbald freizulassen. Kohl bemerkt dazu, ihm sei rasch klargeworden, daß es sich bei alldem nur um leere Phrasen gehandelt habe, mit denen Honecker Zeit zu gewinnen hoffte. Dies habe nicht zuletzt die Tatsache verdeutlicht, daß der Dialog mit den regimekritischen Gruppen ausgeblieben sei. Im SED-Zentralorgan ist zu lesen, daß die DDR über ein »umfassendes System sozialistischer Demokratie« verfüge, welches es jedem einzelnen ermögliche, an der Erörterung und Lösung gesellschaftlicher Fragen teilzuhaben.

Da sich trotz allem weiterhin täglich Hunderte aus der DDR absetzen und die eindrucksvollen Bekundungen des Freiheitswillens vor allem im Süden des Landes andauern, gerät die Honecker-Führung zunehmend ins Schlingern. Diese Entwicklung läßt den zweiten Mann im SED-Politbüro, Egon Krenz, schließlich die Initiative ergreifen. Offenbar fürchtet er, ansonsten seine Chance, Nummer eins des SED-Staates zu werden, ein für allemal zu verpassen. Im Zusammenwirken mit Stasi-Chef Erich Mielke, dem Vorsitzenden des Ministerrates, Willi Stoph, und dem Berliner SED-Bezirksvorsitzenden Günter Schabowski stürzt er am 18. Oktober Generalsekretär Honecker.

Im Bundeskanzleramt sei die Nachricht aus Ost-Berlin, so Helmut Kohl, mit einer gewissen Erleichterung aufgenommen worden: »Endlich hatte das Drängen der Menschen auf Reformen wenigstens zu einer ersten personellen Konsequenz geführt. Doch bei einem bloßen Austausch von Personen konnte es nicht bleiben. Die entscheidende Frage, die sich nun stellte, lautete, ob Krenz tatsächlich den Weg frei machte zu den überfälligen Reformen, oder ob es nur um eine bloße Verteidigung des Machtmonopols der SED ging.«

Die Hoffnung der Deutschen in der Bundesrepublik, daß der Reformprozeß endlich auch in der DDR seine Chance bekomme, bringt der Bundeskanzler in seinem Glückwunschtelegramm an den neuen ersten Mann der DDR zum Ausdruck. Er schreibt: »Zu Ihrer Wahl zum Vorsitzenden des Staatsrates der DDR übermittle ich Ihnen meine besten Wünsche. Meine Wünsche für gute Arbeitskraft zum Wohle der Menschen verbinde ich mit der Hoffnung auf einen gerade in einer Zeit notwendiger Erneuerung wichtigen Ausbau von Dialog und Zusammenarbeit zwischen unseren beiden Staaten.«

Im Kanzleramt verfolgen Kohl und seine Mitarbeiter mit Spannung die Erklärung, mit der sich Krenz am Abend des 18. Oktober an die Öffentlichkeit wendet. Der Kanzler erinnert sich: »Einerseits berief sich Krenz auf Gorbatschow, stellte eine Rücknahme der Reisebeschränkungen in das sozialistische Ausland und eine Reiseregelung für den Westen in Aussicht. Andererseits weigerte er sich, wie schon sein Vorgänger, mit den Oppositionsgruppen einen gleichberechtigten Dialog aufzunehmen, und beharrte statt dessen auf den sozialistischen Errungenschaften einer eigenständigen DDR, die ihre Probleme ohne fremde Einmischung löse.« Im gleichen Sinne äußert sich der DDR-Unterhändler, Staatssekretär Alexander Schalck-Golodkowski, den Krenz am 24. Oktober zu einem Sondierungsgespräch mit Seiters und Schäuble entsendet.

Während der Bundeskanzler die Einschätzung des Krenzschen Kurses an dessen konkreten Taten gemessen wissen will, erfährt der SED-Generalsekretär vor allem aus den Reihen der SPD sogleich große Unterstützung. Der Berliner Regierende Bürgermeister Walter Momper sieht den »dritten Weg der DDR zwischen Kapitalismus und Kommunismus« als das Zukunftsmodell schlechthin an, das durch »die überflüssige, in die Sackgasse führende Wiedervereinigungsdiskussion« nicht gefährdet werden dürfe. Andere namhafte Sozialdemokraten, wie etwa Oskar Lafontaine oder der schleswig-holsteinische Ministerpräsident Björn Engholm, äußern sich ähnlich, während sich der SPD-Vorsitzende Hans-Jochen Vogel zurückhaltender gibt und Informations-, Meinungs- und Reisefreiheit als Prüfstein für den Reformwillen der neuen SED-Führung bezeichnet. Verwunderung löst in der CDU-Spitze aus, wie eilig es auch EG-Kommissar Martin Bangemann und andere haben, nach Ost-Berlin zu reisen, um Egon Krenz ihre Reverenz zu erweisen. Helmut Kohl faßt seine eigene Strategie zum damaligen Zeitpunkt so zusammen: »Es gab aus unserer Sicht keinen Anlaß, dem Regime eine Bestandsgarantie zu geben, das Regime zu stabilisieren. Wirtschaftliche Hilfe setzte daher zunächst weitere Reformen voraus.«

Am Morgen des 26. Oktober telefoniert der Bundeskanzler erstmals mit Krenz: »Rudi Seiters und Eduard Ackermann hörten das Gespräch mit. Die Leitungen in der DDR waren offenbar in einem so schlechten Zustand, daß zunächst ein Dritter unser Gespräch eine Weile mithören konnte. Krenz machte einen betont lockeren Eindruck: ›Ich freue mich, Sie zu so früher Stunde zu hören‹, sagte er. Nachdem ich ihn ebenfalls begrüßt hatte, erklärte ich, an regelmäßigen telefonischen Kontakten interessiert zu sein, so wie ich dies auch mit anderen hielte. Es sei inzwischen möglich, daß ich ganz selbstverständlich zum Telefonhörer greife und Gorbatschow anrufe oder umgekehrt. Es wäre gut, wenn es auch zwischen ihm und mir so sein könnte.

Krenz war mit diesem Verfahren sofort einverstanden: ›Abgemacht, Herr Bundeskanzler. Wenn Sie Probleme haben, würde ich sagen, greifen Sie zum Hörer, wenn ich Probleme habe, greife ich zum Hörer.‹ Allmählich kamen wir zur Sache. Ich wies Krenz darauf hin, daß ein Chaos in der DDR nicht im Interesse der Bundesregierung liege. Er erwiderte, es sei wünschenswert, möglichst bald auch mit Ergebnissen belegen zu können, daß beide Seiten bestrebt seien, die Beziehungen auf eine neue Stufe zu heben.«

Daran sei auch er interessiert, sagt der Kanzler, wird dann

aber – unter Bezug auf Krenz' Rede im DDR-Fernsehen – schnell konkret. »Ich bräuchte ihm nicht zu sagen, entgegnete ich, daß sich viele Hoffnungen an seine Amtsübernahme knüpften. Ich nannte dann ein paar Punkte, die ich für besonders wichtig hielt, wie zum Beispiel eine Neuregelung der Reisefreiheit oder die in Aussicht genommene Amnestie für Personen, die wegen illegalen Grenzübertritts und Republikflucht verurteilt worden seien. Als weiteren Punkt sprach ich die Verfolgung derer an, die im Verlaufe von Demonstrationen festgenommen worden seien.«

Als sehr wichtigen Punkt aus der Sicht der Bundesrepublik habe er die Suche nach einer positiven Lösung für die sogenannten Botschaftsflüchtlinge genannt. »Diese Menschen, so erläuterte ich meinem Gesprächspartner, bräuchten ihre Urkunden, ihr Umzugsgut und anderes. Es würde ihm, Krenz, sicherlich viel Anerkennung in der DDR und auch in der Bundesrepublik eintragen, wenn er bei der Regelung all dieser praktischen Fragen für ein großzügiges Verhalten der DDR-Behörden sorgte. Krenz erwiderte, daß er in seiner Fernsehansprache ganz bewußt auf die Wende eingegangen sei. ›Wende bedeutet jedoch keinen Umbruch‹, sagte er und fügte hinzu, ich stimmte ja wohl mit ihm darin überein, daß eine sozialistische DDR auch im Interesse der Stabilität in Europa sei. Ich widersprach und fügte meinerseits hinzu: Natürlich könne man die deutsche Frage nicht isoliert betrachten. Sie habe vielmehr eine europäische Dimension und sei eingebettet in das Ost-West-Verhältnis insgesamt. Deshalb würde ich auch Gorbatschow bei jeder Gelegenheit sagen, daß man zum Beispiel die Abrüstungsverhandlungen in Wien in diesem Zusammenhang sehen müsse. Wenn wir dort weiterkämen, würde dies den Ost-West-Gegensatz entschärfen. Dies käme nicht zuletzt den innerdeutschen Beziehungen zugute.

Ich schlug Krenz anschließend eine Art Geschäftsordnung

vor, wie beide Seiten fortan miteinander umgehen könnten. Ich sagte, es gebe in unseren Beziehungen eine Reihe von Fragen, wo wir aus prinzipiellen Gründen nicht einig seien und nie einig werden würden. Es gebe da zwei Möglichkeiten: Die eine sei, wir unterhielten uns über diese Themen und kämen zu keinem Ergebnis. Oder aber – und das zöge ich vor – wir nähmen unsere gegensätzlichen Ansichten als Gegebenheit zur Kenntnis und bemühten uns auf allen Gebieten, wo man zusammenarbeiten könne, um praktische Kooperation zum Wohle und im Interesse der Menschen. In diesem Sinne sei es jetzt sehr wichtig, daß wir unseren Gesprächskontakt intensiv pflegten und ausbauten. Der SED-Generalsekretär stimmte mir abermals zu und verwies auf seine Ausführungen vor dem Zentralkomitee der SED, wo er gesagt habe: ›Unsere Hand ist ausgestreckt.‹ Ich erwiderte knapp: ›Ja, also, Herr Generalsekretär! Machen wir das so, wie besprochen.‹«

Keine Stunde später habe er Gorbatschow wegen einer ganz anderen Sache angerufen, erinnert sich der Bundeskanzler: »Ich erzählte ihm, daß ich soeben mit Krenz gesprochen hätte. ›Was hat er denn gesagt?‹ wollte Gorbatschow wissen. Ich sagte ihm: ›Krenz will Reformen, aber mit der DDR einen eigenen Weg gehen, also nicht den Polens, Ungarns oder der Sowjetunion.‹ Als der sowjetische Generalsekretär dazu schwieg, habe ich gewußt, daß Egon Krenz nicht sein Mann war.«

In der DDR gehen immer mehr Menschen für Demokratie und freie Wahlen, Trennung von Staat und Partei, Rechtsstaatlichkeit und Reisefreiheit auf die Straße. Die Reformbewegung hat durch Gorbatschows Auftreten in Ost-Berlin eine ungeheure Dynamik entwickelt. Der Druck auf den SED-Generalsekretär und die alten Kader aus Honeckers Zeiten, die noch in den Schlüsselpositionen sitzen, wächst. So dankt am 2. November der alte Weggefährte Honeckers, der FDGB-Vorsitzende Harry Tisch, ab. Mit ihm gehen Margot Honecker, die berüchtigte

Volksbildungsministerin, und einige SED-Bezirks- und Block-parteivorsitzende, wie Heinrich Homann von der NDPD und Gerald Götting von der Ost-CDU. Am 3. November zieht Krenz weiterreichende Konsequenzen: Er entläßt Staatssicherheitsmi-nister Mielke, den für Ideologie zuständigen Kurt Hager, den Sekretär für Außenpolitik Hermann Axen und andere aus dem Politbüro.

Das alles hilft jedoch wenig. Der Name Krenz steht aus der Sicht der Deutschen in der DDR nicht für Reformen, was die Großdemonstration auf dem Ost-Berliner Alexanderplatz am 4. November, an der mehr als eine halbe Million Menschen teil-nehmen, nachhaltig verdeutlicht. Die Demonstration, in deren Verlauf neben namhaften, einstmals systemtreuen Künstlern, Wissenschaftlern und Schriftstellern der DDR auch der 1987 aus seinem Amt als Chef der Auslandsaufklärung ausgeschie-dene Mielke-Stellvertreter Markus Wolf auftritt und ein leiden-schaftliches Bekenntnis zu Gorbatschows Perestroika ablegt, gerät zu einer Abrechnung mit den »SED-Bonzen«, nicht zu-letzt auch mit Krenz. »Es war allerdings schon erstaunlich, wie damals Leute, die bisher Nutznießer des Regimes gewesen wa-ren, plötzlich auf die andere Seite überwechselten«, meint Kohl.

Die Lage in der DDR sei immer kritischer geworden: »Fran-çois Mitterrand war in Bonn und fragte mich, was – außer Re-pression – den Gang der Dinge in der DDR noch aufhalten könne. Ich antwortete dem französischen Staatspräsidenten, daß Repression eben wegen der großen Veränderungen nicht mehr so einfach wie in der Vergangenheit möglich sei. Ich sähe die Lage für Krenz kritisch; wenn er weiter so vorgehe wie bis-her, werde er sich nicht das Vertrauen der Deutschen in der DDR erwerben. Seit der erneuten Öffnung der Grenze zur ČSSR seien in unserer Botschaft in Prag binnen kürzester Zeit wieder rund fünftausend Flüchtlinge eingetroffen. Ich ginge davon aus, daß bei der Sitzung des ZK der SED am 6. November weitgehende Personalveränderungen an der Spitze von Partei und Regierung beschlossen würden – nach meiner Einschätzung werde dies aber kaum weiterhelfen.

François Mitterrand sagte, aus seiner Sicht seien die Kräfte derart in Bewegung geraten, daß niemand vorhersagen könne, was passiere. Ich stimmte ihm zu. Unser Interesse müsse sein, eine Eskalation zu vermeiden. Der französische Staatspräsident sagte darauf, aufgrund der Entwicklung in Mittel- und Osteuropa müsse die Integration in Westeuropa beschleunigt werden, um die notwendige Kraft zu gewinnen, die die anderen mitziehe. Der weitere Aufbau Europas werde uns dem Tag näherbringen, an dem die Trennung des Kontinents überwunden werde, an dem Deutschland wiedervereint werden könne. Die Einsicht in diese Entwicklung werde für die Sowjetunion schwierig sein. Letztlich werde die westliche Zivilisation die Oberhand gewinnen und behalten.

Ich stimmte ihm ausdrücklich zu und ergänzte, daß der Aufbruch im Osten nicht möglich gewesen wäre, wenn wir in Europa der ›Eurosklerose‹ vom Beginn der achtziger Jahre zum Opfer gefallen wären. Ich verwies auf die jüngsten Bilder aus Ungarn. Bei der Abschaffung der Volksrepublik und beim Ausrufen der Republik in Budapest hätten junge Leute Transparente hochgehalten, auf denen stand: ›Ungarn ist heute heimgekehrt nach Europa‹. Das sei die eigentliche Botschaft dieses Tages gewesen. Die Überwindung der Teilung Europas sei die Voraussetzung für die Überwindung der Teilung Deutschlands.«

Wie der Kanzler dem französischen Staatspräsidenten vorausgesagt hat, laufen SED-Generalsekretär Krenz bald die Ereignisse aus dem Ruder: Am 6. November tritt die Regierung Stoph zurück, am 8. November, zu Beginn der Tagung des Zentralkomitees, das gesamte Politbüro – ein in der Nachkriegsgeschichte für eine kommunistische Partei einmaliger Vorgang.

114 WIR SIND DAS VOLK

Bei der Neuwahl wird der SED-Bezirksvorsitzende von Dresden, Hans Modrow, ein Bewunderer des sowjetischen Generalsekretärs, in das Gremium gewählt. Er soll als Stophs Nachfolger den Vorsitz des Ministerrates, also die Position des Regierungschefs, übernehmen.

Nachdenklich läßt der Kanzler die Bilder jener Herbsttage noch einmal an sich vorüberziehen: »Man muß sich einmal vor Augen halten, daß sich diese ganze Entwicklung in einem Zeitraum von nur drei Monaten abgespielt hat. Die SED hatte in dieser Zeit ihre Position ständig geändert, ständig korrigiert. Dennoch war sie der Entwicklung immer nur hinterhergelaufen. Weil sie nicht bereit war, ihren Führungsanspruch aufzugeben, wurde der Vertrauensverlust immer größer und größer. Hätte Honecker ein oder zwei Jahre vorher die gleichen Schritte wie jetzt Krenz getan, dann hätte dies die DDR-Bevölkerung sicherlich sehr beeindruckt. Doch nun war es zu spät. Die Menschen ließen sich nicht mehr mit halben Sachen abspeisen. Sie gingen jetzt aufs Ganze, sie wollten freie Wahlen − und damit nicht nur Korrekturen am System, sondern eine Änderung des Systems selbst.«

Unter dem Eindruck der unvermindert andauernden Ausreisewelle spricht der SED-Generalsekretär nicht mehr nur von »Reformen«, sondern von »tiefgreifenden Reformen«. Die Rede ist von der Einrichtung eines Verfassungsgerichts, einer Verwaltungsreform und der Einführung eines zivilen Wehrersatzdienstes − und vor allem von der bereits seit längerem angekündigten neuen Reiseverordnung. Am 6. November veröffentlicht Ost-Berlin den Entwurf. Zwar wird danach keine Begründung mehr für eine Reise in den Westen verlangt, doch sollen die Reisenden weiterhin ein Visum beantragen müssen und dabei formal überprüft werden. Mit anderen Worten: Die Entscheidung, wer reisen darf, soll weiterhin der staatlichen Willkür unterliegen.

»Von dem Papier waren nicht nur wir enttäuscht«, erinnert sich Kohl. »Unsere Landsleute sahen in dem Gesetzentwurf den Beweis dafür erbracht, daß es Krenz gar nicht um wirkliche Reformen ging. Da die Reisebeschränkungen in die Tschechoslowakei inzwischen aufgehoben worden waren und niemand ahnen konnte, was dann tatsächlich kam, stieg die Zahl derjenigen, die ihrer Heimat den Rücken kehrten, weiter an.« Alle zwanzig Sekunden trifft nun ein Ausgereister in der Bundesrepublik ein. Im Monat November, in dem in den deutschen Botschaften in Prag und Warschau wiederum mehr als tausend Menschen auf eine baldige Ausreise in die Bundesrepublik hoffen, werden es insgesamt mehr als 133000 sein. Auf das ganze Jahr hochgerechnet ergibt dies fast ein Zehntel der gesamten DDR-Bevölkerung – der Zusammenbruch des sozialen und wirtschaftlichen Systems zeichnet sich immer deutlicher ab.

Das Regime kann nicht mehr umhin, der katastrophalen Wirtschaftslage der DDR ins Auge zu sehen. Wie heute aus den Akten bekannt ist, prognostiziert eine von Krenz beauftragte Arbeitsgruppe unter Leitung des Vorsitzenden der Staatlichen Plankommission, Gerhard Schürer, in ihrem streng geheim gehaltenen Bericht den bevorstehenden Staatsbankrott der DDR. Als Ursache dafür werden die geringe Arbeitsproduktivität genannt, die vierzig Prozent unter dem westdeutschen Niveau liegt, die gesunkene Investitionsrate und vor allem die horrende Verschuldung im Westen, die sich von zwei Milliarden D-Mark im Jahr 1970 auf neunundvierzig Milliarden D-Mark im Jahr 1989 erhöht hat. Um nur den weiteren Anstieg der Verschuldung im Jahre 1990 zu stoppen, heißt es in dem Bericht weiter, müsse der Lebensstandard sofort um fünfundzwanzig bis dreißig Prozent gesenkt werden, womit jedoch die DDR »unregierbar« würde.

Am 1. November reist Krenz zu seinem Antrittsbesuch nach Moskau, bemüht, die Gunst Gorbatschows und vor allem dessen Unterstützung zu erlangen. Was die Bestandsgarantie für die DDR, das »Kind der Sowjetunion«, angeht, so beruhigt Gorbatschow seinen Besucher mit dem Hinweis darauf, daß die deutsche Frage nicht auf der Tagesordnung der internationalen Politik stehe. Mit seiner Bitte um Wirtschaftshilfe stößt Krenz, der seinem Gesprächspartner die desaströse Situation der DDR ungeschönt schildert, jedoch ins Leere. Gorbatschow beteuert, die Sowjetunion sei immer bemüht gewesen, ihre Pflichten gegenüber der DDR zu erfüllen, weist dann aber auf die äußerst schwierige wirtschaftliche Lage seines eigenen Landes hin. Am Ende seiner Ausführungen weiß er für Krenz keinen anderen Rat als den, sich doch an Bonn zu wenden.

Für den 6. November kündigt sich daraufhin Schalck-Golodkowski – im Auftrag des SED-Generalsekretärs – in der Bundeshauptstadt an, um mit Seiters und Schäuble über eine künftige wirtschaftlich-technische Zusammenarbeit zu sprechen. Vor allem deutet er an, daß es innerhalb der SED-Führung eine Reihe von Leuten gebe, die sich keine Illusionen über ihre wahre Lage machten. Intern werde bereits gefragt, inwieweit man sich umorientieren müsse, inwieweit es jetzt Zeit für substantielle Reformen sei, auch bei der Frage nach freien Wahlen. So könnten auch im Reiseverkehr zwischen den beiden deutschen Staaten weitreichende Schritte erfolgen, mit denen die Mauer letztlich überflüssig werde. Voraussetzung sei allerdings, daß die Bundesregierung bereit wäre, der DDR neue Milliarden-Kredite zur Verfügung zu stellen. Ein entsprechendes Signal des Bundeskanzlers in dem für den 8. November vorgesehenen »Bericht zur Lage der Nation« sei sicherlich hilfreich, um die Entscheidungen in Ost-Berlin zu beschleunigen.

»Wenige Stunden später«, so Kohl, »saß ich mit Wolfgang Schäuble und Rudi Seiters im Kanzlerbungalow zusammen. Sie schilderten mir den Verlauf des Gesprächs mit Schalck und berichteten von den Ost-Berliner Überlegungen im Blick auf weitgehende Reformen und eine neue Reiseverordnung. Dieses Gespräch sollte – wie uns allerdings erst später bewußt wurde – in der Tat die Öffnung der Mauer, wie sie dann am 9. November stattfand, ein gutes Stück mitbefördern. Ost-Berlin hatte sicherlich einen völlig anderen Ablauf der Ereignisse im Sinn. Ich beschloß, meine für die Bundestagsdebatte am 8. November vorgesehene, bereits fertiggestellte Rede noch um eine knappe Botschaft in Richtung Krenz zu ergänzen. Gemeinsam mit Wolfgang Schäuble und Rudi Seiters formulierte ich folgenden Passus: ›Ich erkläre gegenüber der neuen SED-Führung meine Bereitschaft, einen Weg des Wandels zu stützen, wenn sie zu Reformen bereit ist. Kosmetische Korrekturen genügen nicht. Wir wollen nicht unhaltbare Zustände stabilisieren. Aber wir sind zu umfassender Hilfe bereit, wenn eine grundlegende Reform der politischen Verhältnisse in der DDR verbindlich festgelegt wird.‹ Wichtig waren vor allem die Schlüsselwörter ›umfassend‹, ›grundlegend‹ und ›verbindlich‹. Sie sollten die Ernsthaftigkeit unseres Angebotes unterstreichen, gleichzeitig aber der SED-Führung deutlich machen, daß wir von ihr irreversible Entscheidungen erwarteten.«

In seiner Rede vor dem Deutschen Bundestag läßt der Kanzler am 8. November noch einmal die jüngsten Ereignisse Revue passieren: »Die Flucht von Zehntausenden vor allem jüngerer Menschen aus der DDR in den freien Teil Deutschlands ist vor aller Welt eine Abstimmung mit den Füßen, ein unübersehbares Bekenntnis zu Freiheit und Demokratie, zur Rechtsstaatlichkeit, zu einer Wirtschafts- und Gesellschaftsordnung, die den Menschen einen gerechten Anteil an den Früchten ihrer Arbeit sichert. ... Die Bilder und die Äußerungen der Flüchtlinge, die in großer Zahl zu uns kommen, haben mehr als alles andere deutlich gemacht, um was es geht: um Freiheit. Diese überwiegend jungen Leute sind ja nicht ahnungs- und willenlose Menschen, die verderblichen Sirenengesängen des

Kapitalismus gefolgt wären. Es sind selbstbewußte, tüchtige Leute, die oft genug schweren Herzens ihre Heimat, ihre Freunde und Familien verlassen haben, um im freien Teil Deutschlands in einer freiheitlichen Demokratie ein neues Leben zu beginnen.«

In der anschließenden Debatte hätten sich einmal mehr die unterschiedlichen deutschlandpolitischen Positionen gezeigt, so Kohl, aber auch »eine bemerkenswerte Fehleinschätzung des Willens der Menschen in der DDR«. Der Partei- und Fraktionsvorsitzende der SPD, Hans-Jochen Vogel, warnt davor, jetzt »die Frage der Staatlichkeit« in den Vordergrund der Debatte zu stellen. Er bekennt sich zwar zum Selbstbestimmungsrecht aller Deutschen und hebt hervor, daß es zunächst einmal Sache der Menschen in der DDR sei – sobald sie dazu imstande seien –, darüber zu befinden, für welche Form des Zusammenlebens mit den Westdeutschen sie sich entscheiden wollten. Zur Begründung dieser Position beruft er sich jedoch auf das Bekenntnis zu einer eigenständigen DDR aus den Reihen der dortigen Opposition, die er offenbar mit der Mehrheitsmeinung gleichsetzt.

Antje Vollmer von den Grünen bezeichnet die »Rede von der Wiedervereinigung« als »historisch überholter denn je«. Zum ersten Mal entstünde eine eigene DDR-Identität. »Jetzt ausgerechnet in dieser Lage von Wiedervereinigung zu sprechen, heißt, das Scheitern der Reformbewegung vorauszusetzen. ... Wenn aber die demokratische Reform in der DDR gelingt, dann kann die Mauer weg, und dann kann die DDR bleiben und ihren eigenen Weg zum europäischen Haus suchen.«

Da für den folgenden Tag, den 9. November, ein seit langem geplanter Besuch des Kanzlers in Polen vorgesehen ist, wohin er mit einer größeren Delegation reisen will, geht er in seiner Rede auch auf das immer noch schwierige Verhältnis zwischen beiden Ländern ein. »Ich hoffte«, sagt Kohl im Rückblick, »daß ich zusammen mit Ministerpräsident Mazowiecki, dem seit vielen Jahrzehnten ersten demokratisch legitimierten Regierungschef Polens, die Fundamente für eine gemeinsame Zukunft des deutschen und polnischen Volkes würde legen können. Mir war dabei klar, daß dies eine der schwierigsten Reisen meiner Amtszeit sein würde. In einer seiner ersten Reden vor dem Deutschen Bundestag hatte Konrad Adenauer drei Länder genannt, mit denen die Bundesrepublik Deutschland eine besondere Beziehung vor dem Hintergrund der leidvollen Vergangenheit entwickeln müsse: Frankreich, Israel und Polen. Es war uns gelungen, im Verhältnis zu Frankreich und Israel neue Brücken zu bauen, die sich als tragfähig erwiesen hatten. Im Blick auf Polen stand dies noch aus. Die Teilung Europas in einen kommunistischen und einen freien Teil hatte bislang eine wirkliche Aussöhnung praktisch unmöglich gemacht. Denn den Menschen war es verwehrt, zusammenzukommen, einander kennenzulernen und so gegenseitiges Mißtrauen zu überwinden. Die erzwungene ›Brüderlichkeit‹ zwischen der DDR und der Volksrepublik Polen hatte das Mißtrauen nicht abgebaut, sondern eher noch vergrößert.«

Kohl denkt an die Versuche in den frühen fünfziger Jahren zurück, zu einer Aussöhnung mit Frankreich zu kommen: »Auch das war eine Sache, die keineswegs einmütig geschah, sondern höchst umstritten war. Für Konrad Adenauer war die europäische Integration eine wesentliche Voraussetzung dafür, daß die Bundesrepublik in die Gemeinschaft der freien Völker aufgenommen werden würde. Der wichtigste Schritt auf diesem Weg war die Wiederannäherung an Frankreich. Damals hätte jedoch niemand geglaubt, daß es zwischen Deutschland und Frankreich jemals so werden würde, wie es heute ist. Das hatten wir alle, die wir damals jung waren, kaum zu träumen gewagt.

Als ich seinerzeit nach dem Abitur zum ersten Mal mit Vertretern der pfälzischen CDU im französischen Außenministerium am Quai d'Orsay bei Außenminister Robert Schuman war, wurden wir dort vom Saaldiener behandelt wie Aussätzige. Man kann sich das heute einfach nicht mehr vorstellen. Aber man sollte sich dabei immer wieder klarmachen, daß es in Deutschland früher auch nicht anders war: Ich selbst stamme aus einer Region, in der der Haß gegen unseren angeblichen Erbfeind Frankreich den Kindern schon in der Grundschule eingebleut worden ist. Bei den älteren Menschen trifft man hin und wieder auch heute noch auf das eine oder andere Vorurteil, aber glücklicherweise spielt dies inzwischen praktisch keine Rolle mehr.

Wenn man wirklich einen neuen Anfang machen will, muß man mit aller Aufrichtigkeit über die Vergangenheit reden, die zwischen den Völkern steht. Und die Geschichte zwischen Polen und Deutschen beginnt nicht 1939. Sie fängt ein erhebliches Stück früher an. Wahr ist, daß Deutsche im Zweiten Weltkrieg an Polen schreckliche Verbrechen verübt haben. Die Nazis wollten die Elite des polnischen Volkes ausrotten und verschleppten sie in Konzentrationslager. Wahr ist aber auch, daß bei der Vertreibung unschuldiger Deutscher Schreckliches von Polen begangen worden ist. Man darf diese Taten keinesfalls gegeneinander aufrechnen, aber man muß bereit sein, der ganzen Wahrheit ins Auge zu sehen, und darf nicht Teile davon verdrängen.«

Fünfzig Jahre nach dem Beginn des Zweiten Weltkriegs sei im November 1989 der Zeitpunkt dagewesen, so der Kanzler, einen »neuen Baum« für Europa zu pflanzen und mit Polen zu Ausgleich und Freundschaft zu gelangen: »Ich hoffte, mit Polen ein entscheidendes Stück weiterzukommen, so wie uns das mit Frankreich und mit Israel gelungen war. Daran hatten wir Deutschen auch ein nationales Interesse. Für die Reformbewegungen in Mittel- und Osteuropa – und auch in der DDR –

hätte es einen schweren Rückschlag bedeutet, wenn das polnische Experiment gescheitert wäre. Auf einen solchen Fehlschlag hofften sowohl die alten kommunistischen Kader in Polen als auch ihre unbelehrbaren Genossen in der DDR. Indem wir der Regierung Mazowiecki halfen, unterstützten wir also auch indirekt jene in der DDR, die einen grundlegenden Wandel herbeiführen wollten.«

Er habe, so Kohl, den Eindruck gehabt, daß einigen Sozialdemokraten an einem Erfolg seiner Polen-Reise nicht sonderlich gelegen war. »Anders konnte ich mir damals nicht erklären, weshalb sie ständig die Behauptung verbreiteten, ich stellte die Westgrenze Polens in Frage. Für die Bundesrepublik galt der Warschauer Vertrag von 1970, und darin hieß es unzweideutig, daß wir keine Gebietsansprüche gegenüber Polen hatten. Es stand aber ebenso eindeutig fest, daß die Bundesregierung und der Bundeskanzler nicht legitimiert waren, eine endgültige Anerkennung der polnischen Westgrenze auszusprechen, solange es keinen handlungsfähigen gesamtdeutschen Souverän gab.«

Wenige Tage vor seiner Abreise nach Warschau sei es mit der polnischen Seite noch zu unschönen Auseinandersetzungen über das geplante Besuchsprogramm gekommen, erinnert sich der Kanzler: »Im Sommer hatte mich Bischof Alfons Nossol aus Oppeln besucht. Wir hatten schon früher miteinander korrespondiert, weil ich ihm gelegentlich in seinem Bistum – und auch den dort lebenden Deutschen – geholfen hatte. Er ist ein großartiger Seelsorger, der sich in vorbildlicher Weise immer auch um unsere Landsleute gekümmert hat. Er ist Oberschlesier, seine Familie stammt aus dieser Region, und er kennt den Alltag des Zusammenlebens von Polen und Deutschen. Er lehnt Nationalismus ab und hatte es deshalb nicht leicht bei einigen seiner Amtsbrüder. Bischof Nossol hatte nun die Idee, auf dem Annaberg – dort, wo sich nach dem Ersten Weltkrieg Deutsche und Polen blutige Kämpfe geliefert hatten – eine deutschsprachige Versöhnungsmesse zu zelebrieren und mich dazu einzuladen. Ich weiß noch, daß ich ihn fragte: ›Herr Bischof, ist das eine Sache, die Probleme bereiten könnte?‹ Er antwortete: ›Nein.‹«

Leider sei es anders gekommen, als er gehofft habe, fährt Kohl fort: »Aus dem kommunistischen Lager setzte eine Kampagne ein, die in Wirklichkeit natürlich darauf abzielte, der Regierung Mazowiecki Schwierigkeiten zu bereiten. Ausgerechnet die Linken, die die polnische Nation an die Sowjets verraten hatten, gaben sich dabei als die größten polnischen Patrioten aus. Ich rief Ministerpräsident Mazowiecki an und erklärte ihm, Ziel und Zweck meiner Reise sei es, mit Polen ein Stück Versöhnung zu verwirklichen. Meinen geplanten Besuch einer Messe auf dem Annaberg hätte ich immer so verstanden, daß Deutsche und Polen dort gemeinsam sängen und beteten. Ich hielte es für absurd, wenn ich als katholischer Christ nicht eine deutsch-polnische Versöhnungsfeier besuchen dürfte. Eine solche Feier, bei der Christen zusammen deutsche und polnische Lieder sängen, sei doch vor allem für junge Menschen ein besonderes Signal.

Der polnische Ministerpräsident stand sichtlich unter Druck. Er wisse zwar, so sagte er, daß meine Motive über jeden Zweifel erhaben seien. Die Massenmedien in Polen hätten aber für seine Regierung eine ungünstige Lage geschaffen. Der Annaberg sei das Symbol für die schlesischen Aufstände. Er befürchte, daß große Emotionen frei werden könnten, daß möglicherweise Demonstrationen und Gegendemonstrationen stattfänden. Mit Sicherheit kämen Polen, die in der Nazi-Diktatur gelitten und gegen die Deutschen gekämpft hätten. Es kämen aber auch Schlesier, die sich zur deutschen Volkszugehörigkeit bekennen würden und mich als ›ihren Bundeskanzler‹ begrüßen wollten. Ich sagte Mazowiecki noch einmal, gerade an einem so wichtigen Ort könne doch ein neuer Anfang gemacht werden. Es müsse doch möglich sein, im Geist der Versöhnung zu handeln. Ich erinnerte ihn an meine Ansprache vor den Vertriebenen-Verbänden, in der ich gesagt hatte, daß man zwar nicht vergessen dürfe, was geschehen sei, daß es aber an der Zeit sei, einander die Hand zu reichen. Dies sei meine Botschaft. Die deutsch-polnische Freundschaft gehöre zu meinen großen politischen Zielsetzungen.«

Zwei Tage später habe ihn der polnische Ministerpräsident erneut angerufen, fährt der Kanzler fort: »Offenbar war der Druck auf Mazowiecki inzwischen so groß geworden, daß er keine andere Möglichkeit mehr sah, als sich zu beugen. Selbst wenn er anderer Meinung sei, so beteuerte er immer wieder, könne er nichts an der Tatsache ändern, daß eine Mehrheit der öffentlichen Meinung den Annaberg nicht als einen guten Ort für eine Versöhnungsgeste ansehe. Ein Besuch dort würde ihm seine ohnehin schwierige innenpolitische Situation weiter erschweren. Auch auf Bischof Nossol war wohl inzwischen Druck ausgeübt worden, denn auch er bat mich nunmehr darum, von der geplanten Messe auf dem Annaberg Abstand zu nehmen. Zu dieser Messe würden große Menschenmassen kommen. Man könne nicht mehr garantieren, daß es eine würdige Feier werde.«

Man einigt sich schließlich auf einen Besuch in Kreisau, dem Gut des Grafen von Moltke, der hier Gleichgesinnte um sich versammelt hatte, um der Hitler-Barbarei ein Ende zu bereiten. »Mir gefiel diese Idee sehr gut«, so Kohl, »obwohl ich die Auseinandersetzung über den Annaberg weiterhin bedauerte. Die in Kreisau geplante Messe sollte ebenfalls Bischof Nossol halten. Wichtig war mir vor allem, daß auch nach Kreisau Deutsche aus der Oppelner Gegend eingeladen wurden, um mit uns den Gottesdienst zu feiern. Außerdem versprach mir der polnische Ministerpräsident, ebenfalls an der Messe teilzunehmen. Wir verabredeten, daß deutsche und polnische Lieder gesungen werden sollten, daß die Fürbitten von je einem katholischen und evangelischen Geistlichen verlesen würden und daß der liturgische Friedensgruß ausgetauscht werden sollte.«

DER FALL DER MAUER

Der 9. November 1989, ein Donnerstag, ist ein kühler und grauer Tag. Als Helmut Kohl mittags im Park des Bundeskanzleramtes in einen Hubschrauber des Bundesgrenzschutzes steigt, der ihn zum militärischen Teil des Köln-Bonner Flughafens bringen soll, ahnt er nicht, daß dieses Datum in die deutsche Geschichte eingehen wird. Seine Gedanken kreisen ganz um den vor ihm liegenden schwierigen Besuch in Polen, dessen Stationen die Hauptstadt Warschau, Tschenstochau, Auschwitz, Kreisau und Krakau sein sollen.

Nachdem die Maschine der Bundesluftwaffe mit dem Kanzler und seiner Delegation an Bord auf dem Flughafen Warschau-Okecie gelandet ist, stehen Gespräche zwischen ihm und Ministerpräsident Mazowiecki sowie zwischen den Außenministern Genscher und Krzysztof Skubiszewski auf dem Programm. Es geht vor allem um die Grenzfrage, um die Rechte der deutschen Minderheit und um eine Entschädigung für die ehemaligen polnischen Zwangsarbeiter. Kohl versichert seinem Gesprächspartner, daß Bonn die polnische Westgrenze selbstverständlich nicht in Frage stelle. In der Entschädigungsfrage kann er keinen Zweifel daran aufkommen lassen, daß kein den polnischen Wünschen entsprechendes Ergebnis zu erwarten ist. Würde er diesen nachkommen, durchbräche Bonn damit das Londoner Schuldenabkommen von 1953, und dann würden Dutzende Staaten Forderungen an die Bundesrepublik stellen, die in ihrer Summe nicht zu erfüllen wären.

126 DER FALL DER MAUER

Für den Abend hat Ministerpräsident Mazowiecki zu Ehren seiner Gäste zu einem festlichen Bankett in den Palast des polnischen Ministerrates, das ehemalige Palais der Fürsten Radziwill, geladen. Unmittelbar vor der Abfahrt seiner Wagenkolonne vom Gästehaus Parkowka in die Warschauer Innenstadt erreicht Kohl ein dringender Anruf aus Bonn. Kanzleramtsminister Seiters will ihn unbedingt noch vor dem Bankett sprechen. Seiters hat in der Tat eine sensationelle Nachricht für den Kanzler: In Ost-Berlin habe der SED-Bezirksvorsitzende Schabowski überraschend eine Übergangsregelung bis zum Inkrafttreten eines neuen Reisegesetzes verkündet. Die Genehmigung für Privatreisen in den Westen solle danach mit sofortiger Wirkung jedem Antragsteller kurzfristig erteilt werden, ebenso Visa für Personen, die die DDR verlassen wollten. Mit anderen Worten: Die Mauer sei damit für jedermann durchlässig geworden.

Erst während des Banketts im Palast des polnischen Ministerrats werden dem Kanzler weitere Einzelheiten der dramatischen Ereignisse nach Warschau übermittelt. Nach den Tischreden – die Kellner servieren gerade ab – unterbricht der Chef des Presseamtes, »Johnny« Klein, Kohls Unterhaltung mit Ministerpräsident Mazowiecki. Der Bundeskanzler erinnert sich: »Johnny Klein trat an meine Seite und erläuterte mir mit knappen Worten die neueste Entwicklung. Er berichtete von der Bundestagssitzung, wo in einem spontanen Bekenntnis zur Einheit der Nation das Deutschlandlied gesungen worden sei. Ich wollte immer noch nicht glauben, was mir da gesagt wurde, fragte nach. Kurz darauf – es wird etwa 21 Uhr gewesen sein – rief ich Eduard Ackermann in Bonn an; er hatte mich schon während des Essens zu erreichen versucht und bei meinem Büroleiter Walter Neuer darauf bestanden, ich solle sofort ans Telefon kommen. Nun war er am Apparat. ›Herr Bundeskanzler, im Augenblick fällt gerade die Mauer!‹ rief er begeistert ins Telefon. Ich sagte: ›Ackermann, sind Sie sicher?‹ ›Ja‹, antwortete er und berichtete, daß an den Berliner Übergängen die ersten Menschen eingetroffen seien, die die Probe aufs Exempel machten. Wenn er recht informiert sei, hätten einige bereits die Grenze überquert.

Es verschlug mir fast die Sprache. Wir alle hatten ja erwartet, daß nach meinem Signal vom 8. November im Bundestag bald etwas Entscheidendes in Sachen Reisefreiheit passieren würde, aber daß es so schnell und vor allem mit solchen Auswirkungen geschehen würde, das war kaum zu fassen. Ich sagte Eduard Ackermann, ich hätte am späten Abend noch ein Treffen mit Journalisten auf dem Programm; bis dahin würde ich mehr Informationen benötigen. Ich verabredete mit ihm daher, noch ein weiteres Telefonat zu führen, bei dem auch Rudi Seiters dabeisein sollte.

Eine knappe Stunde später telefonierte ich wiederum mit Eduard Ackermann. Er bestätigte: Hunderte Ost-Berliner hätten inzwischen die Grenzposten passiert. Mehrere Grenzübergänge seien geöffnet worden, die Leute würden einfach gegen Vorlage ihres Ausweises durchgelassen. Abschließend wiederholte er – seine innere Bewegung war unüberhörbar –: ›Das ist wirklich das Ende der Mauer.‹«

Was der Berliner SED-Chef Schabowski auf seiner Pressekonferenz am frühen Abend verkündet hat, wird in seiner Tragweite von den meisten zunächst nicht so recht verstanden. Erst im Verlauf des späteren Abends werden es Tausende, schließlich Zehntausende und mehr, die sich an den Übergängen einfinden. Gegen 22 Uhr werden schließlich die Tore unter dem Druck der dort versammelten Menschenmassen vollständig geöffnet, und die Menschen strömen nun in den Westteil der Stadt. Dort kommt es zu unbeschreiblichen Szenen, die, so der Kanzler, eines nachdrücklich bestätigen: »Die Deutschen fühlten sich trotz vierzigjähriger Teilung nach wie vor als ein Volk.«

128 DER FALL DER MAUER

»Im Warschauer Marriott-Hotel«, erzählt Kohl weiter, »traf ich zur selben Stunde die mitgereisten Journalisten, die mich mit Fragen überschütteten: ›Wie beurteilen Sie die Ereignisse in Berlin?‹ Oder: ›Wann kommt die deutsche Einheit?‹ Ich erwiderte, tatsächlich werde in diesen Stunden Weltgeschichte geschrieben. Ich hätte keinen Zweifel gehabt, daß die Einheit Deutschlands einmal Wirklichkeit werden würde. Über eine lange Zeitspanne habe man davon ausgehen müssen, daß dieses Ziel erst von späteren Generationen erreicht werde. Jetzt aber seien wir in einen Zeitabschnitt getreten, in dem sich die Dinge ungewöhnlich dynamisch entwickelten: ›Das Rad der Geschichte dreht sich schneller!‹

Ich zog mich mit meinen engsten Mitarbeitern zu einer kurzen Beratung zurück. Dafür blieben wir im Marriott-Hotel. Wir hielten es nämlich für zu riskant, vertrauliche Gespräche im Gästehaus der polnischen Regierung zu führen. Obwohl sich in Polen die Verhältnisse mittlerweile geändert hatten, konnten wir nicht ausschließen, daß die Abhöreinrichtungen eingeschaltet waren. Im Hotel sah ich die ersten Fernsehbilder aus Berlin. Für mich stand sofort fest, daß ich meinen Besuch trotz seiner Wichtigkeit unterbrechen mußte, denn der Platz des Bundeskanzlers konnte in dieser historischen Stunde nur in der deutschen Hauptstadt sein, dem Brennpunkt der Ereignisse. Als wir das Hotel verließen, bestätigte ich auf entsprechende Fragen der uns belagernden Journalisten, mit meinen Gastgebern schon kurz über die Möglichkeit einer Unterbrechung des Besuches gesprochen zu haben.«

Die polnischen Gastgeber sind wenig erfreut. Eine Unterbrechung des Besuches bringt das Protokoll in Verlegenheit. Vor allem aber wird ihnen an diesem Abend bewußt, daß dies der Beginn einer Entwicklung sein könnte, an deren Ende sie sich einem wiedervereinten Deutschland mit achtzig Millionen Menschen gegenübersehen würden – gemischte Gefühle, für die Kohl durchaus Verständnis aufbringt. Dennoch besteht er auf einer Unterbrechung seines Polen-Besuches: »Meine Entscheidung führte zu einem veritablen Streit. Der polnische Ministerpräsident wollte um jeden Preis verhindern, daß ich nach Berlin fahre. Es wäre ein Affront gegen Staatspräsident Jaruzelski, wenn ich das für den folgenden Tag vorgesehene Treffen mit diesem absagen würde, sagte Mazowiecki, der dann in meiner Gegenwart mit dem General telefonierte.

Schließlich ging ich selbst an den Apparat und erläuterte meine Gründe: Ich müßte am Samstag in Bonn eine Kabinettssitzung leiten, in der eine Reihe wichtiger Entscheidungen anstünden. Niemand wisse, wie viele unserer Landsleute aus der DDR sich zum Bleiben im Westen entschlössen. Aber das sei nur die eine Seite: Viele Leute in der Welt schauten jetzt auf Deutschland, auf das, was die Deutschen jetzt täten. Man müsse vor allem die psychologische Situation beachten. Abschließend betonte ich noch einmal, daß mein Besuch in Polen durch die kurze Unterbrechung nicht an Bedeutung verliere. Die Entwicklung in der DDR sei nur möglich gewesen, weil Polen und Ungarn vorangegangen seien. Der General zeigte sich schließlich mit einer Verschiebung des Termins einverstanden, legte jedoch Wert darauf, daß es, wie vorgesehen, bei einem ausführlichen Meinungsaustausch bleiben würde und kein bloßer Höflichkeitsbesuch daraus werden sollte.«

Die Rückkehr des Kanzlers und seiner Delegation nach Deutschland gerät unter besonderen Zeitdruck: Am Morgen des 10. November hat Ackermann aus Bonn mitgeteilt, daß in Berlin für den frühen Abend eine Kundgebung der CDU nahe der Kaiser-Wilhelm-Gedächtniskirche geplant sei, auf der Kohl sprechen solle. Kurze Zeit später meldet sich Ackermann noch einmal: Er sei soeben informiert worden, daß der Berliner Regierende Bürgermeister Momper für den Nachmittag zu einer Kundgebung vor dem Schöneberger Rathaus aufgerufen habe und der Kanzler auch dort als Redner angekündigt worden sei. Ackermann versichert, der Berliner Abgeordnetenhauspräsident Jürgen Wohlrabe stehe dafür ein, daß alles geordnet ablaufe.

Helmut Kohl erinnert sich: »»Mensch Ackermann, hoffentlich geht das gut‹, machte ich meinen Zweifeln Luft und bat, auf die Berliner CDU dahingehend einzuwirken, daß sie wenigstens einen Teil ihrer Leute von der Gedächtniskirche zum Schöneberger Rathaus umdirigierte. Horst Teltschik vermutete überdies, daß Momper die Kundgebung so früh angesetzt habe, damit ich es trotz aller Anstrengungen nicht mehr schaffte, rechtzeitig in Berlin zu sein. Welch einen Eindruck hätte dies in der Öffentlichkeit hinterlassen?« Die Parallele zum Versäumnis Konrad Adenauers, gleich nach Beginn des Mauerbaus am 13. August 1961 nach Berlin zu reisen, hätte auf der Hand gelegen.

»Weil die Maschine der Bundesluftwaffe weder das Territorium der DDR überqueren noch in Berlin landen durfte, mußten wir zunächst über Schweden nach Hamburg fliegen. Während der anderthalb Stunden an Bord entwarf ich meine Rede. Als wir endlich in Hamburg landeten, war die Zeit schon sehr knapp geworden. Der Botschafter der USA in Bonn, Vernon Walters, war so freundlich, uns eine amerikanische Militärmaschine zur Verfügung zu stellen. Nur deshalb kamen wir gegen 16 Uhr überhaupt noch rechtzeitig in Berlin-Tempelhof an. Vom Flughafen rasten wir mit Blaulicht durch die Stadt in Richtung Schöneberger Rathaus. Was mich dort wenig später erwartete, sollte meine bösen Vorahnungen noch übertreffen.

Nachdem ich angekommen war, hastete ich mit meinen Begleitern die Treppen hinauf, wurde dann auf die enge Balustrade regelrecht hinausgeschoben, auf der sich Hans-Dietrich Genscher, Willy Brandt, Hans-Jochen Vogel, Walter Momper und andere bereits eingefunden hatten. Unten auf dem John-F.-Kennedy-Platz tobte ein linker Pöbel, der mich mit einem ohrenbetäubenden Pfeifkonzert empfing. Von Anhängern der CDU, deren Präsenz Jürgen Wohlrabe und auch der CDU-Landesvorsitzende Eberhard Diepgen angekündigt hatten, keine Spur.«

Während der gesamten Kundgebung treffen laufend Meldungen über neugeöffnete Grenzübergänge ein, die abwechselnd von Momper und Genscher verlesen werden. Jedesmal wird den beiden zugejubelt. Noch ehe der Kanzler das Wort ergreift, überbringt ihm Teltschik eine Nachricht von Gorbatschow. Moskaus Bonner Botschafter Juli Kwizinski hat sie kurz vor 18 Uhr telefonisch übermittelt. Helmut Kohl: »Darin sprach der sowjetische Generalsekretär die Situation in Berlin an und bat mich, beruhigend auf die Menschen einzuwirken. Die Führung der DDR habe die Entscheidung getroffen, den Bürgern der DDR die freie Ausreise in die Bundesrepublik und nach West-Berlin zu ermöglichen. Diese Entscheidung sei der DDR nicht leicht gefallen.« Gorbatschow habe davor gewarnt, in dieser Situation die Emotionen und Leidenschaften anzuheizen: Wer die Existenz zweier souveräner deutscher Staaten ignoriere, verfolge nur das Ziel, die Lage in der DDR zu destabilisieren. Er, Gorbatschow, habe Informationen erhalten, daß sowohl in West- als auch in Ost-Berlin Kundgebungen geplant seien. Es müsse alles getan werden, um ein Chaos zu verhindern; die Folgen wären sonst unabsehbar.

»Gorbatschow wollte außerdem wissen«, so Kohl weiter, »ob Berichte zuträfen, wonach die Dinge in Berlin völlig aus dem Ruder liefen. Ja, ob es wahr sei, daß eine empörte Menschenmenge dabei sei, Einrichtungen der Sowjetarmee zu stürmen? Wegen der knappen Zeit und der zugespitzten Situation habe er es für notwendig gehalten, mich persönlich anzusprechen. Erst später habe ich erfahren, daß Gorbatschow gezielt falsch infor-

132 DER FALL DER MAUER

miert worden war: Reformgegner in KGB und Stasi wollten eine militärische Intervention der in der DDR stationierten sowjetischen Truppen herbeiführen; daran besteht für mich kein Zweifel. Ich stand eingezwängt auf dem Balkon des Schöneberger Rathauses und hatte keine Möglichkeit, Gorbatschow persönlich anzurufen – zumal es so ausgesehen hätte, als würde ich vor dem Pöbel zurückweichen, wenn ich die Balustrade verlassen hätte. Ich habe Gorbatschow ausrichten lassen, er habe mein Wort, daß diese Befürchtungen nicht zuträfen. Die Stimmung sei wie bei einem Familienfest, kein Mensch dächte daran, den Aufstand gegen die Sowjetunion zu proben.

Wie Michail Gorbatschow mir später sagte, habe er daraufhin den Machthabern in Ost-Berlin unmißverständlich signalisiert, daß die Sowjetunion nicht wie am 17. Juni 1953 mit Panzern eingreifen werde. Ich bin Gorbatschow noch heute sehr dankbar dafür, daß er nicht den Scharfmachern Gehör geschenkt hat, sondern vernünftigen Argumenten zugänglich war. Es ist ihm gar nicht hoch genug anzurechnen, daß er, vor die Entscheidung gestellt, die Panzer in der Kaserne zu lassen oder sie rollen zu lassen, sich für die friedliche Lösung entschied.«

Als Kohl vor dem Schöneberger Rathaus schließlich als letzter Redner ans Mikrofon tritt, wird er regelrecht niedergeschrien. Unbeirrt davon redet er gegen das Pfeifen und Grölen an: Dieser Tag sei ein großer Tag in der Geschichte Berlins, aber auch ein großer Tag in der Geschichte der Deutschen. Und weiter: »Wir alle haben für diesen Tag gearbeitet. Wir haben ihn herbeigesehnt. Wir sehen die Bilder vom Brandenburger Tor – Bilder von überall, wo in diesen Stunden Menschen aus der DDR zu uns kommen können und die Bürger dieser Stadt und die Bürger unserer Bundesrepublik Deutschland in den anderen Teil Deutschlands gehen können – ohne Kontrolle, ohne staatliche Gewalt, ihrem freien Willen entsprechend. Wir sollten in dieser Stunde auf diesem Platz auch an die vielen den-

VOR DEM SCHÖNEBERGER RATHAUS 133

ken, die ihr Leben an der Mauer ließen. Wir sollten dies tun in einem Augenblick, in dem diese Mauer endlich fällt.«

Immer wieder muß der Bundeskanzler neu ansetzen: »Wir alle stehen jetzt vor einer großen Bewährungsprobe. Wir haben in diesen Tagen von unseren Landsleuten drüben in der DDR, in Ost-Berlin, in Leipzig und Dresden und in vielen Städten, immer wieder eine Botschaft der Besonnenheit erfahren – eine Botschaft, die sagt, daß es in dieser glücklichen, aber auch schwierigen Stunde in der Geschichte unseres Volkes wichtig ist, besonnen zu bleiben und klug zu handeln. Klug handeln heißt, radikalen Parolen und Stimmen nicht zu folgen. Klug handeln heißt jetzt, die gesamte Dimension der weltpolitischen und der europäischen und deutschen Entwicklung zu sehen.«

Die meisten, die vor dem Schöneberger Rathaus mit Trillerpfeifen und »Antifa«-Gesängen den Kanzler übertönen möchten, ihn zum Schweigen bringen wollen, können mit diesen Worten nichts anfangen. Aber Kohl weiß, daß die halbe Welt zusieht, und setzt seine Rede unbeirrt fort: »Wer wie wir, die wir gerade aus Warschau hierhergekommen sind, erleben konnte, was der Reformprozeß in Ungarn und Polen möglich gemacht hat, der weiß, daß es jetzt gilt, mit Bedachtsamkeit Schritt für Schritt den Weg in die gemeinsame Zukunft zu finden. Denn es geht um unsere gemeinsame Zukunft, es geht um die Freiheit vor allem für unsere Landsleute in der DDR in allen Bereichen ihres Lebens. Die Menschen in der DDR haben ein Recht auf freie Meinungsäußerung, auf eine wirklich freie Presse, auf freie Bildung von Gewerkschaften, auf freie Gründung von Parteien und selbstverständlich, wie es der Charta der Vereinten Nationen und den Menschenrechten entspricht, auf freie, gleiche und geheime Wahlen. Unsere Landsleute sind dabei, sich diese Freiheiten selbst zu erkämpfen, und sie haben dabei unsere volle Unterstützung.«

Wie schon bei der Bundestagsdebatte zur Lage der Nation

fordert er die Verantwortlichen in der DDR auf: »Verzichten Sie jetzt auf Ihr Machtmonopol! Reihen Sie sich ein in jenen Reformgeist, der heute in Ungarn, in Polen die Zukunft dieser Völker sichert! Geben Sie den Weg frei für die Herrschaft des Volkes durch das Volk und für das Volk!«

Zum Schluß wendet sich der Kanzler an die Landsleute in der DDR: »So will ich allen in der DDR zurufen: Ihr steht nicht allein, wir stehen an eurer Seite. Wir sind und bleiben eine Nation, und wir gehören zusammen. Ich appelliere in dieser Stunde an alle unsere Landsleute, daß wir jetzt im Herzen eins sein wollen, miteinander solidarisch die Zukunft gestalten, jetzt zusammenstehen und gemeinsam die Hilfe gewähren denen, die Hilfe brauchen. Es geht um Deutschland, es geht um Einigkeit und Recht und Freiheit.«

Kohl ist heute noch verärgert, wenn er an die Szenen vor dem Schöneberger Rathaus denkt: »Nun war doch mit dem Fall der Mauer ein Traum in Erfüllung gegangen. Und ausgerechnet in diesem Augenblick, an diesem Tag, an dem die Deutschen ihr Schicksal selbst in die Hand zu nehmen begannen, liefen diese Fernsehbilder von dem tobenden Pöbel um die ganze Welt. Das war bestürzend und beschämend. Am allerschlimmsten war für mich, daß das auf der Balustrade gemeinsam angestimmte Deutschlandlied in einem gewaltigen Pfeifkonzert unterging.«

Der Pöbel vor dem Schöneberger Rathaus sei jedoch nicht das wirkliche Berlin gewesen, hebt Kohl hervor. Es habe auch andere Stimmen gegeben. »An eine Geste erinnere ich mich besonders gerne. Als ich ein paar Tage nach dem 10. November morgens mein Arbeitszimmer im Kanzleramt betrat, stand auf meinem Schreibtisch ein wunderschöner Blumenstrauß mit fünfzig langen, roten Rosen. Dazu eine Karte: ›Liebe Grüße aus Berlin – Sehn Se, det is ooch Berlin. Ihre Frau Gedeke‹.« Viele andere Bürger, nicht zuletzt aus der DDR, machen ihrem Herzen Luft und schreiben dem Kanzler zustimmende Briefe.

Nachdem das Spektakel vor dem Schöneberger Rathaus sein Ende gefunden, nachdem der Bundeskanzler Diepgen und Wohlrabe bittere Vorwürfe gemacht hat, erlebt er vor seinem Rückflug nach Bonn die wirklichen Empfindungen der meisten Berliner: »Auf dem Breitscheid-Platz vor der Kaiser-Wilhelm-Gedächtniskirche warteten weit über hunderttausend Menschen auf uns. Viele von ihnen waren erst wenige Stunden zuvor über die offenen Grenzübergänge aus dem Ostteil der Stadt herübergekommen. Hier wollte keiner randalieren, sondern hier herrschte aufrichtige Freude. Im Anschluß an diese Kundgebung, von der das Fernsehen bezeichnenderweise keine Notiz genommen hatte, fuhren wir noch zum Checkpoint Charlie, dem legendären Kontrollpunkt. Es waren unglaubliche Menschenmengen, die uns aus dem Osten entgegenströmten. Viele kamen auf mich zu und schüttelten mir die Hände, als ich die weiße, über den Asphalt gezogene Trennlinie, die nicht mehr trennte, überschritt – dort, wo sich nach dem Bau der Mauer sowjetische und amerikanische Panzer gegenübergestanden hatten.«

Angesichts der Begeisterung all der vielen Menschen habe es ihn doch sehr befremdet, so Helmut Kohl, »wie wenig weite Teile der deutschen Sozialdemokratie selbst in dieser Stunde mit dem Gedanken an die Einheit, der Deutschland – und das war allerorten zu spüren – doch ein ganzes Stück nähergekommen war, noch etwas anzufangen wußten. Wie weit wir in unseren Überzeugungen auseinander waren, ließ sich allein daran erkennen, daß der damalige Regierende Bürgermeister Walter Momper in seiner Rede am Schöneberger Rathaus erklärte, es gehe um ein ›Wiedersehen und nicht um Wiedervereinigung‹; auch sprach er vom ›Volk der DDR‹. Das war natürlich auch gegen mich gerichtet, denn alle wußten, daß ich das Ziel der deutschen Einheit niemals aufgegeben habe.«

Die Worte Mompers sollen später noch einmal Gegenstand

eines verbalen Schlagabtauschs zwischen Kohl und dem Sozialdemokraten werden. Nachdem der Bundeskanzler öffentlich gefragt hat, ob der Regierende Bürgermeister noch das gleiche Verfassungsverständnis habe wie er, wirft dieser Kohl vor, »im Denken von vorgestern« zu verharren: »Kohl quatscht von Wiedervereinigung und deutscher Frage.« Momper, so Kohl heute, habe dabei viele aus der SPD hinter sich gewußt.

Die große Ausnahme unter den Sozialdemokraten ist nach Auffassung des Bundeskanzlers Willy Brandt, der an jenem Abend vor dem Rathaus, in dem er einst regierte, die Worte spricht: »Jetzt wächst zusammen, was zusammengehört.« Kohl: »Ich habe Willy Brandt immer als einen Mann eingeschätzt, der — das soll kein Vorwurf sein — in dieser wichtigen Frage andere Prognosen aufgestellt hat. Er war fatalistischer, vielleicht auch pessimistischer in der Frage des historischen Ablaufs. Er war nicht gegen die Einheit, etwa im Sinne einer Doktrin – aber er hatte wohl die Hoffnung auf die Einheit verloren. Er gehörte einer ganz anderen Generation an, er hat einen völlig anderen Lebensweg gehabt als ich. Persönliche Einschätzungen haben auch immer etwas damit zu tun. Daß jedoch Willy Brandt die deutsche Einheit wollte, daran habe ich keinen Zweifel gehabt. Er hatte die Einheit — ganz im Gegensatz zu vielen anderen – in seinem Innersten nie endgültig abgeschrieben.

Wann wir begannen, einander im Umgang mit der deutschen Frage anzunähern, läßt sich schwer sagen. Als Honecker im September 1987 die Bundesrepublik bereiste, stand Willy Brandt sicherlich noch nicht auf meiner Seite. Im ›deutschen Herbst‹ wurde dies dann rasch anders. Ich weiß aus einer Reihe von Gesprächen mit ihm in der Zeit Ende 1989 und den darauffolgenden Wochen, daß wir uns eigentlich in der Beurteilung immer näher kamen.

Unser zum Schluß sogar freundschaftliches Verhältnis hatte

sich allerdings nicht aus dieser Gemeinsamkeit entwickelt. Es hatte – so glaube ich – seinen Ursprung viel früher. Schon als rheinland-pfälzischer Ministerpräsident gehörte ich zu jenen, die die üblen Kampagnen gegen ihn nicht mitmachten. Seinerzeit hatte ich meinem Landesgeschäftsführer Heinz Schwarz einen Brief geschrieben, daß wir entsprechende Machwerke in Rheinland-Pfalz nicht verteilen sollten. Als es später zu einem Ermittlungsverfahren im Zusammenhang mit derlei Pamphleten kam, tauchte dann mein Brief auf, und so erhielt Willy Brandt davon Kenntnis.

Ursprünglich waren wir politisch viel weiter auseinander als Helmut Schmidt und ich. Aber wir waren uns als Menschen sehr viel sympathischer. Als Willy Brandt siebzig wurde, habe ich geredet. Und als es ihm schon sehr schlecht ging und sich nur noch wenige bei ihm sehen ließen, besuchte ich ihn noch. Wir sprachen dabei über viele Dinge, auch über das Sterben. Er wollte, daß ich die Anordnungen für seine Begräbnisfeierlichkeiten treffen sollte. Ein letztes Mal sah ich Willy Brandt unmittelbar vor seinem Tod in seinem Haus in Unkel. Ich erinnere mich noch gut, wie der große, todkranke Mann in seinem Lehnstuhl am Fenster saß. Gemeinsam tranken wir eine Flasche Wein und führten ein letztes intensives Gespräch. Als ich mich verabschiedete, hielt er immer noch den Herbstblumenstrauß in der Hand, den ich mitgebracht hatte.«

Noch am 10. November fliegen der Bundeskanzler und seine Begleiter weiter nach Bonn. Der Abend ist mit einer Reihe von Telefongesprächen ausgefüllt. Wichtig sind vor allem die Anrufe bei den Staats- und Regierungschefs der drei Westmächte USA, Großbritannien und Frankreich, die gemeinsam mit der Sowjetunion als Sieger des Zweiten Weltkriegs Rechte und Verantwortlichkeiten für Deutschland als Ganzes und Berlin haben. Kohl erwartet, daß seine Gesprächspartner auf die Maueröffnung unterschiedlich reagieren werden. Am schwierigsten, so vermutet er, werde das Gespräch mit der britischen Premierministerin Margaret Thatcher sein. Deshalb ruft er sie als erste an. Um 22 Uhr steht die Leitung in die Downing Street No. 10: »Ich versuchte, Margaret Thatcher einen Eindruck von der fröhlichen Stimmung in Berlin zu vermitteln. Sie hatte bereits einiges selbst im Fernsehen verfolgt. Während des gesamten Gesprächs spürte ich sehr deutlich, daß sie der Situation mit Unbehagen gegenüberstand. Sie regte ein Sondertreffen der zwölf EG-Staats- und Regierungschefs an. Ihr war wichtig, daß man jetzt in engem Kontakt blieb.«

Gegen 22.30 Uhr folgt das Gespräch des Bundeskanzlers mit dem amerikanischen Präsidenten Bush. In Washington ist es jetzt 16.30 Uhr. Auch Bush ist bereits auf dem laufenden über die Ereignisse in Berlin, über die er sich ständig informieren läßt. »Ihm war die herzliche Verbundenheit mit uns Deutschen deutlich anzumerken. Ich berichtete ihm von der Kundgebung vor der Berliner Kaiser-Wilhelm-Gedächtniskirche. Dort hatte ich ausdrücklich den USA für ihren Dienst an der Freiheit Berlins gedankt und unter dem Beifall der Zuhörer erklärt, ohne das Engagement der Vereinigten Staaten wäre dieser Tag nicht möglich gewesen. George Bush wünschte uns viel Erfolg und Gottes Segen.«

Den französischen Staatspräsidenten Mitterrand erreicht Kohl nicht mehr an jenem späten Freitagabend. Als er am nächsten Morgen mit ihm telefoniert, bemerkt dieser, daß der Bundeskanzler sicherlich bewegende Stunden hinter sich habe. »Ich antwortete ihm, daß man als Politiker hartgesotten sein müsse, daß es aber in der Tat Ereignisse gebe, die man im Leben nicht vergesse. Auf dem Berliner Kurfürstendamm sei eine Stimmung wie auf den Champs-Élysées am 14. Juli gewesen. Bisher sei alles sehr ernst und friedlich verlaufen. Die Lage könne allerdings schwieriger werden, wenn die Forderungen der Menschen nach Zulassung freier Parteien und Gewerkschaften

REAKTIONEN IN WEST UND OST 139

enttäuscht würden. Ich kündigte Mitterrand an, einen Beauftragten zu SED-Generalsekretär Krenz schicken zu wollen. Der Präsident antwortete mir, daß seine Wünsche mit dem deutschen Volk seien, das einen ›großen Augenblick in der Geschichte‹ erlebe. Ja, es sei eine ›Stunde des Volkes‹. Jetzt gebe es die Chance, daß Bewegung in die Entwicklung Europas komme. Ausdrücklich versicherte er mir zum Abschluß unseres Gesprächs seine Freundschaft.«

Bei der morgendlichen Lagebesprechung am Samstag, dem 11. November, in Kohls Arbeitszimmer nehmen der Kanzler und sein Stab die erste offizielle Stellungnahme des Sprechers des sowjetischen Außenministeriums, Gennadi Gerassimow, mit Erleichterung auf. Sie ist im Ton zurückhaltend. Die Entscheidung, ihre Grenzen zu öffnen, sei ein »souveräner Akt der DDR«, heißt es. Die neuen Reiseregelungen seien »weise«. Sie implizierten jedoch nicht das Verschwinden der Grenzen, sondern seien Teil der Maßnahmen, mit denen die Lage stabilisiert werden solle.

Die Nachricht der Grenzöffnung in Berlin ist für den Kreml, wo man den Jahrestag der Oktoberrevolution begangen hat, ebenso überraschend wie für die Bundesregierung gekommen. Gerassimow räumt dies freimütig ein, als er sagt, daß Gorbatschow kein grünes Licht dazu gegeben habe. Dieser Schritt sei vom DDR-Staatsratsvorsitzenden Krenz ausgegangen. Diesem sind inzwischen die Dinge über den Kopf gewachsen, weshalb er mit der Grenzöffnung den großen Befreiungsschlag versucht – in der Hoffnung, als Mann der Stunde mit Bonner Milliarden die Lage in der DDR konsolidieren zu können. Was er damit in Gang gesetzt hat, erschreckt ihn offenbar jetzt selbst.

Wohl deshalb hat er um ein Telefongespräch mit dem Bundeskanzler gebeten, das am Samstagmorgen für 8.30 Uhr verabredet wird. Wegen technischer Schwierigkeiten kommt es zunächst nicht zustande. Als die Leitung schließlich eineinhalb

Stunden später steht, muß der Kanzler aus der Kabinettssitzung geholt werden. Wie sich Kohl erinnert, spricht Krenz zunächst davon, die Mauer zur Bekräftigung seiner Politik der Erneuerung im Interesse der Menschen durchlässig gemacht zu haben. »Im selben Atemzug brachte er zum Ausdruck, daß es jetzt sehr gut wäre, wenn überall Sachlichkeit, Berechenbarkeit und guter Wille an den Tag gelegt würden. Nach wie vor bleibe ja die Grenze. Sie solle durchlässiger gemacht werden. Er wäre sehr froh, fuhr Krenz fort, wenn die Bundesregierung bestimmte Emotionen bei Leuten ausräumte, die nun am liebsten alles über Nacht beseitigen möchten: ›Da wäre ich Ihnen also sehr dankbar, wenn Sie in dieser Beziehung beruhigend einwirken könnten.‹

Ich hörte mir das an und verwies, nachdem ich Krenz zur Maueröffnung beglückwünscht hatte, auf meine Berliner Reden, in denen ich immer wieder darauf hingewiesen hatte, daß jede Form von Radikalisierung gefährlich sei. Wir stünden in einem ganz wichtigen Zeitabschnitt, in dem Vernunft und nicht Aufgeregtheit angebracht sei – eine ruhige Gelassenheit, um die richtigen Entscheidungen zu treffen.«

Dem Kanzler geht es in dem Gespräch vor allem darum, im Interesse der Menschen in der DDR sobald wie möglich konkrete Abmachungen mit Ost-Berlin herbeizuführen. Deshalb äußert er gegenüber Krenz den dringenden Wunsch, in einer sehr nahen Zukunft mit ihm zusammenzutreffen. Er schlägt vor, daß zur Vorbereitung des Gesprächs Seiters nach Ost-Berlin reisen solle, um dort alles vorzubereiten. Er werde allerdings auf keinen Fall nach Ost-Berlin kommen. Nach Auffassung der SED ist Berlin »Hauptstadt der DDR«; dies wird von westlicher Seite seit jeher unter Hinweis auf den Vier-Mächte-Status der ganzen Stadt zurückgewiesen.

Der Kanzler bittet Krenz darum, bei seinem bevorstehenden Besuch auch den künftigen Ministerpräsidenten Modrow kennenlernen zu können. »Noch einmal unternahm Krenz einen Versuch, mich festzulegen. Er gehe davon aus, daß ich in einer Frage absolut mit ihm übereinstimme, nämlich der, daß gegenwärtig die Wiedervereinigung Deutschlands nicht auf der Tagesordnung stehe. Hierin konnte ich ihm natürlich nicht zustimmen. In dieser Frage war ich schon von meinem Grundverständnis und meinem Amtseid her völlig anderer Meinung.

Das Gespräch nahm ein skurriles Ende. Der SED-Chef fragte mich, wie denn mit der Pressemitteilung über das Telefonat verfahren werden solle. Ich antwortete: ›Sagen Sie jetzt ganz einfach, wir haben ein intensives Gespräch geführt.‹ Krenz wiederholte militärisch knapp: ›Ein intensives Gespräch‹. Als ich hinzufügte, daß er auch sagen könne, wir setzten das Gespräch fort, wo notwendig telefonisch, antwortete er: ›Fortsetzen, telefonisch.‹ So ging es noch ein paarmal hin und her, bis wir uns voneinander verabschiedeten.«

Zwei Stunden nach seinem Gespräch mit Krenz telefoniert der Bundeskanzler mit Gorbatschow: »Das war ein wichtiger Moment. Ich versicherte ihm abermals, daß die Bundesregierung kein Interesse an einem Chaos in der DDR habe. Wir wollten die DDR auch nicht entvölkern. Ein solcher Exodus sei mit schweren ökonomischen Schäden und Problemen verbunden. Die Menschen sollten vielmehr in ihrer angestammten Heimat bleiben. Das würden sie auch freiwillig tun, wenn sich die Verhältnisse in der DDR grundlegend veränderten. Ich wisse nicht, in welchem Umfang Krenz wirklich Reformen umsetzen wolle, aber hiervon hänge eben alles ab. Die Führung der DDR täte gut daran, unter den gegenwärtigen Bedingungen rasch zu handeln.«

Gorbatschow antwortet, daß seiner Ansicht nach das Programm der jetzigen DDR-Führung die Dinge voranbringe. Dort denke man inzwischen ernsthaft darüber nach, wie das Land demokratisiert und wirtschaftlich erneuert werden könne. Aber dies sei nicht leicht und erfordere viel Zeit. Er habe Krenz empfohlen, daß die Führung der DDR, wenn sie die Reformen in Angriff nehme, die Stimmung im Lande in Rechnung stellen und einen breiten Dialog mit allen gesellschaftlichen Kräften führen solle.

Natürlich, so fährt Gorbatschow fort, brächten alle Veränderungen ein gewisses Maß an Instabilität mit sich. Deshalb habe er, wenn er von der Bewahrung der Stabilität spreche, im Blick, daß Kohl und er alle Schritte gemeinsam durchdächten und miteinander abstimmten. Er denke, gegenwärtig vollziehe sich ein historischer Umschwung hin zu einer anderen Welt. Beide Seiten dürften allerdings nicht durch unüberlegte Schritte diese Entwicklung gefährden. Eine Beschleunigung der Ereignisse könne zu einem Chaos führen. Das wäre für die deutsch-sowjetischen Beziehungen sehr schlecht.

Er habe die Gelegenheit zu einer grundsätzlichen Äußerung zum deutsch-sowjetischen Verhältnis genutzt, erinnert sich Kohl: »Gorbatschow bat mich darum, mein politisches Gewicht im Sinne einer Stabilisierung der Lage in die Waagschale zu werfen. Ich erwiderte, daß gerade eben die Sitzung des Bundeskabinetts zu Ende gegangen sei. ›Wenn Sie daran teilgenommen hätten, dann hätten Sie sich davon überzeugen können, daß in der Bundesrepublik Deutschlandpolitik mit Augenmaß gemacht wird. Ich bin mir sehr wohl bewußt, daß in den vierzig Jahren seit Gründung der Bundesrepublik auf einem Kanzler selten eine solche Verantwortung gelegen hat wie jetzt auf mir.‹ Ich hielte es für eine besonders glückliche Fügung, daß gerade zu diesem Zeitpunkt die Beziehungen zwischen der Sowjetunion und der Bundesrepublik ein solch hohes Niveau erreicht hätten, und ich schätzte die persönlichen Kontakte, die sich zwischen uns herausgebildet hätten, als besonders wertvoll ein. Meiner Meinung nach hätten diese Beziehungen über das offizielle Maß hinaus bereits einen persönlichen Charakter erreicht. Ich sei mir aber darüber im klaren, daß diese persönlichen Beziehungen nichts am Wesen der Probleme änderten. Sie könnten aber zumindest deren Lösung erleichtern. Gorbatschow stimmte mir zu.

Dann kam ich noch einmal auf die Lage in der DDR zurück. Meiner Meinung nach liege dort die Hauptschwierigkeit im Psychologischen. Der Honecker-Kurs, der bis zum Schluß jegliche Reformen verhindert hätte, habe eine äußerst schwierige Lage für die neue Führung geschaffen. Die Bevölkerung habe jedes Vertrauen in die SED verloren. Krenz müsse unter Zeitdruck handeln, Reformen seien indes nicht über Nacht zu machen. Ich hatte den Eindruck, daß Michail Gorbatschow meine Sicht der Dinge teilte.«

Die Serie der Telefonate an diesem Samstag endet mit einem Gespräch unter Freunden. Überschwenglich gratuliert der spanische Ministerpräsident Felipe González den Deutschen. »Er versicherte mir, ich könne jederzeit mit seiner Hilfe rechnen – vor allem auch dann, wenn es notwendig werden sollte, eine gesamteuropäische Haltung zu erarbeiten. Ich bedankte mich bei ihm und sagte, ich wisse diese Geste der Freundschaft sehr zu schätzen. Das passe zu meinem Bild von Spanien und meinem Freund Felipe.«

Bevor der Bundeskanzler am Nachmittag des 11. November wiederum nach Polen aufbricht, um seinen Besuch dort fortzusetzen, tritt er vor die Bundespressekonferenz, um die Öffentlichkeit über die politischen Ereignisse der vergangenen Stunden zu informieren. Er erklärt: »Wir alle stehen unter dem Eindruck der Ereignisse in Berlin und in der DDR. Wir erleben tief bewegt, daß sich die Berliner Mauer endlich für alle unsere Landsleute öffnet, daß sich die Menschen an den Grenzübergängen und überall in der Stadt voller Freude in den Armen liegen.« Er berichtet von seinen Erlebnissen am Checkpoint Charlie und von seinen Begegnungen mit den Menschen. »Man spürt in einem solchen Augenblick die ganz besondere Verantwortung, die wir haben.«

Er berichtet auch von seinen Telefongesprächen mit Margaret Thatcher, George Bush und François Mitterrand. Alle drei hätten ihm ihre Unterstützung zugesagt und ihm persönlich ihre Glückwünsche ausgesprochen. »Da keiner wußte, was der andere sagt, ist es doch bemerkenswert, daß alle drei den Begriff ›historische Stunde‹ verwandt haben«, merkt Kohl an. Im übrigen stehe er selbstverständlich in ständiger Verbindung mit Gorbatschow, mit dem er gerade erst lange telefoniert habe.

Abschließend skizziert er noch einmal die Deutschlandpolitik der Bundesregierung: »Die Reihenfolge der Ziele unserer Politik ist uns durch das Grundgesetz vorgegeben: Voraussetzung für die Wiedervereinigung in Freiheit ist immer die freie Ausübung des Selbstbestimmungsrechts. Freiheit war, ist und bleibt der Kern der deutschen Frage. Und das heißt: Unsere Landsleute in der DDR wollen und müssen selbst entscheiden. Sie haben keinerlei Belehrung nötig – von welcher Seite auch immer. Jede Entscheidung, die unsere Landsleute in der DDR treffen, werden wir selbstverständlich respektieren.«

Der zweite Teil von Kohls Polen-Besuch gestaltet sich nicht minder schwierig als der erste. Die Ereignisse der zurückliegenden Stunden haben die bereits erwähnten Sorgen in Polen vor einem übermächtigen Gesamtdeutschland potenziert. Der Kanzler bekommt dies in seinem Gespräch mit Staatschef Jaruzelski deutlich zu spüren: »Jaruzelski äußerte die Sorge, daß die Entwicklung in der DDR den Polen das Wasser abgrabe. Ich entgegnete ihm, ich könne seine Befürchtung verstehen, teile sie aber nicht. Im übrigen bat ich ihn zu verstehen, daß den Deutschen die Einheit ihres Vaterlandes am Herzen liege. Als polnischer Patriot würde er sich doch niemals mit der Teilung Warschaus abfinden. ›Und ich finde mich nicht mit der Teilung Berlins ab.‹ Wenn mich nicht alles täusche, laufe die Zeit des

Machtmonopols der SED ab. Wenn es zur deutschen Einheit komme, dann werde das Ergebnis kein deutscher Nationalstaat im Stile des 19. Jahrhunderts sein. Die deutsche Frage sei nur unter einem europäischen Dach zu lösen, das heiße, im Einvernehmen mit unseren Nachbarn.

Die deutsche Einheit sei sogar eine Chance für Polen, fuhr ich fort. Natürlich gebe es im Verhältnis zwischen Deutschland und Polen auf beiden Seiten enorme psychologische Schwierigkeiten. Allerdings sei ich zuversichtlich, daß es gelingen könne, alte Vorbehalte und Feindbilder abzubauen.« Der polnische Staatspräsident entgegnet, in der augenblicklichen Situation werde Vertrauen zur Schlüsselfrage. Ein stabiles Polen müsse auch im deutschen Interesse sein. Erstmals seit tausend Jahren seien die Beziehungen Polens nach Ost und West gut. Auf den sowjetischen Generalsekretär Gorbatschow eingehend, sagt er, dieser sei ein Mann, dem alle helfen müßten, damit er sein großes Werk vollenden könne. Vielleicht, so Kohl heute, sei Jaruzelski in diesem Augenblick durch den Kopf gegangen, daß sein Vater und er selbst, Jaruzelski, zur Stalin-Zeit, mit der Gorbatschow endgültig gebrochen habe, in einem sibirischen Lager interniert gewesen seien.

An einen kritischen Punkt gelangt der Besuch des Bundeskanzlers, als der Flug von Warschau nach Breslau wegen schlechten Wetters gestrichen werden soll. Von Breslau aus sollte es weiter nach Kreisau in Schlesien gehen, wo der gemeinsame deutsch-polnische Gottesdienst geplant ist. In der deutschen Delegation gibt es Zweifel, ob der Nebel tatsächlich der Grund für die Absage des Fluges ist. Kohl erinnert sich: »Nun drohte also der dort vorgesehene Gottesdienst auszufallen, und dies, obwohl Tausende Schlesier auf dem Weg dorthin waren. Wir beschlossen, uns auf jeden Fall nach Kreisau zu begeben. Weil ich befürchtete, daß es anders nicht klappen würde, verhandelte ich selbst mit dem polnischen Protokollchef und sorgte dafür, daß für uns ein Bus bereitgestellt wurde. Es war drei Uhr nachts, als wir schließlich aufbrachen.

Für mich war dies einer der ganz wichtigen Punkte auf dem Besuchsprogramm. Kreisau ist ein herausragendes Symbol für das andere, für das bessere Deutschland auch im dunkelsten Abschnitt unserer Geschichte. Im Kreisauer Kreis fanden sich großartige Männer und Frauen aus unserem Volk zusammen, um darüber nachzudenken, wie der Nationalsozialismus überwunden und ein gerechter Frieden in Europa gestaltet werden könne. Zu dieser Gruppe gehörte der Jesuitenpater Alfred Delp, der nach dem 20. Juli hingerichtet wurde und dessen Familie ich entfernt kenne; dazu gehörte auch mein Freund Eugen Gerstenmaier, eine der großen Gestalten der Christlich Demokratischen Union Deutschlands. Es waren wichtige Leute aus dem alten preußischen Adel vertreten, darunter hohe Offiziere. Auch Männer wie Hans Lukaschek waren dabei. Lukaschek war vormals Oberpräsident von Schlesien gewesen und später der erste Vertriebenenminister im Kabinett Adenauer.

Es ist sicherlich kein Zufall, daß von den wenigen Überlebenden des Kreisauer Kreises − die meisten endeten ja auf dem Schafott Hitlers − sehr viele ihren Weg zur Christlich Demokratischen Union gefunden haben. Von den zweiundfünfzig Unterzeichnern des Berliner Gründungsaufrufs waren fast alle, an ihrer Spitze Andreas Hermes, Verfolgte des Nazi-Regimes. So ist denn auch die Berliner Gründungsurkunde der CDU − neben dem Kölner Dokument eines der beiden Gründungsdokumente meiner Partei − sehr stark von Gedankengut aus dem Kreisauer Kreis mitgeprägt worden. Für mich ist daher Kreisau nicht nur ein wichtiger Ort deutscher Geschichte, sondern auch eine Stätte des Ursprungs christlich-demokratischer Überzeugungen. Die Mitglieder des Kreisauer Kreises wollten ein versöhntes Europa, das sich auf seine abendländischen Grundlagen besinnt. Das Gut des Grafen Moltke − so wünschte ich es mir – sollte eine deutsch-polnische Begegnungsstätte werden, getragen vom Geist der Versöhnung. Ministerpräsident Mazowiecki und ich beabsichtigten, durch unseren gemeinsamen Besuch eines deutsch-polnischen Gottesdienstes den Anfang dafür zu machen.«

Wie vereinbart, wird der Gottesdienst vom Oppelner Bischof Nossol gehalten. Er hebt hervor, wie schwierig der Besuch des Bundeskanzlers sei, obwohl beide Völker europäische Nachbarn seien. Es müsse sich jetzt »das Wunder der wahren Versöhnung zwischen den so lange verfeindeten Völkern« vollziehen. Mazowiecki spricht von einem »Gefühl der Brüderlichkeit«. Vor der Kommunion tauschen Mazowiecki und Kohl den liturgischen Friedensgruß aus. Mit ihrer Umarmung wollen die beiden Staatsmänner zeigen, daß im Verhältnis zwischen Deutschen und Polen eine neue Zeit angebrochen ist.

Auschwitz, das Kohl am selben Tag besucht, steht für die düsterste Seite deutscher Geschichte. Sein Besuch dort ist ihm deshalb gleichermaßen wichtig, soll doch dem Gastgeberland und der übrigen Welt gerade jetzt, da die Mauer gefallen ist und die Deutschen zusammenrücken, vor Augen geführt werden, daß sich der deutsche Bundeskanzler uneingeschränkt zur historischen Verantwortung seines Landes angesichts der Verbrechen der Nationalsozialisten bekennt. Es ist das erste Mal, daß Kohl diesen Ort des Schreckens aufsucht.

Der Oberrabbiner von Warschau, Menachem Joskowicz, erinnert an die Millionen Menschen, die in dem Konzentrationslager ermordet worden sind. An der sogenannten Todesmauer legt der Bundeskanzler ein Blumengebinde nieder. In das Buch des Gedenkens schreibt er, daß die Mahnung von Auschwitz nicht vergessen werden dürfe. Den Angehörigen vieler Völker sei in Auschwitz in deutschem Namen unsagbares Leid zugefügt worden: »Hier geloben wir erneut, alles zu tun, damit das Leben, die Würde, das Recht und die Freiheit jedes Menschen, gleich, zu welchem Gott er sich bekennt, welchem Volk er angehört und welcher Abstammung er ist, auf dieser Erde unverletzt bleiben.« Mit dabei in Auschwitz ist der Vorsitzende des Zentralrates der Juden in Deutschland, Heinz Galinski, selbst Überlebender des Holocaust, der zahlreiche Angehörige in dem Vernichtungslager verloren hat.

Alles in allem ist nach Kohls Meinung auch der Besuch in Polen ein wichtiger Schritt auf dem Weg zur deutschen Einheit gewesen: »Neben der Unterzeichnung zahlreicher Vereinbarungen zur Verbesserung der Zusammenarbeit beider Länder, konkreter Initiativen zum Schutz der deutschen Minderheit in Polen und Verabredungen über Finanzhilfen in Milliardenhöhe gründete der Erfolg vor allem darin, daß es gelang, die Sorgen und Befürchtungen Warschaus hinsichtlich der Oder-Neiße-Grenze abzubauen. Dies alles wurde in einer gemeinsamen deutsch-polnischen Erklärung verankert.«

In der DDR scheint derweil die Perestroika in vollem Gange zu sein. Während Krenz alle Mühe hat, sich zu behaupten, werden die alten Männer der Ära Honecker aus ihren Partei- und Staatsämtern entfernt. Selbstbezichtigungen Abgedankter gehören nun zum DDR-Alltag, selbst von strafrechtlicher Verfolgung des inzwischen aus der SED ausgestoßenen Honecker und anderer seiner Gefährten ist bald die Rede. Am 13. November wird Hans Modrow von der Volkskammer zum Ministerpräsidenten gewählt. Kurz darauf bildet er seine Regierung. Es soll eine Koalitionsregierung sein, da sie nicht nur aus SED-Mitgliedern besteht. Dem »kreativen politischen Bündnis« gehören auch führende Funktionäre der vier inzwischen gewendeten Blockparteien an, wie etwa der neue Ost-CDU-Vorsitzende Lothar de Maizière. Vertreter der Opposition sind nicht dabei.

In seiner Regierungserklärung kommt auch Modrow über vage Ankündigungen nicht hinaus. Dies gilt für die beabsichtigte Verfassungsreform ebenso wie für das Wahlgesetz und die

Einführung des Rechtsstaates. Freimütiger setzt er sich mit der desolaten DDR-Wirtschaft auseinander, will aber auch hier nicht von der alles hemmenden Planwirtschaft abrücken. Der Bundesregierung unterbreitet er das Angebot einer »Vertragsgemeinschaft« zweier souveräner Staaten, »die weit über den Grundlagenvertrag und die bislang geschlossenen Verträge und Abkommen zwischen beiden Staaten hinausgeht«.

Modrows Regierungserklärung, in der er auch eine Reform des Ministeriums für Staatssicherheit ankündigt, ist von der Illusion getragen, seine Mannschaft stütze sich auf einen breiten politischen Konsens bei den Deutschen in der DDR, wenn er etwa – wie Momper – vom »Volk der DDR« spricht, das einen »guten Sozialismus« wolle. Ebendies wollen die Menschen in der DDR mehrheitlich nicht mehr, weshalb auch die von vielen Funktionären des DDR-Staatsapparats erhoffte Konsolidierung der Lage im Land nach dem Fall der Mauer ausbleibt. Der 9. November hat vielmehr verdeutlicht, daß fortan nichts mehr unmöglich ist.

Der sowjetische Außenminister Schewardnadse, offenbar von dem Willen beseelt, Modrow zu stützen, spricht im Zusammenhang mit dessen Regierungserklärung von »kühnen Erneuerungsschritten« der DDR-Führung, die im Interesse des Sozialismus lägen. Und Gorbatschow sagt zur gleichen Zeit in Moskau vor Studenten, die Einheit Deutschlands sei »heute keine Frage der aktuellen Politik«, versäumt aber nicht anzumerken: »Wie die Geschichte weiter verlaufen wird, weiß niemand. Aber kommt Zeit, kommt Rat.«

Am 18. November, dem Tag, an dem in Ost-Berlin Modrows neue Regierung gebildet wird, reist der Bundeskanzler nach Paris, wohin Mitterrand alle zwölf EG-Staats- und Regierungschefs zu einem Gipfel-Abendessen eingeladen hat. Das Thema des Treffens ist die aktuelle Entwicklung in Europa und damit vor allem diejenige in Deutschland. Margaret Thatcher fordert am nachdrücklichsten die Beibehaltung des Status quo: Die Frage der Grenzen stehe nicht auf der Tagesordnung. Sie sollten bleiben, wie sie seien, sagt die »Eiserne Lady« und meint damit nicht nur die polnische Westgrenze, sondern auch die innerdeutsche Grenze.

Kohl erinnert sich: »Natürlich war ich auf eine reservierte Stimmung gefaßt. Selbst wenn sich François Mitterrand nur zwei Wochen zuvor in Bonn im Namen Frankreichs – er sagte ja nie ›ich‹, sondern immer nur ›Frankreich‹ – zur Einheit der deutschen Nation bekannt hatte, so machte ich mir keine Illusionen über die Ansichten der politischen Klasse in Paris. Auch in Den Haag, in Rom und vor allem in London war nicht zu übersehen, daß das Mißtrauen gegen uns Deutsche wieder da war. ›Jetzt reden die Deutschen wieder von der Einheit der Nation, jetzt interessieren sie sich nicht mehr für Europa‹, hieß es. Der Geist von Rapallo wurde warnend beschworen und damit suggeriert, Deutschland orientiere sich wieder einmal in Richtung Rußland. In diesem Zusammenhang zog man auch die alte Binsenweisheit heran, daß die Sonne im Osten aufgeht – was astronomisch zwar richtig ist, aber politisch nicht stimmt. Es mehrten sich die besorgten Fragen: Wie schnell würde der Weg zur Freiheit im östlichen Teil Deutschlands in den Weg zur Wiederherstellung der Einheit Deutschlands münden? Alte Ängste, die Deutschen würden zu stark, kamen wieder auf.

Ich versicherte unermüdlich, daß es keinen nationalen Alleingang geben werde. Wir bräuchten gerade jetzt den engen Schulterschluß mit unseren Verbündeten, das Vertrauen unserer Nachbarn in West und Ost. Zunächst, so bekräftigte ich immer wieder, müßten unsere Landsleute in der DDR selbst frei zum Ausdruck bringen können, welchen Weg in die Zukunft sie gehen wollten. Wie auch immer ihre Entscheidung ausfalle, sie werde von uns respektiert. Allerdings bedeute dies auch, daß niemand, weder im Osten noch im Westen, ein Votum aller Deutschen für die Einheit ihres Vaterlandes werde ignorieren können.«

Er habe, so Kohl, seine europäischen Kollegen aufgefordert, nicht nur auf die Entwicklung in der DDR zu schauen, sondern daneben auch die Reformbewegungen in Polen, Ungarn und inzwischen auch in der Tschechoslowakei sowie nicht zuletzt die Perestroika in der Sowjetunion weiterhin nach Kräften zu unterstützen. Die Zeit dränge. Der Winter stehe vor der Tür. Es sei mit dramatischen Versorgungsengpässen zu rechnen. Sollten die Reformbewegungen in Polen und Ungarn scheitern, wären die Folgen für ganz Europa unabsehbar. Kohls Intention liegt auf der Hand, ohne daß er sie aussprechen muß. Er macht deutlich, daß zwischen der Entwicklung in der DDR und derjenigen in anderen Staaten Mittel- und Osteuropas ein unauflöslicher Zusammenhang besteht. Es geht ihm sowohl um das Ziel der deutschen Einheit als auch um die Einbettung dieses Prozesses in den gesamteuropäischen Kontext.

Auf der Sondersitzung des Europäischen Parlaments in Straßburg am 22. November betont Kohl abermals den Zusammenhang von europäischer Spaltung und deutscher Teilung, fordert – um beide zu überwinden – abermals, den Reformprozeß nach Kräften zu unterstützen: »Zu Europa gehören nicht nur London, Rom, Den Haag, Dublin und Paris. Zu Europa gehören auch Warschau und Budapest, Prag und Sofia – und natürlich auch Berlin, Leipzig und Dresden.« Die Einheit Deutschlands, die er als Ziel seiner Politik nennt, könne nur vollendet werden, »wenn die Einigung unseres alten Kontinents voranschreitet«. Deutschlandpolitik und Europapolitik seien zwei Seiten derselben Medaille.

Im übrigen verweist er auf die Fernsehbilder aus der Nacht vom 9. auf den 10. November, auf »diese Augenblicke menschlicher Freude und Fröhlichkeit, Brüderlichkeit und tätiger

Nächstenhilfe«. Und er fährt fort: »Die Deutschen, die jetzt im Geist der Freiheit wieder zusammenfinden, werden niemals eine Bedrohung sein, dafür aber um so mehr ein Gewinn für die Einheit Europas.« Angesichts seiner wiederholten und eindeutigen Aussage, die Lösung der deutschen Frage nur im gesamteuropäischen Kontext zu suchen, wird vom Europäischen Parlament bei nur zwei Gegenstimmen eine Resolution verabschiedet, in der den Deutschen in der DDR das Recht bestätigt wird, »Teil eines vereinigten Deutschland und eines einigen Europas« zu sein.

Erstaunlich sei gewesen, so Kohl, daß der sozialistische Fraktionsvorsitzende im Europäischen Parlament bei der Abfassung dieser Resolution weit hilfreicher als andere gewesen sei: »Auch in der Folgezeit waren es in Europa die sozialistischen Regierungschefs und Parteiführungen, von denen wir im Zusammenhang mit der deutschen Frage am meisten Unterstützung erhielten. Nach dem Zweiten Weltkrieg waren es vor allem Christliche Demokraten aus verschiedenen Ländern gewesen, die das europäische Einigungswerk vorangetrieben hatten, während man auf sozialistischer Seite in dieser Hinsicht meist skeptischer gewesen war. Auch deshalb hatte ich mir gerade von den Partner-Parteien der CDU in der Europäischen Gemeinschaft – von denen, die uns eigentlich von der Parteienfamilie her verwandt sind – besondere Unterstützung erhofft. Das Gegenteil war leider oft der Fall. Aber auch das gibt es ja häufig unter Verwandten, daß man dort größere Probleme hat. Ich sehe noch heute Valéry Giscard d'Estaing, den früheren Staatspräsidenten Frankreichs, vor mir, wie er sich bei dieser Gelegenheit im Europa-Parlament doch sehr schmallippig zur deutschen Frage äußerte.«

Die Menschen in der DDR leben indes unbefangen ihre neuen Freiheiten und machen sich keine Gedanken über die Befürchtungen bei einigen ihrer europäischen Nachbarn. Millio-

Allen Zweiflern an der Haltung der Bundesrepublik

Deutschland sei klar ins Stammbuch geschrieben: Die

deutsche Bundesregierung steht voll zur Einheitlichen

Akte und zu den darin enthaltenen Zielsetzungen. Sie

steht zur Verwirklichung der Europäischen Union. Zur

Fortsetzung und Stärkung des europäischen Einigungs-

prozesses gibt es für uns keine Alternative. Unsere

Haltung ist hier völlig klar und eindeutig. *Und es*

ist niemand gestattet daran zu

zweifeln! II. *Europäische*

(de de politik/ 1990 *Beitrag Wilkung*

Die historischen Ereignisse der vergangenen Wochen und

Monate in Polen, Ungarn, zuletzt auch in der DDR und

insbesondere in Berlin, haben das Gesicht Europas, das

Gesicht Deutschlands verändert.

Auszug aus dem Redemanuskript des Bundeskanzlers für die
Sondersitzung des Europäischen Parlaments in Straßburg am
22. November 1989.

nen Deutsche aus der DDR besuchen die Bundesrepublik. Hunderttausende Westdeutsche entdecken umgekehrt in der DDR ein neues, für sie unbekanntes Land. Hinzu kommen die eindrucksvollen Massendemonstrationen. Bei der schon zur Regel gewordenen Montagsdemonstration am 20. November zieht eine Viertelmillion Menschen durch die Straßen von Leipzig. In Halle, Chemnitz, Dresden, Cottbus und Ost-Berlin sind es Zehntausende, die friedlich tiefgreifende Reformen einfordern. Neben dem Ruf »Wir sind das Volk!« wird aus ihren Reihen nun erstmals das Bekenntnis zur Einheit der Nation laut: »Wir sind *ein* Volk!«

Unter diesem Eindruck steht am 20. November das von Kohl bei seinem Telefonat mit Krenz verabredete Treffen der DDR-Führung mit Kanzleramtsminister Seiters. Bei dem Gespräch im Ost-Berliner Amtssitz des Staatsrates, an dem neben Krenz auch Modrow teilnimmt, bekräftigen die SED-Funktionäre ihre Absicht, den Reformkurs fortzusetzen. Um der Entwicklung, die ihre Machtposition untergräbt, die Dynamik zu nehmen, haben sie bereits angekündigt, dreiunddreißig weitere Grenzübergänge zur Bundesrepublik zu öffnen. Darüber hinaus sagen sie Seiters zu, unter gewissen Bedingungen am Brandenburger Tor einen Fußgängerübergang einzurichten.

Seiters bekräftigt nachdrücklich Bonns Position, indem er als Vorbedingung für die in Aussicht gestellte umfassende wirtschaftliche Hilfe noch einmal die Unumkehrbarkeit des eingeschlagenen Reformkurses einschließlich freier Wahlen, einer Verfassungsänderung und der Einführung des Rechtsstaats nennt. »Hierbei«, so der Kanzler, »mußte uns besonders an einer Abschaffung der politischen Strafjustiz gelegen sein. Nach wie vor gab es einschlägige Paragraphen im DDR-Strafgesetzbuch, nach wie vor waren Menschen aus politischen Gründen inhaftiert. Die Forderung von Krenz und Modrow, die Erfassungsstelle in Salzgitter abzuschaffen, hielt ich daher für unangebracht. Erst mußte sich das Gefängnistor für den letzten politischen Häftling in der DDR geöffnet haben.«

Der Kanzleramtsminister überreicht in Ost-Berlin ein Papier, in dem die Möglichkeit von Direktinvestitionen, ein Investitionsschutz und der Abbau von Hindernissen im Wirtschaftsverkehr angeregt werden. Außerdem schlägt er die Gründung einer gemeinsamen Wirtschaftskommission vor. Auf der Tagesordnung stehen auch die konkrete Zusammenarbeit im Umweltschutz und die Verbesserung des Fernsprechverkehrs. Seiters kündigt an, daß die Bundesrepublik das Begrüßungsgeld für Besucher aus der DDR noch bis Jahresende zahlen werde, aber darüber nachdenke, wie in Zukunft verfahren werden solle. Er spricht in diesem Zusammenhang von einem Devisenfonds und äußert die Erwartung, daß für Besucher aus der Bundesrepublik der Mindestumtausch entfalle.

Was den Besuch des Bundeskanzlers in der DDR angeht, so wird der Monat Dezember ins Auge gefaßt, ohne daß der Termin allerdings konkretisiert wird. Der Hauptgrund dafür ist: Die vorbereitenden Gespräche sind noch nicht weit genug gediehen, weshalb zunächst ein zweites Treffen mit Seiters in Ost-Berlin verabredet wird. Hinzu kommt, daß man sich dort schwertut, auf die Bedingungen der Bundesregierung einzugehen. So wird dem Bundeskanzler zum Beispiel im SED-Zentralorgan *Neues Deutschland* vorgehalten, er strebe die Bildung eines deutschen Einheitsstaates an, »also Hilfe für die DDR erst, wenn sie sich als souveräner sozialistischer Staat auf deutschem Boden selbst aufgegeben hat«.

»Daran ist soviel richtig, daß ich in der Tat die Einheit Deutschlands wollte«, sagt der Kanzler. »Mein Problem war zunächst aber rein praktisch: Es wurde nämlich immer unklarer, mit wem ich in der DDR überhaupt zusammenkommen sollte. Von meinem Telefonat mit Michail Gorbatschow wußte ich, daß Krenz nicht ›sein Mann‹ war. Németh, der mich im Novem-

156 DER FALL DER MAUER

ber in Ludwigshafen besuchte, vertrat dieselbe Auffassung. Bestätigt wurde dies dann vor allem von Gorbatschow-Berater Portugalow. Der gab am 21. November ganz unverblümt zu verstehen, daß Krenz den für Dezember anberaumten SED-Sonderparteitag nicht überstehen werde. Ein rasches Treffen mit Krenz, wie es aus den Reihen der Opposition, aber auch vom damaligen FDP-Vorsitzenden Otto Graf Lambsdorff gefordert wurde, hätte demnach den falschen Mann gestützt. Der ›richtige‹, auf den Moskau und damit die Reformer setzten, war offensichtlich Modrow.«

Beschleunigt wird die Entscheidung Helmut Kohls durch die Ankündigung des Élysée-Palastes, daß der französische Staatspräsident Mitterrand vom 20. bis 22. Dezember zu einem offiziellen Besuch in die DDR reisen wolle. Im Kanzleramt entschließt man sich, ihm zuvorzukommen, um die befürchtete internationale Aufwertung der neuen SED-Führung zu unterlaufen. Als Besuchstermin wird mit Ost-Berlin schließlich der 19. Dezember verabredet. Weil sich aus statusrechtlichen Gründen für den Kanzler ein Treffen in Ost-Berlin von vornherein verbietet, einigt man sich auf Dresden.

Zehn Punkte
für Deutschland

Ob im Weißen Haus, in der Downing Street No. 10, im Élysée-Palast oder im Kreml, die deutsche Frage ist mit dem Fall der Berliner Mauer über Nacht das große Thema der internationalen Politik geworden. Sie steht daher auf der Tagesordnung des für den 2./3. Dezember vor Malta geplanten amerikanisch-sowjetischen Gipfeltreffens ebenso wie desjenigen der NATO in Brüssel am Tag darauf. Auch beim Besuch Mitterrands in Kiew, wo dieser am 6. Dezember mit Gorbatschow zusammentreffen will, wird es um Deutschland gehen. Der Bundeskanzler hält daher die Zeit für gekommen, nunmehr die Initiative zu ergreifen und ein Programm für den Weg zur Einheit Deutschlands vorzulegen.

Dafür gibt es auch gute innenpolitische Gründe. Niemand weiß in diesen Tagen genau zu sagen, wie es jetzt mit den innerdeutschen Beziehungen weitergehen soll. Nach dem politischen Erdbeben, das die kommunistische Herrschaft in Mittel- und Osteuropa erschüttert hat, ist jetzt politische Führung gefordert. Gefragt sind Konzepte, die den Entwicklungen eine klare Richtung geben. Vor allem die Bundesregierung wird zunehmend damit konfrontiert, daß ihre Partner wissen wollen, »wohin die Reise geht«.

In dieser Situation ist es für Kohl besonders hilfreich zu wissen, daß sein Freund George Bush das Verlangen der Deutschen nach Einheit und Freiheit ohne Vorbehalt unterstützt. Bush versteht sehr genau, daß der Westen die Deutschen tief enttäuschen, ja verstören würde, wenn er sich ihre berechtigte Forderung nach Selbstbestimmung nicht zu eigen machte. Ebendiese Unterstützung hatten die westlichen Verbündeten seit Abschluß des Deutschland-Vertrages im Jahre 1952 der Bundesrepublik für den Tag X immer wieder zugesichert. Nun war der Augenblick gekommen.

»Ich hatte George Bush am 17. November telefonisch die Situation in der DDR geschildert«, so Kohl, »und ihn von meiner Absicht unterrichtet, die deutschlandpolitischen Vorstellungen der Bundesregierung in einer Art Katalog zusammenzufassen. Ich gab die Prognose ab, daß die Regierung der DDR scheitern werde, wenn nicht umfassende Reformen durchgeführt würden. Dies hätte ich auch Michail Gorbatschow gesagt, der sehr beunruhigt über die Lage in der DDR sei. Abermals versicherte mir der amerikanische Präsident, daß die Vereinigten Staaten das Verlangen der Deutschen nach Selbstbestimmung und Einheit unterstützten. Seiner Ansicht nach könne der Prozeß schneller verlaufen als erwartet.

Bush kam bei dieser Gelegenheit auf sein bevorstehendes Treffen mit Gorbatschow vor Malta zu sprechen. Er sagte, er lege größten Wert darauf, zuvor meine persönliche Stellungnahme zu hören, um sicher zu sein, jede Nuance in der deutschen Frage erfaßt zu haben. Er glaube, in der Allianz gebe es Unterschiede in der Beurteilung der Lage. Zwar wolle er sich mit allen beraten, wichtiger als eine große Konsultation sei ihm jedoch das Einzelgespräch mit den Deutschen, damit er deren Standpunkt verstehe, ohne sich wegen der Anwesenheit anderer Beschränkungen auferlegen zu müssen. Er schlage daher vor, am Abend des 3. Dezember – also zwischen seinem Treffen mit Gorbatschow vor Malta und dem tags darauf stattfindenden NATO-Gipfel – mit mir in Brüssel zusammenzutreffen.«

Am Abend des 23. November – ein Donnerstag – nimmt Kohls Vorhaben, eine Leitlinie für den Weg zur Einheit vorzulegen, erste Konturen an: »Ich hatte zu einer Runde in den Kanzlerbungalow gebeten. Mein engster Beraterstab und ich diskutierten zunächst über das ursprünglich vorgesehene Thema, wie wir unsere Öffentlichkeitsarbeit verbessern könnten. Wir durften Modrow nicht die Initiative überlassen. Sein Vorschlag zu einer Vertragsgemeinschaft klang zwar gut, war jedoch vor allem ein Ablenkungsmanöver, mit dem er den Druck in Richtung Einheit, der auf der SED-Führung lastete, abschwächen wollte.

Wir erörterten dann die Frage, ob wir dem Modrow-Vorstoß die weitergehende Idee einer Konföderation entgegensetzen könnten. Von sowjetischer Seite hatte es einige Tage zuvor Signale gegeben, daß Moskau sich dem nicht widersetzen würde. Aber mich störte daran, daß so die Zweistaatlichkeit festgeschrieben worden wäre, denn eine Konföderation ist ein Zusammenschluß souveräner, unabhängiger Staaten. Mir ging es aber um eine Föderation, das heißt um die bundesstaatliche Einheit Deutschlands.« Der Bundeskanzler setzt eine Arbeitsgruppe unter Leitung von Teltschik ein. Ihr gehören die außenpolitischen Mitarbeiter Peter Hartmann, Uwe Kaestner und Joachim Bitterlich, vom Arbeitsstab Deutschlandpolitik Claus-Jürgen Duisberg und sein Mitarbeiter Rüdiger Kass sowie Norbert Prill und Michael Mertes von der Planungs- und Redenschreibergruppe an.

Die Arbeitsgruppe analysiert die innerdeutsche und internationale Lage sowie die von östlicher Seite geäußerten Vorstellungen. Teltschik hat die Idee, die zu erarbeitende Leitlinie auf griffige Weise in Form von »Zehn Punkten« zusammenzufassen. Den Kern des Programms bildet der Dreischritt von der »Vertragsgemeinschaft« über die »Konföderation« bis hin zum Ziel »Föderation«. Prill schlägt den Begriff »konföderative Strukturen« vor, um den Bedenken des Kanzlers im Hinblick auf die problematische Wortwahl »Konföderation« Rechnung zu tragen. Aus verschiedenen Beiträgen entsteht ein erster Entwurf des »Zehn-Punkte-Programms zur deutschen Einheit«, den die Arbeitsgruppe am Freitagnachmittag und -abend sowie am Samstagvormittag gründlich diskutiert.

Die Redenschreiber Michael Mertes und Martin Hanz fertigen schließlich den Entwurf, der dem Bundeskanzler durch einen Fahrer nach Ludwigshafen gebracht wird. Am Wochenende, es ist der 25./26. November, überarbeitet Kohl den Text am heimischen Schreibtisch. Vor allem die Kernpassagen zur Konföderation und Föderation formuliert er zum großen Teil neu. Seine Frau gibt ihm dabei nicht nur manche wertvolle Anregung, sie schreibt die von ihm verfaßten Textstellen auch auf ihrer Reiseschreibmaschine ab. Helmut Kohl erinnert sich: »Mit von der Partie waren außer meiner Frau auch die beiden Brüder Ramstetter, zwei Geistliche. Der eine ist pensionierter Studiendirektor, der andere Stadtdekan von Ludwigshafen. Die beiden hatten mir schon früher bei wichtigen Reden, wie zum Beispiel den Neujahrsansprachen, wertvolle Ratschläge gegeben. Außerdem telefonierte ich ein paarmal mit dem CDU-Bundestagsabgeordneten Rupert Scholz, einem hervorragenden Professor des Staatsrechts. Alle ihre Anregungen flossen in die Formulierungen ein, die meine Frau niederschrieb.« Am darauffolgenden Montag wird das Zehn-Punkte-Programm nach den Vorgaben Kohls von den Redenschreibern in seine endgültige Fassung gebracht.

Punkt 1 sieht Sofortmaßnahmen vor, die sich aus den Ereignissen der letzten Wochen ergeben, insbesondere durch die Fluchtbewegung und die neue Dimension des Reiseverkehrs. Die Bundesregierung erklärt sich zu sofortiger konkreter Hilfe dort bereit, wo sie benötigt wird. Weiter heißt es, das Begrüßungsgeld, das jedem Besucher aus der DDR einmal jährlich gezahlt werde, könne keine Lösung für die Finanzierung von Reisen sein. Letztlich müsse die DDR selbst ihre Reisenden mit

5. Januar 1967. Mit Konrad Adenauer bei einem Empfang zu dessen
91. Geburtstag in der Redoute in Bad Godesberg.

30. Januar 1976. Mit Ehefrau Hannelore und den Söhnen Peter (links) und Walter privat zu Besuch in Leipzig.

1. Oktober 1982. Glückwünsche des Amtsvorgängers. Durch ein konstruktives Mißtrauensvotum im Bundestag ist die Regierung Helmut Schmidt gestürzt und Helmut Kohl zum neuen Bundeskanzler gewählt worden.

12. Juni 1987. US-Präsident Ronald Reagan fordert in einer Ansprache vor dem Brandenburger Tor in Berlin: »Mister Gorbatschow, öffnen Sie dieses Tor!«

7. September 1987. Empfang des Staats- und Parteichefs der DDR, Erich Honecker, in Bonn. In seiner Tischrede am Abend, die vom DDR-Fernsehen live übertragen wird, bekennt sich der Kanzler zur Einheit der deutschen Nation.

30. Mai 1989. Mit US-Präsident George Bush während einer Rheinpartie. Im Verlauf seines Staatsbesuchs spricht Bush von einer gemeinsamen Führungsrolle der USA und der Bundesrepublik Deutschland.

12. Juni 1989. Staatsbesuch des Generalsekretärs der KPdSU, Michail Gorbatschow, in Bonn. Unmittelbar nach seiner Ankunft trifft Gorbatschow mit Bundespräsident Richard von Weizsäcker und Bundeskanzler Helmut Kohl in der Villa Hammerschmidt zusammen.

4. August 1989. Sommerurlaub mit Ehefrau Hannelore am Wolfgangsee. Täglich läßt sich der Kanzler über die Ereignisse in der DDR berichten.

19. August 1989. Bei Sopron an der ungarisch-österreichischen Grenze werden für kurze Zeit die Posten abgezogen und ein Tor geöffnet. 660 Deutsche aus der DDR nutzen die Chance – die bis dahin spektakulärste Massenflucht von Ost nach West.

August 1989. Mit einer großen Flucht- und Ausreisewelle aus der DDR beginnt der Zusammenbruch des SED-Regimes. Junge Männer und Frauen mit westdeutschen Reisepässen, die sie in der deutschen Botschaft in Budapest erhalten haben.

11. September 1989. Auf dem CDU-Parteitag in Bremen trennt sich Helmut Kohl, der als Parteivorsitzender bestätigt wird, von Generalsekretär Heiner Geißler.

2. Oktober 1989. Tschechoslowakische Miliz riegelt die Botschaft der Bundesrepublik Deutschland in Prag ab. Ein Polizist zerrt einen DDR-Flüchtling vom Zaun; sechstausend Deutsche aus der DDR halten sich auf dem Botschaftsgelände auf.

6. Oktober 1989. Wie hier in Ahrweiler treffen Sonderzüge mit Tausenden von DDR-Flüchtlingen aus Prag auf westdeutschen Bahnhöfen ein.

30. Oktober 1989. Wie hier in Leipzig auf dem Karl-Marx-Platz versammeln sich überall in der DDR Tausende von Menschen, um für Reformen zu demonstrieren.

8. November 1989. In seiner Regierungserklärung zur Lage der Nation im geteilten Deutschland fordert Bundeskanzler Helmut Kohl – hier mit Kanzleramtsminister Rudolf Seiters und dem Parlamentarischen Geschäftsführer Friedrich Bohl während der Aussprache – die neue DDR-Führung zu umfassenden Reformen auf.

9. November 1989. Nachdem Politbüro-Mitglied Günter Schabowski überraschend eine neue Reiseverordnung bekanntgegeben hat, erzwingen Tausende die sofortige Öffnung der Übergänge und stürmen – wie hier am Brandenburger Tor – die Mauer.

10. November 1989. Nach dem dramatischen Fall der Mauer unterbricht Helmut Kohl seinen Staatsbesuch in Polen und fliegt nach Berlin zu einer Kundgebung des Berliner Senats vor dem Schöneberger Rathaus; hier mit Willy Brandt, Walter Momper und Hans-Jochen Vogel.

12. November 1989. Mit dem polnischen Ministerpräsidenten Tadeusz Mazowiecki bei einem deutsch-polnischen Gottesdienst im niederschlesischen Kreisau.

Begegnung mit Polen und Deutschstämmigen vor dem ehemaligen Schloß des Grafen von Moltke in Kreisau.

14. November 1989. Besuch des ehemaligen Konzentrationslagers Auschwitz in Begleitung von Heinz Galinski (r.), dem damaligen Vorsitzenden des Zentralrats der Juden in Deutschland, und dem Oberrabiner von Warschau, Menachem Joskowicz.

16. Dezember 1989. Mit dem ungarischen Ministerpräsidenten Miklós Németh in Budapest.

19. Dezember 1989. Vor der Ruine der Dresdner Frauenkirche hält Helmut Kohl vor über hunderttausend Menschen die »schwierigste Rede meines Lebens«.

Links oben: 19. Dezember 1989. DDR-Ministerpräsident Hans Modrow empfängt den Bundeskanzler und die Minister Rudolf Seiters und Norbert Blüm auf dem Flughafen Dresden-Klotzsche.

Links unten: In der Dresdner Innenstadt erwartet eine begeisterte Menge den Kanzler mit dem Ruf: »Wir sind ein Volk!« Helmut Kohl: »Jetzt war ich mir ganz sicher: Die Einheit kommt.«

22. Dezember 1989. Mit Kanzleramtsminister Rudolf Seiters, DDR-Ministerpräsident Hans Modrow, dem Regierenden Bürgermeister von Berlin Walter Momper und Außenminister Hans-Dietrich Genscher bei der Öffnung des Brandenburger Tores.

20. Februar 1990. Wahlkampf-Auftakt in Erfurt: Unübersehbare Menschenmassen jubeln Helmut Kohl zu. Der Wahlkampf wird zu einem Triumphzug für den Bundeskanzler.

20. Februar 1990. Nach seiner Rede auf dem Erfurter Domplatz ziehen Tausende von Menschen vor das historische Weinhaus »Hohe Lilie« und rufen: »Helmut Kohl ans Fenster!«

1. März 1990. Treffen mit den Vorsitzenden der Ost-CDU, Lothar de Maizière, der DSU, Wilhelm Ebeling, und des »Demokratischen Aufbruchs«, Wolfgang Schnur, in Bonn. Die drei Parteien haben sich für die Volkskammer-Wahl am 18. März zum Wahlbündnis »Allianz für Deutschland« zusammengeschlossen.

9. März 1990. In Rostock versammeln sich neun Tage vor der Volkskammer-Wahl etwa zweihunderttausend Menschen, um Helmut Kohl zu sehen.

den nötigen Devisen ausstatten. Die Bundesregierung sei aber bereit, für eine Übergangszeit einen Beitrag zu einem Devisenfonds zu leisten, allerdings unter den Voraussetzungen, daß der Mindestumtausch bei Reisen in die DDR entfalle, Einreisen in die DDR erheblich erleichtert würden und die DDR einen eigenen substantiellen Beitrag zu diesem Fonds leiste. »Unser Ziel ist ein möglichst ungehinderter Reiseverkehr in beiden Richtungen.«

In *Punkt 2* wird festgehalten, daß die Bundesregierung wie bisher die Zusammenarbeit mit der DDR in all jenen Bereichen fortsetzen werde, die den Menschen auf beiden Seiten unmittelbar zugute komme. Das gelte insbesondere für die wirtschaftliche, wissenschaftlich-technologische und kulturelle Zusammenarbeit. Als besonders wichtig werde die Intensivierung der Zusammenarbeit im Bereich des Umweltschutzes angesehen. Außerdem wolle Bonn daran mitwirken, daß das Telefonnetz der DDR rasch ausgebaut werden könne. Über den Ausbau der Eisenbahnstrecke Hannover-Berlin solle weiter verhandelt werden.

In *Punkt 3* bietet die Bundesregierung abermals an, ihre Hilfe und Zusammenarbeit umfassend auszuweiten, wenn ein grundlegender Wandel des politischen und wirtschaftlichen Systems in der DDR verbindlich beschlossen und unumkehrbar in Gang gesetzt werde. »Unumkehrbar« heiße für die Bundesregierung, daß sich die DDR-Staatsführung mit den Oppositionsgruppen auf eine Verfassungsänderung und auf ein neues Wahlgesetz verständige. Die Bundesregierung unterstütze die Forderung nach freien, gleichen und geheimen Wahlen in der DDR unter Beteiligung unabhängiger, auch nichtsozialistischer Parteien. Das Machtmonopol der SED müsse aufgehoben werden. Die geforderte Einführung rechtsstaatlicher Verhältnisse bedeute vor allem auch die Abschaffung des politischen Strafrechts.

162 ZEHN PUNKTE FÜR DEUTSCHLAND

– 36 –

Über den Ausbau der Eisenbahn Hannover-Berlin wird weiter

verhandelt. *Aber auch neue freundschaftliche*

Gespräche nötig: Wie soll Bsp. Firmenführung-Verkehrsansicht

des Zukunftsanstehen, wenn freuen mit Seilen (Quelle ? = ff (!

in Europa !

Drittens: Ich habe angeboten, unsere Hilfe und unsere

Zusammenarbeit umfassend auszuweiten, wenn ein grund-

legender Wandel des politischen und wirtschaftlichen

Systems in der DDR verbindlich beschlossen und unum-

kehrbar in Gang gesetzt wird.

Reformen und die Ausweitung unserer Zusammenarbeit

müssen Hand in Hand gehen. Im Bereich der politischen

Reformen geht es vor allem um eine Änderung der

Verfassung. Das Machtmonopol der SED muß aufgehoben

werden. Ein Wahlgesetz muß verabschiedet werden, das

eine freie, gleiche und geheime Wahl unter Beteiligung

Selbstverständlich

unabhängiger, auch nichtsozialistischer Parteien ermög-

licht. *Änderung der Verfassung – Klare Rechtsstaatliche Norm (Bsp. Polizei*

und Verhaltung eines Wahlrecht, durch die 11.RO opposition-akzeptiert (Staatsrecht Rechtliche Justiz

Wirtschaftliche Hilfe kann nur wirksam werden, wenn

grundlegende Reformen des Wirtschaftssystems erfolgen.

Dies zeigen die Erfahrungen mit allen RWG-Staaten.

Aus dem Original-Entwurf des Bundeskanzlers für das Zehn-Punkte-Programm zur deutschen Einheit, versehen mit handschriftlichen Ergänzungen.

Wirtschaftliche Hilfe könne nur wirksam werden, wenn grundlegende Reformen des Wirtschaftssystems erfolgten. »Wir wollen nicht unhaltbar gewordene Zustände stabilisieren. Wirtschaftlichen Aufschwung kann es nur geben, wenn sich die DDR für westliche Investitionen öffnet, wenn sie marktwirtschaftliche Bedingungen schafft und privatwirtschaftliche Betätigungen ermöglicht.« Es könne kein Zweifel bestehen, daß die Menschen in der DDR eine Wirtschaftsordnung wollten, die ihnen auch wirtschaftliche Freiheit und damit Wohlstand gebe.

Punkt 4 greift den Vorschlag von Ministerpräsident Modrow auf, eine Vertragsgemeinschaft zwischen beiden deutschen Staaten ins Leben zu rufen. Die Nähe und der besondere Charakter der Beziehungen zwischen den beiden Staaten in Deutschland erforderten ein immer dichteres Netz von Vereinbarungen in allen Bereichen und auf allen Ebenen. Diese Zusammenarbeit werde zunehmend auch gemeinsame Institutionen erfordern. Bereits bestehende gemeinsame Kommissionen könnten neue Aufgaben erhalten, weitere Kommissionen könnten gebildet werden. Insbesondere sei dabei an die Bereiche Wirtschaft, Verkehr, Umweltschutz, Wissenschaft und Technik, Gesundheit und Kultur gedacht. Selbstverständlich werde Berlin in diese Zusammenarbeit voll einbezogen.

Punkt 5 ist der zentrale und gleichzeitig sensibelste Punkt des ganzen Programms, wie der Bundeskanzler darlegt: »Bei manchem unserer Freunde und Partner im Ausland, aber auch bei vielen Deutschen hatte sich im Laufe der Jahre der Eindruck verfestigt, als seien die Ansprachen zum Tag der deutschen Einheit am 17. Juni oder die Erklärungen zum Jahrestag des Mauerbaus am 13. August nur Gerede, das man nicht ernst nehmen müsse. Jetzt war der Augenblick gekommen, in einer Weise über die deutsche Einheit zu sprechen, daß niemand mehr an unserer politischen Entschlossenheit zweifeln konnte. Ich war

164   ZEHN PUNKTE FÜR DEUTSCHLAND

mir ganz sicher, daß unsere Landsleute in der DDR auf ein solches Wort warteten.«

Konföderative Strukturen zwischen einem demokratischen und einem nichtdemokratischen Staat seien ein Unding, so Kohl. Für ihn habe außer Frage gestanden, daß dieser Schritt nur mit einer demokratisch legitimierten Regierung in der DDR zu machen sei. Erst nach freien Wahlen, so habe er deshalb erklärt, könne sich die Bundesregierung einen gemeinsamen Regierungsausschuß, gemeinsame Fachausschüsse und ein gemeinsames parlamentarisches Gremium vorstellen. Die bisherige Politik gegenüber der DDR habe sich im wesentlichen auf kleine Schritte beschränken müssen, die die Folgen der Teilung für die Menschen mildern und das Bewußtsein für die Einheit der Nation wachhalten und schärfen sollten. Wenn Bonn künftig eine frei gewählte Regierung in Ost-Berlin als Partner gegenüberstünde, eröffneten sich völlig neue Perspektiven. Stufenweise könnten neue Formen institutioneller Zusammenarbeit entstehen und ausgeweitet werden. Ein solches Zusammenwachsen liege in der Kontinuität der deutschen Geschichte. Staatliche Ordnung in Deutschland habe immer Konföderation und Föderation geheißen. »Wie ein wiedervereinigtes Deutschland schließlich aussehen wird, das weiß heute niemand. Daß aber die Einheit kommen wird, wenn die Menschen in Deutschland sie wollen − dessen bin ich sicher«, heißt es abschließend zu diesem Punkt.

Um die Einbettung der innerdeutschen Beziehungen in den gesamteuropäischen Prozeß und in das Ost-West-Verhältnis geht es in *Punkt 6*. Die künftige Architektur Deutschlands müsse sich in die künftige Architektur Gesamteuropas einfügen. Hierfür habe der Westen mit seinem Konzept der dauerhaften und gerechten Friedensordnung Schrittmacherdienste geleistet. Die deutsch-sowjetische Erklärung vom Juni 1989, so Kohl rückblickend, die damals in ihrem Wert gar nicht richtig eingeschätzt worden sei, habe sich nunmehr als wichtige Argumentationshilfe erwiesen: »Es sind dort als Bauelemente eines gemeinsamen europäischen Hauses die uneingeschränkte Achtung der Integrität und der Sicherheit jedes Staates sowie dessen Recht, das eigene politische und soziale System frei zu wählen, festgeschrieben worden. Darauf konnten wir uns jetzt gegenüber Gorbatschow berufen.«

In *Punkt 7* wird auf die Bedeutung der Europäischen Gemeinschaft für die Zukunft des Kontinents und damit auch Deutschlands eingegangen. Der Kanzler betont die gesamteuropäische Mission und Verantwortung der EG. »Das war nicht selbstverständlich«, so Kohl im Rückblick, »denn viele Westeuropäer hatten sich daran gewöhnt, die EG und Europa als ein und dasselbe zu betrachten und nur die wirtschaftliche Seite der europäischen Integration zu sehen. Sie hatten vergessen, daß Europa nicht am löcherig gewordenen Eisernen Vorhang endet.« Kohl plädiert mit großem Nachdruck dafür, daß die EG ihre Offenheit auch nach Osten wahrt: »Nur in diesem Sinne kann die EG Grundlage einer wirklich umfassenden europäischen Einigung werden. Nur in diesem Sinne wahrt, behauptet und entwickelt sie die Identität aller Europäer. Diese Identität ist nicht nur in der kulturellen Vielfalt Europas, sondern auch und vor allem in den Grundwerten von Freiheit, Demokratie, Menschenrechten und Selbstbestimmung begründet.«

Der KSZE-Prozeß sei und bleibe Herzstück der gesamteuropäischen Architektur und müsse daher energisch vorangetrieben werden, heißt es in *Punkt 8.* Da die Konferenz für Sicherheit und Zusammenarbeit in Europa nicht nur alle europäischen Staaten – ob der NATO oder dem Warschauer Pakt zugehörig, ob neutral oder nicht –, sondern auch die nordamerikanischen Länder USA und Kanada umfasse, ihr Geltungsbereich sich also »von Vancouver bis Wladiwostok« erstrecke, sei sie als Forum für die Erörterung der großen Ost-West-Fragen in besonderer Weise geeignet. Dort solle über neue institutionelle Formen der gesamteuropäischen Zusammenarbeit nachgedacht werden.

Nur wenigen Beobachtern fällt auf, daß Kohl die Frage nach der Bündniszugehörigkeit eines vereinten Deutschland ausklammert. Er sagt dazu rückblickend: »Natürlich wußte ich, daß diese Frage früher oder später auf uns zukommen würde, und für mich stand fest, daß ein Austritt aus der NATO niemals der Preis für die Wiedervereinigung hätte sein dürfen. Aber es wäre in diesem Augenblick töricht gewesen, dieses Thema hochzuspielen. Möglicherweise hätte dies den Kreml dazu veranlaßt, die Notbremse zu ziehen. Es bot sich aber an, die sicherheitspolitischen Aspekte der deutschen Einheit unter der KSZE-Überschrift sowie unter dem Gesichtspunkt von Abrüstung und Rüstungskontrolle anzusprechen.«

In *Punkt 9* heißt es folgerichtig: »Abrüstung und Rüstungskontrolle müssen mit der politischen Entwicklung Schritt halten und, wenn notwendig, beschleunigt werden. Dies gilt im besonderen für die Wiener Verhandlungen über den Abbau konventioneller Streitkräfte in Europa und für die Vereinbarung vertrauensbildender Maßnahmen, ebenso für das weltweite Verbot chemischer Waffen. Dies erfordert auch, daß die Nuklearpotentiale der Großmächte auf das strategisch erforderliche Minimum reduziert werden. Das bevorstehende Treffen zwischen Präsident Bush und Generalsekretär Gorbatschow bietet eine gute Gelegenheit, den laufenden Verhandlungen neue Schubkraft zu geben. Wir bemühen uns – auch in zweiseitigen Gesprächen mit den Staaten des Warschauer Paktes einschließlich der DDR –, diesen Prozeß zu unterstützen.«

In *Punkt 10* wird die Zielsetzung des Programms mit folgenden Worten umrissen: »Mit dieser umfassenden Politik wirken wir auf einen Zustand des Friedens in Europa hin, in dem das deutsche Volk in freier Selbstbestimmung seine Einheit wieder-

ZIEL: DEUTSCHE EINHEIT   167

erlangen kann. Die Wiedervereinigung, das heißt die Wiedergewinnung der staatlichen Einheit Deutschlands, bleibt das politische Ziel der Bundesregierung. ... Wir sind uns bewußt, daß sich auf dem Weg zur deutschen Einheit besonders viele schwierige Fragen stellen, auf die heute niemand eine abschließende Antwort geben kann.«

Kohl weist auf die Bedeutung dieser Passage hin: »Ganz bewußt hatte ich in dem Programm jegliche zeitliche Festlegung vermieden. Wir wollten uns einerseits nicht den eigenen Handlungsspielraum verbauen, andererseits die mancherorts ohnehin aufgeregten Gemüter nicht unnötig reizen. Abgesehen davon waren Festlegungen gar nicht möglich. Ich selbst war damals noch davon überzeugt, daß es zur deutschen Einheit erst in drei, vier Jahren kommen werde – auf jeden Fall erst nach Vollendung des Europäischen Binnenmarktes. Wie dem auch sei, der Verzicht auf zeitliche Festlegungen erwies sich als von unschätzbarem Wert – wie sich später noch zeigen sollte.«

Der Kanzler entscheidet, daß er sein Zehn-Punkte-Programm im Rahmen der für den 28. November vorgesehenen Haushaltsdebatte im Bundestag vorstellen wird. Bis dahin soll strengstes Stillschweigen gewahrt werden. »Hätte ich« – so Kohl heute – »die Zehn Punkte innerhalb der Koalition oder gar mit unseren Verbündeten abgestimmt, dann wären sie am Ende völlig zerredet worden. Jetzt war nicht die Stunde der Bedenkenträger. Es war der Moment, in dem der deutsche Bundeskanzler sich die Initiative in Richtung deutsche Einheit nicht mehr aus der Hand nehmen lassen durfte.«

Den befreundeten europäischen Regierungen und den vier Siegermächten des Zweiten Weltkriegs wird der Redetext am Morgen der Bundestagsdebatte gleichzeitig über die Botschaften zugestellt – mit einer Ausnahme: Der amerikanische Präsident, dem der Bundeskanzler die Initiative bereits vorab angekündigt hat, erhält die Zehn Punkte mit einem ausführlichen

168   ZEHN PUNKTE FÜR DEUTSCHLAND

BUNDESREPUBLIK DEUTSCHLAND
DER BUNDESKANZLER

Bonn, den 28 .11.1989

11 - 301 00 (407) - 8 + 8 , Bd. 16

Seiner Exzellenz
dem Präsidenten der Vereinigten
Staaten von Amerika
Herrn George Bush

Washington, D.C.

Lieber George,

haben Sie herzlichen Dank für Ihre telefonische Bitte, Ihnen für
Ihre bevorstehende Begegnung mit Generalsekretär Gorbatschow bei
Malta auch unsere deutschen Anliegen mitzugeben.

Ich begrüße dies außerordentlich. Sie geben damit ein unübersehbares
Zeichen deutsch-amerikanischer Freundschaft und Partnerschaft.
Gleichfalls danke ich Ihnen für die freundlichen Worte in Ihrer
Fernsehansprache zum Erntedankfest.

Daß ich Ihr Angebot recht ausführlich nutze, bitte ich zu verstehen:
Denn es geht in Ihrer Begegnung mit Generalsekretär Gorbatschow
voraussichtlich um Themen, die die Interessen der Bundesrepublik
Deutschland und aller Deutschen berühren.

1. Malta-Philosophie
   Ich bin Ihnen, lieber George, außerordentlich verbunden für die
   Klarheit, mit der Sie jede Parallele zwischen Jalta und Malta
   zurückgewiesen haben. Ich erwähne diesen Punkt nicht aus
   deutschen oder europäischen Prestigegesichtspunkten.

Auszug aus der Botschaft des Bundeskanzlers an den amerikanischen Präsidenten George Bush vor dessen Treffen mit Michail
Gorbatschow bei Malta. Kohl übermittelt dem US-Präsidenten
darin sein Zehn-Punkte-Programm.

- 2 -

Mein Punkt ist vielmehr, daß die historischen Reformprozesse, die wir heute in den Staaten Ost- und Mitteleuropas erleben, nicht nur in Richtung unserer westlichen Werte - freie Selbstbestimmung, Demokratie, Privatinitiative - verlaufen, sondern auch von den Völkern selbst getragen werden. Lech Walesa hat dies gerade im Gespräch mit Ihnen und vor dem Kongreß der Vereinigten Staaten eindrucksvoll unterstrichen.

Gerade deshalb würden Versuche, diese Reformentwicklungen "von oben" zu steuern oder Volksbewegungen einzugrenzen oder zu kanalisieren, nicht den Erfordernissen dieser historischen Epoche entsprechen. Dies ist selbstverständlich eine Überlegung, die auch für uns selbst und für unsere europäischen Nachbarn gilt.

In diesem Sinn sollte die Begegnung in Malta jeden Anschein eines Status-quo-Gipfels vermeiden.

2. Stabilität der Reformprozesse

Unter diesem Gesichtspunkt sollte ein Anliegen behandelt werden, das Generalsekretär Gorbatschow Ihnen gegenüber mit großer Wahrscheinlichkeit ansprechen wird: Abwehr jeglicher Destabilisierung, Erhöhung der Stabilität durch Reformen.

Zu diesen Zielen möchte ich Ihnen empfehlen - auch in meinem Namen - voll und ganz zuzustimmen. Das gleiche gilt für Ihre Zusicherung, daß Amerika diese Reformen begrüßt - und zwar nicht als Gegner, der einen Vorteil sucht, sondern als ein Volk, das Unterstützung anbietet.

Gerade deshalb ist wichtig, mit Generalsekretär Gorbatschow die Definition beider Begriffe festzuhalten:

Destabilisierung entsteht nicht, wie dies einige östliche Propagandisten immer noch behaupten, durch Einwirkung oder Einmischung von Seiten des Westens. Ihre Quelle ist vielmehr der Aufbruch von seit vielen Jahrzehnten gewaltsam unterdrückten Konflikten (z.B. der Nationalitäten) oder Reformverweigerung und daraus folgende Reaktion - oder aber Flucht der Bevölkerung. Die DDR und die CSSR sind hier die letzten Beispiele, und das Schicksal Rumäniens ist Anlaß großer Sorge.

- 11 -

Neuntens:
Weitreichende und zügige Schritte in Abrüstung und Rüstungskontrolle
(vgl. oben Ziffer 4).

Zehntens:
Organische Entwicklung zu einem Zustand, in dem das deutsche Volk in
freier Selbstbestimmung seine Einheit wiedererlangt, wobei den Interessen aller Beteiligten Rechnung getragen und das friedliche Zusammenleben
in Europa garantiert wird.

Lieber George,
ich wäre Ihnen besonders verbunden, wenn Sie gegenüber Generalsekretär
Gorbatschow die in diesen 10 Punkten zum Ausdruck kommende Politik unterstützen und ihm verdeutlichen würden, daß nicht das Festhalten an über-
kommenen Tabus, sondern dieser zukunftsgerichtete Kurs im besten
Interesse auch seines Landes liegt. Dafür danke ich Ihnen im voraus!

Mit freundlichen Grüßen

Schreiben wegen der Zeitverschiebung Stunden früher – über die verschlüsselte Telexverbindung, den »heißen Draht«, nach Washington. In dem Begleitbrief schreibt der Bundeskanzler einleitend: »Lieber George, haben Sie herzlichen Dank für Ihre telefonische Bitte, Ihnen für Ihre bevorstehende Begegnung mit Generalsekretär Gorbatschow bei Malta auch unsere deutschen Anliegen mitzugeben. Ich begrüße dies außerordentlich. Sie geben damit ein unübersehbares Zeichen deutsch-amerikanischer Freundschaft.«

Er habe Bush gebeten, so Kohl, Gorbatschow bei dem Treffen vor Malta noch einmal klarzumachen, daß Destabilisierung nicht durch Einmischung des Westens entstehe, wie dies einige östliche Propagandisten immer noch behaupteten. Ihre Quellen seien vielmehr der Ausbruch von seit vielen Jahrzehnten gewaltsam unterdrückten Konflikten und verhinderte Reformen. Die DDR und die ČSSR seien hierfür die letzten Beispiele, und das Schicksal Rumäniens gebe zu großer Sorge Anlaß. Die Entscheidungen über Stabilität oder Instabilität würden in den Staaten Mittel- und Osteuropas selbst getroffen.

Er, Kohl, habe dem US-Präsidenten empfohlen, die bisherige Politik Gorbatschows grundsätzlich zu begrüßen. Dessen Perestroika habe die Reformen in anderen Warschauer Pakt-Staaten mitausgelöst, erleichtert oder beschleunigt. Er habe reformunwillige Führungen zur Öffnung und zum Eingehen auf die Wünsche der Bevölkerung gedrängt; und er habe Entwicklungen hingenommen, die zum Teil weit über das in der Sowjetunion erreichte Maß hinausgingen. Gorbatschow habe die Breschnew-Doktrin mit ihrem Anspruch auf ein Interventionsrecht innerhalb des Warschauer Paktes praktisch für tot erklärt und statt dessen das Recht jedes Staates und Volkes auf freie Wahl seines politischen und gesellschaftlichen Systems festgeschrieben. Es werde in Malta darauf ankommen, Gorbatschow auf seine eigenen Zusagen festzulegen und insbesondere zu betonen, daß das Verbot der Einmischung für jeden gelte, für die Sowjetunion vor allem auch dort, wo sie eigene Truppen stationiert habe.

»Ich beschrieb George Bush Gorbatschow als einen Mann, der seine Politik entschlossen fortführen wolle, aber auf interne Widerstände treffe und in entscheidendem Maße auf äußere Unterstützung angewiesen sei. Die Wirtschaftslage der Sowjetunion sei nach dem Urteil unserer Experten heute schlechter als bei Gorbatschows Amtsantritt. Unsere Analysen besagten, daß die Position Gorbatschows dennoch derzeit ungefährdet sei und er unverändert auch von Führungskollegen, die Richtung oder Tempo der Perestroika kritisch gegenüberstünden, als Nummer eins akzeptiert werde. Gleichwohl sei nicht zu übersehen, daß seine Popularität wegen ausbleibender materieller Ergebnisse sinke.

Zur Lage in der DDR gab ich George Bush unsere Einschätzung, daß die Situation der dortigen Führung noch nicht stabil und die Stimmung in der Bevölkerung weiterhin nicht beruhigt sei. Trotz Öffnung von Mauer und Grenze, trotz Führungswechsel und in Aussicht gestellter Reformen dauerten die Massendemonstrationen an. Deutsche aus der DDR suchten in nie dagewesener Zahl Zuflucht in der Bundesrepublik. Vom Reformwillen der Ost-Berliner Regierung werde es abhängen, ob die Bundesregierung ihr Angebot, der DDR in neuen finanziellen Dimensionen zu helfen, verwirklichen werde.« Kohl bittet Bush, Gorbatschow zu widersprechen, falls dieser die Haltung Bonns als Einmischung kritisiere. Der sowjetische Generalsekretär müsse wissen, daß es dem Westen nicht zuzumuten sei, eine diskreditierte Führung und unhaltbare Zustände zu stabilisieren. Es gehe vielmehr darum, wirkliche Reformen abzustützen.

»Ehe ich dem amerikanischen Präsidenten die Zehn Punkte in Kurzform erläuterte, bedankte ich mich bei ihm auch im

Namen des deutschen Volkes für seine klare Haltung in der Frage der Wiedervereinigung. Dann skizzierte ich kurz die Argumente, die Gorbatschow ihm in Malta vermutlich vortragen werde. Er werde mit Sicherheit wiederholen, daß die Teilung Deutschlands zu den Nachkriegsrealitäten gehöre, die auch künftig respektiert werden müßten. Daher dürften die Reformen in der DDR auf keinen Fall so weit gehen, daß sich am Ende die bestehenden Grenzen veränderten und es doch zur Einheit Deutschlands komme.

Sinngemäß fügte ich hinzu: ›Ich bitte Sie sehr herzlich, in Malta keinen Festlegungen zuzustimmen, die den Handlungsspielraum unserer Deutschlandpolitik einschränken könnten. Wir rücken nicht von dem Ziel ab, auf einen Zustand des Friedens in Europa hinzuwirken, in dem das deutsche Volk in freier Selbstbestimmung seine Einheit wiedererlangt. Freiheit, Menschenrechte und Selbstbestimmung sind die Grundwerte, auf denen unser Bündnis beruht. Sie sind auch der Kern der deutschen Frage. Niemand hat das Recht, sie den Deutschen in der DDR zu verwehren.‹ Ich betonte außerdem, die Bundesregierung habe in keiner Weise die jetzt in der DDR entstandene Lage einseitig ausgenutzt, um das nationale Ziel der Deutschen in einem Alleingang zu erreichen. Im Gegenteil, wir hätten unsere Treue zum Bündnis auch in schweren Zeiten unter Beweis gestellt.«

In Bonn lassen sich so wichtige Informationen wie die Nachricht vom Zehn-Punkte-Programm des Kanzlers nicht »unter der Decke halten«. Um Gerüchten vorzubeugen, informiert Kohl in groben Zügen vorab den CDU-Vorstand. Außerdem lädt Seiters eine kleine, handverlesene Gruppe von Journalisten am Abend des 27. November in den Speisesaal des Kanzleramtes ein. Es sind dies unter anderen Karl Feldmeyer von der *Frankfurter Allgemeinen Zeitung*, Klaus Dreher von der *Süddeutschen Zeitung*, Bernt Conrad von der *Welt*, Wolfgang Kenntemich von

Bild, Martin S. Lambeck vom *Hamburger Abendblatt*, Wilfried Hommen von der ARD und Wolfgang Herles vom ZDF. Die Journalisten werden für die nächsten zwölf Stunden zu strikter Vertraulichkeit verpflichtet. Vertreter von Nachrichtenagenturen sind bewußt nicht dazugebeten worden.

Unterdessen macht in Bonn die Runde, daß Kohl die deutsche und internationale Öffentlichkeit in seiner Bundestagsrede mit einem Paukenschlag überraschen will. Am Dienstagmorgen fragt Graf Lambsdorff den Bundeskanzler, was er denn da gleich vortragen werde. Kohl vertröstet ihn, das werde er sehr bald hören. Als der Kanzler gegen elf Uhr im Plenarsaal ans Rednerpult tritt, schildert er zunächst die jüngste Entwicklung der innerdeutschen Beziehungen und zieht dann ein Resümee der dramatischen Veränderungen in Europa: »Heute stehen wir – für jedermann erkennbar – am Beginn eines neuen Abschnitts der europäischen und der deutschen Geschichte, eines Abschnitts, der über den Status quo, über die bisherigen politischen Strukturen in Europa hinausweist.«

Im folgenden begründet Kohl, weshalb seine Zehn Punkte der Zielsetzung der westlichen Allianz völlig entsprechen. »Wir nähern uns damit dem Ziel, das sich das Atlantische Bündnis bereits im Dezember 1967 gesetzt hatte – ich zitiere: ›Eine endgültige und stabile Regelung in Europa ist ... nicht möglich ohne eine Lösung der Deutschlandfrage, die den Kern der gegenwärtigen Spannungen in Europa bildet. Jede derartige Regelung muß die unnatürlichen Schranken zwischen Ost- und Westeuropa beseitigen, die sich in der Teilung Deutschlands am deutlichsten und grausamsten offenbaren.‹ Der Weg zur deutschen Einheit ist nicht vom ›grünen Tisch‹ aus mit einem Terminkalender in der Hand zu planen. Abstrakte Modelle kann man vielleicht polemisch verwenden, aber sie helfen nicht weiter. Aber wir können schon heute jene Etappen vorbereiten, die zu diesem Ziel hinführen.«

Dann trägt der Kanzler die Zehn Punkte vor. Er schließt: »In wenigen Wochen beginnt das letzte Jahrzehnt dieses Jahrhunderts, ein Jahrhundert, das so viel Elend, Blut und Leid sah. Es gibt heute viele hoffnungsvolle Zeichen dafür, daß die neunziger Jahre die Chancen für mehr Frieden und mehr Freiheit in Europa und in Deutschland in sich tragen. Es kommt dabei entscheidend auch auf unseren, den deutschen Beitrag an. Wir alle sollten uns dieser Herausforderung der Geschichte stellen.«

Als Kohl seine Rede beendet hat, erheben sich die Mitglieder der CDU/CSU-Fraktion, um ihm Beifall zu spenden. Auch der vom Bundeskanzler nicht eingeweihte Hans-Dietrich Genscher lobt die Zehn Punkte. Selbst vom Großteil der SPD kommt Applaus. Karsten Voigt bietet dem Kanzler die Zusammenarbeit der Sozialdemokraten bei der Verwirklichung des Konzepts an – etwas übereilt, wie sich bald herausstellt. Die Reaktionen der Grünen bezeichnet Kohl als beschämend. Deren Fraktionssprecherin Jutta Oesterle-Schwerin wirft ihm eine »Heim-ins-Reich-Politik« vor. Er habe keine Skrupel, so muß er sich im Bundestag sagen lassen, »das deutsche Staatsgebiet um ein Drittel zu vergrößern und sich sechzehn Millionen neuer Untertanen zu verschaffen«.

Die Reaktion in den Medien am folgenden Tag ist überwältigend: »Wiedervereinigung – der Anfang ist gemacht!« titelt die *Bild-Zeitung*. Die *Frankfurter Allgemeine Zeitung* schreibt: »Bundeskanzler Kohl hat die deutschlandpolitische Initiative ergriffen. Der Kanzler hat die Chance und das Gebot des Tages verstanden, er hat das eine genutzt, das andere befolgt.« Die Tageszeitung *Die Welt* meint, mit Kohls Zehn-Punkte-Programm gebe es »endlich konkret einen Weg zum Zusammenschluß beider Teile Deutschlands«, die *Süddeutsche Zeitung* spricht von einer »gewissen Faszination«. Die *Frankfurter Rundschau* kommt zu dem Schluß, mit Kohls Programm gebe es »erste konkrete Antworten auf die Frage, ob der historische

Aufbruch jenseits der Elbe in eine gemeinsame Zukunft führen« könne.

Verwundert ist der Kanzler, als er noch am gleichen Tag mit dem stellvertretenden sowjetischen Ministerpräsidenten Iwan Silajew zusammentrifft: »Der ging nämlich mit keinem Wort auf mein Zehn-Punkte-Programm ein. Offenbar hatte er noch keine Sprachregelung aus Moskau erhalten. Mut machte, daß das Gespräch – es drehte sich vor allem um die Zusammenarbeit auf dem Gebiet der Wirtschaft – trotz meines Vorstoßes in einer ausnehmend freundschaftlichen Atmosphäre stattfand.«

Unmittelbar nach dem Besuch Silajews telefoniert der Bundeskanzler mit dem amerikanischen Präsidenten, um die letzten Abstimmungen vor dem Malta-Gipfel mit ihm vorzunehmen. Das internationale Interesse an diesem Ereignis ist gewaltig: Es werden mehrere tausend Journalisten erwartet. Kohl berichtet Bush zunächst über sein Gespräch mit dem sowjetischen Vize-Ministerpräsidenten. Die Lage in der Sowjetunion habe sich verschlechtert, die Versorgungsprobleme würden immer mehr zunehmen. Der Winter habe früher als üblich eingesetzt. In Moskau habe man schon 27 Grad minus gemessen, was selbst für dortige Verhältnisse sehr kalt sei. Das größte Problem für die frierende Bevölkerung sei nicht der Mangel an Kohle, sondern die Unfähigkeit der Verantwortlichen, das Heizmaterial zum Verbraucher zu bringen. Der Kanzler sieht voraus, daß die Sowjetunion spätestens im Januar/Februar 1990 auf fremde Hilfe angewiesen sein wird. Gorbatschow werde im eigenen Apparat zunehmend kritisiert. Seine Stellung sei zwar ungefährdet, aber man müsse damit rechnen, daß er zur Sicherung seiner Machtposition die Zügel spürbar anziehen werde. Der Westen müsse durch Hilfsmaßnahmen verhindern, daß es soweit komme.

Bush erwidert, er stimme mit dem Kanzler überein, daß man nichts tun dürfe, was den Reformprozeß zum Stillstand bringe.

Die Sowjetunion sei ein selbstbewußtes und stolzes Land. Hierauf wolle er Rücksicht nehmen. Über die Wirtschaftslage sei auch er alarmierter als je zuvor. Er wolle die Sowjetunion nicht demütigen, sondern mit Feingefühl und großer Vorsicht versuchen, Gorbatschow zu helfen.

»Zum Schluß ging George Bush auf mein Zehn-Punkte-Programm ein: Er habe die Zehn Punkte und meine Ausführungen über die zukünftige Entwicklung in Deutschland sehr aufmerksam gelesen. Er befinde sich mit mir auf einer Wellenlänge. Gestern abend habe er sehr lange mit seinen Europa-Experten zusammengesessen, die meine Auffassungen ebenfalls geteilt hätten. Ich bedankte mich für seine Zustimmung und erklärte, jedes Wort der Sympathie für das deutsche Volk, unser Recht auf Selbstbestimmung und die Einheit unserer Nation sei sehr wichtig und würde mit großer Aufmerksamkeit gehört. Für mich sei es ein ehernes Gesetz, daß es keine deutschen Alleingänge geben dürfe: ›Die Geschichte hat uns gute Karten gegeben; mein Wunsch ist es jetzt, diese geschickt zu spielen.‹ Im übrigen hätte ich den Eindruck, daß man bis in die Ära Adenauer-Dulles zurückgehen müsse, um ein ähnlich gutes deutsch-amerikanisches Verhältnis zu finden.«

In diesen turbulenten Tagen ist es für Kohl wichtig zu wissen, daß er sich im In- und Ausland auf den klugen Rat guter Freunde verlassen kann. Einer von ihnen ist Alfred Herrhausen, der Vorstandsvorsitzende der Deutschen Bank, einer der führenden Köpfe der deutschen Wirtschaft. Es ist daher menschlich wie politisch ein schwerer persönlicher Schlag für Helmut Kohl, als Herrhausen am 30. November auf der Fahrt von seiner Bad Homburger Wohnung in die Frankfurter City durch einen heimtückischen Anschlag der RAF-Terroristen ermordet wird.

Dem Kanzler hat sich diese furchtbare Tat tief ins Gedächtnis eingegraben: »Ich war gerade auf den Düsseldorfer Rhein-

Rede-Notizen des Bundeskanzlers für seine Trauerrede für den von der RAF ermordeten Vorstandsvorsitzenden der Deutschen Bank, Alfred Herrhausen.

ALFRED HERRHAUSEN WIRD ERMORDET 179

wiesen mit dem Hubschrauber gelandet und ins Auto gestiegen, als Juliane Weber anrief und mich bat, ich möge sofort mit dem Innenminister telefonieren. Wolfgang Schäuble überbrachte mir dann die Nachricht. Auf der Tagung der Arbeitgeberverbände in der Düsseldorfer Stadthalle, auf der ich erwartet wurde und eine Rede halten sollte, sagte ich, mein Freund Alfred Herrhausen sei heute morgen einem Mordanschlag zum Opfer gefallen. Ich bäte um Verständnis dafür, daß ich jetzt sofort zurück nach Bonn müsse. In stillem Gebet gedachte ich gemeinsam mit den Anwesenden meines toten Freundes und ging nach fünf Minuten wieder fort. Noch am selben Abend fuhr ich nach Bad Homburg zu Herrhausens Witwe Traudl und ihrer Tochter. Auf dem Heimweg vergegenwärtigte ich mir die Namen der bisher von der RAF Ermordeten, hatte ihre Gesichter vor Augen. Die meisten hatte ich gekannt, mit einigen war ich eng befreundet. Alfred Herrhausen war mir ein ebenso guter Freund gewesen wie Hanns-Martin Schleyer. Er war ein aufrechter Patriot, auf dessen klugen Rat im Wiedervereinigungsprozeß ich gesetzt hatte. Er hatte das Beste für unser Land gewollt mit einem ungeheuren persönlichen Einsatz. Es war gerade erst ein Jahr her, daß Alfred Herrhausen sich einer schweren Operation hatte unterziehen müssen. Ich hatte erlebt, mit welch ungeheurer Selbstdisziplin er sich zwang, zu einem bestimmten Zeitpunkt wieder die Geschäfte aufzunehmen. In einer Freizeitgesellschaft gibt es wenig Verständnis für eine solche Einstellung. Pflichterfüllung gilt bei vielen leider als eine altmodische Tugend. Aber ein freiheitlicher Staat braucht Leistungseliten. Ein Land ohne Eliten, ohne Vorbilder hat keine Zukunft.

Ich habe mich damals gefragt: Was ist bloß los mit den Deutschen in der Bundesrepublik? Wir genießen in nie gekanntem Maße Freiheit, Frieden und Wohlstand – und stehen dennoch immer wieder an den Särgen von Menschen, die von Feinden der Republik brutal ermordet worden sind. Wie ist es möglich geworden, daß zunächst eine ganze Gruppe und dann einzelne der öffentlichen Anfeindung preisgegeben werden? Was ist los in einer Gesellschaft, in der führende Repräsentanten aus Politik und Wirtschaft systematisch zu Zielscheiben gemacht werden – zunächst im übertragenen, dann im wörtlichen Sinne? Wie konnte es dazu kommen, daß Tugenden wie Fleiß und Bürgersinn bei vielen nicht mehr Anerkennung, sondern Mißgunst und Ablehnung hervorrufen? Und ich mußte mich nach der politischen Moral jener DDR-Politiker fragen, die Terroristen Unterschlupf und Unterstützung gewährt hatten.

Natürlich diskutierten wir damals auch, ob der Anschlag nicht zu verhindern gewesen wäre, ob nicht zu wenig für Herrhausens Sicherheit getan worden war und ähnliches mehr. Ich selbst vertrete den Standpunkt, daß es keine absolute Sicherheit gibt. Wenn ich Tag und Nacht darüber nachdächte, was mir alles passieren könnte, würde ich mich selbst lähmen. Wir alle sind in Gottes Hand, und ich erwarte ›getrost, was kommen mag‹, um es mit den wunderbaren Worten von Dietrich Bonhoeffer zu sagen.«

Am 1. Dezember, dem letzten Tag der Haushaltsdebatte, wird über das Zehn-Punkte-Programm abgestimmt. Die Koalition votiert mit »Ja«. Die SPD enthält sich der Stimme. Oskar Lafontaine verurteilt Kohls Vorstoß aufs schärfste, spricht von einem »großen diplomatischen Fehlschlag«. Eine Überraschung ist es für Kohl, daß die FDP, die im Bundestag den Zehn Punkten zugestimmt hat, kurz darauf auf Distanz geht. Nach ihrer Auffassung fehlt darin die endgültige Anerkennung der Oder-Neiße-Linie als polnische Westgrenze – ein Punkt, auf dem insbesondere Genscher beharrt habe, erinnert sich der Bundeskanzler. Der kurze Zeit später stattfindende Kleine Parteitag der FDP in Celle lehnt es deshalb im Gegensatz zur FDP-Fraktion ab, dem Programm zuzustimmen. Graf Lambsdorff spricht von einer CDU-Alleinregierung, die »die Überwindung der Teilung bis heute um keinen Schritt vorangebracht« habe. Man müsse die CDU an die »außenpolitische Leine der FDP« legen. Seine Worte führen zu einer atmosphärischen Belastung für die gesamte Koalition.

In der CDU erfährt Helmut Kohl zunächst einhellige Zustimmung, doch auch hier äußert der eine oder andere wenig später Bedenken. Überängstliche warnen, er sei mit dem Programm über das Ziel hinausgeschossen. Wieder andere ziehen es vor zu schweigen. Zu ihnen gehört Bundespräsident Richard von Weizsäcker. Aus der Zeit nach dem Fall der Mauer kann sich Kohl nicht daran erinnern, daß von Weizsäcker einmal öffentlich den Begriff »Wiedervereinigung« benutzt hätte. Als die Bekenntnisse der Deutschen in der DDR zur Einheit schon längst allgegenwärtig sind, warnt der Bundespräsident vor einem »Zusammenwuchern« der beiden Teile Deutschlands. Solche Äußerungen sind nach Auffassung Kohls alles andere als hilfreich gewesen.

Die Resonanz aus Ost-Berlin auf den Zehn-Punkte-Plan kann in Bonn nicht sonderlich überraschen. In der Gewißheit, die Führer der Perestroika im Kreml hinter sich zu haben, läßt Modrow einmal mehr verlautbaren, daß eine Wiedervereinigung nicht auf der Tagesordnung stehe; niemand in Ost und West wolle ernsthaft eine Veränderung des europäischen Gleichgewichts. Erklärungen wie die des Bundeskanzlers gingen nicht nur an den Realitäten vorbei, sie könnten auch zu Irritationen führen, da sie die sowohl im Grundlagenvertrag als auch in der Schlußakte von Helsinki festgeschriebene Souveränität und Unabhängigkeit beider deutscher Staaten außer acht ließen. Im übrigen wolle die Mehrheit des »Volkes der DDR« die Erneuerung einer souveränen, sozialistischen DDR.

Ansonsten konstatiert man in Ost-Berlin, daß Kohls Vorschläge für die Zusammenarbeit mit der DDR interessante Ansatzpunkte für Verhandlungen böten. Das betreffe auch die Überlegungen hinsichtlich der Bildung gemeinsamer Kommissionen, die zur Ausgestaltung der von Modrow vorgeschlagenen Vertragsgemeinschaft beitragen könnten. Mit Interesse sei auch die Tatsache aufgenommen worden, daß der Bundeskanzler von konföderativen Strukturen gesprochen habe, wobei er allerdings vermieden habe, »klar und deutlich zu äußern, daß es sich dann nur um eine Konföderation zwischen zwei souveränen Staaten handeln könne«.

Wie auf Bestellung erhält die Modrow-Regierung sogleich auch Rückendeckung von den Führungen der Blockparteien. Aber auch aus der SDP und aus dem »Neuen Forum« ist ähnliches zu vernehmen. »Kulturschaffende«, prominente Kirchenleute und andere der Modrow-Regierung nahestehende Persönlichkeiten veröffentlichen – gleichsam als Antwort auf die Zehn Punkte – ein Gegenpapier. In dem unter anderen vom Schriftsteller und späteren PDS-Bundestagsabgeordneten Stefan Heym verfaßten Appell »Für unser Land« wird dazu aufgerufen, alles für die Weiterentwicklung der sozialistischen Gesellschaft zu tun, um zu verhindern, daß »ein Ausverkauf unserer materiellen und moralischen Werte beginnt und über kurz oder lang die Deutsche Demokratische Republik durch die Bundesrepublik Deutschland vereinnahmt wird«.

Sogleich findet dieser Appell sein westdeutsches Gegenstück. In der Erklärung »Für eine offene Zweistaatlichkeit« bekennen sich Intellektuelle wie Robert Jungk, Dorothee Sölle, Gerhard Zwerenz, Heinrich Albertz und andere leidenschaftlich zu einer reformierten, sozialistischen DDR. »Mit allen Kräften wehren wir uns dagegen, daß diese (Reform-)Bewegung fremdbestimmt und der Wiedererrichtung eines erloschenen Deutschen Reiches nutzbar gemacht werden soll«, heißt es in dem Aufruf.

Die Stellungnahmen und Reaktionen aus Ost-Berlin sowie

von Modrows Gesinnungsfreunden im Westen befinden sich zu
diesem Zeitpunkt in etwa noch auf der Linie Moskaus: Konföderation ja – Einheit, zumindest in absehbarer Zukunft, nein.
Inzwischen liegt im Bundeskanzleramt endlich auch eine erste
Äußerung von hochrangiger sowjetischer Seite vor, die dies zu
bestätigen scheint. Sie kommt von Außenminister Schewardnadse, der sich mit Gorbatschow zu einem Besuch in Rom aufhält. Er warnt vor einem »deutschen Revanchismus« und sagt,
die Bundesregierung solle nicht die Realitäten außer acht lassen. Dazu zählten die unterschiedlichen Bündnisse, die Unantastbarkeit der Grenzen und das Bestehen zweier deutscher
Staaten. Ein vereintes Deutschland würde die gegenwärtige
Stabilität Europas umstoßen.

Der italienische Außenminister Gianni de Michelis stimmt
dem sogleich zu: Er teile in gewisser Weise die Sorgen Schewardnadses. Auf Anfrage des deutschen Botschafters in Rom
wird alles wieder dementiert. Der italienische Außenminister
habe mit keinem Wort der Revanchismus-Äußerung Schewardnadses zugestimmt. De Michelis habe lediglich gewisse Sorgen
im Hinblick auf den in Europa aufflammenden Rechtsradikalismus, insbesondere der Republikaner in Deutschland, geäußert, heißt es in Rom.

Doch nicht nur in Italien, auch im übrigen Europa wirken
die Zehn Punkte wie ein Schock. In den Medien geistert jetzt
das Gespenst von einem heraufziehenden »Vierten Reich« herum. Erschaffen worden ist es von der Londoner *Times*. Schon
Ende Oktober 1989 ist dort zu lesen gewesen, daß der Niedergang der Sowjetunion und die drohende deutsche Wiedervereinigung »wahrscheinlich zu einer deutschen Hegemonie führen
werden, die von den Aran-Inseln jenseits der Westküste Irlands
bis nach Wladiwostok reicht. Die Briten, die Franzosen und die
Europäer haben recht, wenn sie angesichts solcher Perspektiven
ein Unwohlsein empfinden.« Das »Vierte Reich« könne nur von

den Regierenden in der Sowjetunion abgewendet werden, »indem sie Panzer nach Ostdeutschland schicken«. Doch Moskau habe nicht mehr die Kraft zu einem solchen Schritt, heißt es in der *Times* im Ton des Bedauerns.

Nicht minder Bösartiges ist auch in anderen Zeitungen zu lesen. Sogar in seriösen Blättern wird der Bundesregierung heftigst vorgeworfen, das Zehn-Punkte-Programm nicht mit ihren Nachbarn abgesprochen zu haben. Kohl meint dazu: »Solche Kritik war gänzlich unangebracht. Die Zehn Punkte standen in voller Übereinstimmung mit dem, was der Westen in der deutschen Frage immer wieder gemeinsam mit uns gefordert hatte. Der Plan enthielt nichts, was nicht der Politik des Westens seit Jahrzehnten entsprochen hätte.«

Genscher obliegt es nunmehr, in die Hauptstädte zu reisen, um dort das Programm zur deutschen Einheit zu erläutern sowie Ängste und Vorbehalte aus dem Weg zu räumen. Zunächst trifft er mit der britischen Premierministerin Margaret Thatcher zusammen. »Sie stand unserer Deutschlandpolitik«, so Kohl, »nach wie vor am reserviertesten gegenüber. Sie erinnerte an das EG-Gipfeltreffen in Paris, in dessen Verlauf – ihrer Auffassung zufolge – der Status quo festgeschrieben worden sei. Sie habe geglaubt, man hätte zusammengesessen und festen Grund unter den Füßen gehabt. Hieran hätte man doch festhalten wollen. Nun stelle sie fest, daß alles wieder in Bewegung geraten sei.«

Die nächste Station Genschers ist Paris, wo er Gespräche mit Außenminister Roland Dumas führt. Der Bundesaußenminister trifft auch mit dem Senatspräsidenten Alain Poher und mit Mitterrand zusammen. Wie er nach seiner Rückkehr berichtet, habe der französische Staatspräsident Befürchtungen geäußert, Europa könne in die Vorstellungswelt von 1913 zurückfallen. Falls sich die deutsche Vereinigung in einem Europa vollziehen sollte, das letztlich nicht entscheidend weitergekommen sei, dann würden die europäischen Partner, die sich in Zukunft achtzig Millionen Deutschen gegenübersähen, wohl nach einem Gegengewicht suchen.

Unter dem Eindruck eher ablehnender Stimmen der europäischen Nachbarn trifft der Bundeskanzler mit einer Maschine der Bundesluftwaffe am frühen Abend des 3. Dezember auf dem Brüsseler Flughafen Zaventem ein. Von dort aus geht es weiter zum Château Styvenberg in Laeken, der Residenz des amerikanischen Botschafters, wo er – wie am 17. November telefonisch verabredet – mit dem Präsidenten der Vereinigten Staaten zum Abendessen zusammentrifft.

Bush ist jetzt für Kohl der wichtigste Verbündete auf dem Weg zur deutschen Einheit. Beide verbindet nicht nur gegenseitige politische Wertschätzung, sondern auch tiefe menschliche Sympathie. Sie kennen einander bereits seit vielen Jahren – seit der Zeit, als Bush unter Ronald Reagan Vizepräsident der USA war. »George Bush«, so charakterisiert ihn der Kanzler, »ist ein Mann von gesundem Menschenverstand, sehr gläubig, immer sehr erfolgreich, aber gleichzeitig von sehr bescheidener Lebensart. Er ist außergewöhnlich kultiviert und weltläufig, und er verstand bei seinem Amtsantritt im Weißen Haus mehr als die allermeisten seiner Vorgänger von Außenpolitik. Dazu kommt, daß er ein hochdekorierter Veteran des Zweiten Weltkriegs ist. Aber auch daraus hat er nie eine große Show gemacht. Lediglich in seinem privaten Arbeitszimmer stand ein Modell des Flugzeugs, mit dem er über dem Pazifik abgeschossen worden war. Gegenüber den Deutschen hatte er keine Vorbehalte. Er war zu echter Freundschaft fähig. Kurzum, George Bush war ein großer Glücksfall für uns Deutsche. Für ihn stand unverrückbar fest: Ein Land darf nicht geteilt sein! Das empfand er schlicht und einfach als Verbrechen.«

Für Kohl ist es an diesem 3. Dezember besonders wichtig, aus erster Hand über das sowjetisch-amerikanische Gipfeltreffen, das auf Kriegsschiffen vor Malta stattgefunden hat, informiert zu werden: »Gorbatschows Äußerungen über die wirtschaftliche Lage in der Sowjetunion, so berichtete mir George Bush, seien entmutigend gewesen. Er habe von Marktwirtschaft nicht die geringste Ahnung. Man habe in diesem Punkt ziemlich aneinander vorbeigeredet. Bei der Erörterung der deutschen Frage habe Gorbatschow recht angespannt gewirkt. Er habe gemeint, daß die Deutschen zu schnell vorangingen, daß ich es zu eilig hätte. Er, Bush, habe dem sowjetischen Präsidenten widersprochen: Mein Zehn-Punkte-Programm sähe im Kern drei Stufen, aber keinen Zeitplan vor. Er kenne mich und wisse, daß ich vorsichtig sei und die Sache nicht überstürzen würde. Im übrigen solle er, Gorbatschow, die Dinge einmal von der deutschen Seite aus betrachten und sehen, welche Gefühle die Vorgänge in Deutschland hervorriefen.

Ich antwortete George Bush, daß ich Gorbatschow schon vor Wochen darauf hingewiesen hätte, die Führung in der DDR beherrsche die Lage nicht mehr. Es läge auch nicht in unserem Interesse, daß dort alles außer Kontrolle gerate; niemand habe jedoch mit der Schnelligkeit der Entwicklung, wie sie jetzt eingetreten sei, gerechnet. Ich informierte Bush über die jüngste Entwicklung in der DDR: Zentralkomitee und Politbüro seien zurückgetreten, die gesamte alte Garde aus der Partei ausgeschlossen worden. Der für den Außenhandel zuständige Staatssekretär Schalck-Golodkowski habe vor wenigen Tagen noch in Bonn verhandelt — jetzt habe er sich aus der DDR nach West-Berlin abgesetzt. Am Vortag seien Menschen bei Rostock in die Räume einer Firma eingedrungen und hätten dort Waffen gefunden; Schalck-Golodkowski sei Geschäftsführer dieser Firma. Es komme ein unglaubliches Ausmaß an Korruption und Selbstbedienung ans Tageslicht. Gestern hätten sich achttausend Menschen vor dem Gebäude des Zentralkomitees versammelt und nach Krenz gerufen. Als er auf dem Balkon erschienen sei, habe man ihn niedergeschrien. Bei der Verkündung seines Rücktritts heute früh seien die Menschen in Jubel ausgebrochen. Menschenketten hätten sich quer durch die DDR gebildet. Meiner Überzeugung nach würden die Kommunisten bei freien Wahlen in der DDR hinweggefegt. Kurz gesagt: Die Dinge seien der SED-Führung völlig entglitten, und das sei nun bestimmt keine Folge der Bonner Politik, sondern ein ›hausgemachtes‹ Problem.

George Bush sah das genauso. Gorbatschow komme einfach nicht mit dem ungeheuren Tempo zu Rande, in dem sich diese Entwicklungen vollzögen. Es stelle sich für ihn die Frage, wie er mit allen Schwierigkeiten daheim und in Mittel- und Osteuropa gleichzeitig klarkommen solle. Er habe die Gesamtlage einfach nicht mehr im Griff. Ich entgegnete, es sei ganz bestimmt nicht meine Absicht, die Lage für Gorbatschow zu erschweren, aber ich müßte auch auf die Stimmung im eigenen Land Rücksicht nehmen. In die deutsche Frage sei eine nie dagewesene Dynamik gekommen; deshalb sei es notwendig und wichtig gewesen, daß der deutsche Bundeskanzler sagt, welche Richtung die Entwicklung jetzt nehmen solle. Das sei mit den Zehn Punkten geschehen. Nur so könne ich den Kurs meines Landes halten. Die meisten seien damit sehr zufrieden. Wenn man unsere Grundstimmung verstehe, werde es keine Probleme geben. Im übrigen hätte ich bei den Zehn Punkten die Bedeutung der KSZE-Schlußakte ausdrücklich erwähnt. Die Schlußakte von Helsinki lasse die Möglichkeit ›einvernehmlicher Grenzveränderungen‹ zu. Ich wolle Gorbatschow natürlich nicht in die Ecke drängen und überlege deshalb, mich bald mit ihm zu treffen. George Bush begrüßte diesen Gedanken: Er habe bei Gorbatschow keine Feindseligkeit gespürt; dennoch würde er ein solches Treffen als sehr nützlich betrachten, denn es gäbe mir die Möglichkeit, bei Gorbatschow einige falsche Eindrücke zurechtzurücken.«

Bush erkundigt sich beim Kanzler auch nach der Stimmung in der Bundesrepublik. Kohl antwortet ihm, daß es im Deutschen Bundestag zwar großen Rückhalt für seine Zehn Punkte gebe. Was die Zugehörigkeit eines vereinten Deutschland zum Westen betreffe, so sei die Haltung der CDU/CSU eindeutig, während die Grünen ebenso eindeutig für den Austritt aus der NATO und die Abschaffung der Bundeswehr einträten. Abschließend betont Kohl: Sosehr er auch bestimmte Vorbehalte und Befürchtungen bei Deutschlands europäischen Nachbarn verstehen könne, so nachdrücklich müsse er aber auch daran erinnern, daß die deutsche Einheit in Freiheit jahrzehntelang als gemeinsames Ziel des Westens verkündet worden sei. Es sei gut zu wissen, daß die Vereinigten Staaten zu ihrem Wort stünden.

Am darauffolgenden Vormittag beginnt im NATO-Hauptquartier das Treffen der Staats- und Regierungschefs des Atlantischen Bündnisses. Der Bundeskanzler ergreift nach der Eröffnung durch Generalsekretär Manfred Wörner und den üblichen Regularien das Wort: »Herr Vorsitzender, meine sehr verehrten Kolleginnen und Kollegen, lassen Sie mich zunächst dem Präsidenten der Vereinigten Staaten von Amerika, George Bush, Dank und Anerkennung dafür aussprechen, daß wir bereits heute im höchsten Gremium der Nordatlantischen Allianz über die Ergebnisse seiner Begegnung mit Generalsekretär Gorbatschow bei Malta beraten und in einer Zeit historischen Wandels in Europa den künftigen Kurs unseres Bündnisses bekräftigen können.«

In der deutschlandpolitischen Passage seiner Rede stellt Kohl ausdrücklich klar, daß es »heute und morgen« keinen deutschen Sonderweg geben werde. »Wir wollen im Gegenteil eine organische Entwicklung, die den Interessen aller Beteiligten, natürlich auch der Deutschen, Rechnung trägt und ein friedliches Zusammenleben in Europa garantiert. In diesen bewegenden Tagen, in denen der Eiserne Vorhang auch in unserem Land durchlöchert wird, in denen das schlimmste Symbol des Kalten Krieges, die Berliner Mauer, von den Menschen selbst abgebrochen wird, wissen wir als Deutsche sehr wohl, ohne die feste Solidarität und ohne die zukunftsträchtige Politik unseres Bündnisses wäre diese historische Stunde nicht möglich gewesen, und nur mit Rückhalt aller Freunde und Verbündeten können wir unser politisches Ziel verwirklichen: eine europäische Friedensordnung, in der alle Europäer und darin eingeschlossen alle Deutschen in gemeinsamer Freiheit zusammenkommen.«

Der Bundeskanzler ist der festen Überzeugung, daß es der Auftritt des amerikanischen Präsidenten auf dem NATO-Gipfel war, der dazu beitrug, daß auf westlicher Seite der Weg in Richtung deutsche Einheit ein weiteres wichtiges Stück geebnet wurde: »Er machte unseren Partnern in der NATO klar, daß die Vereinigten Staaten meine Politik unterstützten. Sein Kalkül war, sich zum Fürsprecher der deutschen Sache zu machen und im Gegenzug unsere feste Zusicherung zu erhalten, daß wir uns für eine Mitgliedschaft auch des vereinten Deutschland in der NATO stark machten. Beides war ganz in meinem Sinne. Denn ohne das Verbleiben Deutschlands wäre die NATO, dieser Stützpfeiler der europäischen Sicherheit, zerstört worden. Die Amerikaner hätten sich aus Europa zurückgezogen, die Briten und Franzosen hätten sich als die beiden Kernwaffenmächte enger zusammenschließen müssen. Sie wären aber nicht in der Lage gewesen, eine Sicherheitsgarantie für das übrige Europa zu geben. Die sicherheitspolitische Statik des Kontinents hätte sich entscheidend verschoben, und dies wäre auch das Ende der europäischen Integration gewesen.«

Bush nennt auf dem NATO-Gipfel die Prinzipien, auf denen die Einheit Deutschlands gründen soll: das Selbstbestimmungsrecht aller Deutschen, die Achtung der Verpflichtungen Deutschlands gegenüber NATO und EG unter Einbeziehung der besonderen alliierten Rechte und Verantwortlichkeiten sowie die Unantastbarkeit der Grenzen. NATO-Generalsekretär Manfred Wörner habe das Thema mit sehr viel Geschick über die Runden gebracht und eigentlich schon das Schlußwort gesprochen, als es auf einmal noch eine »sehr knisternde Debatte« gegeben habe, erinnert sich Kohl: »Der italienische Ministerpräsident Giulio Andreotti meldete sich noch einmal zu Wort. Er verwies auf die Problematik des Selbstbestimmungsrechts für die Menschen in der DDR und fragte, ob man dieses denn etwa auch den baltischen Staaten einzuräumen gedenke. Man könne das Selbstbestimmungsrecht nicht aus dem Zusammenhang der KSZE-Schlußakte isolieren, die ein ausgewogenes System darstelle. Die Frage sei doch, ob künftig Volksbewegungen anstelle von geduldiger Diplomatie die politische Tagesordnung in Europa bestimmen sollten. Andreotti mahnte Zurückhaltung an, damit die Ereignisse sich nicht der Kontrolle durch die Regierungen entzögen.«

Die britische Premierministerin Margaret Thatcher, so der Kanzler, habe sogleich Verständnis für das italienische Anliegen gezeigt, dem Selbstbestimmungsrecht Schranken zu setzen. »Ich widersprach leidenschaftlich und verwies einmal mehr darauf, daß ich mit meinem Zehn-Punkte-Programm keinen Zeitplan vorgelegt hätte. Über das Tempo der innerdeutschen Entwicklung spräche man eher im Ausland, wo man die Problematik in Deutschland einschließlich ihrer emotionalen Aspekte nicht voll in Rechnung stelle. Wir seien Europäer, wir seien Atlantiker. Wir hätten das bei der Stationierung der Mittelstreckenraketen 1983 in der Bundesrepublik mehr als jeder andere bewiesen. Ich selbst hätte damals meine politische Existenz mit der Allianz-Frage verbunden. Ohne uns wäre die NATO seinerzeit in eine schwere Krise geraten. Eine Folge unserer Standfestigkeit sei es gewesen, daß Gorbatschow habe einsehen müssen, daß er den Rüstungswettlauf verlieren und seine wirtschaftliche Lage immer schlechter werde. Deshalb habe Gorbatschow die Perestroika begonnen, mit den bekannten Folgen in Ungarn, Polen und in der DDR. Ohne uns hätte es diese Prozesse nicht gegeben. Es sei auch mit unsere Leistung gewesen, daß die sogenannte Eurosklerose überwunden worden sei.

Ich riet meinen Kollegen, jetzt einmal den Blick über die Tagesereignisse hinaus in die Zukunft zu richten: Bei dem Treffen vor Malta sei darüber geredet worden, daß die Olympischen Spiele im Jahr 2004 in Berlin stattfinden könnten. Wie solle man sich das praktisch vorstellen? Nach wirklich freien Wahlen auch im östlichen Teil der Stadt werde man doch vor der Situation stehen, daß in West- und Ost-Berlin vergleichbare politische Strukturen existierten. Die Grenze mitten durch die Stadt werde infolgedessen immer absurder. Ob denn jemand wirklich erwarte, die Berliner würden sich gleichwohl nicht als Bürger einer einzigen Stadt begreifen? Wolle man etwa den Berlinern verbieten, daß sie sich zusammengehörig fühlten? Das sei doch völlig lebensfremd! Man könne doch nicht den lebendigen Organismus einer Stadt zerschlagen und dann von den Menschen erwarten, daß sie diesen Zustand akzeptieren oder gar für gut befinden!«

Angesichts des Berichts, den Bush dem Kanzler über den Gipfel vor Malta gegeben hat, überrascht es, was Außenminister Genscher, der im Anschluß an seine Visiten in London und Paris nach Moskau gefahren ist, kurz darauf über seine Gespräche mit dem sowjetischen Generalsekretär berichtet. Danach habe Gorbatschow der Bundesregierung vorgeworfen, sie habe in ihrem Zehn-Punkte-Programm ultimative Forderungen gegenüber der DDR vorgebracht. Dies sei eine Herausforderung nicht nur für die Sowjetunion. Der Vorstoß des Bundeskanzlers sei geeignet, all das zu zerstören, was durch eine gemeinsame Politik aufgebaut worden sei. Sollte Bonn das fortführen, was in dem Zehn-Punkte-Programm stehe, dann werde die sowjetische Position schon morgen eine völlig andere sein.

Gorbatschow steht offenbar noch ganz unter dem Eindruck der Gespräche, die er unmittelbar vor seinem Zusammentreffen mit dem Bundesaußenminister mit Modrow geführt hat. Was der SED-Funktionär aus der DDR zu berichten gehabt hat, ist alles andere als erfreulich gewesen. Dort laufen, wie auch schon der Kanzler Präsident Bush berichtet hat, der Staatsmacht die Dinge zunehmend aus dem Ruder. Im Parteiapparat neigt sich der Kampf zwischen Reformern und Altstalinisten allmählich seinem Ende entgegen. Doch nach wie vor dauert die Ausreisewelle an, und in den Städten der DDR demonstrieren Hunderttausende jetzt zunehmend unter dem Motto »Deutschland einig Vaterland«.

Auch in Rumänien und in der Tschechoslowakei stehen die Altstalinisten kurz vor dem Ende. Prag hat im November gewaltige Demonstrationen erlebt, die am 17. des Monats von Polizei und Staatssicherheit blutig niedergeknüppelt worden sind. Staatschef Gustav Husák und die gesamte Führung der kommunistischen Partei treten bald darauf zurück. Der einstige Staatsfeind Nummer eins, Václav Havel, zieht als Präsident auf der Prager Burg ein. Am 23. Dezember werden sein Außenminister Jiři Dienstbier und Genscher gemeinsam bei Waidhaus in der Oberpfalz den Stacheldraht durchschneiden, womit der Eiserne Vorhang auch hier der Vergangenheit angehört.

Rumänien erlebt einen regelrechten Orkan, der Mitte Dezember losbricht, als in Temesvar der regimekritische Pfarrer László Tökés verhaftet wird. Diktator Ceaușescu und sein gefürchteter Geheimdienst Securitate widersetzen sich mit allen Mitteln den Reformen, die auch von Teilen der rumänischen Armee befürwortet werden. Die Folge sind bürgerkriegsähnliche Zustände, an deren Ende Sturz und Hinrichtung Ceaușescus stehen. An seine Stelle tritt zum Jahresende Ion Iliescu, ein Mann Gorbatschows.

Gorbatschow muß bei all seinen außenpolitischen Entscheidungen auch die Situation im eigenen Lande im Auge haben. Am 9. Dezember bekräftigt er vor dem Plenum des Moskauer Zentralkomitees »mit aller Entschiedenheit«, die DDR nicht im Stich zu lassen. Sie sei der strategische Verbündete der Sowjetunion und ein Mitglied des Warschauer Pakts. Er bekräftigt, daß nach wie vor von den nach dem Zweiten Weltkrieg entstandenen Realitäten ausgegangen werden müsse, zu denen die Existenz zweier souveräner deutscher Staaten zähle. Ein Abrücken davon berge die Gefahr einer Destabilisierung Europas.

Die Verlautbarungen aus dem Kreml veranlassen den Bundeskanzler, Gorbatschow in einem Brief das Zehn-Punkte-Programm zu erläutern. »Ich habe ihm geschrieben«, so Kohl, »daß ich die Kritik Moskaus für nicht gerechtfertigt hielte und offensichtlich vorliegende Mißverständnisse ausräumen möchte. Auf seine Äußerungen eingehend, die Dinge könnten durch unsere Politik außer Kontrolle geraten, wies ich ihn noch einmal ausdrücklich darauf hin, daß die Menschen in der DDR angesichts ausbleibender Reformen die deutsche Frage auf die Tagesordnung gesetzt hätten. Nach der Öffnung der Berliner Mauer habe er in seiner Botschaft an mich die Befürchtung geäußert, daß eine ›chaotische Situation mit unübersehbaren Konsequenzen‹ entstehen könnte. Daß diese Lage nicht eingetreten sei, beweise, mit welcher Umsicht und Verantwortung die Menschen in der DDR in ihrem berechtigten Protest vorgingen.

Dann erinnerte ich ihn an unser Gespräch im Garten des Bundeskanzleramtes vom Juni 1989 und an das Bild vom Rhein, der sich immer den Weg zum Meer suche. Ich griff darauf zurück, um die gegenwärtige Situation Deutschlands zu illustrieren. Ich schrieb: ›Wenn bekannt ist, daß ein Fluß nach

Gewitterstürmen anschwellen und über die Ufer treten kann, so ist es ein Gebot der Klugheit, aus soliden Baumstämmen Dämme zu bauen, Hindernisse aus dem Flußbett selbst zu beseitigen und seiner ungestümen Kraft eine Richtung zu weisen. Eines kann man mit diesen Maßnahmen allerdings nicht erreichen: die Wassermenge verringern und die Flußgeschwindigkeit verlangsamen. Jeder Versuch, dies zu tun, wird erst recht die Dämme zum Brechen bringen.‹

Ich bat Gorbatschow, er möge doch nicht Ursache und Wirkung miteinander verwechseln und der Bundesregierung die Mitverantwortung für die angespannte Lage in der DDR geben. Gerade der Ablauf der Ereignisse in der DDR in den zurückliegenden Monaten beweise, daß es die Hauptquelle jeglicher Destabilisierung sei, überfällige Reformen zu verweigern. Er selbst, der sowjetische Generalsekretär, sei es gewesen, der im Oktober in Ost-Berlin gesagt habe: ›Wer zu spät kommt, den bestraft das Leben.‹ Angesichts der gegenwärtigen Entwicklung könne es nicht Sinn und Aufgabe von verantwortungsbewußter Politik sein, den Entwicklungen hinterherzulaufen. Sie sei vielmehr gefordert, einen stabilen Rahmen zu schaffen. Ebendies hätte ich mit meinem Zehn-Punkte-Programm im Sinn gehabt.«

Der Bundeskanzler erläutert im folgenden noch einmal die einzelnen Schritte des Programms und schließt: »Ich würde es sehr begrüßen, wenn wir unseren Gedankenaustausch in naher Zukunft persönlich fortsetzen könnten. Wir sollten dabei insbesondere auch den Ausbau der Wirtschaftsbeziehungen zwischen unseren Ländern erörtern. Ich schlage Ihnen deshalb vor, bald im neuen Jahr in informellem Rahmen an einem Ort Ihrer Wahl zusammenzutreffen.«

Am 8. Dezember fliegt der Kanzler nach Straßburg. Zwei Tage lang, Freitag und Samstag, wollen die Staats- und Regierungschefs der Europäischen Gemeinschaft über die neue Lage in Deutschland beraten. »In all den Jahren, in denen ich Bundeskanzler bin«, sagt Kohl, »habe ich niemals einen EG-Gipfel in so eisiger Atmosphäre miterlebt wie diesen. Natürlich war ich mir stets bewußt, daß die Deutschen bei den meisten Europäern zwar als tüchtig und zuverlässig geschätzt werden, aber nicht sonderlich beliebt sind. Das hat etwas zu tun mit der Geschichte dieses Jahrhunderts, und es liegt auch sicher daran, daß niemand gern ein Land mit achtzig Millionen Einwohnern – und auf dem Weg dorthin waren wir ja – zum Nachbarn hat. Außerdem müssen wir damit leben, daß uns der wirtschaftliche Erfolg nicht von allen neidlos gegönnt wird.

Obwohl ich dies alles wußte, war ich doch erstaunt über die fast tribunalartige Befragung, mit der ich in Straßburg konfrontiert wurde. Was mir bei der Vorstellung des Zehn-Punkte-Programms eigentlich durch den Kopf gegangen sei, wie man überhaupt auf den Gedanken kommen könne, eine solche Rede zu halten, wurde ich gefragt. Daß wir zu den engagiertesten Befürwortern der europäischen Integration gehörten und die Gemeinschaft nicht zuletzt auch von unseren hohen Beitragszahlungen in die EG-Kasse profitierte – das alles spielte in diesem Augenblick keine Rolle.

In gewisser Weise konnte ich meine Kollegen sogar verstehen. Sie mußten im Laufe der Jahre den Eindruck gewonnen haben, daß die Deutschen selbst das Ziel der Einheit aufgegeben hätten. Deshalb war es für sie ein Schock festzustellen, daß ich es tatsächlich ernst meinte, daß meine zahlreichen öffentlichen Bekenntnisse zur deutschen Einheit gar keine unverbindlichen Sonntagsreden gewesen waren. Übrigens muß ich sagen, daß nicht alle unsere Freunde und Partner im Ausland geglaubt haben, die deutsche Frage sei aus Sicht der Deutschen selbst mit der Teilung erledigt. Der indonesische Präsident Suharto hatte mich einmal gefragt: ›Ist das eigentlich ein Trick, daß ihr Deutschen jetzt nur noch von den zwei Staaten redet?‹ Ich erwiderte ihm ratlos: ›Wie meinen Sie das?‹ Er antwortete: ›Das ist doch ganz normal, daß die Deutschen wieder zusammenkommen wollen. Aber ich vermute, daß ihr wegen eurer nationalsozialistischen Vergangenheit so redet, damit keiner eure wirklichen Wünsche erfährt.‹«

Innerhalb der Europäischen Gemeinschaft, fährt Kohl fort, habe es in der Haltung zur deutschen Einheit große Unterschiede zwischen den einzelnen Ländern gegeben: »Die Vorbehalte in Downing Street No.10 waren am stärksten. Entgegen anderslautenden Gerüchten empfand ich Sympathie und Respekt für Margaret Thatcher. In vielen Sachfragen war ich allerdings völlig anderer Meinung als sie. Gegenüber den Deutschen hegte sie, wie viele aus ihrer Generation, ein tiefes Mißtrauen – und ich bemühte mich stets, mich in ihre Sicht der Dinge hineinzuversetzen. Es wollte ihr einfach nicht in den Sinn, daß Deutschland am Ende dieses Jahrhunderts, in dem es in zwei Weltkriegen besiegt worden war, als der große Gewinner dastehen sollte. Sie hielt es für ungerecht, weil Großbritannien im Kampf gegen Hitler seine Existenz aufs Spiel gesetzt und sein Empire geopfert hatte. Es hatte den Krieg gewonnen und dennoch viel verloren.

An ihrer Stelle hätte ich nun allerdings die Konsequenz gezogen, alles dafür zu tun, daß das vereinte Deutschland fest in die Europäische Gemeinschaft integriert wird. Aber dieser Gedanke war ihr fremd. Ich hatte mich einmal mit ihr über Winston Churchill unterhalten. Danach hatte ich den Eindruck, daß Margaret Thatcher in der Zeit vor Churchill, im ›balance of power‹-Denken des 19. Jahrhunderts, lebte. Ihre Vorstellungen von Europa entsprachen einfach nicht mehr der Zeit. In der deutschen Frage vertrat sie die Meinung, die Nachkriegsära sei noch nicht zu Ende gegangen. Sie glaubte noch immer, die Führung Europas liege in London.

Auch für die niederländische Haltung war die Erinnerung an

den Zweiten Weltkrieg maßgebend. Ministerpräsident Ruud Lubbers vertrat ein Volk, das unter der deutschen Besatzung besonders gelitten hatte. Vor 1933 waren die Niederlande durchaus deutschfreundlich gewesen. Sie hatten zum Beispiel dem abgedankten Kaiser Wilhelm II. Asyl gewährt. Noch am Tag vor dem Einmarsch der deutschen Truppen hatte der damalige Reichsaußenminister Ribbentrop versichert, eine Invasion sei nicht beabsichtigt. Diese hinterhältige Lüge ist in den Niederlanden unvergessen geblieben. Das muß man sich als Deutscher einfach bewußtmachen.«

Mit den Repräsentanten Luxemburgs und Belgiens habe er keine Probleme gehabt, so Kohl. Mißtrauisch sei hingegen der italienische Ministerpräsident Andreotti gewesen, der vor einem neuen »Pangermanismus« gewarnt habe. »Grundsätzlich galt natürlich, daß die, die nicht unter deutscher Besatzung zu leiden gehabt hatten, es viel einfacher hatten. Nach meinem Dafürhalten waren in dieser Zeit für die deutsche Einheit ohne Wenn und Aber nur der spanische Ministerpräsident Felipe González und der irische Regierungschef Charles Haughey.«

Auch Mitterrand habe sich zunächst nicht leicht mit der deutschen Frage getan: »François und ich kannten uns aus zahllosen Gesprächen. Wir waren gemeinsam gewandert, in vielen Gegenden Frankreichs, in Deutschland. Wir hatten uns oft über die deutsch-französischen Kriege und die Geschichte des deutschen Widerstands unterhalten. Es bleibt mir unvergessen, wie ich mit ihm Hand in Hand vor den Gräberfeldern von Verdun stand. Damals vollendeten wir, was Adenauer und de Gaulle mit ihrer Umarmung in der Kathedrale von Reims 1962 begründet hatten: die deutsch-französische Versöhnung. François Mitterrand und ich sind nach Verdun gegangen, weil wir dort sehr persönliche Bezugspunkte hatten. Mein Vater hatte im Ersten Weltkrieg vor Verdun in Stellung gelegen und war verwundet worden. Ein solches Schicksal war auch Mitterrand wider-

fahren – im Zweiten Weltkrieg. Er war in deutsche Kriegsgefangenschaft geraten. Diese Zeit war für ihn mitentscheidend
für sein Verhältnis zu den Deutschen. Mehrmals erzählte er
mir, wie er nach einem Fluchtversuch aus dem Gefangenenla-
ger wieder festgenommen worden war. Von Kettenhunden be-
wacht, ausgehungert und halb verdurstet wurde er durch die
Straßen geschleppt. Plötzlich kam eine ältere Frau auf ihn zu,
gab ihm Brot und Wasser und sagte auf französisch: ›Monsieur,
glauben Sie bitte nicht, daß alle Deutschen schlecht sind.‹«

Nach Einschätzung des Bundeskanzlers habe der französische Staatspräsident zunächst keine klare Strategie in der deutschen Frage gehabt, sondern vor allem unter dem Einfluß seines Außenministers Roland Dumas gestanden. Im Gegensatz
zu den »normalen Leuten« in Frankreich hätten vor allem das
französische Außenministerium und die politische Klasse in
Paris die deutsche Einheit nicht für wünschenswert gehalten.
Kohl meint, in Mitterrands Brust hätten zwei Herzen geschlagen: »Eines für das revolutionäre Aufbegehren, wie es die Menschen in der DDR demonstrierten; das andere für Frankreich,
für dessen Rolle und Rang im Falle einer Wiedervereinigung
Deutschlands.«

Bei dem EG-Gipfel am 8. und 9. Dezember trifft sich Kohl
am frühen Samstagmorgen mit dem französischen Staatspräsidenten in der Straßburger Präfektur zum Frühstück: »Mitterrand war erst ein paar Tage zuvor von Gesprächen mit Michail
Gorbatschow in Kiew zurückgekommen. Er berichtete mir, am
erstaunlichsten sei die innere Ruhe Gorbatschows. Wenn man
zum Beispiel höre, daß Litauen sich von Bestimmungen der
sowjetischen Verfassung lossage, dann sei das nicht mehr dieselbe Sowjetunion wie früher. Er, Mitterrand, glaube, daß
Gorbatschow das vorausgesehen habe. Der Warschauer Pakt sei
sein letztes Bollwerk, das er aus Prestigegründen brauche, um
sich nach innen abzusichern. Tatsächlich aber sei der War-

schauer Pakt nur noch Fiktion, die im Kriegsfall nichts nütze. Der kritische Punkt für Gorbatschow sei die DDR. In der DDR sei ein Teil der sowjetischen Armee stationiert, die DDR sei ein Eckpfeiler des Warschauer Pakts. Er, Mitterrand, könne nicht beurteilen, wie Gorbatschow bei einer sehr raschen Entwicklung zur Einheit hin reagieren würde.

Ich entgegnete, die Sowjetunion sei die letzte Kolonialmacht, aber das Land sei zerrüttet. Gorbatschow habe dies erkannt und sei nun bemüht, die Sowjetunion auf die Zukunft auszurichten. Man dürfe nichts unternehmen, was ihn von diesem Weg abbringen könnte. Deshalb sei es auch mein Bestreben, in der deutschen Frage nichts zu tun, was Gorbatschows Reformprozeß zum Stillstand bringen könnte. Mir gehe es darum, die Chance engerer Zusammenarbeit mit Moskau zu nutzen, damit die Sowjetunion ihr Mißtrauen gegenüber dem Westen verliere. Leider hätte Gorbatschow meine Ratschläge in bezug auf die DDR nicht befolgt. Ich hätte ihm schon vor einem Jahr gesagt, wenn in der DDR nicht rasch Reformen eingeleitet würden, drohe eine Explosion. François Mitterrand stimmte mir zu und ergänzte, nach seinem Eindruck sei die DDR für Gorbatschow vor allem aus sicherheitspolitischen Interessen wichtig.«

Dann sei Mitterrand auf seine geplante Reise in die DDR zu sprechen gekommen. Dies sei noch eine Einladung, die Honekker bei seinem Besuch in Frankreich ausgesprochen habe. Er habe damals zugesagt, und nun habe Krenz vor einigen Wochen diese Einladung erneuert. Es habe keinen Grund für ihn gegeben, abzusagen – nun wisse er allerdings nicht, mit wem er es in der DDR zu tun habe. Er, Kohl, habe angemerkt, der amtierende Staatsratsvorsitzende Gerlach sei kein sehr reputierlicher Mann. Er sei ein alter Mitstreiter Honeckers gewesen, von dem er sich gerade noch rechtzeitig abgesetzt habe. Die Bevölkerung der DDR betrachte ihn mit Verachtung.

Mitterrand habe sodann erklärt, das Ganze habe ein wenig surrealistische Züge. Niemand habe ahnen können, daß alles auf einmal so schnell gehen werde. Im Grunde sei jetzt nicht der ideale Zeitpunkt für seinen Besuch. Dennoch wolle er ihn nicht absagen, zumal jetzt schon seit einem Jahr die Vorbereitungen dafür liefen. In seiner bisherigen Amtszeit habe er mittlerweile viermal Ländern offizielle Besuche abgestattet, in denen eine Woche danach der Staatschef abgesetzt worden sei. Im übrigen wolle er betonen, daß der Eindruck falsch sei, daß er unbedingt vor dem Bundeskanzler in die DDR reisen wolle.

Noch einmal sei das Gespräch auf die Sowjetunion gekommen: »Abschließend informierte mich Mitterrand, daß die Sowjetunion am Tag zuvor die Einberufung der Botschafter der Vier Mächte im Gebäude des Alliierten Kontrollrates in Berlin verlangt habe. Frankreich könne sich dieser sowjetischen Bitte nicht entziehen. Die drei westlichen Alliierten seien bisher eher Zuschauer der Ereignisse, für die Sowjetunion stünden aber ihre Truppen in der DDR ›auf dem Spiel‹. Der französische Staatspräsident versprach mir, mich auf jeden Fall auf dem laufenden zu halten.«

Trotz aller Widerstände gelingt es der deutschen Delegation, in die gemeinsame Straßburger Abschlußerklärung den Wortlaut des Briefes zur deutschen Einheit zum Moskauer Vertrag von 1970 aufnehmen zu lassen. »Unsere westeuropäischen Partner erneuerten so in dieser wichtigen Phase ihr Bekenntnis zum Selbstbestimmungsrecht aller Deutschen und damit auch deren Recht zur staatlichen Einheit«, hebt Kohl hervor. Die gleiche Textpassage wird kurz darauf auch in das Brüsseler Schlußkommuniqué der Ministertagung des Nordatlantik-Rates aufgenommen. Der Straßburger Gipfel beauftragt – und dies ist ebenfalls sehr wichtig für die Bundesrepublik – die EG-Kommission, ein Strategiepapier zur Haltung der Zwölf zum Einigungsprozeß auszuarbeiten. Dies geschieht dann unter der

Leitung des Präsidenten der Kommission, Jacques Delors, über den Kohl sagt:»In diesen und den darauffolgenden Wochen und Monaten erwies sich Jacques Delors einmal mehr als treuer Freund der Deutschen. Seinem Einsatz ist es zu verdanken, daß später die volle Einbeziehung der neuen Bundesländer in die Europäische Gemeinschaft so schnell gelang. Auch mir persönlich hat Jacques Delors viel geholfen.«

Was sich zwei Tage später, am 11. Dezember, in Berlin abspielt, besitzt eher symbolischen Charakter, soll damit doch noch einmal verdeutlicht werden, daß die deutsche Frage nicht Sache der Deutschen allein sei. Moskau hat — wie Mitterrand dem Bundeskanzler bereits angekündigt hat — nach Absprache mit Paris seine Siegerrechte reaktiviert und die Botschafter der Vereinigten Staaten, Frankreichs und Großbritanniens zu einem Vier-Mächte-Treffen eingeladen. Entsprechend soll über »die geschaffenen Kontrollmechanismen der ehemaligen Alliierten der Anti-Hitler-Koalition« beraten werden.

Mit ihrer Runde, die zum ersten Mal nach achtzehn Jahren wieder zusammentrifft, wollen die Vier Mächte — so heißt es — zur Stabilisierung der Lage in und um Berlin sowie zur konstruktiven Entwicklung der Beziehungen zwischen der DDR und der Bundesrepublik Deutschland beitragen. Die Vertreter der Westmächte unterbreiten dem sowjetischen Botschafter die Berlin-Initiative des früheren amerikanischen Präsidenten Ronald Reagan aus dem Jahre 1987. Der damals kühne Vorstoß im Dienste der deutschen Sache sieht vor, in der deutschen Hauptstadt ein internationales Luftkreuz zu schaffen und dort Olympische Spiele abzuhalten. Sollten seinerzeit die voneinander getrennten Teile der deutschen Hauptstadt miteinander verklammert werden, so kommt der Erneuerung des Vorschlags jetzt eher eine symbolische Bedeutung zu.

Während die vier Botschafter im Kontrollratsgebäude tagen, bereitet sich Kohl auf seinen Auftritt auf dem Kleinen Parteitag der CDU vor, den er ganz bewußt nach Berlin, in den Brennpunkt des Geschehens, einberufen hat. »Auch die Sozialdemokraten hatten ihren Parteitag in die Woche vor Weihnachten nach Berlin verlegt«, erinnert sich der Kanzler. »Wir mußten damit rechnen, daß die SPD dort alles versuchen würde, in einer möglichst großen Schauveranstaltung das Thema Deutschland zu besetzen. Es war ja mittlerweile für jedermann unübersehbar, daß dies das große Thema der kommenden Bundestagswahl sein würde. Es gehörte schon ein hohes Maß an Frechheit und Verlogenheit dazu, wie die SPD ihre eigenen Fehlurteile zu vertuschen suchte. In der Vergangenheit hatten Sozialdemokraten alles getan, um die SED-Herrschaft zu stabilisieren, und auch Ende 1989 sprachen sie noch mit gespaltener Zunge. Es gab bei der SPD eine klare Arbeitsteilung: Willy Brandt stand für die Einheit, die Gemeinsamkeit, Oskar Lafontaine fürs Grobe. Er bediente die Stammtische, mobilisierte Neidkomplexe gegen Übersiedler und machte damit Stimmung gegen die Einheit unseres Vaterlandes.«

Er, Kohl, sei damals davon ausgegangen, daß die SPD – wenn es soweit sein würde – bei freien Wahlen in der DDR vor allem auf ihre uralten Stammlande Sachsen und Thüringen setzen würde: »Eine der herausragenden Wegmarken in der Geschichte der deutschen Sozialdemokratie war ja der Eisenacher Parteitag von 1869 gewesen, auf dem August Bebel und Wilhelm Liebknecht auftraten. Oder man denke an den Gothaer Vereinigungsparteitag von 1875. Es lag ja auf der Hand, daß die SPD an diese große Tradition anknüpfen würde. Damals glaubte ich noch, eine bürgerliche, christlich-demokratische Partei werde es in diesen Hochburgen der Arbeiterbewegung sehr viel schwerer haben.«

Bei der CDU hat man sich in Präsidium und Vorstand noch nicht auf einen bestimmten Partner in der DDR festlegen wollen. Deshalb werden zum Kleinen Parteitag in Berlin nicht nur

Vertreter der Ost-CDU, sondern vor allem Vertreter neuge-
gründeter Oppositionsgruppen eingeladen. Kohl: »Ich habe
immer wieder davor gewarnt, uns vorschnell festzulegen. Die
meisten dieser Gruppen waren noch in einer Umbruchsitua-
tion, die führenden Köpfe waren für uns noch gar nicht zu
erkennen. Nicht jeder, der von sich behauptete, er sei Opposi-
tioneller, war es auch wirklich. Bei den Oppositionsgruppen
gab es sehr wohl auch Leute — nicht zuletzt aus dem intellek-
tuellen Lager —, die dem bisherigen Regime durchaus nahege-
standen hatten und nun rechtzeitig auf Distanz gegangen waren. So mancher von ihnen vertrat eine Gesellschaftspolitik, in
der die Soziale Marktwirtschaft als ›rein kapitalistisch‹ diffa-
miert wurde.«

Eine besonders heikle Frage lautet, wie die CDU künftig mit
der Ost-CDU umgehen soll. Vor der Wende hat es Kohl abgelehnt, mit der Blockpartei Kontakte aufzunehmen: »Ich hielt
die damalige Führung dieser Partei, wohlgemerkt die Führung,
für Verräter an den Prinzipien der Christlichen Demokraten. So
mancher aus den oberen Rängen der Ost-CDU war Helfer des
Staatssicherheitsdienstes gewesen, Tausende von standhaften
Mitgliedern der Ost-CDU aus den ersten Jahren hatten darunter zu leiden gehabt. Mit solchen Leuten konnte man sich nicht
an einen Tisch setzen. Ich erinnere mich noch, wie ich mich
einmal bei den Vereinten Nationen in New York auf meinen
Platz setzte und sich mir plötzlich jemand recht leutselig näherte und mich auf das freundlichste auf deutsch begrüßte. Ich
kannte den Herrn nicht und hatte auch keine Ahnung, wer das
sein könnte. Wir hatten uns schon eine ganze Weile unterhalten, als einer meiner Mitarbeiter mir zuflüsterte, das sei der
Vorsitzende der Ost-CDU, zugleich einer der stellvertretenden
Staatsratsvorsitzenden der DDR. Ich wandte mich sofort einigen anderen Delegierten zu und entkam so gerade noch rechtzeitig den Fotografen, die schon einen sensationellen Schnapp-

schuß witterten. Das war meine einzige Begegnung mit einem Mitglied der Führung der Ost-CDU gewesen.

Gute Beziehungen hatte ich dagegen zur Exil-CDU und zu ihrem Vorsitzenden, Johann Baptist Gradl, der selbst Verfolgter des sowjetischen Zwangssystems gewesen war. Er saß jeden Morgen im alten Café Möhring in unmittelbarer Nähe der Berliner Gedächtniskirche, las dort seine Zeitung und trank seinen Kaffee. Wir beide haben dort oft zusammengesessen, und Gradl erzählte Geschichten. Ich konnte ihm stundenlang zuhören. Gradl gehörte zu jenem Typus Politiker, der heute leider ausgestorben ist und den man gern als echtes Urgestein bezeichnet. Ein väterlicher Freund und zugleich ein Feuerkopf, der sich mit seinen achtzig Jahren noch wie ein Sechzehnjähriger aufregen konnte. Ihm verdanke ich viele Einblicke in das Innenleben der DDR.

So eindeutig mein Urteil über die Führung der Blockpartei ist, so sehr lehne ich es ab, ein pauschales Urteil über ihre Mitglieder und kleinen Funktionäre abzugeben. Ich habe es auch immer abgelehnt, ein pauschales Urteil über die SPD in der Sowjetischen Besatzungszone zu fällen, die sich nach Kriegsende mit der KPD zur SED vereinigt hat. Wesentliche Teile der deutschen Sozialdemokratie haben damals widerstanden, allen voran – das ist eine seiner großen historischen Leistungen – Kurt Schumacher, von dem ich mir wünsche, daß er wieder mehr Beachtung findet. Viele der kleinen SPD-Funktionäre träumten damals nach dem Ende der Weimarer Republik, nach der schrecklichen Erfahrung in nationalsozialistischen Gefängnissen und Konzentrationslagern von der Wiederherstellung einer einheitlichen Arbeiterpartei. Sie waren guten Glaubens und erkannten zu spät, daß dies der Weg in die zweite deutsche Diktatur war.

Auch von den Christlichen Demokraten konnte damals ein wesentlicher Teil in die westlichen Besatzungszonen fliehen.

Viele blieben jedoch und wurden ihrer politischen Verantwortung auch unter den Zwangsverhältnissen gerecht – unter schwersten Opfern. Allein in den Jahren der Gleichschaltung 1948 bis 1950 wurden mehr als sechshundert CDU-Mitglieder verhaftet, viele von ihnen wurden verschleppt. Wie unter dem nationalsozialistischen Terror starb eine bisher nicht genau bekannte Anzahl von ihnen – kalt von der Staatssicherheit, der neuen Gestapo, gemordet, in Schauprozessen verurteilt und hingerichtet, in die Zwangsarbeit verschleppt und elend zugrunde gegangen.

Das Martyrium dieser Frauen und Männer gehört mit zu der geschichtlichen Erfahrung meiner Partei. Nur vier oder fünf Jahre vor der Wende hatten wir mit der Unterstützung von Gradl eine Wanderausstellung organisiert, mit der dieser Opfer gedacht wurde. Es handelte sich vor allem um Kreis- oder Ortsvorsitzende aus Thüringen und Sachsen, die aus der damaligen Sowjetischen Besatzungszone verschwunden und nicht mehr heimgekehrt waren.

Daß es dann nach der Gründung der DDR eine Menge Leute gegeben hat, die sich angepaßt haben, ist auch wahr. Es ist nichts Neues, daß sich in einer Diktatur die Leute mit den Gegebenheiten arrangieren. Opportunismus gibt es ja auch in der Demokratie. Das Maß an menschlicher Zivilcourage ist begrenzt. Wer überheblich meint, ihm könne das nicht passieren, den möchte ich nur warnen und auf die deutsche Geschichte verweisen.«

Andere hätten sich in der DDR in eine Nische zurückgezogen: »Sie sind nicht geflohen, sie sind geblieben. Sie sind der Blockpartei beigetreten, weil sie so die Mitgliedschaft in der SED vermeiden wollten. Für viele galt die Ost-CDU sozusagen als das kleinere Übel. Aber eines steht eindeutig fest: Die Partei hat als Ganzes Mitverantwortung und Mitschuld im Blick auf die Geschichte des SED-Staates. Das haben wir später in vielen

Dokumenten nach der Vereinigung der beiden christlich-demokratischen Parteien deutlich gemacht. Hier kann es keinen Zweifel geben.«

Obwohl die Namensgleichheit eine Zusammenarbeit beider Parteien nahelegt, zweifelt Kohl im Dezember noch daran, daß sich die Ost-CDU sowohl personell als auch ideell vom Geist des real existierenden Sozialismus weit genug entfernt hat. Diese Zweifel werden vor allem durch den Eintritt der Partei in die Koalitionsregierung Modrow genährt. CDU-Vorstand und Präsidium haben diesen Schritt mit Bedauern zur Kenntnis genommen, und man hat einvernehmlich beschlossen, vorerst auf offizielle Parteikontakte zu verzichten. Wohl aber sollen Beziehungen zu den einzelnen Trägern der innerparteilichen Wende aufgenommen werden. Die Formel lautet: »Nicht Amtskontakte und damit Anerkennung, sondern Gespräche mit den Leuten vor Ort.«

Zu ihnen gehören aus westlicher Sicht der thüringische Oberkirchenrat Martin Kirchner, der Rostocker Graphiker Winfried Wolk sowie das Ost-Präsidiumsmitglied Dietmar Czok. Man beschließt, sie nach Berlin zum Kleinen Parteitag einzuladen. Ebenfalls eingeladen werden Pfarrer Rainer Eppelmann und Rechtsanwalt Wolfgang Schnur vom »Demokratischen Aufbruch«, die der Kanzler kurz zuvor in Bonn zu einem Gespräch empfangen hat. In dieser Gruppierung erblickt man im Konrad-Adenauer-Haus, der Parteizentrale, schon früh einen potentiellen Partner für die CDU. Mit von der Partie ist außerdem ein Vertreter des »Neuen Forum«, worin sich die Vorgabe Kohls widerspiegelt, sich vorerst noch nicht festzulegen. Ihnen allen, die aus dem Ostteil Berlins und der DDR gekommen sind, ruft der Bundeskanzler zu, daß sie nicht allein stünden: »Wir sind ein Volk! Wir gehören zusammen!«

Hart geht der CDU-Bundesvorsitzende in seiner Rede mit der SPD ins Gericht, nachdem er zunächst – wie so oft in den zurückliegenden Tagen – das Zehn-Punkte-Programm erläutert hat. Kohl fragt: »Wie war das denn mit den Forderungen aus den Reihen der SPD, eine eigene Staatsangehörigkeit der DDR – eine Uraltforderung von Erich Honecker – anzuerkennen? Heute will sie das nicht mehr wahrhaben – aus gutem Grund. Denn, liebe Freunde, was wäre denn aus unseren Landsleuten in Ungarn und in den Botschaften in Prag und Warschau geworden, wenn wir diese Forderung der SPD übernommen hätten?«

Der Bundeskanzler fordert im weiteren Verlauf seiner Rede die Oppositionspartei auf, endlich reinen Tisch zu machen, das mit der SED ausgehandelte gemeinsame Grundwertepapier aus dem Jahr 1987 aufzukündigen und sich ohne Wenn und Aber zur staatlichen Einheit zu bekennen. Viele haben in dem Papier eine unangemessene Aufwertung des SED-Regimes gesehen. Willy Brandt ist es, der wenige Tage später auf dem Berliner SPD-Parteitag seine »Enkel« durch einen mutigen Auftritt auf die Linie eines von ihm befürworteten »Bundes deutscher Länder« bringt.

CDU-Generalsekretär Rühe geht in seiner Berliner Rede auf die Frage der Grenze zu Polen ein. Er bekräftigt abermals, was auch Kohl schon so oft gesagt hat: daß die CDU hinter dem Beschluß des Bundestages steht, in dem das Recht des polnischen Volkes bekräftigt wird, in sicheren Grenzen zu leben. Wenn die SPD, so fährt er fort, aus innenpolitischen Gründen ständig die Grenzfrage aufwerfe, säe sie Zweifel an der Glaubwürdigkeit und Berechenbarkeit der deutschen Position. Wie recht Rühe damit hat, wird sich bald herausstellen.

Noch immer in Ungewißheit über die Haltung der Sowjetunion – eine Antwort auf seinen Brief an Gorbatschow liegt noch nicht vor –, reist der Kanzler am 16. Dezember zu einem offiziellen Besuch nach Ungarn. Konkret verabredet worden ist der Besuchstermin erst wenige Wochen zuvor, als Németh zu

208   ZEHN PUNKTE FÜR DEUTSCHLAND

einer Blitzvisite in Ludwigshafen weilte. Die Sowjetunion hatte die existentiell wichtigen Erdöllieferungen an Ungarn über Nacht drastisch gekürzt. Németh befürchtete, daraus resultierende wirtschaftliche Schwierigkeiten könnten negative Auswirkungen auf den Reformprozeß in seiner Heimat haben. Kohl hat seinem Besucher damals rasche Hilfe zugesagt und sich auch bei der Europäischen Gemeinschaft dafür eingesetzt.

Sein dreitägiger Aufenthalt in Budapest jetzt im Dezember soll eine Geste des Dankes sein. »Der 10. September 1989, der Tag der Öffnung der ungarischen Grenze auch für die Deutschen aus der DDR, wird ein Markstein in der Geschichte unserer beiden Staaten und Völker bleiben. Ungarn hat damals den ersten Stein aus der Mauer geschlagen«, sagt Kohl bei vielerlei Anlässen, ob vor dem Budapester Parlament, vor dem er die Ehre hat zu sprechen, oder vor den Studenten und Hochschullehrern der Budapester Loránd-Eötvös-Universität, die ihm die Ehrendoktorwürde verleiht.

Den Reformprozeß in Ungarn habe es schon allein deshalb zu stützen gegolten, weil ein Rückschlag dort auch weitreichende Folgen für die Reformbewegungen in den anderen Ostblockländern und damit auch in der DDR gehabt hätte, meint Kohl. Da Németh nach wie vor alle Mühe hat, sein radikales Sparprogramm durchzustehen, braucht Ungarn dringend Finanzhilfen. Schon bald soll die ungarische Wirtschaft mit über einer Milliarde ECU aus Brüssel gestützt werden, wovon die Bundesrepublik einen beachtlichen Anteil trägt.

Zu Kohls Besuch in Ungarn gehört ein prallgefülltes kulturelles Programm mit Besichtigungen nicht nur in der Hauptstadt. »Als besonders beeindruckend empfand ich den Besuch in der Kathedrale von Esztergom, der größten Kirche Ungarns, mit ihren riesigen Altarbildern und der Schatzkammer mit dem Schwurkreuz, das der Krönungszeremonie aller ungarischen Könige diente. Am Vorabend unserer Abreise lud das

BESUCH IN UNGARN 209

Ehepaar Németh meine Frau und mich sowie einige meiner engsten Mitarbeiter zu einem Essen auf eine Csárda außerhalb von Budapest ein. Es gab Gulasch. Das sei alles, was vom Gulasch-Kommunismus übriggeblieben sei, sagte lachend Botschafter Horváth.

Miklós Németh erzählte uns in der kleinen Runde, daß er aus einem bescheidenen Dorf stamme und sein Vater noch heute dort lebe. Von ihm trage er immer einen Brief bei sich, den er schon unzählige Male gelesen habe. Sein Vater habe ihm, als er Ministerpräsident geworden sei, geschrieben, daß er niemals vergessen solle, woher er komme. Diese einfachen Leute seien das Volk, und diesem Volke müsse er dienen. Es war ein Abend unter Freunden – unter Freunden, die unseren Weg zur Einheit unseres Vaterlandes weiterhin wohlwollend begleiteten. So hatte Németh am Tag zuvor gegenüber Journalisten hervorgehoben, es sei von Gott nicht festgeschrieben, daß die Deutschen in zwei Staaten leben sollten.«

Zurück in Bonn findet der Bundeskanzler endlich die Antwort des sowjetischen Generalsekretärs vor. Offenbar haben sich ihre Schreiben überschnitten. Kohl muß dies annehmen, da Gorbatschow mit keinem Wort auf seinen Brief vom 14. Dezember eingeht. Statt dessen wiederholt er in ungewöhnlich harschem Ton die Position Moskaus. Wie schon Genscher wirft er nun Kohl vor, mit dem Zehn-Punkte-Programm »ultimative Forderungen« an einen anderen souveränen Staat gestellt zu haben. In voller Übereinstimmung mit der DDR halte die Sowjetunion ein solches Herangehen für unannehmbar. Das entspreche weder dem Geist noch den Buchstaben der Schlußakte von Helsinki. Die Prozesse in Europa vollzögen sich ziemlich kompliziert, in einer angespannten Atmosphäre. Wörtlich schreibt Gorbatschow: »Die Ereignisse künstlich aufzupeitschen, politischen Sprengstoff in das noch glühende Feuer zu werfen, ist äußerst gefährlich.« Dies würde »schwerwiegende

Folgen« haben. Es komme jetzt darauf an, die Selbständigkeit der DDR zu respektieren und sich nicht in die inneren Angelegenheiten einzumischen.

Was die Grundfrage, die Einheit Deutschlands, angeht, bezieht sich Gorbatschow auf seine jüngsten Äußerungen vor dem Zentralkomitee der KPdSU, wo er sich in aller Entschiedenheit für den Fortbestand der DDR ausgesprochen habe. Er werde sich daher nicht wiederholen, schreibt er. Des weiteren beruft er sich auf Genscher, der bei seinem jüngsten Besuch in Moskau versichert habe, daß die Bundesregierung im Bewußtsein der geschichtlichen Fehler der Deutschen in der Vergangenheit entschlossen sei, ein besseres Europa unter strikter Einhaltung des Prinzips der Unverletzlichkeit der Nachkriegsgrenzen mit aufzubauen. Gleichwohl legt Gorbatschow Wert darauf, daß sich die friedliche Zusammenarbeit zweier deutscher Staaten weiterentwickeln solle, ebenso wie die bilateralen Beziehungen zwischen Moskau und Bonn. Er schließt: »Ich bitte Sie, Herr Bundeskanzler, diese meine Botschaft ernst zu nehmen und sie als Fortsetzung unseres politischen Dialoges zu betrachten, der für unsere Beziehungen und für das Schicksal Europas so wichtig ist.«

Der Grundton des Gorbatschow-Schreibens, so Kohl, habe auf dessen mannigfache Schwierigkeiten in der Sowjetunion schließen lassen, aber auch auf dessen Verärgerung über die Lage im östlichen Teil Deutschlands, die auch Modrow und seinen Genossen vollends aus dem Ruder zu laufen schien. In der Tat: Auf dem SED-Parteitag, der am 8. Dezember in der Ost-Berliner Dynamo-Sporthalle begonnen hat, ist die Partei um Haaresbreite der Auflösung entgangen. Nach einer aufreibenden Debatte, während der sich Modrow, der neue Leiter der Kulturabteilung im Zentralkomitee, Lothar Bisky, und andere immer wieder leidenschaftlich für den Zusammenhalt und Fortbestand der Partei einsetzen, entscheiden sich die Delegierten dann doch noch gegen die Auflösung und votieren für die sofortige Wahl einer neuen Führung. Als die Mammutveranstaltung vorüber ist, hat die SED, die fortan »Partei des Demokratischen Sozialismus« (PDS) heißen soll, in Gregor Gysi, dem Sohn eines altgedienten Nomenklatur-Kaders, einen neuen Vorsitzenden, dem Gorbatschow ebenso wie allen, »denen die Interessen und das Wohlergehen des Volkes der souveränen Deutschen Demokratischen Republik teuer sind, Erfolge bei der demokratischen Erneuerung der Gesellschaft« wünscht.

Es ist eine gespenstische Veranstaltung, für die sich die meisten Menschen in der DDR nicht mehr interessieren. Für Hunderttausende von Kundgebungsteilnehmern ist nicht mehr »demokratischer Sozialismus«, sondern »Deutschland, einig Vaterland« die alles beherrschende Losung. Sie wollen Deutschlands Einheit. »Dies begann man in Moskau offenbar recht realistisch zu sehen«, sagt Helmut Kohl heute und denkt daran zurück, wie ihn der sowjetische Botschafter in Bonn, Juli Kwizinski, am Vorabend seines Treffens mit Modrow in Dresden darum gebeten habe, er möge doch alles tun, um einen Aufruhr zu verhindern.

DER TAG IN DRESDEN

»Mein Schlüsselerlebnis auf dem Weg zur staatlichen Einheit«, so Helmut Kohl, »war der 19. Dezember 1989. Am Morgen dieses Tages flog ich zu dem Treffen mit dem DDR-Ministerpräsidenten Hans Modrow nach Dresden. In meiner Begleitung befanden sich neben den Ministern Dorothee Wilms, Helmut Haussmann, Norbert Blüm, Rudi Seiters und Johnny Klein noch meine Mitarbeiter Horst Teltschik, Walter Neuer, Juliane Weber, Eduard Ackermann und Wolfgang Bergsdorf. Auf dem kurzen Flug mußte ich daran denken, wie mir in der Vergangenheit die Einreise in die DDR wiederholt verweigert worden war. Zwei Stunden hatte ich einmal am Übergang Bahnhof Friedrichstraße auf die Einreise nach Ost-Berlin gewartet, als schließlich ein hochgewachsener Oberst erschien und mir mit klarem militärischen Ton erklärte: ›Herr Dr. Kohl, ich habe Ihnen im Namen der Regierung der Deutschen Demokratischen Republik mitzuteilen, daß Sie eine unerwünschte Person sind und Ihnen deshalb die Einreise nicht gestattet wird.‹«

Der Kanzler wird aus seinen Gedanken gerissen, als die Maschine in Dresden-Klotzsche auf der holprigen Betonpiste aufsetzt. Er erinnert sich: »Wir waren kaum gelandet, da wurde mir schlagartig bewußt: Dieses Regime ist am Ende. Die Einheit kommt! Der gesamte Flughafen, vor allem das Gebäude, war bevölkert von Tausenden von Menschen, ein Meer von schwarzrotgoldenen Fahnen wehte in der kalten Dezemberluft – dazwischen eine fast vergessene: Es war die weißgrüne Fahne des Landes Sachsen. Als die Maschine ausgerollt war, ich auf der untersten Stufe der Rolltreppe stand und Modrow mich vielleicht zehn Meter davon entfernt mit versteinerter Miene auf dem Flugfeld erwartete, drehte ich mich zu Rudi Seiters um und sagte: ›Die Sache ist gelaufen.‹

Als wir in die Stadt fuhren − teilweise im Schrittempo −, säumten Zehntausende die Straßen, Belegschaften von Betrieben, die der Arbeit ferngeblieben waren, ganze Schulklassen darunter. Sie jubelten uns zu. Ich las auf Transparenten: ›Kohl, Kanzler der Deutschen‹ oder: ›Bundesland Sachsen grüßt den Kanzler‹. Modrow, der neben mir im Auto saß, machte einen sehr befangenen Eindruck. Ich sagte ihm: ›Lassen Sie das jetzt mal außer acht. Wichtig ist jetzt, daß wir vernünftige Arbeit machen. Wir müssen jetzt den Hoffnungen und Erwartungen all dieser Menschen gerecht werden.‹ Modrow berichtete mir, aus der ganzen DDR seien Sonderzüge nach Dresden unterwegs. Vor dem Hotel Bellevue waren wir von einem Menschenmeer regelrecht eingeschlossen. Ich winkte den Leuten zu. Immer wieder wurde ›Helmut, Helmut‹, ›Deutschland, Deutschland‹ oder ›Wir sind ein Volk‹ skandiert, aber zu hören war auch der Ruf, ich solle zu den Menschen sprechen.

Ich hatte bis zu diesem Zeitpunkt gar nicht daran gedacht, eine Rede zu halten. Doch nach alledem stand nun fest: Ich mußte zu den Menschen sprechen. Aber wo? Der damalige Oberbürgermeister Wolfgang Berghofer kam dann auf die Idee, ich könnte doch vor der Ruine der Frauenkirche sprechen. Er lieh uns auch die Ausrüstung dafür − Mikrofone, eine provisorische Bühne. Wir selbst hatten ja nichts dabei.«

Während Kohls Büroleiter Walter Neuer mit tatkräftiger Unterstützung einiger Dresdner Funktionäre alles für den Redeauftritt des Kanzlers vorbereitet, konferiert dieser mit dem DDR-Ministerpräsidenten unter vier Augen im Salon »Ludwig Richter« des Hotels Bellevue. Modrow vertritt die hergebrachten Ansichten der DDR, Kohl verweist auf die Position der Bundesregierung, die ja bekannt sei. Man stimmt jedoch darin überein, daß der Reformprozeß unumkehrbar sei.

In größerem Kreise werden dann die Verhandlungen fortgesetzt. »Modrow begann verkrampft, sich am Manuskript entlanghangelnd«, so der Kanzler. »Er sei besorgt über die Lage. Die Diskussion über die Wiedervereinigung nehme exzessive Dimensionen an, die Grenze zur Gewalt drohe überschritten zu werden. Innere Stabilität brauche jetzt das Land. Schließlich erläuterte er die wirtschaftliche Lage der DDR und forderte einen ›Lastenausgleich‹ in Höhe von fünfzehn Milliarden D-Mark für 1990/91 – ein Betrag, den auch schon Schalck-Golodkowski für Krenz eingefordert hatte.

Ich hob in meiner Erwiderung hervor, daß es in vielen Punkten elementare Unterschiede zu den Ausführungen meines Vorredners gebe, aber auch Gemeinsamkeiten. Mit neun meiner Zehn Punkte könne die DDR einverstanden sein. Das Ziel einer Föderation sei noch kein Thema, obwohl ich davon überzeugt sei, daß die Entwicklung in diese Richtung gehen werde. Was die großangelegte Finanzhilfe in Milliardenhöhe anging, so sagte ich Modrow, daß die DDR hierfür erst die Rahmenbedingungen schaffen müsse. Einen ›Lastenausgleich‹ lehnte ich deshalb ab, auch weil der Begriff ganz und gar unpassend sei.«

Kohl und Modrow verabreden, im Rahmen der angestrebten »Vertragsgemeinschaft« – nach Vorstellung des Kanzlers der erste Schritt auf dem Weg, der über konföderative Strukturen schließlich zur Föderation, zum gemeinsamen deutschen Bundesstaat, führen soll – eine Reihe von Kommissionen einzurichten, die die Zusammenarbeit auf zahlreichen Gebieten verbessern helfen sollen. Zur Förderung der wirtschaftlichen Zusammenarbeit wird darüber hinaus ein Kooperationsabkommen abgeschlossen, ferner ein Investitionsschutzabkommen anvisiert.

Denn ohne privates Kapital kann es in der DDR keinen wirtschaftlichen Aufschwung geben.

Als erste konkrete Hilfsmaßnahmen vereinbaren Kohl und Modrow, einen gemeinsamen Reisedevisenfonds in Höhe von zwei Milliarden D-Mark zu schaffen, die ERP-Kredite um zwei Milliarden D-Mark aufzustocken, den Kreditrahmen für Lieferungen in die DDR von anderthalb auf sechs Milliarden D-Mark sowie die Postpauschale um hundert auf dreihundert Millionen D-Mark zu erhöhen. Seitens der DDR werden die Abschaffung der Visumpflicht sowie des Zwangsumtausches und die Entlassung der politischen Häftlinge noch vor Weihnachten zugesagt. Darüber hinaus soll vom 1. Januar 1990 an für Bundesbürger ein neuer Umtauschsatz von drei Mark (Ost) für eine D-Mark gelten.

»Was unsere Bemühungen zur Öffnung des Brandenburger Tores anging«, so Kohl, »teilte Modrow mit, daß er die Sache mit dem sowjetischen Botschafter in Ost-Berlin besprochen habe. Er wolle einen Fußgängerübergang schaffen und habe die entsprechenden Vorbereitungen veranlaßt. Er, Modrow, wisse um die symbolische Bedeutung dieser Maßnahme, weshalb beide Seiten daran teilhaben sollten. Wir einigten uns schließlich darauf, in Gegenwart beider Berliner Bürgermeister am 22. Dezember das fast dreißig Jahre lang verschlossene Tor wieder zu öffnen. Auf ein Blatt Papier zeichnete Modrow eine Skizze, wie er sich den Ablauf der Öffnung vorstellte.«

Mehr als tausend Journalisten aus aller Welt nehmen an der sich an die Konsultationen anschließenden Pressekonferenz teil. Wie der Tag weiter verläuft, stellt sich aus Kohls Sicht so dar: »Am späten Nachmittag zog ich mich mit Eduard Ackermann, Horst Teltschik und Juliane Weber in mein Hotelzimmer zurück, um mich auf meine Rede vor der Ruine der Frauenkirche vorzubereiten. Ich kannte das Hotel von meinen früheren privaten Reisen durch Thüringen und Sachsen. Von meiner Suite im vierten Stock hatte man einen herrlichen Blick auf die Elbe. Vor dem Hotel standen noch immer Tausende und riefen im Chor: ›Helmut Kohl ans Fenster – ohne die Gespenster.‹ Ich war innerlich sehr angespannt. Mir war nämlich klar, daß es eine der schwierigsten, wenn nicht die schwierigste Rede überhaupt in meinem Leben werden würde. Ich saß nun im Hotelzimmer und brachte die Stichworte für meine Ansprache zu Papier. Ich war dabei äußerst konzentriert, denn ich wußte, daß es auf jedes Wort ankam. Jeder falsche Zungenschlag, der dann in Paris, in London, in Moskau womöglich als nationalistisch hätte ausgelegt werden können, hätte der Sache enorm geschadet. Ich mußte auch unter allen Umständen vermeiden, die Emotionen aufzuwühlen, die Stimmung unter den Zehntausenden weiter anzuheizen.

Plötzlich tauchte in mir die Frage auf: Was sollten wir machen, wenn die Menge plötzlich das Deutschlandlied und daraus die erste Strophe mit der Zeile »Deutschland, Deutschland über alles« anstimmen würde? Die Augen der gesamten Weltöffentlichkeit waren ja in diesen Stunden auf Dresden gerichtet, und in dieser Situation hätte alles, was als Ausbruch nationalistischen Überschwangs hätte gedeutet werden können, der Sache der Deutschen gewiß schweren, wenn nicht verheerenden Schaden zugefügt. Dies durfte auf keinen Fall passieren! Da kam mir der Gedanke, mit dem Generalvikar der Hofkirche, den ich Jahre vorher nach einer Messe in Dresden getroffen hatte, Kontakt aufzunehmen. Er erklärte sich sofort bereit, uns einen Kantor, einen Vorsänger, zu schicken. Der sollte das alte Kirchenlied ›Nun danket alle Gott‹ anstimmen, falls irgend jemand aus der Menge anfinge, die erste Strophe des Deutschlandliedes zu singen.«

Nur mit einigen Notizen, die er mit schwarzem Filzstift auf ein DIN-A4-Blatt geschrieben und mit seinen Mitarbeitern noch einmal besprochen hat, drängt sich der Bundeskanzler durch die Menschenmenge. »Meine Sicherheitsbeamten hatten Mühe, mir den Weg zu bahnen. Auf dem Platz, auf dem sich die schwarze Silhouette der Kirchenruine gegen den Himmel abhob, hatten sich hunderttausend Menschen eingefunden. Ein wogendes Meer schwarzrotgoldener Fahnen umgab mich. Es war eine unglaubliche, emotionsgeladene, aber überhaupt nicht fanatische Stimmung. Vor der kleinen, provisorisch zusammengezimmerten Bühne traf ich den herbeigerufenen Kantor – es war der Chordirektor der Dresdner Kapellknaben, Konrad Wagner. Vergeblich hatte er in der kurzen Zeit versucht, einen Posaunenchor zu organisieren. Nun meinte er, keine Chance zu haben, gegen diese Menge anzusingen. Ein Kirchenlied sei angesichts der Atmosphäre nicht geeignet, die Menschen würden bestimmt nicht mitsingen. In dem Bewußtsein, dennoch alles versucht zu haben, nickte ich: ›Das wollte ich nur wissen.‹ Als ich die Treppe hinauf auf die Holztribüne stieg, spürte ich, welch große Hoffnungen und Erwartungen die Menschen in mich setzten.«

Nach Worten des Dankes ruft Kohl den »lieben Landsleuten« einen herzlichen Gruß »Ihrer Mitbürgerinnen und Mitbürger aus der Bundesrepublik Deutschland« zu. Schon bei diesen Worten kommt großer Jubel auf. Mit einer Geste gibt Kohl zu verstehen, daß er weitersprechen möchte. Es wird sehr still. Dann fährt er fort: »Das zweite, was ich sagen möchte, ist ein Wort der Anerkennung und der Bewunderung für diese friedliche Revolution in der DDR. Es ist zum ersten Mal in der deutschen Geschichte, daß in Gewaltfreiheit, mit Ernst und Ernsthaftigkeit und in Solidarität die Menschen für die Zukunft demonstrieren. Dafür danke ich Ihnen allen sehr, sehr herzlich.«

Wieder kommt tosender Applaus auf, wieder wird es ganz still, als Kohl weiterspricht. Es sei eine Demonstration für Demokratie, für Frieden, für Freiheit und für die Selbstbestimmung unseres Volkes, ruft er den Menschen zu und sagt dann:

»Und liebe Freunde, Selbstbestimmung heißt auch für uns in der Bundesrepublik, daß wir Ihre Meinung respektieren. Wir wollen und wir werden niemanden bevormunden. Wir respektieren, was Sie entscheiden für die Zukunft des Landes. ...Wir lassen unsere Landsleute in der DDR nicht im Stich. Und wir wissen – und lassen Sie mich das auch hier in diese Begeisterung, die mich so erfreut, hinein sagen –, wie schwierig dieser Weg in die Zukunft ist. Aber ich rufe Ihnen auch zu: Gemeinsam werden wir diesen Weg in die deutsche Zukunft schaffen.«

Nunmehr trägt der Bundeskanzler den hunderttausend die Ergebnisse seiner Gespräche mit dem DDR-Ministerpräsidenten vor. Er berichtet von der Verabredung, noch im Frühjahr einen Vertrag über die Vertragsgemeinschaft zwischen der Bundesrepublik und der DDR abschließen zu wollen. Weiter führt er aus, daß eine enge Zusammenarbeit auf allen Gebieten geplant sei: auf dem Felde der Wirtschaft, des Verkehrs, der Sozialpolitik, der Kultur und der Umwelt. »Wir wollen vor allem auf dem Felde der Wirtschaft eine möglichst enge Zusammenarbeit mit dem klaren Ziel, daß die Lebensverhältnisse hier in der DDR so schnell wie möglich verbessert werden. Wir wollen, daß die Menschen sich hier wohlfühlen. Wir wollen, daß sie in ihrer Heimat bleiben und hier ihr Glück finden können. Entscheidend ist, daß in Zukunft die Menschen in Deutschland zueinander kommen können, daß der freie Reiseverkehr in beide Richtungen dauerhaft garantiert ist. Wir wollen, daß sich die Menschen in Deutschland überall, wo sie dies wollen, treffen können.«

»Ich hatte den Eindruck«, meint Kohl in der Rückschau, »daß die vor der Ruine der Frauenkirche Versammelten schon weiter in die Zukunft, nämlich auf ein vereintes Deutschland, blickten. Diese für sie schon in greifbarer Nähe liegende Möglichkeit begeisterte sie – und weniger die von mir vorgetrage-

nen Ergebnisse meiner Verhandlungen. So brandete zwar großer Beifall auf, als ich von den freien Wahlen sprach, die alsbald
in der DDR abgehalten werden sollten. Unbeschreiblich hingegen war die Begeisterung, als ich den Menschen die sich dadurch eröffnenden Perspektiven aufzeigte.«

»Sie werden«, so ruft der Kanzler seinen Zuhörern zu, »eine
frei gewählte Regierung haben. Und dann ist der Zeitpunkt
gekommen zu dem, was ich konföderative Strukturen genannt
habe – das heißt, gemeinsame Regierungsausschüsse, damit wir
mit möglichst viel Gemeinsamkeit in Deutschland leben können. Und auch das lassen Sie mich hier auf diesem traditions-
reichen Platz sagen: Mein Ziel bleibt, wenn die geschichtliche
Stunde es zuläßt, die Einheit unserer Nation. Und, liebe Freunde, ich weiß, daß wir dieses Ziel erreichen können und daß die
Stunde kommt, wenn wir gemeinsam dafür arbeiten, wenn wir
es mit Vernunft und mit Augenmaß tun und mit Sinn für das
Mögliche.«

Um die Begeisterung auf dem Platz nicht überborden zu lassen, spricht Kohl wie schon am 10. November in Berlin nun
überaus nüchtern von dem schwierigen, langwierigen Weg in
diese gemeinsame Zukunft:»Wir, die Deutschen, leben nicht
allein in Europa und in der Welt. Ein Blick auf die Landkarte
zeigt, daß alles, was sich hier verändert, Auswirkungen auf alle
unsere Nachbarn haben muß, auf die Nachbarn im Osten und
auf die Nachbarn im Westen. Es hat keinen Sinn, wenn wir
nicht zur Kenntnis nehmen, daß viele uns auf diesem Weg mit
Sorge und manche auch mit Ängsten betrachten. Aus Ängsten
kann nichts Gutes erwachsen.

Und doch müssen wir als Deutsche unseren Nachbarn sagen:
Angesichts der Geschichte dieses Jahrhunderts haben wir Verständnis für mancherlei dieser Ängste. Wir werden sie ernst
nehmen. Für uns heißt das, wir wollen unsere Interessen als
Deutsche vertreten. Wir sagen ›Ja‹ zum Selbstbestimmungs-

recht, das allen Völkern dieser Erde gehört – auch den Deutschen. Aber, liebe Freunde, dieses Selbstbestimmungsrecht macht für die Deutschen nur einen Sinn, wenn wir auch die Sicherheitsbedürfnisse der anderen dabei nicht aus den Augen lassen. Wir wollen in eine Welt hinein, die mehr Frieden und mehr Freiheit hat, die mehr Miteinander und nicht mehr Gegeneinander sieht. Das Haus Deutschland, unser Haus, muß unter einem europäischen Dach gebaut werden. Das muß das Ziel unserer Politik sein.

Liebe Freunde, in wenigen Tagen, am 1. Januar 1990, beginnen die neunziger Jahre. Sie führen hinüber in das letzte Jahrzehnt dieses Jahrhunderts. Es ist ein Jahrhundert, das in Europa und auch bei uns in Deutschland viel Not, viel Elend, viele Tote, viel Leid gesehen hat. Ein Jahrhundert, das auch eine besondere Verantwortung der Deutschen für manch Schlimmes immer wieder gesehen hat. Hier, vor der Ruine der Frauenkirche in Dresden, am Mahnmal für die Toten von Dresden, habe ich gerade ein Blumengebinde niedergelegt, auch in der Erinnerung an das Leid und die Toten dieser wunderschönen alten deutschen Stadt.

Ich war damals – und das sage ich zu den Jungen hier auf dem Platz – fünfzehn Jahre, ein Schüler, ein Kind. Ich hatte dann die Chance, drüben in meiner pfälzischen Heimat groß zu werden, und ich gehöre zu jener jungen Generation, die nach dem Krieg geschworen hat – wie wir hier auch –: Nie wieder Krieg, nie wieder Gewalt! Und ich möchte hier vor Ihnen diesen Schwur erweitern, indem ich Ihnen zurufe: Von deutschem Boden muß in Zukunft immer Frieden ausgehen – das ist das Ziel unserer Politik!

Aber, liebe Freunde, wahrer Friede ist ohne Freiheit nicht möglich. Deswegen kämpfen Sie, demonstrieren Sie für die Freiheit in der DDR, und deswegen unterstützen wir Sie, und deswegen gehört Ihnen unsere Solidarität. ... Jetzt kommt es darauf an, daß wir diesen Weg in der Zeit, die vor uns liegt, friedlich, mit Geduld, mit Augenmaß und gemeinsam mit unseren Nachbarn weitergehen. Für dieses Ziel lassen Sie uns gemeinsam arbeiten, lassen Sie uns gegenseitig in solidarischer Gesinnung helfen. Ich grüße hier von Dresden aus alle unsere Landsleute in der DDR und in der Bundesrepublik Deutschland.« Zum Abschluß ruft Kohl der Menge zu: »Gott segne unser deutsches Vaterland!«

Sehr ergriffen sei er gewesen und habe alle Mühe gehabt, seine Rede zu beenden. Was würde jetzt geschehen? »Bei aller Begeisterung« – so der Kanzler – »sind die Menschen besonnen geblieben. Sie hatten verstanden, daß ihre Sehnsucht nach dem gemeinsamen Vaterland jetzt Augenmaß und Vernunft erforderte. Keiner machte jedoch Anstalten, den Platz zu verlassen. Da ereignete sich ein Vorfall, der wie das Signal zum Heimgehen wirkte. Eine ältere Frau stieg zu mir auf das Podium, umarmte mich, fing an zu weinen und sagte mit leiser Stimme: ›Wir alle danken Ihnen!‹ Die Mikrofone waren noch eingeschaltet, und jeder konnte es mithören. Nun strömten die Menschen auseinander. Erschöpft und glücklich eilten wir durch Spaliere von Menschen zu den Autos, die uns auf das gegenüberliegende Elbufer zum Hotel Bellevue zurückbrachten.«

Es folgt ein gemeinsamer Abend mit prominenten ostdeutschen Künstlern. Der Semper-Opernsänger Theo Adam, der Leipziger Maler Wolfgang Mattheuer, der Maler Bernhard Heisig und andere haben in das traditionsreiche Dresdner Kügelgen-Haus zum Essen geladen. Die Gesellschaft spaltet sich rasch in zwei Gruppen auf: Der einen gehören eher etablierte Künstler an, der anderen die vom SED-Regime verfolgten. Bald geht es recht turbulent zu, denn die eine wirft der anderen vor, sich mit dem Regime gemein gemacht zu haben.

Es ist ein langer Tag für den Bundeskanzler und seine Begleiter geworden. »Weit nach Mitternacht gingen wir zu Fuß zum

Hotel Bellevue zurück«, erinnert sich Kohl. »Ich lud unsere kleine Crew noch zu einem Umtrunk auf mein Zimmer ein: Dabei war diesmal auch mein Fahrer Ecki Seeber, der meinen Dienstwagen nach Dresden gefahren hatte. Gemeinsam zogen wir ein erstes Resümee aus den zurückliegenden Stunden. Ich sagte noch einmal: ›Ich glaube, wir schaffen die Einheit. Das läuft. Ich glaube, das ist nicht mehr aufzuhalten, die Menschen wollen das. Dieses Regime ist definitiv am Ende.‹

Am darauffolgenden Morgen traf ich mit dem Dresdner Bischof Johannes Hempel und einigen anderen evangelischen Kirchenleuten zusammen. Dabei konnte ich mich nicht des Gefühls erwehren, daß ein Teil meiner Gesprächspartner weder mit mir etwas anzufangen wußte noch erfreut war, mich zu sehen. Einer brachte mehrmals seine Verwunderung zum Ausdruck, daß so viele Menschen gekommen seien, um mich zu sehen und zu hören. Allerdings muß ich sagen, daß ich davor und danach auch viele großartige Kirchenleute aus der DDR kennengelernt habe, die sehr wohl wußten, wo die Menschen der Schuh drückt. Gerade unter den evangelischen und katholischen Pfarrern hat es viele gegeben, die sich dem SED-Regime nicht angepaßt und die im Rahmen einer Seelsorge, die diese Bezeichnung auch verdient, Mut gemacht und Trost gespendet haben. Nicht wenige von ihnen haben Anteil an der friedlichen Revolution im Herbst 1989 gehabt.«

Drei Tage später erlebt Deutschland die Öffnung des Brandenburger Tores in der alten Hauptstadt Berlin. »Es war kalt und goß in Strömen«, erinnert sich Kohl. »Dennoch waren wieder Abertausende gekommen, als ich zusammen mit Modrow sowie den beiden Bürgermeistern Walter Momper und Erhard Krack um Punkt 15 Uhr das Tor von West nach Ost durchschritt. Nachdem Modrow und ich uns für die unzähligen Fotoreporter die Hand gereicht hatten, ließen wir zwei weiße Tauben fliegen, die uns junge Ost-Berliner Künstler zuvor gereicht hatten.

Mir gingen in diesem Augenblick viele Erinnerungen durch den Kopf. Oft hatte ich in den zurückliegenden Jahren vom Reichstag – wo ich ein Dienstzimmer hatte – hinübergeschaut zu dem Ort, an dem ich jetzt stand. Im Winter vor Ludwig Erhards Währungsreform hatte ich zum ersten Mal Berlin besucht. Ich übernachtete damals in einem zerschossenen Hotel in unmittelbarer Nähe des Brandenburger Tores. Ich erinnere mich noch gut an die furchtbar geschundene Stadt, die fast nur aus Ruinen bestand. Seit Anfang der fünfziger Jahre kam ich dann öfter; als stellvertretender Vorsitzender der Jungen Union von Rheinland-Pfalz organisierte ich Fahrten nach Berlin, um unsere Verbundenheit mit der alten Hauptstadt zum Ausdruck zu bringen.

Berlin war vor allem deshalb so beeindruckend für uns junge Menschen, weil sich hier die Situation Deutschlands wie durch ein Brennglas gebündelt in ihrer ganzen Dramatik darstellte. Hier prallten Sowjetsystem und Demokratie aufeinander. Hinter der Vier-Sektoren-Kulisse der längst zerbrochenen Anti-Hitler-Koalition schwelte der Kalte Krieg. Bei diesen Besuchen lernte ich die Berliner als Menschenschlag kennen und schätzen. Ich freundete mich mit der ›alten Garde‹ der CDU und besonders mit Peter Lorenz an. Ich lernte viele andere kennen, die nach Berlin gegangen waren und für die Freiheit dort einstanden. Einer der ganz Großen war für mich Axel Springer. Er hat nie daran gezweifelt, daß die Teilung Deutschlands keinen Bestand haben würde. Dem Ziel der Wiedervereinigung hat er sich zeit seines Lebens verschrieben.

Auf der Westseite des Brandenburger Tores stand ich ein paar Tage, nachdem Ulbricht 1961 die Mauer hatte bauen lassen. Und ich war sechsundzwanzig Jahre später – inzwischen als Bundeskanzler – dabei, als der amerikanische Präsident Ronald Reagan die denkwürdigen Worte an den sowjetischen Generalsekretär richtete: ›Mr. Gorbatschow, öffnen Sie dieses Tor.‹

Jetzt, nur zwei Jahre später, war das scheinbar Unmögliche Wirklichkeit geworden. Wie so oft hatte sich der Visionär auch als Realist erwiesen.«

Wie schon in Dresden bemüht sich der Bundeskanzler, aufkeimenden Überschwang zu dämpfen. Er versichert der Welt, die zusieht, daß von diesem Platz eine Botschaft ausgehe, und die heiße: »Wir wollen Frieden, wir wollen Freiheit, wir wollen unseren Beitrag zum Frieden in Europa und in der Welt leisten.« An seine Zuhörer appelliert der Kanzler: »Haben wir jetzt die Geduld und das Augenmaß, mit den Schritten, die notwendig sind, in eine gemeinsame Zukunft zu gehen. Dann werden wir diese Zukunft haben. Es kommt auf uns an. Es kommt vor allem auf die vielen jungen Leute an, die hier auf dem Platz stehen, die wieder eine Zukunft haben, die Zutrauen haben dürfen zu ihrer eigenen Zukunft, weil sie auch hier in Berlin ihr Glück für ihr Leben finden können.«

Auch in Berlin kennt die Begeisterung keine Grenzen. Als die ersten Kundgebungsteilnehmer von östlicher Seite die Mauerkrone erklommen haben, gibt es auch im Westen kein Halten mehr. Die Absperrgitter der Polizei werden niedergerissen. Von Ost und West, einer Walze gleich, schieben sich die Menschenmengen aufeinander zu – dazwischen das Podest, von dem aus der Bundeskanzler inmitten zahlreicher Ehrengäste, darunter auch Altbundespräsident Walter Scheel, seine kurze Ansprache gehalten hat. Sie laufen Gefahr, erdrückt zu werden. »Mit tatkräftiger Unterstützung der Sicherheitsbeamten«, so erinnert sich Kohl, »retteten wir uns gerade noch in eines der Wachhäuschen am Brandenburger Tor. Der diensthabende Offizier der DDR-Grenztruppe versorgte uns mit heißem Kaffee – und schenkte mir als Souvenir seine Dienstmarke.«

Die Kundgebungen in Dresden und Berlin, aber auch der Auftritt Willy Brandts in Magdeburg einige Tage zuvor zeigen auf beeindruckende Weise, daß sich die Deutschen auch nach vier-

226   DER TAG IN DRESDEN

zig Jahren der Teilung zusammengehörig fühlen. Die mehreren tausend Briefe, die Kohl im Dezember aus dem östlichen Teil Deutschlands erhält, bekräftigen dies. Einer davon sei ihm in besonderer Erinnerung geblieben, erzählt der Kanzler. Es sei der eines achtundzwanzig Jahre alten Dresdners gewesen, der ein kleines Fotoalbum mit Schnappschüssen vom Kanzler-Besuch in der Elbstadt dazugelegt hat. Der junge Mann habe geschrieben, dieses Fotoalbum wolle er »dem Herrn Bundeskanzler zur bleibenden Erinnerung an die Tage in Dresden« schenken. Er habe die Fotos aus der Sicht eines Dresdner Bürgers gemacht. Er sei kein Profi und hoffe, trotzdem etwas von der Atmosphäre und dem großartigen Fluidum eingefangen zu haben. Helmut Kohls Rede zu »uns Dresdnern« sei »einfach phantastisch« gewesen. Er wolle in Dresden wohnen bleiben und bäte den Kanzler, alles zu tun, »damit wir wieder eine Nation in einem gemeinsamen Haus Europa werden«. »Ich bedankte mich bei dem jungen Mann für das liebevoll gestaltete Fotoalbum«, so Helmut Kohl, »und schrieb ihm, daß ich, wie er sich vorstellen könne, am 19. Dezember gar nicht in der Lage gewesen wäre, mir alle Transparente genau anzuschauen. Deshalb sei sein Fotoalbum für mich auch eine interessante Dokumentation. Mich habe vor allem das Transparent beeindruckt, auf dem geschrieben stand: ›Unsere Heimat ist Sachsen, unser Vaterland ist Deutschland, unsere Zukunft ist ein vereintes Europa.‹«

Die Aufbruchstimmung hin zur Einheit hat am Ende des Jahres 1989 nun auch zunehmend die Medien erfaßt. Kaum zur Kenntnis genommen von der Öffentlichkeit wird der Staatsbesuch Mitterrands in der DDR. Dem amtierenden Staatsratsvorsitzenden Gerlach erklärt der Gast aus Paris: »Sie können auf die Solidarität Frankreichs mit der Deutschen Demokratischen Republik rechnen« – eine Feststellung, die freilich auch nichts mehr daran zu ändern vermag, daß die DDR ein Jahr später bereits nicht mehr existiert.

»Mir war klar«, sagt der Bundeskanzler, »daß das Ende durch die Ereignisse der vergangenen Tage nähergerückt war. Hatte ich noch im Oktober, November, also wenige Wochen zuvor, auf die Frage, wann die deutsche Einheit kommen werde, geantwortet: ›Wir werden den europäischen Binnenmarkt noch vor der deutschen Einheit haben‹, begann ich jetzt an dieser Aussage zu zweifeln. Daß Deutschland schon im Oktober 1990 vereint sein würde, lag jedoch Ende 1989 noch außerhalb meiner Vorstellungskraft.«

Es folgen für Helmut Kohl – fernab aller Hektik – beschauliche Weihnachtstage im heimatlichen Ludwigshafen: »Wie jedes Jahr verbrachte ich sie auch diesmal im Kreise der Familie. Doch auch unterm Christbaum drehte sich fast alles um die Politik. Ich war erschöpft. Ein ungeheuer strapaziöses Jahr lag hinter mir – mit beispiellosen Höhepunkten wie dem Fall der Berliner Mauer, aber auch mit furchtbaren Ereignissen wie der Ermordung meines Freundes Alfred Herrhausen. Die Tage des Innehaltens taten mir gut. Was das neue Jahr bringen würde, war in vielerlei Hinsicht ungewiß. Dennoch war ich nicht unruhig, sondern eigentlich sehr zuversichtlich, daß alles gutgehen würde.

Ich dachte auch über den tiefen Sinn der Weihnachtsbotschaft nach. Es ist eine frohe Botschaft des Friedens, die sich an alle Menschen guten Willens richtet. Der Friede ist ja letztlich nicht das Werk internationaler Konferenzen und diplomatischer Verhandlungen – er beginnt in den Herzen der Menschen. In meiner Neujahrsbotschaft wollte ich ausdrücklich auch die freigelassenen politischen Häftlinge erwähnen, die jetzt daheim die Feiertage verbringen konnten. Was waren wohl ihre Empfindungen gegenüber ihren Bewachern und Peinigern? Würden sie sich eines Tages mit ihnen versöhnen können? Würden jene, die Unrecht begangen hatten, die Kraft aufbringen, der Wahrheit ins Auge zu sehen und ihre Opfer um Verzeihung zu bitten?

Dies waren keine theoretischen Fragen. Die Antwort darauf entschied mit darüber, ob wir in Deutschland den inneren Frieden finden würden. Ich dachte an das große Versöhnungswerk, das Deutsche und Franzosen in den vergangenen Jahrzehnten vollbracht hatten. Das kommende Jahr würde sowohl für Deutschland als auch für Europa Weichenstellungen von schicksalhafter Bedeutung bringen. Deshalb betonte ich in meiner Neujahrsansprache: ›Unser politisches Ziel bleibt – wie Konrad Adenauer es einmal formuliert hat – in einem freien und geeinten Europa ein freies und geeintes Deutschland.‹«

Die DDR vor
dem Zusammenbruch

Hunderttausende versammeln sich in der Silvesternacht am Brandenburger Tor, um das anbrechende Jahr 1990 an diesem symbolträchtigen Ort zu erleben. Während ein Feuerwerk, wie es Berlins Mitte schon lange nicht mehr gesehen hat, den Himmel strahlend hell erleuchtet, während ausgelassene Menschen aus beiden Teilen Berlins gemeinsam den Beginn einer neuen Ära feiern, besteigen ein paar junge Männer das Wahrzeichen und schneiden unter unbeschreiblichem Jubel der Menschen Hammer und Zirkel, die Insignien des SED-Staates, aus der dort oben wehenden schwarzrotgoldenen Fahne.

»Die zahllosen Briefe, die ich aus allen Teilen des Landes erhielt«, so der Bundeskanzler, »bestätigten meinen Eindruck, daß die Deutschen in ihren Herzen die Zweistaatlichkeit offenbar schon hinter sich gelassen hatten und den politischen Realitäten vorausgeeilt waren.« Hingegen scheint Moskau den Fortbestand der DDR als zweiten deutschen Staat und strategischen Verbündeten der Sowjetunion weiterhin garantieren zu wollen. Gorbatschows Äußerungen vor dem Zentralkomitee der KPdSU und auch sein Brief an den Kanzler sind in diesem Sinne eindeutig gewesen. Aber das ist im Dezember gewesen, und niemand kann jetzt, Anfang Januar, sagen, wie die Welt bereits in einigen Wochen aussehen wird.

»Die Schnellebigkeit der Zeit« – so Helmut Kohl – »wurde mir wieder einmal klar, als ich am Nachmittag des 3. Januar im Münchner Prinz-Carl-Palais mit dem tschechoslowakischen

230 DIE DDR VOR DEM ZUSAMMENBRUCH

Staatspräsidenten Václav Havel zusammentraf. Im Herbst war er mit dem Friedenspreis des Deutschen Buchhandels ausgezeichnet worden. Seine Rede hatte damals vorgelesen werden müssen – Maximilian Schell tat dies –, weil Havel nicht hatte kommen können. Er war gerade aus der Haft entlassen worden und mußte befürchten, nicht wieder nach Prag zurückkehren zu dürfen. Wenn mir damals in Frankfurt jemand gesagt hätte, daß wir nur ein paar Wochen später auf dem Münchner Flughafen stehen würden, um Havel als Staatsgast zu begrüßen, hätte ich das für blühenden Unsinn gehalten. In nicht einmal drei Monaten war aus dem politisch Verfolgten der Staatspräsident der Tschechoslowakei geworden. Václav Havel und ich hatten ein gutes Gespräch, an dessen Ende er uns Deutschen ausdrücklich wünschte, daß wir bald wieder in einem Staat leben könnten.«

Kohl weiß, daß die »deutsche Frage« nicht nur eine deutsche Angelegenheit ist, sondern immer auch das Problem umfaßt, wie Deutschland – in der Mitte des Kontinents gelegen und von mehr Nachbarn umgeben als jedes andere europäische Land – in das politische Gefüge Europas integriert werden kann. So hat auch die deutsche Einheit einen inneren und einen äußeren Aspekt. Er sei nicht bereit gewesen, anderen Ländern ein Veto gegen die Ausübung des Selbstbestimmungsrechts der Deutschen einzuräumen, aber er habe auch genau gesehen, daß Deutschland für seine Einheit die Zustimmung vor allem der Nachbarn brauchte, wenn es eine gute und friedliche Zukunft haben sollte, sagt Kohl. Von zentraler Bedeutung ist dabei Frankreich – und dort wiederum »der erste der Franzosen«, François Mitterrand, Staatspräsident seit 1981 und mittlerweile – obwohl Sozialist – ein enger Freund des Kanzlers.

Das Einvernehmen mit François Mitterrand, so Kohl, habe ihm besonders am Herzen gelegen: »Ich habe mich zeit meines Lebens für die deutsch-französische Freundschaft eingesetzt.

Der große Vorkämpfer der französisch-deutschen Freundschaft, Robert Schuman, war während des Krieges in der Pfalz, in Neustadt, interniert. In meiner Heimat hat man die Botschaft Schumans nach dem Krieg besonders gut verstanden. Und diese Botschaft hieß, daß wir nach dreihundert Jahren einer schrecklichen Geschichte des Gegeneinanders endlich die angebliche Erbfeindschaft zwischen unseren Ländern überwinden mußten. In meiner Jugend brauchte man noch einen Passierschein, um von Ludwigshafen in der französischen nach Mannheim in der amerikanischen Besatzungszone auf der anderen Rheinseite zu gelangen. Heute überqueren junge Deutsche und Franzosen vollkommen selbstverständlich in beiden Richtungen den Rhein. Für die junge Generation in Deutschland heutzutage ist es die normalste Sache der Welt, an einem Wochenende mit Freunden einen Ausflug zum Beispiel nach Paris zu machen oder französische Freunde bei uns daheim zu empfangen.«

Es seien viele Stationen gewesen, die bis dahin zurückgelegt werden mußten, sagt der Kanzler und erinnert an jene Koblenzer Kanone aus dem 16. Jahrhundert, die ein halbes Dutzend Mal zwischen Deutschland und Frankreich ihren Besitzer gewechselt hat, ehe sie nach mehreren vergeblichen Versuchen Mitterrands gegen viele Widerstände französischer Kriegsveteranen der Bundesrepublik übergeben worden ist. Ein Miniatur-Modell dieser Kanone hat Helmut Kohl in seinem Arbeitszimmer im Kanzleramt stehen – als Symbol für die Beharrlichkeit, mit der Freundschaft zwischen Ländern und Völkern aufgebaut werden müsse.

Das gute persönliche Verhältnis zwischen Kohl und Mitterrand ist seit dem DDR-Besuch des französischen Staatspräsidenten im Dezember 1989 einer Belastungsprobe ausgesetzt. Während deutsche Blätter, die von einer heftigen Krise zwischen den beiden Nachbarn schreiben, gegen Mitterrand Stim-

232 DIE DDR VOR DEM ZUSAMMENBRUCH

mung machen, wirft man in den französischen Medien dem Bundeskanzler vor, er betreibe eine doppelbödige Politik. Gegenüber den westlichen Partnern bekenne er sich treu zur europäischen Wirtschafts- und Währungsunion, gleichzeitig schicke er aber seine Minister in die DDR, um die Wiedervereinigung vorzubereiten, heißt es in der Annahme, deutsche Einheit und europäische Integration schlössen einander aus.

Kohl läßt dies keine Ruhe. Am 4. Januar, einem Donnerstag, reist er nach Latché südlich von Bordeaux, wo Mitterrand nahe der Atlantikküste, versteckt in einem Pinienwald, ein Ferienanwesen besitzt. Der Bundeskanzler ist optimistisch, daß sich die Mißverständnisse und Verstimmungen der vergangenen Wochen beheben lassen. »Wir flogen vom amerikanischen Stützpunkt Ramstein nach Biarritz und von dort mit dem Hubschrauber weiter nach Latché. Dabei war außer einem Mitarbeiter aus dem Kanzleramt und dem Dolmetscher nur der Fotograf Konrad Müller. Bei der Begrüßung in Latché wirkte François Mitterrand auf mich etwas befangen. So hatte ich ihn bis dahin im persönlichen Gespräch noch nie erlebt.«

Nachdem Kohl Madame Mitterrand im Hauptgebäude begrüßt hat, gehen beide Staatsmänner hinüber in die umgebaute alte Schäferei, in der der französische Staatspräsident, wenn er sich in Latché aufhält, Erholung vom aufreibenden Regierungsalltag in Paris sucht. Auf den alten Holzdielen stehen ein paar lederne Sessel um einen Kamin herum. Ansonsten fällt die riesige Zahl von Büchern auf, die in Regalen aufgereiht sind oder in Stapeln auf Tischen und Schränken liegen. Immer in der Nähe Mitterrands, und auch jetzt dabei, sein Hund Ypsilon, ein Labrador.

Allmählich weicht die Befangenheit des Staatspräsidenten, die Kohl bei seiner Ankunft aufgefallen ist: »François Mitterrand bemerkte, zur Zeit bewege sich sehr viel, und dies sei gut so. Der bisherige Zustand sei im Grunde unerträglich gewesen;

es habe sich aber um eine ruhige Ordnung gehandelt. Ich antwortete, das neue Jahrzehnt werde nach meiner Überzeugung ein gutes Jahrzehnt werden, auch für die deutsch-französische Freundschaft und für Europa. Es bleibe die gemeinsame Aufgabe unserer beiden Länder, Motor des europäischen Einigungsprozesses zu sein. Zugleich müsse die deutsche Einheit in diesen Prozeß eingebettet werden. Der natürliche Partner der Bundesrepublik sei Frankreich. Dies liege auch im Interesse Frankreichs. Wenn wir uns unserer gemeinsamen Verantwortung stellten, dann käme dies auch den Ländern Mittel- und Osteuropas zugute.

Wir redeten auch über die polnische Westgrenze. Es stehe außer Frage, so betonte ich, daß die Unverletzlichkeit dieser Grenze von uns geachtet werde. Mitterrand warf daraufhin ein, ich möge dies öffentlich sagen. Ich fuhr fort, daß man den Polen auf ihrem Weg nach Europa helfen müsse. Auch dazu seien Deutschland und Frankreich besonders berufen. Ich schlug ihm nun vor, in den nächsten Wochen für die neunziger Jahre eine Art Agenda aufzustellen, wie man an all die großen Fragen der Zukunft Europas gemeinsam herangehen könne.

François Mitterrand sagte, daß er zwei Probleme sehe: Das eine sei das russische – er sage bewußt nicht: das sowjetische. Das andere sei das deutsche. Zwischen beiden bestehe ein Spannungsfeld, das sich im Augenblick nicht auflösen lasse. Das Experiment Gorbatschow werde noch eine gewisse Zeit weitergehen, meinte er und stellte die rhetorische Frage: ›Was kommt danach, wenn er scheitert?‹ Seine Antwort lautete: ›Keine Kommunisten, sondern eine harte Militärdiktatur.‹ Das kommunistische System sei bis ins Mark getroffen und werde sich nicht mehr erholen. Aber das russisch-imperiale Nationalgefühl sei durch die Entwicklung in Osteuropa sehr in Mitleidenschaft gezogen worden. Im Falle einer Militärdiktatur werde zwar die Liberalisierung weitergehen, den Zerfall des Imperiums werde

234 DIE DDR VOR DEM ZUSAMMENBRUCH

man jedoch mit allen Mitteln verhindern. Es werde Blut fließen, prophezeite er.

Für Mitterrand stand auch außer Zweifel, daß die Russen in
der deutschen Frage nicht nachgeben würden. Das stellte für
ihn das große Problem dar. Die Schritte in Richtung deutsche
Einheit dürften Gorbatschow nicht in Schwierigkeiten bringen
oder gar dazu führen, daß Moskau wieder mit dem Säbel rasse-
le. Wir stünden am Rande einer solchen Entwicklung, weil die
Dinge in Deutschland zu rasant verliefen. Alles müßte länger-
fristig angelegt werden. Wenn man mit einer Vertragsgemeinschaft begönne, würden sich die Russen an das Zusammenrücken der beiden deutschen Staaten gewöhnen. Dies wäre der
richtige Weg, sagte Mitterrand und bat mich, niemals zu vergessen, daß das Schicksal Gorbatschows mehr von Helmut Kohl
abhänge als von seinen Moskauer Gegenspielern. Die Lösung
der deutschen Frage dürfe nicht eine neue russische Tragödie
heraufbeschwören. Ich entgegnete, daß ich wahrscheinlich
schon im Februar nach Moskau reisen würde, um mit Gorbatschow zu reden und ihm zu sagen, daß ich nichts tun wolle, was
seine Lage erschwere.«

Dann kommt Kohl auf die Zustände in der DDR zu sprechen. »Ich erklärte ihm, die Lage sei ungleich dramatischer, als
sie von der Führung in Ost-Berlin dargestellt werde. Pro Tag
verließen etwa zweitausend Menschen das Land – darunter
auch Leute, die für die DDR unentbehrlich seien, zum Beispiel
Ärzte und Krankenschwestern. Es nütze auch nichts mehr, diesen Menschen zu sagen, sie hätten eine moralische Verpflichtung, in ihrer Heimat zu bleiben und dort zu helfen. Nach vierzig Jahren sozialistischer Diktatur mit ihren leeren Verspre-
chungen ließen sie sich nicht mehr auf bessere Zeiten vertrö-
sten.

Was ich nicht verstehen könne, sei, daß man außerhalb
Deutschlands Zweifel daran habe, was die Deutschen wollten.

Das sei doch ganz eindeutig: ›Die Deutschen wollen zusammenkommen.‹ Wer in Dresden an der Frauenkirche dabeigewesen sei, habe dies spüren können. Über die Reaktion der französischen Presse und der politischen Klasse in Paris auf mein Zehn-Punkte-Programm könne ich nur den Kopf schütteln. Das Programm sei notwendig gewesen, damit die Deutschen ein Licht am Ende des Tunnels sähen. Ich verstünde die Ängste der anderen, aber aus Ängsten erwachse nichts Gutes. Die Deutschen wollten Frieden; sie wollten keinen Streit.

François Mitterrand entgegnete zunächst, es sei merkwürdig, daß die Freunde Deutschlands, wenn sie einmal vorsichtig Bedenken äußerten, sofort als schlechte Freunde oder gar als Verräter angesehen würden. Wenn er einmal nicht mit mir übereinstimme, würden die großen Leitartikler in der Bundesrepublik sogleich intolerant reagieren. Ich warf ein, daß mich persönlich nicht anfechte, was die Zeitungen schrieben.

Mitterrand sagte dann einen sehr gescheiten Satz, der ungefähr so lautete: ›Die Deutschen zählen achtzig Millionen. Und das ist eine Realität. Und wenn achtzig Millionen zueinanderkommen wollen, dann tut man gut daran, das zu respektieren. Denn wenn die Menschen dies wollen, werden sie es durchsetzen. Und Frankreich hat in der Geschichte immer gut dagestanden, wenn es die Realitäten der Geschichte respektiert hat. Frankreich respektiert den Willen von achtzig Millionen Deutschen.‹ Er fügte hinzu, und auch da hatte er recht: ›Aber Frankreich hat die Bitte an seine deutschen Freunde, daß sie ihrerseits in Rechnung stellen, was die Entwicklung in Deutschland für Europa bedeutet, welche Veränderungen in der Europäischen Gemeinschaft damit verbunden sind. Deshalb müssen wir diesen Weg gemeinsam gehen.‹ Noch einmal wiederholte er, wenn beide Teile Deutschlands Regierungen wählten, die die deutsche Einheit wollten, wäre es dumm und ungerecht, sich dem zu widersetzen: ›Man kann nicht gegen den Strom der

236 DIE DDR VOR DEM ZUSAMMENBRUCH

Geschichte schwimmen.‹ Weil allerdings die Landkarte Europas zur Zeit keine zu starken Korrekturen vertragen könne, fordere er eine gemeinsame Strategie, damit Europa wisse, wohin es steuere. Dies sage er freilich als Franzose. Als Deutscher wäre er auch für eine schnelle Wiedervereinigung.«

Im weiteren Verlauf des Gesprächs geht Mitterrand auf die Bündnisproblematik ein. Er zeigt sich besorgt über die Frage, wie denn mit der unterschiedlichen Bündniszugehörigkeit beider deutscher Staaten verfahren werden solle. »Wo wird ein vereintes Deutschland stehen?« fragt er – wohlwissend, daß deutsche Neutralität die Schaffung einer europäischen Sicherheits- und Verteidigungsidentität und damit substantielle Fortschritte bei der politischen Integration Europas unmöglich machen würde. »François Mitterrand«, so Kohl, »fürchtete aber noch etwas ganz anderes: Ein wiedervereintes, neutrales Deutschland mit einem Ausleger nach Moskau würde bedeuten, daß sich die sowjetische Einflußzone sozusagen an die Stadtgrenze von Straßburg vorschöbe. Er sprach das zwar nicht aus, aber ich bin sicher, daß er dies meinte. Man traute uns Deutschen wenig Stehvermögen zu. Die Zeit der Nachrüstungsdebatte, der Friedensbewegung zu Beginn der achtziger Jahre war noch gut in der Erinnerung unserer westeuropäischen Partner, die uns letztlich für unsichere Kantonisten hielten.

Abschließend sagte ich zu François Mitterrand, es sei sehr wichtig, daß die Menschen in unseren beiden Ländern das Gefühl hätten, es bleibe bei der deutsch-französischen Freundschaft, bei der engen Kooperation Kohl-Mitterrand und dem gemeinsamen europäischen Kurs. Die Deutschen müßten sehen, daß sie Freunde hätten. Die Öffentlichkeit sollte auch wissen, daß im Élysée-Palast ein Mann sitze, der die Entwicklung in Deutschland mit Sympathie betrachte. Er antwortete mir: ›Das halte ich fest.‹«

Dem Gespräch in der alten Schäferei folgt ein Essen, an dem auch Madame Mitterrand teilnimmt. Serviert wird Gänsestopfleber, die Spezialität der Region. »Bei Tisch unterhielten wir uns – wie so oft bei solchen Gelegenheiten – über die Kulturgeschichte unserer beiden Länder. François Mitterrand war sehr daran interessiert und wußte auch auf dem Gebiet der deutschen Literatur recht gut Bescheid. Gemeinsam waren wir schon bei Ernst Jünger gewesen, der auch in Frankreich kein Unbekannter ist. Wir hatten eine sehr interessante Unterhaltung mit dem Schriftsteller gehabt, die François Mitterrand sichtlich beeindruckt hatte und an die er bei dieser Gelegenheit erinnerte.

Beim Mittagessen in Latché unterhielten wir uns auch über den deutschen Kommunismus. Mitterrand fragte mich, wie es die Deutschen denn künftig damit hielten. Er kam in diesem Zusammenhang auch auf den PDS-Vorsitzenden Gregor Gysi zu sprechen, mit dem er bei seinem Staatsbesuch in der DDR zusammengetroffen war. Er sei ein zynischer Intellektueller. Ich stimmte zu und sagte, die Einsetzung Gysis als PDS-Vorsitzender sei ein geschickter Schachzug der SED, nicht zuletzt auch wegen seines Vaters, der im Honecker-Regime Kirchenstaatssekretär gewesen sei. Dies habe sicherlich auch dem Sohn den Zugang zu den Kirchenoberen in der DDR erleichtert.«

Am Nachmittag machen beide Staatsmänner einen ausgiebigen Spaziergang an der nur wenige Kilometer von Latché entfernten Atlantikküste. Den über das deutsch-französische Verhältnis spekulierenden Reportern, von denen sie am Strand zu Dutzenden erwartet werden, wird eine knappe Presseerklärung überreicht, in der der französische Staatspräsident feststellt, daß die wichtigste Aufgabe die Stärkung der EG sei. Langfristig gesehen, müßten auch die mittel- und osteuropäischen Staaten miteinbezogen werden. Die deutsche und die europäische Frage müßten zusammen gelöst werden. Der Bundeskanzler würdigt die deutsch-französische Freundschaft und spricht von einem interessanten und freundschaftlichen Gespräch. Gefolgt von den Journalisten und Fotografen gehen sie am Strand entlang, zur Rechten die schäumende Brandung des Golfs von Biskaya und die wolkenverhangene Sonne.

Wenige Tage darauf nutzt Helmut Kohl die Gelegenheit, vor dem Forum der französischen Öffentlichkeit Mißverständnisse auszuräumen. Auf einer Konferenz in Paris, die von drei angesehenen französischen Instituten ausgerichtet wird, erläutert er, weshalb deutsche Einheit und europäische Integration einander nicht ausschlössen. Er sagt: »Die Bundesrepublik Deutschland steht ohne Wenn und Aber zu ihrer europäischen Verantwortung – denn gerade für uns Deutsche gilt: Europa ist unser Schicksal! Die Schlüsselrolle bei der Fortentwicklung der Gemeinschaft wird – davon bin ich überzeugt – weiterhin Frankreich und der Bundesrepublik Deutschland zufallen. Sowenig Europa in der Vergangenheit ohne die partnerschaftliche Zusammenarbeit zwischen unseren beiden Ländern zusammengewachsen wäre, sowenig kann das Europa der Zukunft ohne ein enges deutsch-französisches Einvernehmen gebaut werden. Frankreich und Deutschland haben in der Nachkriegszeit ein einmaliges Beispiel dafür geliefert, wie zwei benachbarte Völker den langen Weg von einer für ganz Europa zerstörerischen Rivalität zu einer auch für die anderen europäischen Partner fruchtbaren ›Entente‹ gegangen sind. Von diesem Weg werden wir auch in Zukunft nicht abgehen.«

Nicht nur in Paris, sondern auch bei vielen anderen Gelegenheiten warnt der Bundeskanzler vor einem Rückfall Europas in die Denk- und Verhaltensmuster von gestern und vorgestern. »Ebendiesen Rückfall«, erinnert sich Kohl, »beförderten das DDR-Regime und seine Sympathisanten im Westen, indem sie das Gespenst eines erstarkenden Rechtsradikalismus an die

PROPAGANDA UND WIRKLICHKEIT   239

Wand malten, der die Wiedervereinigung Deutschlands betreibe, um anschließend Europa und die Welt wieder einmal das
Fürchten zu lehren. Die friedfertigen Bekenntnisse des deutschen Volkes zur Einheit der Nation wurden so zum gefährlichen Nationalismus umgedeutet. Die Menschen in der DDR
sind damals aber nicht aus chauvinistischen Gründen auf die
Straße gegangen, sondern weil sie mit ihren Landsleuten in der
Bundesrepublik in Frieden und Freiheit zusammenleben wollten. Diejenigen, die ich erlebt habe, in Dresden und auch anderswo, verhielten sich gänzlich normal. Wir Deutschen haben
eine lange gemeinsame Geschichte, die nicht erst mit Bis-
marcks Reichsgründung begann. Zugleich sind wir ein zutiefst
föderales Land. Mir wurde dies sehr deutlich bewußt, als ich in
Dresden die alte Fahne Sachsens gesehen habe. Wer kann etwas
dagegen haben, wenn die Menschen damit zum Ausdruck bringen, daß sie mit der Abschaffung des Landes Sachsen durch die
SED nicht einverstanden waren?«

Den Bundeskanzler irritieren »weniger die vordergründigen
Versuche der SED/PDS-Propaganda, Vaterlandsliebe als Nationalismus zu diffamieren, sondern vielmehr die Art und Weise,
wie im Westen Deutschlands mit solchen Parolen umgegangen
wurde. Viele waren vom Zeitgeist so geblendet, daß sie Patrio-
tismus für eine Form von politischem Extremismus hielten. Sie
selbst schürten bei manchen unserer Nachbarn geradezu die
Angst vor einer angeblichen deutschen Gefahr. Dabei waren sie
unfähig zu erkennen, wie undemokratisch ihr Verhalten war; es
widersprach dem friedlich bekundeten Willen von Millionen
unserer Landsleute in der DDR.«

Kohl weiß, daß für einen Deutschen die Identifikation mit
der Vergangenheit des eigenen Volkes schwieriger ist als für
einen Franzosen, Italiener oder Dänen: »Seit meinem Amtsantritt als Bundeskanzler habe ich mehrere Initiativen ergriffen,
um das Geschichtsbewußtsein zu fördern und zu festigen; so

entstand in Bonn das Haus der Geschichte der Bundesrepublik Deutschland und in Berlin das Deutsche Historische Museum. Diese Einrichtungen sollen die historische Wirklichkeit vermitteln, und dazu gehören die Höhen und Tiefen, die hellen und die düsteren Kapitel unserer Geschichte. Wir haben nicht das Recht, uns daraus auszusuchen, was uns gerade paßt. Die Kenntnis der eigenen Geschichte erlaubt es auch zu verstehen, was die anderen an uns schätzen – und wovor sie sich bei uns fürchten.«

Er gehöre einer Generation an, die alt genug gewesen sei, die Schrecken von Krieg und Diktatur noch mit eigenen Augen zu sehen, aber gleichzeitig zu jung, um in Schuld verstrickt zu werden. Dies habe er 1984 bei einer Diskussion mit Abgeordneten der Knesset, des israelischen Parlaments, in Jerusalem mit den Worten ausgedrückt, daß er für die »Gnade der späten Geburt« dankbar sei. »Der Sinn meiner Worte ist seither immer wieder – auch böswillig – in sein Gegenteil verkehrt worden. Wie oft habe ich erläutert, was ich damals zum Ausdruck bringen wollte: ›Gnade‹ meint eben nicht das Recht, sich der gemeinsamen Haftung für das in deutschem Namen begangene Unrecht zu entziehen. Gerade umgekehrt: Sie bedeutet eine Verpflichtung – den durch eigenes Erleben beglaubigten Auftrag –, alles daranzusetzen, damit auf deutschem Boden nie wieder Unrecht, Unfreiheit und Unfrieden möglich werden. ›Gnade‹ meint aber auch: Es ist nicht das moralische Verdienst meiner Generation, der Verstrickung in Schuld entgangen zu sein. Es war vielmehr der Zufall des Geburtsdatums. Dieser verleiht uns nicht das Recht zu pauschaler Verurteilung jener Generation, die das Dritte Reich bewußt erlebt hat und der diese ›Gnade‹ nicht zuteil wurde.«

Gerade bei den jungen Menschen, die erst nach dem Zweiten Weltkrieg geboren seien, bemühe er sich, Sensibilität für die gemischten Gefühle der europäischen Nachbarn zu wecken:

»Sie sollen begreifen, daß die älteren Menschen in Frankreich, Holland oder Polen, um nur einige Länder zu nennen, die im Zweiten Weltkrieg unter der deutschen Besatzung besonders zu leiden hatten, das ihnen zugefügte Unrecht nicht vergessen haben, auch wenn sie bereit sind, den Deutschen die Hand zur Versöhnung entgegenzustrecken. Dies gilt in besonderem Maße für die Überlebenden des Holocaust. Zu Beginn des neuen Jahres erreichten mich aus Israel und von einer Reihe amerikanisch-jüdischer Organisationen – wie B'nai B'rith International und dem American Jewish Committee, aber auch vom Simon-Wiesenthal-Center in Los Angeles – Briefe und Meinungsäußerungen, aus denen neben Zuspruch und Ermutigung so manche Sorge im Blick auf eine mögliche Wiedervereinigung sprach. Ich legte großen Wert darauf, all diese Fragen sorgfältig zu beantworten.«

Der israelische Premierminister Yitzhak Shamir spricht öffentlich sogar die Befürchtung aus, daß ein geeintes und starkes Deutschland die Gelegenheit nutzen könnte, die an dem jüdischen Volk in der Vergangenheit verübten Verbrechen zu wiederholen. »Ich schrieb damals an Shamir, daß ich solche Äußerungen für geeignet hielte, unsere sonst so guten und spannungsfreien Beziehungen zu belasten. Wie er sei ich der Meinung, daß die von den Nationalsozialisten und ihren Helfern begangenen Untaten nicht verdrängt werden dürften. Die Erinnerung daran müsse als stete Mahnung für uns und für die kommenden Generationen wachgehalten werden. Andererseits sei ich der Überzeugung, daß er, Shamir, mit seinem Urteil den heutigen Deutschen – in beiden deutschen Staaten – nicht gerecht werde, ja ihnen Gerechtigkeit verweigere.

Die Deutschen in der Bundesrepublik hätten sich eine freiheitlich-demokratische Grundordnung gegeben. Sie seien über die Europäische Gemeinschaft und die Atlantische Allianz in die Wertegemeinschaft des Westens eingebunden. Über vierzig

Jahre hindurch hätten sie unter Beweis gestellt, daß sie aus der Geschichte gelernt hätten. Was in der DDR geschehe, sei ein großer Sieg der freien Welt. Wir stünden am Anfang einer Entwicklung, von der wir uns eines Tages auch eine Wiederherstellung der deutschen Einheit erhofften. Niemand in Ost und West werde ein Votum aller Deutschen für die Einheit ihres Landes ignorieren oder als nicht berechtigt in Frage stellen können. Von einem demokratischen und nach rechtsstaatlichen Prinzipien regierten Deutschland werde für niemanden in Europa oder sonstwo eine Bedrohung ausgehen. Deshalb verbiete sich jede Parallele zwischen dem demokratischen Deutschland und der nationalsozialistischen Gewaltherrschaft.«

Immer wieder weist der Kanzler besorgte Fragesteller darauf hin, daß die Deutschen in der DDR mit friedlichen Mitteln eine Diktatur überwunden haben, die unter Berufung auf eine angeblich »antifaschistische« Ideologie versucht hatte, ihnen ein verzerrtes Geschichtsbild aufzudrängen. Die Menschen in der DDR wollten von all dem nichts mehr wissen, sie fühlten sich betrogen und belogen. Sie hätten unter Inkaufnahme erheblicher persönlicher Nachteile gegen Unfreiheit und Unwahrheit gekämpft, was sie besonders immun gegen neue totalitäre Versuchungen mache.

Kohl legt seinen Gesprächspartnern dar, daß die von Adenauer angefangene und von ihm fortgesetzte Politik der europäischen Integration in ihrem Wesenskern antinationalistisch sei. Sie beruhe auf dem Gedanken, daß die von Rivalitäten, Grenzstreitigkeiten und Gleichgewichtsproblemen geprägte europäische Staatenordnung des 19. und frühen 20. Jahrhunderts zugunsten einer supranationalen Staatengemeinschaft überwunden werden müsse. Gerade weil in Deutschland die Narben des Zweiten Weltkrieges so lange sichtbar geblieben seien, hätten die Deutschen das Denken in den Kategorien von Macht- und Einflußsphären und den engstirnigen Nationalismus ein für allemal hinter sich gelassen. »Unzählige Male zitierte ich den ersten Kanzler unserer Bundesrepublik, der im September 1951 im Namen der Bundesregierung es als ›vornehmste Pflicht des deutschen Volkes‹ bezeichnete, im Verhältnis zum Staate Israel und zur Judenheit den ›Geist wahrer Menschlichkeit‹ wieder lebendig und fruchtbar werden zu lassen. Mit diesen Worten beschrieb Konrad Adenauer den Konsens der demokratischen Kräfte in der Bundesrepublik, der seither für die Politik aller Bundesregierungen – unabhängig von deren parteipolitischer Ausrichtung – maßgebend geblieben ist.«

Besonders dankbar vermerkt Kohl, daß es auch viele jüdische Persönlichkeiten im Ausland gegeben habe, die Deutschland mit Nachdruck ihr Vertrauen ausgesprochen hätten. Einer von ihnen sei der aus Wien stammende Londoner Verleger Lord George Weidenfeld. Auf internationalen Veranstaltungen und in zahlreichen Veröffentlichungen habe dieser an das große moralische Erbe von Männern wie Konrad Adenauer, Theodor Heuss, Willy Brandt und vielen anderen Repräsentanten der Bundesrepublik erinnert. »Auch die Haltung meines Freundes Ephraim Kishon hat mich damals sehr beeindruckt«, bemerkt der Kanzler. Deutschland, so schreibt Kishon, sei die einzige Bremse in Europa, die Sanktionen gegen Israel verhindere – gegen »meine von Haß umgebene kleine Insel Israel«, wie er sich wörtlich ausdrückt. Mehr als zehn Millionen deutscher Touristen hätten das Heilige Land besucht und seien als Freunde nach Hause zurückgekehrt. Die positive Einstellung der Deutschen zu Israel sei unübersehbar. Er sei davon überzeugt, daß das künftige vereinte Deutschland ein stärkerer Freund sein werde. Im Namen des proisraelischen Teils von Israel erkläre er deshalb: »Wir sind für die deutsche Einheit!«

Kishon – so der Kanzler – habe verstanden, worum es geht. Tatsächlich hat die DDR die Todfeinde Israels unterstützt. Der

Zusammenbruch des SED-Staates bedeutet deshalb mehr Sicherheit für Israel und damit für viele Überlebende des Holocaust. Unter dem Deckmantel des »Antizionismus« hat die SED jahrzehntelang das Existenzrecht des Staates Israel in Frage gestellt, sogar PLO-Terroristen ausgebildet. Wahr ist auch, daß die DDR hinter der Maske des »Antifaschismus« jahrzehntelang versucht hat, jegliche Verantwortung im Blick auf die NS-Verbrechen zu leugnen und die daraus sich ergebenden Konsequenzen – einschließlich der Wiedergutmachung – auf die Bundesrepublik Deutschland abzuwälzen. Später kommt auch noch heraus, daß die Staatssicherheit Neonazis und deren Aktivitäten in der Bundesrepublik unterstützt hat. Der Kanzler bedauert, daß manche – auch in den Vereinigten Staaten – das nicht gesehen haben und sich statt dessen von der heuchlerischen SED-Propaganda haben beeindrucken lassen.

Zu denen, die sich haben täuschen lassen, gehört der Jüdische Weltkongreß (JWC). Schon Ende November 1989 ist DDR-Außenminister Oskar Fischer mit Maram Stern, dem Bevollmächtigten des JWC-Vorsitzenden Bronfman, zusammengetroffen. Dem Gesprächsprotokoll zufolge hat man übereingestimmt, daß der JWC ein Freund der DDR sei und es auch bleiben werde. Für ihn, Stern, stehe die Frage der Wiedervereinigung nicht auf der Tagesordnung. Der JWC werde alles tun, damit es nicht dazu komme. Man wolle auf die amerikanische Regierung in diesem Sinne einwirken. Stern drückt darüber hinaus »die Sorge des JWC vor einem Ausverkauf der DDR an die BRD aus«. Joint Ventures müßten mit Vorsicht behandelt werden. Was Stern nicht weiß: Dem SED-Regime ist zu diesem Zeitpunkt schon nicht mehr zu helfen.

Besondere Sensibilität erfordert auch der Umgang mit den polnischen Sorgen und Ängsten. Während seines Besuches in Polen im November 1989 hat Kohl über das millionenfache Leid gesprochen, das diesem Land und seinen Menschen im

DIE GRENZE ZU POLEN   245

Zweiten Weltkrieg von Deutschen zugefügt wurde. Der Kanzler weiß aber auch, daß in der Bundesrepublik Millionen Menschen leben, die aus den Gebieten östlich von Oder und Neiße vertrieben worden sind. Auch ihre Wunden sind noch nicht vernarbt, und er nimmt ihre Gefühle sehr ernst. Kohl teilt auch ihre Auffassung, daß die Vertreibung ein großes Unrecht war. In diesem äußerst schwierigen Spannungsfeld muß nun die Frage der Ostgrenze eines vereinten Deutschland geklärt werden.

Für den Bundeskanzler wird dies zunehmend zur Gratwanderung, denn die Gegner seiner Deutschlandpolitik im In- und Ausland instrumentalisieren jetzt beinahe täglich das Thema »polnische Westgrenze«, um ihn in Schwierigkeiten zu bringen. Dazu gehören nicht zuletzt Versuche, ihn in die revanchistische Ecke zu stellen. »Natürlich war mir in jenen Tagen ganz deutlich«, erinnert sich Kohl, »daß eine wesentliche Voraussetzung für die Zustimmung der Vier Mächte und unserer Nachbarn zur deutschen Einheit die endgültige völkerrechtliche Anerkennung der Oder-Neiße-Linie als polnische Westgrenze sein würde. In den früheren deutschen Ostgebieten lebten ja schon in zweiter und dritter Generation Polen, denen diese Landschaften zur neuen Heimat geworden waren. Andererseits schuldeten wir es den Millionen deutscher Heimatvertriebener und Flüchtlinge, diese Anerkennung, die laut Grundgesetz erst von einem gesamtdeutschen Souverän ausgesprochen werden durfte, nicht auf die leichte Schulter zu nehmen, sondern deutlich zu machen, daß hier ein für viele Menschen schmerzhafter Preis für die deutsche Einheit entrichtet wurde. Mit ›Revisionismus‹ oder gar ›Revanchismus‹ hatte dies wahrlich nichts zu tun. Im übrigen war es auch unsere Pflicht, sicherzustellen, daß im Gegenzug zur Grenzanerkennung die Rechte der deutschen Minderheit, deren Existenz von den kommunistischen Machthabern und von nationalistischen Kreisen in Polen jahrzehntelang geleugnet worden war, in völkerrechtlich verbindlicher Form gesichert werden würden.«

Die DDR-Regierungspartei SED/PDS präsentiert sich derweil wie zu den Hochzeiten der Ära Honecker als »konsequent antifaschistisch«. Es ist der durchsichtige Versuch, der dahinsiechenden DDR einen Rest von Staatsräson zu erhalten und damit ihre Existenzberechtigung national und international zu demonstrieren. Da paßt es gut, daß kurz vor Jahresende Unbekannte am streng bewachten Treptower Sowjet-Ehrenmal rechtsradikale Schmierereien angebracht haben. Die SED/PDS mobilisiert daraufhin ihre Anhängerschaft zu einer gewaltigen »Demonstration gegen Neofaschismus und Antisowjetismus«. Mehr als zweihunderttausend Menschen ziehen durch die Straßen Ost-Berlins, vorneweg der amtierende Staatsratsvorsitzende Gerlach, Außenminister Fischer, der Ost-Berliner Oberbürgermeister Krack sowie der sowjetische Botschafter in der DDR, Wjatscheslaw Kotschemassow. In Moskau tritt Außenamtssprecher Gerassimow an die Öffentlichkeit und spricht von »neonazistischen Kräften aus Berlin (West)«, die für diesen Akt des Vandalismus verantwortlich seien.

So konsequent antifaschistisch sich die DDR-Führung unter Modrow gebärdet, so konsequent gibt sie auch vor, die demokratische Erneuerung voranzutreiben. Aus der Volkskammer werden zahlreiche Funktionäre ausgestoßen, deren Namen für die alten Zeiten stehen, unter ihnen die einstigen Politbüromitglieder Werner Eberlein, Werner Jarowinski, Heinz Keßler, Gerhard Schürer, Günter Schabowski und Egon Krenz. Sie und den Interims-Generalsekretär wirft man bald auch aus der Partei. Andere, wie der frühere Volkskammerpräsident Horst Sindermann oder Ex-Verteidigungsminister Keßler, werden verhaftet. Doch alles in allem sind dies erkennbar nur vordergründige Manöver, die nichts anderes bewirken sollen, als die schwindende Macht der taumelnden Staatspartei zu konsolidieren.

Daß es Modrow und seinen Gefolgsleuten genau darum geht, verdeutlichen ihre Versuche, den Staatssicherheitsdienst mit neuem demokratischen Etikett zu versehen, nicht aber auf seine Rolle als »Schild und Schwert der Partei« gänzlich zu verzichten. Unter diesem Eindruck ruft der im Dezember ins Leben gerufene »Runde Tisch«, der die Reformkräfte bündeln soll, am 8. Januar zum Widerstand gegen die »Restaurationspolitik und ihren Sicherheitsapparat« auf. An dem Streit um das Amt für Nationale Sicherheit, wie das Stasi-Ministerium fortan heißen soll, droht nun sogar der »Runde Tisch« zu scheitern.

»Mit seinem Versuch, die Stasi zu retten, erwies sich Modrow einen Bärendienst«, resümiert Kohl. »Ausgerechnet in einer Situation, in der viele unserer Landsleute in der DDR gleichsam schon auf gepackten Koffern saßen, um das Land zu verlassen, strebte er eine Neuauflage des Staatssicherheitsdienstes an. Das mußte natürlich katastrophale Folgen haben. Das hat gewirkt wie ein Frosteinbruch im Frühjahr. Die Stimmung schlug dramatisch um. Aus anfänglichem Optimismus wurden Pessimismus und Verbitterung. Ich bin sicher, die Stimmung in der DDR wäre nicht so verfallen, wenn es diese unseligen Bestrebungen nicht gegeben hätte. Dies nährte nicht nur die ohnehin vorhandenen Zweifel der DDR-Bevölkerung an Modrows Reformwillen, sondern auch Befürchtungen, alles könnte wieder so werden, wie es einmal war. Ich las das aus den vielen Briefen und hörte es von den Besuchern aus der DDR, mit denen ich mich vor dem Kanzleramt oder vor meinem Haus in Oggersheim unterhalten habe«, erinnert sich der Bundeskanzler, der in diesen Tagen die DDR-Führung nachdrücklich auffordert, den Prozeß der Demokratisierung mit dem Ziel freier Wahlen ohne Täuschungsmanöver und ohne Behinderung fortzuführen.

Erst nach dem »Sturm auf die Normannenstraße«, dem letz-

248 DIE DDR VOR DEM ZUSAMMENBRUCH

ten großen Desinformationsmanöver der Stasi am 15. Januar, gelingt es Modrow, die Stasi-Debatte einzudämmen. Es hat den Anschein, als stehe der Dienst jetzt unter der Kontrolle der Reformkräfte. Tatsächlich aber sind die Demonstranten durch von innen geöffnete Tore in den Wirtschaftstrakt des gewaltigen Ost-Berliner Gebäudekomplexes gelotst worden, wo sie nur belangloses Papier durchwühlt haben. Kohl hat offenbar Verdacht geschöpft, wenn er in der Sitzung der Bonner CDU/CSU-Fraktion am Tag darauf sagt, niemand wisse, wie die Bilder von der Besetzung der Stasi-Zentrale zustande gekommen seien. In dem Gebäude, um das es dort ginge, arbeiteten Leute, die provozieren und desorientieren. Das müsse doch nachdenklich stimmen.

So »geschickt« Modrow, der dem »Runden Tisch« jetzt die Beteiligung an der Regierungsverantwortung anbietet, aus seiner Sicht das schwer belastende Stasi-Problem gelöst haben mag, so hilflos steht er vor den gewaltigen wirtschaftlichen Schwierigkeiten des mit mehr als fünfzig Milliarden D-Mark verschuldeten Landes. Im Verlauf der Volkskammersitzung am 11. Januar räumt er ein, daß neben der allgemeinen Stabilität oberste Priorität der Wirtschaftsreform zukomme, die er alsbald angehen wolle. Modrow kündigt außerdem an, er werde bis Ende Januar eine Analyse der Situation und bis Anfang März ein »Plankonzept« für das Jahr 1990 vorlegen.

»Daß Modrow Reformen wollte, daran hatte ich keinen Zweifel«, erinnert sich der Bundeskanzler, fährt jedoch fort: »Ob diese von ihm angekündigten Schritte ausreichen würden, daran hatte ich allerdings erhebliche Zweifel. Ich hatte mir gewünscht, daß Modrow vor der Volkskammer klare Aussagen zur künftigen Wirtschaftsordnung der DDR macht. Aber er war noch der Überzeugung, daß er mit den ihm zur Verfügung stehenden Mitteln das System retten könnte, wobei er sicher nicht nur an Bonner Milliardenhilfen, sondern auch an eine Verstärkung der Wirtschaftsbeziehungen, vielleicht auch an eine Öffnung der Wirtschaftsstruktur bestimmter DDR-Betriebe gegenüber dem Westen dachte.

Unter diesen Umständen taten wir uns in der Bundesregierung schwer, einen sinnvollen Ansatzpunkt für Wirtschaftshilfe für die DDR zu finden. Und ein solcher mußte rasch gefunden werden. Die Menschen würden nur dann in ihrer angestammten Heimat bleiben, wenn man sie davon überzeugen konnte, daß es mit dem Lande schnell bergauf gehe.« Auch sehr schnelle wirtschaftliche Hilfen, so Kohl, hätten Zeit gebraucht, bis ihre positiven Folgen für die Menschen in der DDR erlebbar gewesen wären. Ihm sei es daher darauf angekommen, möglichst bald erneut mit dem DDR-Ministerpräsidenten zusammenzukommen, um ganz konkret über die nächsten Schritte auf dem Gebiet der Wirtschaftspolitik zu verhandeln.

Als Termin für ein solches Treffen wird der Februar vorgesehen. Schnell zeigt sich jedoch, daß die Regierung Modrow nicht mehr die Zeit hat, um die erforderlichen Maßnahmen auf den Weg zu bringen. Die Diskussion um den Staatssicherheitsdienst, die verspätete Vorlage eines unzulänglichen Wahlgesetz-Entwurfs, ein unzureichendes Wirtschaftsrahmengesetz und vor allem immer neue Enthüllungen von Amtsmißbrauch und Korruption haben zu einem totalen Vertrauensverlust gegenüber der staatlichen Autorität der DDR geführt.

»Mit Ausnahme der Regelung des Straßenverkehrs in den Großstädten« – so der Kanzler – »klappte kaum noch etwas in der Verwaltung. Der Magistrat von Ost-Berlin war an den Senat von West-Berlin mit der Bitte herangetreten, alle kommunalen Dienste wie Krankenhäuser, Verkehr, Polizei, Müllabfuhr und anderes mehr für Ost-Berlin zu übernehmen. In einzelnen Gebieten der DDR erklärten sich Bürgermeister und Kreise sogar für unabhängig und setzten sich über die Entscheidungen Ost-Berlins hinweg. Ein besonders interessantes Beispiel dafür war das katholische Eichsfeld. Dort hatten die lokal Verantwortlichen nicht nur in Eigenregie Übergänge zur Bundesrepublik geöffnet, sondern auch die kirchlichen Festtage wieder zu öffentlichen Feiertagen erklärt. Offiziere der Nationalen Volksarmee fragten bei der Bundeswehr wegen einer Übernahme an. Mit einem Wort: Die DDR war nicht mehr in der Lage, elementare staatliche Funktionen wahrzunehmen. Als ich in jener Zeit an einem Wochenende im Pfälzer Wald spazierenging und meine Gedanken für die vor mir liegende Woche ordnete, da wurde es für mich zur Gewißheit, daß der Weg zur Einheit, wie ich ihn in den Zehn Punkten skizziert hatte, zuviel Zeit in Anspruch nehmen würde. Ich hielt es nicht mehr für ausgeschlossen, daß die neugewählte Volkskammer noch im Mai als erstes beschließen würde, daß die deutsche Einheit sofort kommen müsse.«

Wohl aus Furcht davor, als Partner der Regierungspartei SED/PDS eine verheerende Wahlniederlage zu erleiden, gehen die gewendeten Blockparteien, die mit Modrow koalieren, fortan auf Konfrontationskurs, drohen offen mit dem Bruch. Dennoch wird Ende Januar eine »Regierung der nationalen Verantwortung« – jetzt auch unter Einbeziehung der Parteien und Gruppierungen des »Runden Tisches« – gebildet. Gleichzeitig wird der Wahltermin für die Volkskammerwahlen vom 6. Mai auf den 18. März vorgezogen. Ein taktischer Schachzug? Fest steht jedenfalls, daß die CDU zu diesem Zeitpunkt – anders als vor allem die SPD – noch über keinen parteipolitischen Partner in der DDR verfügt.

In einer dramatischen Erklärung vor der Volkskammer, die einem Offenbarungseid gleicht, begründet Modrow am 29. Januar die Terminvorverlegung mit der »schicksalhaften Situation« des Landes. Die ökonomischen und sozialen Spannungen hätten zugenommen und berührten bereits das tägliche Leben vieler Menschen. Alle Maßnahmen und Appelle hätten nicht

MODROWS OFFENBARUNGSEID 251

vermocht, den Aderlaß der DDR abzuwenden. Dieser Aderlaß
schmälere die wirtschaftliche Leistungsfähigkeit – ganz abgesehen von der sozialen Tragik, die damit verbunden sei, sagt
Modrow in Anspielung auf die unvermindert andauernde Ausreisewelle. Mehr als 55 000 Übersiedler sind es wiederum allein
im Januar. »Dies alles zeigte uns«, so Kohl, »daß der zweite
deutsche Staat, die DDR, unweigerlich vor dem Zusammenbruch stand. Der Versuch, die DDR zu reformieren, einen dritten Weg zwischen Kommunismus und Marktwirtschaft einzu-
schlagen, war damit – sicherlich auch zur Enttäuschung vieler
Unbelehrbarer im Westen – unwiderruflich zum Scheitern verurteilt.«

Einer, der leidenschaftlich für den »wahren Sozialismus« gekämpft hat, weil er daran glaubt, registriert die Schwierigkeiten
seiner Nachfolger mit einer gewissen Schadenfreude: Erich Honecker. Sein Sturz sei »das Ergebnis eines großangelegten Ma-
növers«, gibt er gegenüber zwei Journalisten zum besten und
ergänzt noch, daß es sich dabei nicht um große Vorgänge handele, »die von heute auf morgen eintraten, sondern um langfristig angestrebte Veränderungen auf der europäischen Bühne, ja
auf der Weltbühne«. Der verbitterte, schwerkranke Greis wird
Ende Januar aus der Ost-Berliner Charité entlassen und in Un-
tersuchungshaft genommen. Schon wenige Stunden später ist
er jedoch wieder auf freiem Fuß. Er kommt mit seiner Frau in
einem evangelischen Pflegeheim bei Lobetal unter.

»Ein Arzt, der beim Demokratischen Aufbruch mitmachte«,
so Kohl, »berichtete mir, wie in dem Pflegeheim große Wut
gegenüber dem Ehepaar Honecker aufkam, das in zwei kleinen
Zimmern wohnte. Dies entsprach einer weitverbreiteten Stimmung im Lande. Die Leute wollten mit den ›Bonzen‹ abrech-
nen, die sie um die besten Jahre ihres Lebens betrogen hatten.
In der Tat war bei einigen der Wunsch nach Rache schon fast
besorgniserregend. Bei allem Verständnis für die Empfindun-

gen der Menschen in der DDR mußte es unsere Position als Christliche Demokraten sein, Augenmaß zu bewahren. Dies war Bestandteil einer Politik der Mitte, wie ich sie eigentlich immer verstanden habe, einer Politik, die den geschichtlichen Herausforderungen Rechnung trägt und die in die Zukunft führt.«

GRÜNES LICHT
AUS MOSKAU, ABER...

Die Informationen, die am 30. Januar 1990 im Bundeskanzleramt eintreffen, deuten auf eine dramatische Wende in der sowjetischen Deutschlandpolitik hin. Nach Gesprächen mit dem
nach Moskau einbestellten DDR-Ministerpräsidenten Modrow
soll Gorbatschow gesagt haben, die Sowjetunion habe prinzipiell nichts gegen eine Vereinigung der beiden deutschen Staaten einzuwenden. Der sowjetische Generalsekretär wird von
der Ost-Berliner Nachrichtenagentur ADN dahingehend zitiert, daß bei den Deutschen in Ost und West sowie bei den vier
Siegermächten des Zweiten Weltkrieges nach seiner Ansicht
Einvernehmen darüber bestehe, daß die Vereinigung der Deutschen niemals und von niemandem prinzipiell in Frage gestellt
werde.

Modrows Äußerungen vor der internationalen Presse in
Moskau machen die Worte Gorbatschows vollends zur Sensation. Der Mann, der für den Fortbestand einer reformierten
DDR gekämpft hat, der bis unmittelbar vor seinen Gesprächen
im Kreml solches nicht über seine Lippen gebracht hätte,
spricht nun plötzlich von einem »einigen deutschen Vaterland«.
Er sagt: »Ich gehe davon aus, daß es in der Tat jetzt notwendig
sein wird, sich der Frage für ein einiges deutsches Vaterland –
oder welche Begriffe dafür auch immer in jüngster Zeit geprägt
wurden – mit Entschiedenheit zuzuwenden.«

Tags darauf legt Modrow in Ost-Berlin einen Plan »Für
Deutschland einig Vaterland« vor. Zu Beginn seiner Ausfüh-

rungen sagt er, die Vereinigung der beiden deutschen Staaten rücke auf die Tagesordnung. Die Teilung müsse im Rahmen des europäischen Prozesses überwunden werden. Er, Modrow, stimme mit Gorbatschow überein, daß dies in Etappen von der Vertragsgemeinschaft über »konföderative Züge« und weitere Schritte hin zu einer Föderation, also einer bundesstaatlichen Ordnung, erreicht werden solle. Deutschland solle bis dahin militärisch neutral sein, fügt Modrow hinzu und betont, daß seine Konzeption zumindest in groben Zügen mit Gorbatschow abgesprochen sei.

Diese Entwicklung habe, so der Bundeskanzler, auch ihre problematische Seite gehabt: »Die Initiative Modrows zeigte uns, daß die Sowjetunion auf die Frage, wie der Zusammenbruch der DDR abzuwenden sei, keine Antwort wußte. Das, was von östlicher Seite vorgeschlagen wurde, unterschied sich von meinem Zehn-Punkte-Programm in einem enorm wichtigen Punkt, wie die Präzisierungen Modrows nach seiner Heimkehr am 1. Februar in Ost-Berlin bestätigten: Das wiedervereinte Deutschland sollte neutral sein. Hätte Michail Gorbatschow jetzt das Angebot einer raschen Wiedervereinigung gegen NATO-Austritt und Neutralität unterbreitet, so hätte dies in der Öffentlichkeit beider deutscher Staaten auf breite Zustimmung stoßen können. Der daraus resultierende Druck auf die Politik hätte fatale Folgen haben können. Ich war zutiefst davon überzeugt, daß die Neutralisierung für uns, wie für Europa insgesamt, ein verhängnisvoller Fehler wäre, im Ergebnis so schlimm wie nur noch die Isolierung Deutschlands durch den Vertrag von Versailles. Eine Neutralisierung Deutschlands hätte schon sehr bald eine Erosion und dann das Ende von NATO und EG bedeutet.«

Am 1. Februar tritt der Bundeskanzler mit einer Erklärung, in der er auf die Modrow-Initiative eingeht, an die Öffentlichkeit. Er hebt darin hervor, daß sich nunmehr auch Modrow

»eindeutig zum Ziel der staatlichen Einheit Deutschlands auf der Grundlage freier Selbstbestimmung« und zu einem »schrittweisen Vorgehen unter Berücksichtigung der Interessen aller europäischen Staaten« bekenne. Er erinnert sodann an sein Zehn-Punkte-Programm, in dem er den Weg zur Verwirklichung der deutschen Einheit aufgezeigt habe, wie sie den Wünschen und Interessen der überwältigenden Mehrheit aller Deutschen entspreche. Über die einzelnen Schritte zur deutschen Einheit wolle er, Kohl, allerdings nicht mit Modrow, sondern »mit einer aus freien Wahlen hervorgegangenen Regierung der DDR« erst nach den Volkskammerwahlen vom 18. März verhandeln. Ein Konzept deutscher Neutralität – das von Teilen der SPD und den Grünen nicht zurückgewiesen wird – lehne er strikt ab. Es widerspreche der Logik eines gesamteuropäischen Einigungsprozesses, in dem ein vereintes Deutschland keine Sonderstellung einnehmen dürfe.

Am 2. Februar, dem Vortag seines geplanten Treffens mit Modrow in Davos, erreicht den Kanzler ein Schreiben Gorbatschows, in dem dieser auf seine Gespräche mit dem DDR-Ministerpräsidenten in Moskau eingeht. Gorbatschow, so Kohl, habe darin von »einer Reihe interessanter Ideen und Gedanken über die Annäherung beider deutscher Staaten und die Gestaltung von neuen Beziehungen der Zusammenarbeit und Partnerschaft zwischen ihnen« gesprochen. Die Sowjetunion gehe davon aus, daß der realistischste und praktischste Weg zu diesem Ziel die Schaffung einer Vertragsgemeinschaft sei, als Etappe auf dem Weg zu einer Konföderation. Dies trage dazu bei, daß die Lage stabil bleibe und nicht außer Kontrolle gerate. In seinem Schreiben erwähnt er mit keinem Wort die entscheidende Frage der Bündniszugehörigkeit. Gorbatschow schließt seinen Brief mit den Worten: »Wie auch Sie verspüre ich die Notwendigkeit, unmittelbar, persönlich und unter vier Augen mit Ihnen zu sprechen. Ich lade Sie ein, am 9. Februar 1990 nach Moskau zu fliegen, wenn dies Ihnen genehm ist, für ein Arbeitstreffen, welches inoffiziell und frei von Protokoll sein soll.«

Andere aus dem Apparat der KPdSU äußern sich zur Frage der Bündniszugehörigkeit Gesamtdeutschlands eindeutiger. So erklärt Moskaus Bonner Botschafter Kwizinski in der DKP-Zeitung *Unsere Zeit* kategorisch, daß ein vereintes Deutschland keinesfalls der NATO angehören könne. Der stellvertretende Sprecher des Moskauer Außenministeriums, Juri Gremitskich, oder etwa der Gorbatschow-Berater Valentin Falin äußern sich in gleichem Sinne.

In seiner Rede vor dem World Economic Forum am 3. Februar im schweizerischen Davos, an dem mehr als fünfhundert Spitzenvertreter aus Wirtschaft und Politik, darunter mehrere Staats- und Regierungschefs, teilnehmen, erklärt der Kanzler noch einmal klipp und klar, daß er eine Neutralität Deutschlands strikt ablehne. Es folgt ein leidenschaftliches Bekenntnis zu Europa: »Unser alter Kontinent ist wieder da – mit neuer Kraft und neuem Selbstbewußtsein. Wir haben die düsteren Prognosen der siebziger und achtziger Jahre über eine ›Eurosklerose‹ widerlegt. Heute steht Europa im Zentrum des weltpolitischen Geschehens. Es ist wieder Subjekt – und nicht mehr nur Objekt des weltpolitischen Geschehens. Die Europäische Gemeinschaft wächst immer mehr zusammen. Tiefgreifende politische, wirtschaftliche und soziale Reformen in den Staaten Mittel-, Ost- und Südosteuropas prägen die Schlagzeilen. In der Mitte Europas, in Deutschland, erleben wir die erste friedliche Revolution unserer Geschichte. Die Frage der deutschen Einheit steht unübersehbar auf der Tagesordnung.«

Auf Kohls Interesse stößt, was der DDR-Ministerpräsident gegenüber einer schweizerischen Radiostation äußert. Modrow sagt in dem Interview, sein Vorschlag eines militärisch neutralen Deutschland stelle lediglich ein Angebot zum Dialog dar und sei nichts »Festgeschriebenes«. Darüber könne ebenso diskutiert werden wie über die Deutschland-Pläne anderer Politiker. Noch am selben Wochenende trifft der Kanzler in einer Suite des Davoser Hotels Steigenberger Belvedere mit dem DDR-Ministerpräsidenten zusammen. »Wir unterhielten uns eine knappe Stunde«, so Kohl. »Modrow sagte mir, er habe seine Überlegungen zur Zukunft Deutschlands angestellt, weil die Menschen nach wie vor in Scharen das Land verließen. Er habe sie weder mit seiner Regierung noch mit dem Runden Tisch abgestimmt. Nach seinen Gesprächen mit Michail Gorbatschow habe er diese persönliche Initiative ergriffen.

Obwohl ich mit keinem Wort auf seine Initiative ›Für Deutschland einig Vaterland‹ einging, hatte ich damals den Eindruck, als habe Modrow die DDR in Wahrheit immer noch nicht abgeschrieben. Ich glaube, er versuchte nur Zeit zu gewinnen und hoffte, die Lage vielleicht doch noch konsolidieren zu können. Modrows Vorgehen erinnerte mich an den zurückliegenden November, als er mit seinem Vorschlag einer Vertragsgemeinschaft schon einmal versucht hatte, die deutschlandpolitische Initiative an sich zu ziehen. Nachdem ich Modrow gesagt hatte, daß Einheit und Bündniszugehörigkeit hier und heute nicht unser Thema seien und ich bald nach Moskau reisen würde, um dort mit Gorbatschow selbst darüber zu verhandeln, schilderte er mir die Lage in der DDR in düstersten Farben.«

Modrow habe berichtet, daß die etablierten Parteien in der DDR kaum noch Einfluß hätten; es gebe an der Basis eine solche Spontaneität, daß alles an ihnen vorbeigehe. Die Verwaltung zerfasere; jedem Amtsträger werde etwas angelastet. Die Versorgung sei schwierig, hinzu komme die Rechtsunsicherheit. So fragten ihn die Bauern, ob die Bodenreform weiter Bestand habe, wenn sie frühere Großgrundbesitzer durch Mecklenburg fahren und ihre alten Besitzungen besichtigen sähen.

Streiks und Demonstrationen erschwerten die Lage zusätzlich. Vom Ausbluten seines Landes durch die riesigen Übersiedlerzahlen wolle er gar nicht reden. Sein Grundanliegen sei es, die rasant verlaufende Entwicklung steuern zu können. Hierfür müsse den Menschen in der DDR eine Perspektive gegeben werden. Die Bildung einer neuen Regierung und die Vorverlegung der Wahlen auf den 18. März hätten keine taktischen Gründe, sondern sollten der politischen Beruhigung dienen.

Nun sei die Bundesrepublik gefordert. ›Wo bleibt Ihre Hilfe?‹ habe Modrow ihn gefragt und gemeint, daß das Vertrauen der Menschen in der DDR auf echte Leistungen der Bundesrepublik nicht mehr groß sei. Erneut habe er, wie schon einige Tage zuvor gegenüber Seiters, Wirtschaftshilfe der Bundesregierung in Höhe von fünfzehn Milliarden D-Mark gefordert. Mit der Unterstützung der Bundesrepublik müsse man jetzt über den März hinweg bis Anfang Mai kommen. Wenn diese nicht erfolge, könne alles zusammenbrechen.« Er habe zugehört, so Kohl, aber keinen Zweifel daran gelassen, daß er nicht bereit sei, den Betrag zu befürworten. Er glaube einfach nicht, daß das DDR-System in seinem jetzigen Zustand auch mit einer Milliardenspritze aus Bonn noch funktionieren könne, habe er Modrow erwidert.

Von der Opposition, aber auch vom Koalitionspartner FDP wird massiver Druck ausgeübt, Kohl möge doch endlich der Milliardenhilfe zustimmen. In weiten Teilen der Presse wird der Eindruck vermittelt, der Kanzler schaue tatenlos einem Zerfall der DDR zu. Eine Hamburger Wochenzeitung wirft ihm gar vor, er sei »ganz konkret unsolidarisch«. »Ich ließ mich davon nicht beirren«, sagt Kohl. »Es wäre doch geradezu absurd gewesen, dieses Regime wenige Wochen vor der ersten demokratischen Wahl zu stützen. Für unsere Landsleute gewährten wir natürlich dringend benötigte Soforthilfen.« Damit meint der Kanzler den Reisedevisenfonds und die ERP-Kredite vor allem für kleinere und mittlere Unternehmen, ebenso Schulung und Technologietransfer sowie Umweltschutz und Verbesserung der Verkehrswege. Für medizinische Geräte und Ausrüstungen werden dreihundert Millionen D-Mark bereitgestellt. Alles in allem geht es um einen Betrag von fünf Milliarden D-Mark.

Tatsächlich werden im Bundeskanzleramt bereits viel weiterreichende Schritte geplant, ja es wird die entscheidende Weichenstellung in Richtung staatliche Einheit vorbereitet. Der Kanzler: »Wir hatten es bis dahin aus guten Gründen vermieden, die Dynamik des Einigungsprozesses zu forcieren. Inzwischen war die Situation so dramatisch geworden, daß wir uns nicht länger zurückhalten konnten. Wir mußten den potentiell ausreisebereiten Menschen in der DDR ein überzeugendes Signal geben, daß sich die Verhältnisse in ihrer Heimat in überschaubarer Zeit zum Besseren wenden würden. Auf einen kurzen Nenner gebracht: Wenn wir verhindern wollten, daß die Leipziger zur D-Mark kommen, dann mußte die D-Mark zu den Leipzigern kommen. Politisch und ökonomisch bedeutete dies, daß wir bereit waren, auf ungewöhnliche, ja revolutionäre Ereignisse in der DDR unsererseits eine ungewöhnliche, ja revolutionäre Antwort zu geben. Ich war mir dabei bewußt, daß eine schnelle Einführung der D-Mark in der DDR mit ökonomischen Risiken verbunden, aber technisch machbar sein würde. Vor allem aber war sie politisch zwingend geboten. Daß es um mehr ging als nur um eine kaufkräftige Währung, nämlich um gesellschaftliche und politische Reformen, um Freiheit und Menschenrechte, muß ich wohl nicht eigens betonen.«

Am Nachmittag des 6. Februar kündigt Kohl in der CDU/CSU-Bundestagsfraktion an: »Ich glaube, wir müssen jetzt an die DDR herantreten und einfach sagen, daß wir bereit sind, mit ihr unverzüglich in Verhandlungen über eine Währungs- und Wirtschaftsunion einzutreten.« Dieser Satz spreche sich sehr einfach aus, bemerkt Kohl, doch in Wirklichkeit gehe es um nicht weniger als um die Einführung von Ludwig Erhards Sozialer Marktwirtschaft in der DDR.

Am Tag darauf begründet der Kanzler die geplanten Schritte im Kabinett mit dem Hinweis, die Dramatik der Entwicklung sei unübersehbar und die Menschen hätten das Vertrauen in die SED-Führung verloren. Die Bundesregierung beschließt, einen Kabinettsausschuß »Deutsche Einheit« einzurichten, der vom Bundeskanzler geleitet wird. Sein Stellvertreter ist Kanzleramtsminister Seiters. Der Ausschuß besteht aus sechs Arbeitsgruppen, die sich mit den anfallenden innen- und außenpolitischen Problemen beschäftigen und von den jeweiligen Fachministern geführt werden. Im Brennpunkt des Interesses steht zunächst die Arbeitsgruppe, in der die Währungs- und Wirtschaftsunion vorbereitet wird.

»Ausschlaggebend für meine Initiative«, so Kohl, »war nicht allein die Entwicklung in der DDR. Auch in der alten Bundesrepublik galt es, Signale zu setzen. Die Belastungen durch die gewaltigen Übersiedlerzahlen waren sehr groß geworden. Wir hatten angefangen, die ersten Schulen wegen Überfüllung der Unterrichtsgebäude und Turnhallen mit Übersiedlern zu schließen. Diejenigen, die aus der DDR zu uns kamen, hatten einen Anspruch auf volle Sozialleistungen und erhielten überdies das Begrüßungsgeld. Das Geld stand nicht nur denen zu, die blieben, sondern auch den Besuchern, so daß allein für sie mehrere Milliarden D-Mark zur Verfügung gestellt wurden. Diese Solidaritätsleistungen für unsere Landsleute wurden zum Aufhänger für eine infame Angst- und Neidkampagne, mit der die Bundesbürger gegen ihre Landsleute aus der DDR aufgehetzt werden sollten.«

Oskar Lafontaine, der im saarländischen Landtagswahlkampf steht, spricht von einem Zugriff auf die sozialen Sicherungssysteme der Bundesrepublik und schlägt vor, nur noch

Übersiedler aufzunehmen, die sich bereits von der DDR aus Wohnung und Arbeit im Bundesgebiet gesichert hätten. Wie der SPD-Politiker warnen zahlreiche Linksintellektuelle darüber hinaus in Offenen Briefen und Unterschriftenaktionen vor »den ökonomischen Folgen eines hastigen Anschlusses der DDR an die BRD« ebenso wie vor der Wiederkehr eines »großdeutschen Nationalismus«. Günter Grass plädiert für eine »Konföderation und gegen das Einheitsgeschrei«, und eine von Sozialdemokraten getragene Bremer Initiative fordert lautstark, frühere Reparationszahlungen der DDR an die Sowjetunion in Höhe von 727 Milliarden D-Mark müßten von der Bundesrepublik ausgeglichen werden.

Der Bundeskanzler blickt zurück auf die innenpolitische Lage: »Lafontaine hatte im Saarland mit Hilfe seiner Angstkampagne die meisten Republikaner-Sympathisanten für sich eingenommen und nicht zuletzt deshalb die saarländischen Landtagswahlen gewonnen. Aber auch in meiner eigenen Partei wuchs die Sorge vor den Folgen des Übersiedlerstroms und mehrten sich die ängstlichen Fragen: Wie lange die Solidarität der Bürger mit den Übersiedlern bei zunehmender Belastung noch halten werde? Ob denn die Unterbringung überhaupt noch gewährleistet werden könne, wenn die Menschen weiterhin aus der DDR zu uns kämen? Ob aus der nationalen jetzt eine soziale Frage werde? Es war schon eigenartig, daß nun, da das Tor offenstand, so viele Deutsche offenbar Angst bekamen. Im CDU-Bundesvorstand erklärte ich daher: Wenn wir zuließen, daß unser Land in dieser Schicksalsstunde aus finanziellen Gründen vor der Einheit zurückweiche, dann habe die Bundesrepublik vor der Geschichte abgedankt.«

Eine entscheidende Frage, vor der der Bundeskanzler, der Wirtschaftsminister und die Experten stehen, lautet nun: In welchem Verhältnis sollen D-Mark und DDR-Mark umgetauscht werden? Kohl stellt von Anfang an Überlegungen an, einen Umtausch 1 zu 1 in begrenztem Umfang zuzulassen. »Die Formel ›1 zu 1‹ würde natürlich von enormer politisch-psychologischer Bedeutung sein; sie würde den Menschen in der DDR signalisieren, daß es um Solidarität unter Gleichberechtigten ging – und nicht um eine herablassende Geste des reichen gegenüber dem armen Vetter. Ich war mir natürlich bewußt, daß dies ein höchst ungewöhnliches Angebot war, für das man in keinem Lehrbuch der Ökonomie ein Beispiel nachlesen konnte. Als eine der stabilsten Währungen der Welt war die D-Mark das Fundament unseres Wohlstandes. Deshalb mußten wir sorgsam mit ihr umgehen. Dennoch hielt ich ein solches Vorgehen im Interesse der sozialen Stabilität in der DDR für richtig. Was wir freilich seinerzeit nicht ahnten, war das katastrophale Ausmaß der Wirtschaftsmisere der DDR. Hier waren wir der SED-Propaganda von der zehntgrößten Industrienation der Erde auf den Leim gegangen. Das ganze Versagen der Planwirtschaft sollte erst viel später offenbar werden.«

Der Gedanke einer schnellen Einführung der Währungsunion stößt beim Präsidenten der Bundesbank zunächst auf Skepsis: Karl-Otto Pöhl erklärt nach einem Treffen mit DDR-Notenbankchef Horst Kaminsky Anfang Februar in Ost-Berlin, eine Währungsunion sei verfrüht. Dies könne nur stufenweise geschehen und werde »sicherlich noch eine Weile dauern«. Es wäre ferner eine »Illusion« zu glauben, daß die sofortige Einführung der D-Mark in der DDR auch nur ein einziges Problem lösen könne. Diese Ideen seien »doch sehr phantastisch«. Die DDR müsse vielmehr dafür sorgen, daß ihre Mark schrittweise konvertibel gemacht werde.

Dem kann der Bundeskanzler nicht zustimmen: »Nach der reinen Lehre war ein solcher Weg sicher besser, aber er war aus politischen Gründen praktisch unmöglich. Außerdem war eine gemeinsame Währung ein entscheidender Schritt auf dem Weg zur deutschen Einheit. Die Währungsunion würde – und dessen war ich mir voll bewußt – für die DDR-Wirtschaft einem Sprung ins kalte Wasser gleichkommen. Wir mußten ihn aber dennoch wagen.«

Zahlreiche Bedenkenträger hätten unterdessen zweistellige Inflationsraten für den Fall der D-Mark-Einführung in der DDR prophezeit. Der Kanzler hebt hervor, daß Bundesbankpräsident Pöhl und seine Kollegen die auch für sie völlig neuartige Herausforderung angenommen hätten, weil sie begriffen, daß es um eine politische Schicksalsfrage für ganz Deutschland gegangen sei. »Mit Pöhl und der Bundesbank haben wir dann alle Schritte in engstem Kontakt und vollem Einvernehmen getan, denn wir waren uns bewußt, daß die Sache auf dem Punkt sitzen mußte«, so Kohl. Überhaupt sei die Haltung der meisten bedeutenden Ökonomen in dieser Phase beachtlich gewesen: »Jene, die die politische Unvermeidlichkeit dieses Schritts erkannt hatten, erklärten uns: ›Wir können zwar unsere Stirn in Falten legen, aber ihr habt im Prinzip keinen anderen Ausweg, als auf diese Weise schnell zu handeln!‹«

Das Zusammenbrechen der DDR und die von der Bundesregierung nunmehr eingeleiteten Maßnahmen, so Kohl, seien auch Gegenstand eines kurzen Telefongesprächs gewesen, in dem er am 5. Februar dem französischen Staatspräsidenten Mitterrand erklärt habe: »Der Staat und die staatlichen Strukturen sind in Auflösung begriffen, die Autorität der Regierung liegt bei nahezu null, die lokalen Instanzen machen, was ihnen in den Sinn kommt.« Modrow sei in Moskau gewesen, wo ihm Gorbatschow gesagt habe, er könne nicht mehr helfen. Er selbst, Kohl, habe von Gorbatschow am vergangenen Freitag eine Botschaft erhalten, in der ihm dieser den Ernst der Lage in der DDR geschildert und ihn gebeten habe, zur Stabilisierung beizutragen. In den nächsten Tagen wolle er deshalb zu einem Kurzbesuch in die Sowjetunion reisen, um mit Gorbatschow alles zu besprechen.

»Ich sagte zu Mitterrand, daß ich nicht wisse, welche Vorschläge Gorbatschow machen werde. Der Westen müsse jetzt eng zusammenstehen. Alles müsse im europäischen Konsens geschehen. Dies sei besonders wichtig, weil bei der deutschen Linken Neigungen auszumachen seien, mit der Neutralität zu liebäugeln. Dies sei nicht meine Position, und ich würde Michail Gorbatschow deutlich sagen, daß ein neutrales Deutschland für mich nicht akzeptabel sei. Unmittelbar nach meiner Rückkehr aus der Sowjetunion würde ich ihn anrufen und über das Gespräch mit Gorbatschow berichten.«

Mit der amerikanischen Führung koordiniert der Bundeskanzler sein weiteres Vorgehen am Vorabend seiner mit Spannung erwarteten Moskauer Gespräche. In Washington geht man schon fest davon aus, daß die deutsche Einheit kommen wird. Um die Entwicklung nicht sich selbst zu überlassen, sondern die Weichen in Richtung eines der NATO angehörenden Gesamtdeutschland zu stellen, hat das State Department einen politischen Rahmen ersonnen, in dem die multilateralen Verhandlungen über die äußeren Aspekte der deutschen Einheit stattfinden können. So ist die Idee von den Zwei-plus-Vier-Gesprächen entstanden. Gemeint sind damit Konsultationen zwischen den beiden deutschen Staaten und den vier Siegermächten des Zweiten Weltkriegs. Um diesen Vorschlag den Sowjets noch vor der KSZE-Außenministerkonferenz »Open Skies« zu unterbreiten, die vom 12. bis 14. Februar im kanadischen Ottawa stattfinden soll, reist US-Außenminister James Baker, nachdem er diese Vorgehensweise mit Bonn abgesprochen hat, nach Moskau, wo er am 9. und 10. Februar mit Schewardnadse und Gorbatschow zusammentrifft.

»Ich hatte immer wieder auf einer solchen Formel bestanden«, erläutert der Bundeskanzler. »Es hatte ja auch Bestrebungen gegeben, statt dessen eine Vier-Mächte-Konferenz einzuberufen. Das wäre jedoch ein absolut unzeitgemäßes Arrangement gewesen; es konnte einfach nicht sein, daß die vier Siegermächte des Zweiten Weltkrieges nach all den friedlichen Entwicklungen der vergangenen Jahrzehnte über die Köpfe der Deutschen hinweg verhandelten und wir immer noch wie Unmündige behandelt wurden. Genausowenig Interesse konnten wir daran haben, den Kreis über die sechs Teilnehmer Bundesrepublik Deutschland, DDR, USA, Großbritannien, Frankreich und Sowjetunion hinaus zu erweitern – etwa auf die anderen Staaten, die mit dem Dritten Reich im Krieg gestanden hatten. Bei einer umfassenden Friedenskonferenz wären natürlich auch alle die Staaten dabeigewesen, die dem Dritten Reich erst in den letzten Kriegsmonaten Anfang 1945 den Krieg erklärt hatten. Das wären an die fünfzig Teilnehmer gewesen, von denen ein paar böswillige mit ihren Forderungen den Einigungsprozeß ins Stocken – wenn nicht zum Stillstand – hätten bringen können. Viele Menschen in der Bundesrepublik hätten sich dann enttäuscht gefragt, ob das der Lohn für all unsere Hilfsbereitschaft, für all unser konstruktives Engagement in der Vergangenheit sei.«

Der Austausch zwischen Washington und Bonn ist intensiv. »Am 9. Februar, dem Tag vor meiner Abreise in die sowjetische Hauptstadt«, so Kohl, »erhielt ich über die amerikanische Botschaft in Bonn einen Brief von George Bush. Darin nahm er noch einmal Bezug auf unser letztes persönliches Treffen am 3. Dezember in Brüssel, das er sehr genossen habe. Er schrieb, daß unser fortgesetzter enger Meinungsaustausch, der in diesen schnell ablaufenden Zeiten entscheidend sei, auch eine persönliche Freude sei. Er freue sich, auch in Zukunft eng mit mir zusammenzuarbeiten und die engen Bindungen zwischen der Bundesrepublik und den Vereinigten Staaten auszubauen.

Auf meine bevorstehenden Gespräche in Moskau ging George Bush auch noch in einem gesonderten, amtlich gehaltenen Schreiben ausführlich ein. Wie ich ihm bei unserem letzten Telefongespräch richtig vorausgesagt hätte, habe sich die Situation in der DDR dramatisch verschlechtert; damit werde das Tempo der Vereinigung forciert. Diese neue Entwicklung, so George Bush, ändere nichts an der Haltung der Vereinigten Staaten, die dem deutschen Volk die Erfüllung seiner tiefen Sehnsucht nach staatlicher Einheit wünschten. Nach dem Zweiten Weltkrieg sei es das wichtigste Anliegen der Amerikaner gewesen, uns bei der Schaffung eines neuen, demokratischen Deutschland zur Seite zu stehen. Die Rechte der Vereinigten Staaten als Besatzungsmacht in Deutschland und Berlin seien darauf gerichtet gewesen, dieses Aufbauwerk zu schützen. Heute könne niemand mehr an der Stärke und Kraft der demokratischen Ordnung in der Bundesrepublik Deutschland zweifeln.

George Bush versicherte mir, daß die Vereinigten Staaten nichts tun würden, was die Deutschen in Ost und West glauben machen könnte, Amerika würde ihren Willen zur staatlichen Einheit nicht respektieren. Auf keinen Fall würden es die USA der Sowjetunion erlauben, den Vier-Mächte-Status als ein Instrument zu benutzen, um ein Deutschland gemäß Moskaus Vorstellungen zu schaffen.

Die Rolle des vereinten Deutschland im westlichen Bündnis sei eine Angelegenheit, so Bush, die das deutsche Volk selbst zu entscheiden habe. Über meine Zusicherung, daß ich eine Neutralisierung ablehne und Deutschland in der NATO bleiben werde, war er zutiefst befriedigt. Er schlug vor, daß bei einer Mitgliedschaft des vereinten Deutschland in der NATO das Gebiet der DDR einen besonderen militärischen Status erhalten sollte. Er glaubte, eine solche Vereinbarung stünde der Sicherheit Deutschlands und seiner Nachbarn nicht im Wege – gerade im Hinblick auf den umfassenden und möglicherweise totalen Abzug der sowjetischen Truppen aus Mittel- und Osteuropa.

Um meine Position zu unterstützen, hatte er öffentlich erklärt, er erwarte, daß Deutschland Mitglied der NATO bleibe. Die NATO selbst werde ihre Aufgabe verändern und ihre politische Rolle verstärken müssen. Er wisse, daß wir in der Auffassung übereinstimmten, daß die Anwesenheit amerikanischer Truppen auf deutschem Territorium sowie das Prinzip der nuklearen Abschreckung wichtig seien, um Stabilität in dieser Zeit des Wandels und der Ungewißheit zu bewahren. Nichts, was Michail Gorbatschow mir in Moskau erklären würde, könne etwas an unserer tiefen und anhaltenden Partnerschaft ändern. Außerdem sicherte mir George Bush noch zu, daß ich rechtzeitig vor meinem Treffen mit Gorbatschow von US-Außenminister Baker über den Ausgang der Moskauer Gespräche unterrichtet werden würde.«

Gegenüber seinen Mitarbeitern bezeichnet Kohl den Brief als ein »Dokument der Freundschaft, auch der persönlichen Freundschaft, wie sie besser nicht sein könnte. Ich bin sicher, wenn dieser Brief einmal zu einem späteren Zeitpunkt veröffentlicht wird, wird er zu den Marksteinen der deutsch-amerikanischen Freundschaft gezählt werden.«

Am Morgen des 10. Februar 1990 startet die Boeing 707 der Flugbereitschaft mit der deutschen Delegation an Bord in Richtung Moskau. Der Bundeskanzler hat sich intensiv auf das Gespräch mit dem mächtigsten Mann der Sowjetunion vorbereitet: »Es mußte mir vor allem darum gehen, Gorbatschow die Lage in der DDR deutlich vor Augen zu führen. Er sollte wissen, daß wir nicht an einer Destabilisierung interessiert waren, jedoch in der DDR der Wille zur Einheit da sei. Im übrigen wußte auch Gorbatschow, daß sich von den Warschauer-Pakt-Staaten die tschechoslowakische, die polnische, die ungarische, die rumänische und selbst die bulgarische Regierung für die deutsche Einheit ausgesprochen hatten. Dennoch saßen wir mit sehr gemischten Gefühlen im Flugzeug. Welche Pläne hatte Gorbatschow? Würde er uns seine Zustimmung zu Deutschlands Einheit um den Preis der Neutralität anbieten und uns damit in größte Schwierigkeiten bringen? Eines schien mir gewiß: Ein so entspanntes Treffen wie im Juni 1989 in Bonn würde es sicherlich nicht werden, denn im Kreml türmten sich die Probleme. Die DDR war dabei aus sowjetischer Sicht nur eines, wenngleich ein besonders großes. Auch in der Tschechoslowakei und in Rumänien waren gewaltige Umwälzungen im Gange. Im sowjetischen Vielvölkerstaat gärte es inzwischen an allen Ecken und Enden, einmal ganz abgesehen von den riesigen wirtschaftlichen Schwierigkeiten. Diese zwangen Michail Gorbatschow zum Handeln, doch wer handelt schon gerne unter Zwang?«

Gegen 14 Uhr, bei strahlendem Sonnenschein und klirrender Kälte, landet die Maschine der Bundeswehr mit Kohl, Genscher, Teltschik, Neuer und den übrigen Begleitern auf dem Moskauer Flughafen Wnukowo II. »Wir spürten regelrecht die angespannte Lage in Moskau. Schon von weitem machten wir vor den dunklen Limousinen und der Ehrenformation den sowjetischen Außenminister Eduard Schewardnadse aus, der herausgekommen war, um uns zu empfangen. Dies sah ich als ein gutes Zeichen an; Hans-Dietrich Genscher gab mir recht. Nachdem wir die Gangway heruntergestiegen waren, begrüßte uns Schewardnadse zwar recht kühl, begleitete mich dann jedoch nach dem Abschreiten der Ehrenformation auf der rasend schnellen Fahrt auf dem sogenannten Regierungsstreifen hinauf zu den Leninbergen, wo ich mit meinen Mitarbeitern in einem Gästehaus der sowjetischen Regierung untergebracht war.«

Kohl hat sich in dem hermetisch abgeriegelten und vom KGB bewirtschafteten Komplex an der Uliza Kossygina kaum von Schewardnadse verabschiedet, da übergibt ihm Teltschik den erwarteten Brief des amerikanischen Außenministers. Schon am Flughafen hat Teltschik das drei Seiten lange, von

Baker unterzeichnete Schriftstück von Bonns Moskauer Botschafter Klaus Blech zugesteckt bekommen. »Daß der Besuch von Jim Baker unmittelbar vor meinem Gespräch in Moskau stattfand« – so Kohl –, »war in höchstem Maße hilfreich und kennzeichnend für unsere enge Zusammenarbeit mit den Vereinigten Staaten. Baker teilte mir mit, daß seine sowjetischen Gesprächspartner die Einheit Deutschlands als unabwendbar ansähen, jedoch ihre Sorgen zum Ausdruck gebracht hätten, die Lage könne durch die rasante Entwicklung außer Kontrolle geraten. Die Sowjetunion würde dem nicht tatenlos zusehen. Alle weiteren Schritte, so Moskau, müßten unter Berücksichtigung der europäischen Sicherheitsinteressen getan werden.

Baker schrieb mir des weiteren, er habe gegenüber den Sowjets seine Überzeugung zum Ausdruck gebracht, daß ich sehr sensibel mit den sowjetischen Sicherheitsinteressen umgehen würde, aber niemand außer den Deutschen selbst über das Schicksal ihres Landes entscheiden könne. Da der Vereinigungsprozeß nach den DDR-Wahlen am 18. März sicherlich noch an Fahrt gewinnen würde, sei es erforderlich, einen Mechanismus zu schaffen, der sich der äußeren Aspekte der deutschen Einheit annehme. Er habe Gorbatschow Zwei-plus-Vier-Gespräche vorgeschlagen, und dieser habe den Vorschlag als eine gangbare Möglichkeit angesehen.

Zur Bündniszugehörigkeit eines vereinten Deutschland hatte Baker den Sowjets vorgetragen, die Bundesregierung lehne in Übereinstimmung mit der amerikanischen Administration eine deutsche Neutralität strikt ab. Ein wirtschaftlich so wichtiges Land wie Deutschland in der Mitte Europas könne nicht neutral sein. Um einen Weg zu finden, hatte Jim Baker dem Generalsekretär vorgeschlagen, daß das vereinte Deutschland ohne das Gebiet der DDR der NATO angehören sollte.«

Noch am Nachmittag – kurz vor 16 Uhr – verlassen die deutschen Besucher die Gästehäuser. Wieder geht es über den »Regierungsstreifen« in schneller Fahrt, vorweg die Fahrzeuge der sowjetischen Staatssicherheit, am Kirow-Bahnhof vorbei, über die Moskwa-Brücke in Richtung Kreml. Dort angekommen, steigt die deutsche Delegation im Hauptpalast eine endlos anmutende, rot ausgelegte Treppe hinauf, an deren Ende sie von einem Protokoll-Mitarbeiter empfangen wird. Wieder geht es einige Treppen hinauf und hinunter, bis schließlich das Arbeitszimmer des sowjetischen Präsidenten erreicht ist. Kühl habe Gorbatschow ihn begrüßt, erinnert sich der Bundeskanzler, zugleich habe er aber auch einen tief nachdenklichen Eindruck gemacht. Nachdem man sich den Pressefotografen gestellt hat, beginnen die Verhandlungen. Während Kohl, begleitet von Teltschik, mit Gorbatschow und dessen Berater Anatoli Tschernjajew konferiert, spricht der Bundesaußenminister in einem anderen Raum mit seinem Kollegen Schewardnadse.

»Nachdem sich die Türen hinter uns geschlossen hatten«, so Kohl, »gratulierte ich Michail Gorbatschow zur Übernahme des Präsidentenamtes. Es hatte ja eine lebhafte Debatte um die Einführung dieses neuen Amtes gegeben, weil nicht jeder diese Machtkonzentration guthieß. Gorbatschow war dann aber doch mit großer Mehrheit gewählt worden. Ich berichtete ihm, daß er in der Bundesrepublik nach wie vor viele Sympathien genieße. Ich selbst teilte diese Sympathien. Die Deutschen wollten, daß die Bundesregierung die sowjetischen Reformen unterstütze, wie sie es gerade mit der Lebensmittelaktion täte. Michail Gorbatschow bedankte sich und erklärte, vor einiger Zeit habe es noch den Anschein gehabt, als würde alles in den Wolken schweben. Das sei inzwischen ganz anders.

Ich schilderte dann ausführlich die Lage in der DDR, berichtete über mein Gespräch mit Modrow und sagte dann, daß die Entwicklung in Richtung deutsche Einheit unaufhaltsam auf uns zulaufe: ›Ich kann es drehen und wenden, wie ich will – die Entscheidung steht kurz bevor.‹ Ich wäre froh, wenn das Tempo nicht so hoch wäre, aber es würde nun einmal von Entwicklungen diktiert, die ich nicht beeinflussen könne. Wenn wir jetzt nicht handelten, könne ein Chaos entstehen. Ich nahm Michail Gorbatschow nun beim Wort und erinnerte ihn an seinen Satz vom vorangegangenen Oktober, als er in Ost-Berlin gesagt hatte: ›Wer zu spät kommt, den bestraft das Leben.‹

Ich sprach auch die polnische Westgrenze an, die von uns nicht angetastet würde. Mein Ziel sei es vielmehr, in der Frage der Oder-Neiße-Grenze auch die Zustimmung der großen Mehrheit der deutschen Heimatvertriebenen zu erhalten. Dafür sähe ich eine gute Chance. Gorbatschow könne mich beim Wort nehmen, was meine eigene Position in dieser Angelegenheit betreffe. Er erkundigte sich daraufhin, ob der Moskauer und der Warschauer Vertrag noch einmal bestätigt werden sollten. Ich antwortete, daß es sich hierbei um Verträge mit der Bundesrepublik aus der Zeit der Teilung und nicht mit dem vereinten Deutschland handele. Gorbatschow lachte: Ob ich denn keine Angst hätte, daß es am Ende des Einigungsprozesses die Bundesrepublik nicht mehr geben werde? Und er fügte hinzu: ›Dann wird der Bundeskanzler also die Bundesrepublik begraben.‹

Wir kamen dann auf die Frage der internationalen Einbettung des Einigungsprozesses zu sprechen. Ich sagte Gorbatschow, daß ich gewillt sei, alles in einem vernünftigen Miteinander zu machen. Es sei mein Wunsch, mit ihm das vor uns liegende Jahrzehnt so zu gestalten, daß wir beide beweisen könnten, wir hätten aus der Geschichte gelernt. Mit Nachdruck stellte ich dann fest, daß die Neutralisierung eines vereinten Deutschland nicht durchsetzbar und außerdem eine große historische Dummheit wäre. Die Geschichte habe gezeigt, daß es ein großer Fehler gewesen sei, Deutschland nach 1918 einen Sonderstatus aufzuerlegen.

Gorbatschow stimmte mir zu, daß die Bündniszugehörigkeit

des künftigen Deutschland eine zentrale Frage sei. Ich setzte nach: Der Sowjetunion gehe es darum, ihre Sicherheitsinteressen gewahrt zu sehen, Deutschland wolle seine Souveränität. Es liege im deutschen Interesse, eine Regelung zu finden, die in Ost und West Vertrauen schaffe. Hierauf reagierte Gorbatschow positiv. Er wollte dann wissen, ob durch den Wahlkampf in der DDR nicht die Spaltung der Gesellschaft vertieft werde. Ich verneinte und fügte hinzu, eine ruhigere Entwicklung wäre allerdings dann möglich gewesen, wenn sich schon Honecker zu Reformschritten entschlossen hätte. Gorbatschow meinte darauf mit dem Unterton der Resignation, er hätte Honecker immer wieder vergeblich dazu aufgefordert. Was aber sonst meine Eindrücke vom Volkskammerwahlkampf seien, wollte er wissen. Die Ausgangsposition der SPD sei besser als die anderer Parteien, antwortete ich, Thüringen und Sachsen seien alte Hochburgen der Sozialdemokraten. Willy Brandt ziehe jetzt wie ein alter Bischof oder Metropolit als Ehrenvorsitzender der SPD mit segnender Hand durch die DDR. Gorbatschow unterbrach mich mit den Worten, daß ich ja wohl auch nicht nur zu Hause säße. Er beklagte dann, daß die Bundesrepublik über alle erdenklichen Kanäle die Entwicklung in der DDR zu beeinflussen versuche. Vertreter der DDR hätten die Bundesrepublik deshalb schon gebeten, sie nicht wie kleine Kinder zu bevormunden.

Michail Gorbatschow wurde dann förmlich und formulierte die entscheidenden Worte: ›Ich glaube, daß es zwischen der Sowjetunion, der Bundesrepublik und der DDR keine Meinungsunterschiede über die Einheit gibt und über das Recht der Menschen, die Einheit anzustreben und über die weitere Entwicklung selbst zu entscheiden. Zwischen Ihnen und mir besteht Einvernehmen, daß die Deutschen ihre Wahl selbst treffen müssen. Die Deutschen in der Bundesrepublik und in der DDR müssen selbst wissen, welchen Weg sie gehen wollen.‹ Ich wiederholte, was er gesagt hatte. Die Formel war wohlüberlegt, offenbar hatte er sie schon die ganze Zeit im Kopf gehabt.

Der Generalsekretär fuhr nun fort, die Deutschen in der Bundesrepublik und in der DDR müßten aber auch wissen, daß die Einheit im Kontext der Realitäten vollzogen werden müsse. Zu diesen Realitäten gehöre es, daß es einen Krieg gegeben habe, unter dem die Menschen in der Sowjetunion mehr hätten leiden müssen als andere. Es gehe jetzt darum, Konfrontation und Spaltung zu überwinden. Er glaube, die Deutschen in Ost und West hätten bereits bewiesen, daß sie aus der Geschichte gelernt hätten.«

Er habe das Gespräch, so Kohl, noch einmal auf den entscheidenden Punkt gelenkt, die Frage der Bündniszugehörigkeit. »Gorbatschow sagte dazu, er wisse, daß für mich eine deutsche Neutralität nicht nur unannehmbar sei, sondern daß sie auch das deutsche Volk erniedrige. Bei den heutigen Deutschen dürfe nicht der Eindruck entstehen, als würden jetzt alle Leistungen für den Frieden, die sie in der Vergangenheit erbracht hätten, auf einmal nicht mehr zur Kenntnis genommen. Trotzdem sähe er ein vereintes Deutschland außerhalb der Bündnisse – mit nationalen Streitkräften, die für die nationale Verteidigung ausreichten. Überlegungen, ein Teil Deutschlands solle der NATO, der andere Teil dem Warschauer Pakt angehören, nähme er nicht ernst.«

Gorbatschow habe dann argumentiert, daß immer die Frage gestellt werde, was denn die NATO ohne die Bundesrepublik sei. Dies gelte aber auch für den Warschauer Pakt im Blick auf die DDR mit ihren starken Truppen. Er, Kohl, habe widersprochen: »Ich erklärte Gorbatschow, der Blick auf die Landkarte zeige, daß das Gewicht der Bundesrepublik und der DDR für das jeweilige Bündnissystem nicht vergleichbar seien. Ich kam dann auf den Vorschlag von Jim Baker zu sprechen, wonach das vereinte Deutschland ohne das Gebiet der DDR der NATO an-

gehören solle, aber nicht einmal dafür konnte sich der Generalsekretär erwärmen. Wir stimmten indes überein, daß – so wie
von Jim Baker vorgeschlagen – die Vertreter der zwei deutschen
Staaten und der vier Siegermächte miteinander sprechen sollten, um eine Lösung zu finden. Als ich noch einmal nachdrücklich eine Vier-Mächte-Konferenz über Deutschland ablehnte,
rief Michail Gorbatschow aus: ›Nichts ohne Sie!‹ Es wäre sehr
gut, fuhr ich fort, wenn eines der Zwei-plus-Vier-Treffen in
Deutschland stattfinden könne. Scherzhaft fragte er mich, wo
denn dieses Treffen in Deutschland stattfinden solle: ›Soll der
Verhandlungstisch mit zwei Beinen auf dem Boden der Bundesrepublik und mit zwei Beinen auf dem Boden der DDR
stehen?‹

Es hatte sich gezeigt, daß in der Frage der Bündniszugehörigkeit ein sowjetisches Entgegenkommen derzeit nicht zu erwarten war. Dennoch konnten wir zufrieden sein: Wir hatten
Gorbatschows Zustimmung zum Zwei-plus-Vier-Prozeß und
vor allem auch sein grünes Licht für die Regelung der inneren
Aspekte der deutschen Einheit. Ich dachte daran zurück, wie
barsch er noch in seinem Brief vom Dezember reagiert hatte.
Zwischen diesem Schreiben und dem heutigen Gespräch lagen
Welten. Das stimmte mich zuversichtlich – auch im Hinblick
auf die Bündnisfrage. Zum Schluß erinnerte ich an Konrad
Adenauer, der schon vor fünfunddreißig Jahren darauf hingewiesen habe, daß die deutsche Frage nur unter einem europäischen Dach gelöst werden könne. Als ich feststellte, daß Adenauer recht behalten habe, reagierte Gorbatschow mit der ver-
blüffenden Feststellung, daß es Adenauer immer wieder neu
verdiene, gelesen zu werden.«

Es ist draußen schon dunkel geworden, als man sich im Fa-
cetten-Palast des Kreml zu einem halbstündigen Gespräch in
großer Runde zusammensetzt. Der Kanzler erinnert sich: »Michail Gorbatschow begrüßte die deutsche Delegation. Bevor er,

so sagte er scherzhaft, den Außenministern das Wort erteile, um zu sehen, ob sich der Bundeskanzler und er schon von der Realität entfernt hätten, wolle er noch einmal das Ergebnis des Vier-Augen-Gesprächs zusammenfassen. Er erinnerte an unser Treffen in Bonn, wo man bereits Vorahnungen der kommenden Veränderungen gehabt habe, und hob hervor, wie wichtig die engen Kontakte seien. Mit wenigen Worten berichtete er dann, was wir beide zuvor besprochen hatten. Falin und Alexander Bondarenko stand das blanke Entsetzen in den Gesichtern, so daß ich mir nunmehr völlig sicher war, daß sie und andere Politbüro-Mitglieder nicht eingeweiht waren. Gorbatschow ging darüber hinweg und richtete die Frage an die beiden Außenminister, ob aus dem, was hier gesagt worden sei, praktische Politik gemacht werden könne.

Eduard Schewardnadse, der nun das Wort ergriff, meinte, daß die Außenminister wie die Führungen dächten. Mit Genscher habe er sehr eingehend über die Perspektiven eines KSZE-Gipfels gesprochen. Man sei einer Meinung gewesen, daß dieser Gipfel Priorität habe und gründlich vorbereitet werden müsse. Hans-Dietrich Genscher bekräftigte, bei den Gesprächen über die deutsche Zukunft wolle man von deutscher Seite nichts hinter dem Rücken der vier Siegermächte tun. Michail Gorbatschow erwiderte spitz, wenn dies doch geschähe, würde man beginnen, etwas hinter dem Rücken der Deutschen zu tun. Ich griff ein und sagte, derartige Winkelzüge habe man im 20. Jahrhundert schon mehrfach erlebt, und das Ergebnis sei jedesmal schlecht für alle gewesen.

Zum Schluß sagte Michail Gorbatschow, daß er mit mir vereinbart habe, die Kontakte zu ›dynamisieren‹. Ich pflichtete ihm bei. Wenn sich die Dinge sehr dramatisch entwickelten, werde man sich auch kurzfristig wiedersehen, denn es sei besser, einmal zuviel zusammenzukommen als einmal zuwenig. Mit der Gemeinsamen Erklärung vom Juni 1989 habe man einen ersten großen Schritt nach vorne getan, dem heute ein zweiter gefolgt sei.«

Im Katharinensaal des Kreml, dort, wo 1972 der Moskauer Vertrag von Willy Brandt und Leonid Breschnew unterzeichnet worden ist, trifft man sich kurz darauf wieder. Mit an der langen Tafel sitzen neben den beiden Moskauer Hauptakteuren auch der Außenpolitiker Alexander Jakowlew, Botschafter Kwizinski, ein finster dreinschauender Falin sowie Bondarenko und Akademiemitglied Sergej Kowaljow, die ebenfalls nicht auftauen wollen. Bei Stör und Kaviar, Borschtschsuppe mit Sahne, gebackenem Lachs und Wodka geht es dann aber bald schon nicht mehr um Grenzen und Bündniszugehörigkeiten. Es sei, so Kohl, eine fast ausgelassene Stimmung gewesen, all die Anspannung sei wie verflogen gewesen, man habe gescherzt und auch gelacht. So habe sich Gorbatschow erkundigt, was es mit den deutschen Dialekten eigentlich auf sich habe. »Hans-Dietrich Genscher meinte daraufhin, daß der sächsische der schönste sei, während ich die Mundart meiner pfälzischen Heimat anpries.« Beim Abschied habe Genscher den Generalsekretär noch gefragt, ob er sich vorstellen könne, wie ihm, dem Übersiedler aus Halle, zumute sei. Gorbatschow habe daraufhin die Hand des deutschen Außenministers genommen und sie mit beiden Händen lange gedrückt.

Nach dem Bankett im Kreml geht es wieder zurück ins Gästehaus Nr. 3 in der Uliza Kossygina, wo Kohl zusammen mit Teltschik und Uwe Kaestner, dem für Ost-West-Fragen zuständigen Referatsleiter im Kanzleramt, eine Erklärung für die bevorstehende Pressekonferenz zu Papier bringt. Um 22.04 Uhr Moskauer Ortszeit verkündet dann der Bundeskanzler im internationalen Pressezentrum, ein paar Meter vom sowjetischen Außenministerium entfernt: »Ich habe heute abend an alle Deutschen eine einzige Botschaft zu übermitteln. Generalsekretär Gorbatschow und ich stimmen darin überein, daß es das alleinige Recht des deutschen Volkes ist, die Entscheidung zu treffen, ob es in einem Staat zusammenleben will. Generalsekretär Gorbatschow hat mir unmißverständlich zugesagt, daß die Sowjetunion die Entscheidung der Deutschen, in einem Staat zu leben, respektieren wird und daß es Sache der Deutschen ist, den Zeitpunkt und den Weg der Einigung selbst zu bestimmen. Wir beide waren uns ebenfalls einig, daß die deutsche Frage nur auf der Grundlage der Realitäten zu lösen ist; das heißt, sie muß eingebettet sein in die gesamteuropäische Architektur und in den Gesamtprozeß der West-Ost-Beziehungen. Wir müssen die berechtigten Interessen unserer Nachbarn und unserer Freunde und Partner in Europa und in der Welt berücksichtigen.

Es liegt jetzt an uns Deutschen in der Bundesrepublik und in der DDR, daß wir diesen gemeinsamen Weg mit Augenmaß, mit Sinn für das Mögliche und mit Entschlossenheit gehen. Generalsekretär Gorbatschow und ich haben ausführlich darüber gesprochen, daß auf dem Weg zur deutschen Einheit die Fragen der Sicherheit in Europa herausragende Bedeutung haben. Wir wollen die Frage der unterschiedlichen Bündniszugehörigkeit in enger Abstimmung auch mit unseren Freunden in Washington, Paris und London sorgfältig beraten. Und ich bin sicher, daß wir eine gemeinsame Lösung finden. Ich danke Generalsekretär Gorbatschow, daß er dieses historische Ergebnis ermöglicht hat. Wir haben vereinbart, in einem sehr engen persönlichen Kontakt gerade in dieser Zeit zu bleiben. Meine Damen und Herren, dies ist ein guter Tag für Deutschland, und es ist, wie ich denke, für viele von uns, auch für mich persönlich, ein guter Tag.«

Die Journalisten, die den Kanzler begleiten, reagieren ziemlich verhalten, so, als seien sie sich der Bedeutung des Inhalts seiner Erklärung gar nicht recht bewußt geworden. Sie stellen viele Fragen und begreifen erst nach und nach. Ein bestgelaunter Bundeskanzler, der von einem »Durchbruch« und einem »Tag mit historischer Tragweite« spricht, steht nun eine gute Stunde Rede und Antwort, wiederholt noch einmal all das, was er selbst kaum glauben kann. »Heute ist wirklich ein großer Tag«, beschließt er die Pressekonferenz und schüttelt dem Bundesaußenminister, den er seit langem wieder einmal als »Vizekanzler« anspricht, demonstrativ die Hand.

Beim Hinausgehen erzählt Kohl noch einigen Journalisten, wie er im Jahre 1983 erstmals mit einem sowjetischen Generalsekretär zu einem Gespräch zusammengekommen ist. »Es war Andropow, wenige Monate vor seinem Tod. Wir saßen in seinem Arbeitszimmer. Andropow schwieg zunächst, sein Außenminister Gromyko führte mit strengem Schulmeistergesicht das Wort. Dann unterbrach ihn der Generalsekretär und sagte zu mir: ›Jene, die die deutsche Einheit fordern, sind Kriegstreiber!‹ Ich habe ihm geantwortet: ›Herr Generalsekretär, was würden Sie wohl sagen, wenn Ihr Land geteilt wäre und so, wie Berlin geteilt ist, hier unterhalb des Kreml eine Mauer stünde, Ihre Mutter auf der anderen Seite lebte und jemand Sie als Kriegstreiber bezeichnen würde, bloß weil Sie mit ihr zusammenkommen möchten?‹ Andropow schaute mich an und schwieg. Gromyko setzte sofort nach: ›Die Teilung Deutschlands ist das Urteil der Geschichte. Wer daran rührt, setzt den Frieden aufs Spiel.‹

Wer wie ich Gelegenheit hatte, auch mit Andropows Nachfolger Tschernenko über die Frage der deutschen Einheit zu sprechen, der konnte ermessen, welchen Weg wir zurückgelegt hatten. Was vorgestern noch als schlimmer Revanchismus verleumdet worden war, wurde jetzt in Moskau anerkannte politische Realität. Und das sollten wir dankbar zur Kenntnis nehmen.«

Mit seiner engeren Begleitung und Außenminister Genscher streift der Bundeskanzler — es ist bereits fast Mitternacht an jenem 10. Februar – über den fast menschenleeren Arbat, die Fußgängerzone in Moskaus Innenstadt. Von dort laufen sie bei eisiger Kälte über den Roten Platz, vorbei an Lenin-Mausoleum und Basilius-Kathedrale. Immer wieder wird Kohl von deutschen Touristen erkannt und angesprochen, auch von Russen, die als Soldaten in Deutschland gewesen sind und ein paar Brocken Deutsch sprechen. Zu Ende geht der Tag mit georgischem Wein und Bier aus Pilsen in der Suite des Kanzlers im Gästehaus auf den Leninbergen. »Es war eine fast ausgelassene Unterhaltung, über ernste Dinge konnte man in dem verwanzten Bau ohnehin nicht reden«, erinnert sich Kohl.

»Als ich endlich zur Ruhe gekommen war, ließ ich die Ereignisse der zurückliegenden Stunden noch einmal Revue passieren. Ich stellte mir dabei die Frage: Was hat Michail Gorbatschow zu diesem Meinungsumschwung in der deutschen Frage bewogen? Ich denke, der Generalsekretär hatte einen langen Lernprozeß durchgemacht – einen Lernprozeß, der mit seinem Wechsel aus dem Kaukasus nach Moskau, an die Schaltstellen der Macht, begonnen hatte. Zunächst mußte er sich, obwohl Schützling des KGB-Chefs Andropow, als Neuling im byzantinischen Labyrinth des Moskauer Machtapparats zurechtfinden. Nicht zuletzt dank seiner Reisen in die westlichen Industriestaaten hatte er erkannt, daß die Sowjetunion den ökonomisch-technologischen Wettkampf nicht würde gewinnen können. Ronald Reagans SDI-Programm verkörperte für Gorbatschow die Überlegenheit des Westens, der sich nicht in die Knie zwingen lassen würde, wie wir schon mit der Stationierung der Mittelstrecken-Raketen im Zuge der Nachrüstung unter Beweis gestellt hatten.

Als sehr wichtig in diesem Zusammenhang schätze ich die Rolle seiner Berater ein, insbesondere die von Alexander Jakowlew. Schon als Student war Jakowlew, wie er mir einmal erzählte, im Westen gewesen und hatte Erfahrungen mit unserer Denkart, aber auch auf dem Gebiet der Marktwirtschaft sammeln können. Später war er jahrelang Botschafter in Kanada, von wo ihn Gorbatschow zurückgeholt hatte. Auch andere von neuem, flexiblerem Denken geprägte Männer standen Michail Gorbatschow zur Seite. Sein gesamter Apparat war nicht mehr so verkrustet, wie dies etwa unter Breschnew der Fall gewesen war. Jetzt begann die Entwicklung sich zu beschleunigen und aus dem Ruder zu laufen – nicht nur in Deutschland, sondern fast im gesamten Warschauer Pakt. In seinem eigenen Land zeichnete sich das Scheitern der Perestroika bereits ab. Ich glaube, entscheidend war, daß Gorbatschows Reformkonzept von einem gewissen Punkt an in der Sowjetunion nicht mehr funktionierte. Und dabei war ganz gewiß der ökonomische Faktor von zentraler Bedeutung. So wurde der Wegbereiter der Perestroika zum Getriebenen der Perestroika. Die Entwicklung ist regelrecht über ihn hinweggegangen«.

Der Kanzler hält inne und fährt dann fort: »Nein, wirklich gewollt hat Michail Gorbatschow die Einheit damals nicht. Er war jedoch Realist genug, um zu wissen, daß eine Lage entstanden war, in der die Dinge nicht mehr zurückzudrehen waren. Den Weg zur deutschen Einheit frei zu machen – wenn auch noch nicht zur souveränen Wahl des Bündnisses –, fiel ihm um so leichter, als er mir vertraute. Unser gutes Verhältnis, das wir im Juni 1989 in Bonn begründet hatten, erwies sich als wetterfest, weil es seitdem andere Gelegenheiten gegeben hatte, in denen ich Versprechen einlösen konnte. Er wußte, daß ich jemand bin, der Wort hält, auf den man sich in schwieriger Lage verlassen kann. Damals in Bonn hatte er mich gefragt, ob ich ihm helfen würde, wenn es im Winter zu Versorgungsengpässen in Moskau und Leningrad kommen würde, worauf ich ihm mit einem uneingeschränkten ›Ja‹ antwortete. Tatsächlich brach zum Jahreswechsel 1989/90 die Versorgung in den russischen Metropolen zusammen. Anfang Januar fragte Kwizinski dann bei mir an, ob meine Zusage noch gelte. Ich setzte mich darauf sofort mit Bundeslandwirtschaftsminister Ignaz Kiechle in Verbindung. Am 9. Februar – also am Tag meiner Abreise in die Sowjetunion – wurde ein entsprechendes Abkommen unterzeichnet. Unverzüglich lief nun eine gewaltige Hilfsaktion an, ohne daß wir viel Aufhebens davon machten.«

Mit 220 Millionen D-Mark aus dem Bundeshaushalt subventioniert, liefert die Bundesrepublik von Mitte Februar an 52 000 Tonnen Rindfleischkonserven, 50 000 Tonnen Schweinefleisch, 20 000 Tonnen Butter, 15 000 Tonnen Milchpulver und 5 000 Tonnen Käse in die Sowjetunion. Hinzu kommen Unmengen von Schuhen, Damen- und Herrenkonfektion und sonstige Gebrauchsgüter.

Am Morgen des zweiten Besuchstages trifft gegen 7 Uhr der Pressereferent der deutschen Botschaft im Gästehaus ein und informiert über die Berichterstattung in den sowjetischen Medien. Die *Prawda*, das offizielle Organ der KPdSU, gibt auf ihrer ersten Seite groß bekannt, Generalsekretär Gorbatschow und der deutsche Bundeskanzler seien sich darin einig, daß die Deutschen in freier Selbstbestimmung die Einheit ihres Vaterlandes vollenden könnten, sofern sie dies wollten. Kaestner und Teltschik reißen dem Pressereferenten seine Unterlagen vor Begeisterung fast aus der Hand. »Dies war für uns eine große Überraschung, denn ich war es von meinen früheren Besuchen in Moskau her gewohnt, daß Gesprächsinhalte und Verabredungen verschleiert oder gar retuschiert verbreitet wurden«, sagt Kohl. »Für mich war das ein weiterer Hinweis darauf, daß die ganze Sache von Gorbatschow und seinen Vertrauten orchestriert und an den Betonköpfen im damaligen Zentralkomitee vorbeigeschleust worden war.«

Auf dem Heimflug nach Deutschland knallen dann die Sektkorken. Am frühen Morgen, noch vor der Abreise, hat Kohl zwei Mitarbeiter losgeschickt, um in Moskauer Hotels dreißig Flaschen Krimsekt aufzutreiben. »Später habe ich dann in einer Zeitung gelesen, daß wir in elftausend Metern Höhe über Riga geflogen seien, als ich gemeinsam mit Hans-Dietrich Genscher zu den mitreisenden Journalisten gegangen bin, um mit ihnen das Glas ›auf Deutschland‹ zu heben.«

Die Resonanz in den Medien der Bundesrepublik auf die Moskauer Gespräche des Bundeskanzlers ist insgesamt sehr positiv. Die Rede ist von einem »historischen Tag im Kreml« und von einem Bundeskanzler, »der Geschichte geschrieben hat«. Es gibt jedoch auch andere Stimmen, darunter solche aus der Bonner Opposition, die das Besuchsergebnis »nicht als qualitativen Fortschritt« bewerten.

Vor dem Deutschen Bundestag dankt der Bundeskanzler am 15. Februar noch einmal dem sowjetischen Generalsekretär, der zusammen mit der tiefgreifenden Umgestaltung seines Landes auch die sowjetische Außenpolitik in eine neue Richtung gelenkt habe. »Jetzt verändert dieses neue Denken auch die sowjetische Deutschlandpolitik und erlaubt eine konstruktive und zukunftsträchtige Lösung der deutschen Frage. Diese Lösung – davon bin ich zutiefst überzeugt – entspricht den wohlverstandenen sowjetischen Interessen, darin eingeschlossen auch die Sicherheitsinteressen. In unserer Chance für die Einheit liegt für die Sowjetunion die Chance zur langfristigen Partnerschaft mit einem politisch stabilen und wirtschaftlich leistungsfähigen Land in der Mitte Europas. Ja – und ich sage das mit Bedacht – auch die Chance, daß das deutsche Volk und die Völker der Sowjetunion endgültig die Schatten der Vergangenheit hinter sich lassen und sich die Hand reichen.«

ALLIANZEN
FÜR DEUTSCHLAND

Im Konrad-Adenauer-Haus herrscht Hektik. Die Frage, auf die man dort noch immer keine Antwort gefunden hat, lautet: Wer wird der künftige Partner der CDU in der DDR sein? Schon im Vorfeld des Kleinen Parteitages, der im Dezember 1989 in Berlin stattgefunden hat, haben die CDU-Führungsgremien Überlegungen dazu angestellt. Gegenüber der Vorstellung, in der Ost-CDU den künftigen Partner zu sehen, sind Kohl und die übrigen Spitzenvertreter der Partei noch zurückhaltend. Der dramatische Niedergang der DDR und die auf den 18. März vorverlegten Volkskammerwahlen verlangen jedoch nun eine schnelle Entscheidung. Bei der Präsidiumssitzung der CDU am 10. Januar im Kanzlerbungalow ist Kohl noch davon ausgegangen, daß seiner Partei etwa vier Wochen bleiben, bis sie eine Entscheidung treffen müsse.

Nach ausgiebigen Gesprächen in der Führung der CDU entscheidet sich der von Innenminister Schäuble ermutigte Bundeskanzler entgegen der Auffassung von CDU-Generalsekretär Rühe doch dafür, mit der Ost-CDU zu reden. In der zweiten Januarhälfte kommt es zu einem ersten, geheimgehaltenen Treffen zwischen Kohl und de Maizière, der im November zum neuen Vorsitzenden der Ost-CDU gewählt und in Modrows Allparteien-Regierung Stellvertretender Ministerpräsident geworden ist.

De Maizière ist im Westen trotz seines bekannten Namens — sein Onkel Ulrich ist Generalinspekteur der Bundeswehr gewesen – ein unbeschriebenes Blatt. Auch in der alten Blockpartei hat er keine Rolle gespielt. Im November 1989 ist er wie der Phönix aus der Asche zum neuen Parteivorsitzenden aufgestiegen und hat zunächst im Gleichklang mit der inzwischen von seinem Rechtsanwaltskollegen Gregor Gysi geführten SED/PDS einen demokratischen Sozialismus beschworen.

Dem Treffen mit Kohl ist eine bemerkenswerte Initiative de Maizières vorausgegangen. Er hat im Dezember 1989 veröffentlichen lassen, daß er in Neuss bei Düsseldorf eine Pressekonferenz über die Möglichkeit einer künftigen Zusammenarbeit zwischen CDU und Ost-CDU abhalten werde. Die CDU hat daraufhin den Parlamentarischen Staatssekretär im Verteidigungsministerium und Vorsitzenden des CDU-Bezirks Niederrhein, Willy Wimmer, veranlaßt, zum Stellvertretenden DDR-Ministerpräsidenten Kontakt aufzunehmen. Bei dem daraufhin zustande gekommenen Treffen spricht sich de Maizière für einen Schulterschluß beider Parteien aus.

In der ersten Januarhälfte wendet de Maizière sich an Schäuble, der über den brandenburgischen Konsistorialpräsidenten Manfred Stolpe bereits Anfang Dezember den Kontakt zu ihm gesucht und gefunden hat. Jetzt vermittelt das Büro des Berliner CDU-Landesvorsitzenden Diepgen, in dem Thomas de Maizière, ein Sohn des ehemaligen Bundeswehr-Generalinspekteurs, tätig ist, ein zweites Gespräch mit Schäuble. Es findet in einem Besprechungsraum des Berliner Flughafens Tegel statt. De Maizière bestärkt seinen Gesprächspartner darin, im Bundesvorstand noch einmal für ein Zusammengehen mit der Ost-CDU zu werben.

Als sich der Bundeskanzler und der Stellvertretende Ministerpräsident, diese beiden so unterschiedlichen Charaktere, nun in Berlin treffen, insistiert de Maizière auf seinem Wunsch. Kohl zeigt sich aufgeschlossen, de Maizière präsentiert die Ost-CDU als eine Partei, die sich vollends vom Sozia-

lismus abgewandt habe. Wenn sie mit der SED/PDS in einer
Regierung sei, so deshalb, weil man sich in der gegenwärtigen
Lage der Verantwortung nicht entziehen dürfe, sagt er. Kohl
und de Maizière erörtern daraufhin mögliche Formen einer Zusammenarbeit mit Blick auf den Volkskammerwahlkampf.

Seine Visite in Berlin nutzt der Bundeskanzler, um das Gespräch mit den Menschen zu suchen. »Und zwar nicht an der
Paradestraße im Innenstadtbezirk, sondern in einem Teil von
Köpenick weit draußen, wohin man damals als Westdeutscher
so schnell nicht kam. Immer wieder wurde ich gefragt: ›Krie-
gen wir die Kurve? Wie geht es weiter? Bekommen wir die
Einheit? Oder müssen wir weg?‹ Die nächste Frage, die mir
immer wieder gestellt wurde, lautete: ›Herr Bundeskanzler,
wen sollen wir wählen, damit die Einheit kommt?‹ Die
Freundlichkeit, die mir dabei entgegengebracht wurde, machte
mir klar, wieviel Hoffnung sich gerade auf die CDU richtete.
Doch die war ja nicht zu wählen, sondern nur eine Partei gleichen Namens, und von der sprachen viele im Osten herablas-
send als den ›Blockflöten‹.«

Zurück in Bonn, berichtet Kohl dem Präsidium der CDU von
seinen Begegnungen und Eindrücken aus Ost-Berlin. Über die
Rolle de Maizières merkt er an, er verstehe nicht, daß dieser
nicht aus der Modrow-Regierung ausscheide. Ihm müsse die
Stimmung doch bekannt sein. Die Ost-CDU könne sich nicht
als Vorkämpferin von Reformen und der deutschen Einheit präsentieren, solange sie sich mit der SED in der Regierung befinde. Auch die Entscheidung über den Staatssicherheitsdienst
habe die Ost-CDU leider mitgetragen. Einzelne Präsidiumsmit-
glieder wie auch Generalsekretär Rühe vertreten an diesem 15.
Januar die Auffassung, daß de Maizière immer wieder zum Austritt aus der Regierung aufgefordert werden müsse.

Mit der Vorverlegung der Volkskammerwahlen auf den 18.
März geraten die Überlegungen im Konrad-Adenauer-Haus

und im Bonner Kanzleramt unter massiven Zeitdruck, zumal die bayerische Schwesterpartei CSU in der in Leipzig gegründeten, von Pfarrer Hans-Wilhelm Ebeling und dem Rechtsanwalt Peter Michael Diestel geführten Deutschen Sozialen Union (DSU) bereits ihren Partner gefunden und den Wahlkampf eingeleitet hat. Gleiches gilt für die SPD, die inzwischen in der Sozialdemokratischen Partei der DDR, der SDP, ihr ostdeutsches Gegenstück sieht. Schon Anfang Januar haben West-SPD und Ost-SDP, die sich bald in SPD umbenennt, mit Blick auf die Volkskammerwahlen eine enge Kooperation aufgenommen.

Daran ändert auch der dramatische Appell einiger Funktionäre aus der SED/PDS an führende Vertreter der westdeutschen Sozialdemokratie nichts mehr. Sie schreiben, Begegnungen der alten Führung mit Spitzen der SPD seien stets in freundlichem Ton gehalten gewesen. »Wenn Sie ... eine Unterstützung der demokratischen Kräfte der Parteibasis beabsichtigen, ist ein plötzliches Abwenden von uns völlig unverständlich.« Wie glaubhaft könne der Beifall der SPD für die Reformer in der Tschechoslowakei von 1968 sein, wenn vergleichbare Reformen der SED/PDS nicht anerkannt würden, fragen die Genossen die SPD-Politiker Vogel, Momper, Lafontaine, Engholm und andere.

Da die CDU auch Kontakte zum Demokratischen Aufbruch (DA) und der Deutschen Forumspartei unterhält, unternimmt Kohl nunmehr den Versuch, alle drei Gruppierungen sowie die DSU zu einem Wahlbündnis zusammenzufassen: »Es mußte nach meiner Überzeugung alles getan werden, um eine Zersplitterung des bürgerlichen Lagers zu vermeiden. Die DSU betrachtete ohnehin beide Unionsparteien als ihre Partner, der Demokratische Aufbruch war organisatorisch am weitesten vorangeschritten. Es hatte schon einige Zeit Überlegungen gegeben, diese Gruppen unter dem Namen ›Demokratische

Union Deutschland‹ zu verbünden, ohne daß sie dabei ihre Selbständigkeit aufgeben würden. Es wäre aber zuwenig gewesen, sich im Wahlkampf nur auf diese Säule zu stützen. Die Ost-CDU führte nun einmal den gleichen Namen wie wir, den ihr auch niemand streitig machen konnte. Und natürlich gab es auch in der Ost-CDU viele gute Leute, die genauso im Westen in der CDU hätten sein können. Ich hielt es deshalb für richtig, diese beiden Säulen, die ›Demokratische Union Deutschland‹, wie wir die neuen Gruppen damals noch nannten, und die Ost-CDU, zusammenzubringen. Hierzu mußten wir ein Gesamtkonzept aus dem Boden stampfen, an dem im Konrad-Adenauer-Haus Tag und Nacht gearbeitet wurde.«

Auf der Sitzung des CDU-Präsidiums am 29. Januar wird nach dem Namen des noch zu gründenden Bündnisses gesucht. Es ist Kohl, der schließlich den Namen »Allianz für Deutschland« vorschlägt. Was die Aussichten eines solchen Bündnisses angeht, so meint er zweckoptimistisch, daß der knappe Zeitraum bis zum 18. März die Chance zu einer guten Zusammenarbeit biete. Die CDU werde als Gesamtpartei in der DDR Wahlkampf führen. Sie verfolge dabei zwei Ziele: die Gründung einer Allianz sowie eine gemeinsame Fraktion der Allianzmitglieder nach den Volkskammerwahlen.

Zu einem ersten Treffen des von Seiters begleiteten Bundeskanzlers mit den führenden Männern von DA, DSU, Deutscher Forumspartei und Ost-CDU kommt es am 1. Februar im Gästehaus der Bundesregierung, einer alten Gründerzeit-Villa in Berlin-Dahlem, die zugleich das Berliner Domizil des Bundeskanzlers ist. »Ich kam darauf als Ort für unsere Gespräche«, so Kohl, »weil ich hoffte, sie unter Ausschluß der Öffentlichkeit führen zu können. Im Hotel Kempinski oder anderswo hätten wir da kaum eine Chance gehabt. Da wäre es wie in Bonn gewesen, wo vor der Tür dann der gesamte Journalisten-Troß wartet. Meine Hoffnung trog jedoch. Als ich mit Rudi Seiters, Volker Rühe, Eduard Ackermann und Juliane Weber am frühen Abend dort ankam, warteten vor dem grünen Tor schon einige Dutzend Journalisten.«

Für den DA sind Schnur und Eppelmann da, für die DSU Ebeling und Diestel und für die Ost-CDU de Maizière, der auf Distanz zu Modrow gegangen ist, sowie Oberkirchenrat Kirchner. Der Bundeskanzler hat das Treffen in lebhafter Erinnerung: »Schon nach kurzer Zeit brach ein veritabler Krach aus, weil Kirchner sofort – im Falle eines Wahlsieges der CDU – den Posten des Ministerpräsidenten für Lothar de Maizière beanspruchte. Diestel widersetzte sich diesem Ansinnen energisch. Er wolle mit den ›roten Socken‹ – bei der Gelegenheit hörte ich erstmals diesen Ausdruck – nichts zu tun haben, schimpfte er auf die Ost-CDU und bezeichnete sie sogar als Verräter. Schnur wiederum meinte, das Amt des Ministerpräsidenten stehe ihm zu. De Maizière und Kirchner hielten dagegen. Keiner traute dem anderen, jeder glaubte, selbst der Größte zu sein. Ich bin immer wieder dazwischengegangen, habe zu schlichten versucht.«

Später findet sich dann Aktenmaterial, das einige Gesprächspartner des Kanzlers als Inoffizielle Mitarbeiter (IM) des Staatssicherheitsdienstes der DDR ausweist. Kohl schüttelt heute den Kopf: »Ich stelle mir den zuständigen Stasi-General vor, wie er am Tag danach die verschiedenen Berichte über unser Treffen studiert hat. Es ist schon grotesk!«

Zunächst gelingt es Kohl, Ost-CDU und DSU unter einen Hut zu bringen. Was noch aussteht, ist die Zustimmung des DA zum Wahlbündnis, weil Vorbehalte gegen die ehemalige Blockpartei gehegt werden. Um eine Entscheidung im Sinne des Kanzlers herbeizuführen, eilen Seiters und Blüm am 3. Februar zur Sitzung des DA-Hauptvorstandes nach Halle. Dort werben sie noch einmal nachdrücklich für das Zustandekommen der Allianz, woraufhin der Hauptausschuß schließlich grünes Licht gibt. Zwei Tage darauf – die Deutsche Forumspartei hat es derweil vorgezogen, nicht mitzumachen – kann das Bündnis aus DA, DSU und Ost-CDU, die »Allianz für Deutschland«, endlich geschmiedet werden.

Kohl erinnert sich an das Ende des Treffens in Berlin: »Es war schon spät am Abend, als ich mit Schnur, Diestel, de Maizière und den anderen vor die Presse trat, die sich vor der Villa zahlreich versammelt hatte, und die ›Allianz für Deutschland‹ verkündete.« Der DSU-Vorsitzende Ebeling teilt den Journalisten mit, die Identität der mitwirkenden Parteien sei gewährleistet. Sie blieben politisch unabhängig und eigenständig. Ziel des Zusammenschlusses sei es, die Bildung einer Regierung der »Allianz« zu ermöglichen. »Als Ebeling dies sagte«, so Helmut Kohl, »kam schallendes Gelächter auf. Niemand gab den drei Parteien zusammen mehr als neun, zehn oder bestenfalls elf Prozent bei den Volkskammerwahlen. Alle Welt rechnete mit einem großen Sieg der Sozialdemokraten. Ich riet damals meiner Partei, sich von keiner Wahlprognose beeindrucken zu lassen. Ich hielt es für völlig ausgeschlossen, nach vierzig Jahren Diktatur in der DDR eine seriöse Vorhersage machen zu können.«

Bei der Bundesvorstandssitzung der CDU am 8. Februar im Konrad-Adenauer-Haus, in deren Verlauf die Bildung der »Allianz für Deutschland« abgesegnet wird, dankt der Fraktionsvorsitzende Alfred Dregger Kohl für seinen Einsatz bei der Gründung des Bündnisses. Es sei ein Weg voller Risiken gewesen. Die »Allianz« werde mehr Chancen haben als die CDU allein. Generalsekretär Rühe kündigt an, sofort ein Schreiben an alle Landes- und Kreisverbände herauszugeben mit der Aufforderung, daß jeder Kreisverband sich eines Partnerkreises in der DDR annehmen und dort aktive Wahlkampfhilfe leisten solle. Entscheidend werde im Wahlkampf sein, den Menschen in der DDR zu sagen: »Ihr müßt den Partner wählen, den Helmut Kohl in Ost-Berlin braucht, um die richtigen Schritte auf dem Weg zur deutschen Einheit machen zu können.«

Mit logistischer Unterstützung der Unionsparteien beginnt unmittelbar darauf der Wahlkampf der »Allianz für Deutschland«. Der ehemalige Regierungssprecher Friedhelm Ost koordiniert ihn vom Ost-Berliner Wahlkampfzentrum aus, Volker Rühe von der Bonner Parteizentrale aus, und der Bremer CDU-Landesvorsitzende Bernd Neumann berät die »Allianz«-Parteien innerhalb der DDR. Sie sind es auch, die mit den Spitzenvertretern des Bündnisses an einer gemeinsamen programmatischen Linie arbeiten. Ebenso wichtig, wenn nicht noch wichtiger, so Helmut Kohl, sei die beispiellose Bereitschaft unzähliger einfacher CDU-Mitglieder gewesen, sich persönlich zu engagieren: »Viele von ihnen nahmen Urlaub, um als ehrenamtliche Helfer vor Ort, oft rund um die Uhr, die neuen Partner in der ›Allianz für Deutschland‹ zu unterstützen. Ich denke gern an diese Zeit zurück. Für die CDU erwies sich dieser Wahlkampf als ein wahrer Jungbrunnen. Während daheim im Westen viele Strukturen, leider auch in meiner eigenen Partei, festgefügt – wenn nicht verkrustet – waren, konnte man jetzt all seine Phantasie und Improvisationskunst in die Waagschale werfen. Selten hat Politik so viel Freude gemacht. Ich war stolz auf meine Parteifreunde.«

Der Weg zur Wiedervereinigung soll nach Auffassung der »Allianz« – diese programmatische Aussage hat der Bundeskanzler durchgesetzt – über den Beitritt der noch zu gründenden DDR-Länder zur Bundesrepublik nach Artikel 23 des Grundgesetzes erfolgen. Pate bei Kohls Überlegungen, die Einigung auf diese Weise zu vollziehen, steht das saarländische Beispiel aus den fünfziger Jahren: Nach einem Volksentscheid war das Saarland damals der Bundesrepublik als neues Land beigetreten. Kohl sieht in Artikel 23 des Grundgesetzes den »Königsweg« auch zur deutschen Einheit: »Nach meiner

Überzeugung sollte die staatliche Ordnung des vereinten Deutschland auf dem festen und erprobten Fundament des Grundgesetzes ruhen. Der Weg nach Artikel 146 hätte statt dessen zunächst eine verfassunggebende Versammlung erforderlich gemacht, die aus beiden Parlamenten beschickt worden oder aus allgemeinen Wahlen hervorgegangen wäre. Ein solches Verfahren barg große Risiken, denn anders als bei einer Änderung des Grundgesetzes, die nur mit einer Zweidrittel-Mehrheit in Bundestag und Bundesrat möglich ist, wäre eine verfassunggebende Versammlung an solche Einschränkungen nicht gebunden gewesen. Sie hätte mit einfacher Mehrheit eine völlig neue Verfassung beschließen können. Damit wären denjenigen Tür und Tor geöffnet worden, die eine andere Republik wollten. Eine solche neue Verfassung hätte in meinen Augen vor allem einen entscheidenden Fehler gehabt: Sie hätte ganz gewiß plebiszitäre Züge aufgewiesen. Und ich behaupte, es war eine der großen Leistungen des Parlamentarischen Rates, daß man die Erfahrungen der Weimarer Republik, deren Handlungsfähigkeit auch durch eine Reihe von Volksentscheiden beschädigt wurde, für das Grundgesetz beherzigt hat.

Wir hätten im übrigen auch mit der Weitergeltung von Verträgen große Probleme gehabt. Wenn Oskar Lafontaine für den Artikel 146 war, dann glaubte er wohl, daß dies der günstigste Weg sei, um aus der NATO herauszukommen, ohne förmlich aus dem Bündnis auszutreten. Am Ende hätte dann eine völlig andere, neutrale Republik stehen können. Für viele Linke – nicht nur die parlamentarische, sondern auch die Lehrstuhl-Linke – war die Diskussion über den Artikel 146 schon fast so etwas wie ein Gottesgeschenk: Sie sahen darin die Chance, den Kurs der Republik zu verändern. Deshalb ging es bei der Frage ›Artikel 23 oder Artikel 146?‹ nicht um irgendein Thema, sondern um die Gretchenfrage: ›Wie hältst du es mit dem Staat des

Grundgesetzes, mit dem freiheitlichsten und menschlichsten Staat in der deutschen Geschichte?‹

Wer damals den Artikel 146 in Betracht zog, der mußte auch wissen, daß dies eine Reihe von praktischen Nachteilen für den Einigungsprozeß nach sich gezogen hätte. Zum einen war ich davon überzeugt, daß wir nicht die Zeit hatten, eine verfassunggebende Versammlung einzuberufen, die sich bestimmt zwei Jahre lang mit der Ausarbeitung einer neuen Verfassung für das vereinte Deutschland beschäftigt hätte. Zum anderen glaubte ich nicht daran, daß wir alle – im Westen wie im Osten – angesichts der enormen Aufgaben, die ohnehin vor uns standen, in der Lage gewesen wären, auch noch einen solchen Kraftakt zu bewältigen. Ich glaubte nicht daran, daß all die Inspiration, die die Mütter und Väter des Grundgesetzes ausgezeichnet hatte, im Deutschland des Jahres 1990 zu finden war. Das war eine Gruppe von Männern und Frauen gewesen, die einen einzigartigen Glücksfall in unserer Geschichte darstellten. Sie besaßen – bei allen parteipolitischen Gegensätzen – eine Gesprächsfähigkeit untereinander, die bei uns inzwischen leider verlorengegangen ist. Sie kamen zum Teil aus den Konzentrationslagern und Gefängnissen des Dritten Reiches, zum Teil aus der inneren und äußeren Emigration, und sie alle hatten die Schrecken des Krieges mit eigenen Augen gesehen, am eigenen Leibe erfahren.«

Der Beitritt nach Artikel 23 ist im Februar 1990 noch höchst umstritten. Abgelehnt wird er vom »Runden Tisch«, der Mitte Februar einen eigenen Verfassungsentwurf vorlegt, zu dem die DDR-Schriftstellerin Christa Wolf die Präambel geschrieben hat. Er ist getragen von der Idee eines »dritten Weges«, eines demokratischen Sozialismus und einer weiterhin eigenständigen DDR. Weite Teile der Sozialdemokratie plädieren gegen einen Beitritt nach Artikel 23. Auch Bundesaußenminister Genscher spricht sich zunächst für eine Vereinbarung zweier

EIN SOFORTPROGRAMM FÜR DAS WAHLBÜNDNIS   293

frei gewählter Regierungen aus, und Bundespräsident von
Weizsäcker hat Bedenken, den Weg über Artikel 23 als den einzig gangbaren anzusehen.

In dem Sofortprogramm der »Allianz für Deutschland«, das
Volker Rühe mit den Generalsekretären der »Allianz«-Parteien
am 14. Februar in Berlin erörtert, werden zwei Schwerpunkte
gesetzt: die Schaffung der politischen Rahmenbedingungen für
den Aufbau der Sozialen Marktwirtschaft in der DDR und der
Schutz vor negativen sozialen Folgen des schwierigen Anpas-
sungsprozesses für die Bevölkerung in der DDR. So wird die
sofortige Einführung der D-Mark und einer unabhängigen No-
tenbank verlangt, aber auch die Sicherung der Sparguthaben
im Verhältnis 1 zu 1. Kohl zeigt Verständnis für diesen Wunsch,
will sich jedoch auf Einzelheiten des Wechselkurses noch nicht
festlegen lassen.

Zu den Forderungen des Sofortprogramms gehören auch die
Einführung von Privateigentum, eine uneingeschränkte Ge-
werbefreiheit, eine steuerliche Entlastung zur Förderung der
Selbständigen sowie eine Entflechtung der Staatsbetriebe und
ihre Überführung in Privathand. Zugangshindernisse für Inve-
storen aus der Bundesrepublik und dem Ausland dürfe es nicht
geben, Regelungen des Europäischen Binnenmarktes müßten
auch in der DDR gelten, darunter Eigentums- und Wettbe-
werbsschutz. Was die soziale Sicherung betrifft, so steht die »Allianz« für den Mieter- und Kündigungsschutz sowie für sozial-
verträgliche Mieten ein. Weiter werden der Aufbau einer Ar-
beitslosenversicherung, ein Qualifizierungs- und Weiterbil-
dungsprogramm, die Sicherung der Mitbestimmung durch ein
Betriebsverfassungsgesetz, die Tarifautonomie sowie freie und
unabhängige Gewerkschaften angestrebt. In gemeinsamer Verantwortung mit der Bundesrepublik soll ein soziales Siche-
rungsnetz aufgebaut werden, das Ungleichheiten zwischen beiden deutschen Staaten abbaut. Dazu gehört eine gesetzliche

Krankenversicherung ebenso wie die besondere Sicherung der Renten.

Um diese Marschrichtung von Union und »Allianz« den Menschen im östlichen Deutschland näherzubringen, soll Kohl im Verlauf des Volkskammerwahlkampfes sechsmal auftreten. Schon diese Ankündigung veranlaßt den Vorsitzenden der Ost-SPD, Ibrahim Böhme, von einer »unerträglichen Einmischung« des Bundeskanzlers in die inneren Angelegenheiten der DDR zu sprechen. »Dabei«, so Helmut Kohl, »konnte man erleben, sobald man den Fernseher einschaltete, wie sich da Sozialdemokraten aus der Bundesrepublik als Redner auf den Straßen und Plätzen der DDR tummelten. Das erinnert mich an die Redensart ›Wenn zwei das gleiche tun, ist es noch lange nicht dasselbe‹.« Weniger überraschend für den Bundeskanzler kommt die Kritik der PDS, die im wesentlichen von den Vertretern des »Runden Tisches« geteilt wird.

Dies wird auch deutlich, als DDR-Ministerpräsident Modrow am 13. Februar mit siebzehn Ministern zu den verabredeten Konsultationen ins Bonner Kanzleramt kommt. Die Delegation trifft mit einer Regierungsmaschine der DDR in Köln-Bonn ein und wird mit Hubschraubern nach Bonn geflogen. Auf Protokollarisches verzichtet man. Kohl sieht das Datum aus mehreren Gründen als außergewöhnlich an: »Morgens, als ich noch einmal darüber nachdachte, was ich zur Eröffnung sagen würde, habe ich mich an den schrecklichen Bombenangriff auf den Tag vor fünfundvierzig Jahren auf Dresden, woher ja Modrow kam, erinnert und beschlossen, ihn darauf anzusprechen. Ich habe dann gesagt: ›Wer sich das einmal vergegenwärtigt, der weiß auch, daß wir bei allem, was wir jetzt tun, unsere eigene Geschichte mit uns tragen im Guten wie im Schlechten und daß es jetzt darauf ankommt, dieser Geschichte gewachsen zu sein.‹«

Während der Bundeskanzler ein Vier-Augen-Gespräch mit

Modrow führt, verhandelt Seiters mit den Ost-Berliner Ministern. Mehr als einmal lehnen diese dabei eine westliche Beteiligung am Volkskammerwahlkampf ab. Minister Matthias Platzeck spricht von einer Furcht der Menschen in der DDR vor Fremdbestimmung, Minister Sebastian Pflugbeil von einer Einmischung in die inneren Angelegenheiten der DDR, Finanzminister Walter Romberg sorgt sich um die Identität der Ostdeutschen.

Ähnlich übereinstimmend äußern sich die Minister zum Tempo für die Einführung der Währungsunion. Minister Gerd Poppe vertritt die Auffassung, daß zweiundsiebzig Prozent der Menschen in der DDR sie nicht so schnell wollten, und Platzeck meint, die Einführung der D-Mark käme einer »bedingungslosen Kapitulation der DDR« gleich. Übereinstimmend fordern die Vertreter der DDR-Regierung eine an keine Auflagen gebundene Bonner Milliardenhilfe. Doch ebendies lehnt Kanzleramtsminister Seiters ab.

Kohls Gespräch mit dem DDR-Ministerpräsidenten ist unerquicklich: »Modrow hatte es noch immer nicht aufgegeben, von uns zweistellige Milliardenbeträge zu verlangen, obwohl ich ihn schon in Davos unmißverständlich darauf hingewiesen hatte, daß dieses Geld nicht weiterhelfen und sinnlos versickern würde. Ich wiederholte ihm gegenüber jetzt auch offiziell unser Angebot, eine Währungs- und Wirtschaftsunion zu schaffen, und schlug vor, unverzüglich eine innerdeutsche Expertengruppe hierzu einzusetzen, worauf er einging.«

In großer Runde, an der auf westdeutscher Seite mehrere Ministerpräsidenten und Bundesminister, darunter Johannes Rau, Max Streibl, Helmut Haussmann und Theo Waigel teilnehmen, werden die Gespräche fortgesetzt. »Es war eine ungewöhnliche Begegnung«, resümiert Kohl, »allein schon deshalb, weil so viele Minister ohne Geschäftsbereich, wie zur DDR-Delegation gehörten, in der Bundesrepublik nicht denkbar wären.

Rainer Eppelmann, einer von ihnen, rief mir zu: ›Da sehen Sie mal, was wir uns leisten können!‹, worauf ich antwortete: ›Herr Eppelmann, das ist wahr, daß Sie sich das leisten können‹, worauf ein allgemeines Gelächter ausbrach.«

Dann geht es um den Beitritt nach Artikel 23, den die Gäste ablehnen, und noch einmal um die Beteiligung westdeutscher Parteien an dem Volkskammerwahlkampf. Der Bundeskanzler versucht, wirkliche oder aus Kalkül vorgetragene Ängste zu zerstreuen. Finanzminister Waigel erläutert, daß allein im Bundeshaushalt 1990 dreißig Milliarden D-Mark an Ausgaben vorgesehen seien, die mit der deutschen Teilung zusammenhingen. Für schnelle Hilfen seien im Nachtragshaushalt noch einmal mehr als fünf Milliarden D-Mark vorgesehen. Und was den geforderten innerdeutschen »Lastenausgleich« betreffe, so Waigel, wolle er an die von Bonn in Jahrzenten geleistete Wiedergutmachung erinnern; das SED-Regime habe für Israel und die Überlebenden des Holocaust dagegen nichts getan.

Nach den Konsultationen treten Kohl und Modrow vor die Presse. Das Klima ist frostig, die Delegation aus Ost-Berlin fühlt sich gedemütigt. Später sollte ihr Leiter, wie zuvor schon Platzeck, von einer »bedingungslosen Übergabe der DDR an die Bundesrepublik« sprechen, die sich seit diesem 13. Februar abgezeichnet habe.

Der Bundeskanzler umreißt die humanitäre Soforthilfe der Bundesregierung und informiert über das von Modrow angenommene Angebot, so schnell wie möglich über eine Währungs- und Wirtschaftsunion zu verhandeln. »Dies bedeutete«, so Kohl rückblickend, »daß zu einem noch zu bestimmenden Stichtag die D-Mark als einziges gesetzliches Zahlungsmittel in der DDR eingeführt werden sollte. Zeitgleich waren von der DDR die notwendigen rechtlichen Voraussetzungen für die Einführung der Sozialen Marktwirtschaft zu schaffen. Im Verlaufe der Pressekonferenz habe ich deutlich gemacht, sozusagen als Botschaft nach drüben, daß wir mit der D-Mark unseren stärksten wirtschaftlichen Aktivposten einbrächten. Wir beteiligten damit – und dies war zweifellos ein Akt der Solidarität – unsere Landsleute im Osten unmittelbar und direkt an dem, was wir in den zurückliegenden Jahrzehnten aufgebaut hatten. Als unabdingbare Voraussetzung dafür mahnte ich die zügige Umsetzung von einschneidenden Wirtschaftsreformen in Richtung Soziale Marktwirtschaft an.«

In der Pressekonferenz geht Kohl auch auf die äußeren Aspekte der Einheit ein. Er berichtet, daß er soeben mit Hans-Dietrich Genscher gesprochen habe, der sich gegenwärtig auf der KSZE-Außenministerkonferenz in Ottawa aufhalte. Er, Kohl, gehe davon aus, daß die Gespräche der zuständigen Außenminister zu einem positiven Ergebnis führen würden und die Zwei-plus-Vier-Gespräche bald aufgenommen werden könnten. »Bis zur Vollendung der Einheit Deutschlands haben wir noch eine schwierige Wegstrecke vor uns. Dabei gehen wir keinen Weg ins Ungewisse, denn das Licht am Ende des Tunnels ist bereits heute klar zu sehen.«

Um das Zwei-plus-Vier-Verfahren und die damit verbundenen sicherheitspolitischen Fragen zu erörtern, hat der Bundeskanzler schon vor seiner Moskau-Reise mit dem amerikanischen Präsidenten ein bereits im vergangenen Dezember in Aussicht genommenes Treffen auf dessen Landsitz Camp David für den 24. und 25. Februar verabredet. Am Abend des 13. Februar unterrichtet Kohl George Bush über den Verlauf seiner Gespräche mit Gorbatschow.

Im Mittelpunkt des Telefonats steht wiederum die Frage der Bündniszugehörigkeit. »Ich sagte George Bush, ich hätte den Eindruck, daß eine Lösung gefunden werden könne«, erinnert sich Kohl. »Er antwortete darauf, daß eine Lösung gefunden werden müsse und das Treffen in Camp David daher sehr wichtig sei. Während meiner Gespräche in Moskau habe er an mich, seinen Freund, gedacht und sich vorgestellt, wie bewegt ich doch gewesen sein müsse. Er könne sich auch denken, wie sehr das deutsche Volk sich auf die Wiedervereinigung freue. Ich bejahte dies und sagte, daß es in Moskau tatsächlich eine große Stunde gewesen sei, die ohne unsere amerikanischen Freunde nicht denkbar gewesen wäre. George Bush bedankte sich. Er freue sich auf unser Treffen und werde meine Politik weiterhin unterstützen. Von der NATO-Mitgliedschaft Deutschlands dürfe man jedoch nicht abgehen. Man könne allerdings darüber sprechen, wo man flexibler auftreten dürfe und wo man fester sein müsse.

Unser Gespräch war kaum beendet, als George Bush zurückrief. Es ging um die Formulierung einer Erklärung zu den geplanten Zwei-plus-Vier-Gesprächen. Bush sagte, er habe soeben eine Neufassung des Papiers erhalten. Er wolle, daß keine Mißverständnisse zwischen ihm und mir entstünden. Er habe immer gesagt, er unterstütze den Bundeskanzler Helmut Kohl und die Bundesrepublik Deutschland. Erst wenn ich mit der neuen Fassung einverstanden sei, sei er es auch. Dieser Telefonanruf, diese Geste zeigte mir einmal mehr, was für einen guten Freund wir Deutschen in George Bush hatten.«

Noch vor der Begegnung in Camp David reist der Bundeskanzler, begleitet von Teltschik und Neuer, nach Paris, um Mitterrand vollends auf seine Seite zu ziehen. Kohl sagt, er sei in dieser Hinsicht optimistisch gewesen: »Ich hatte den Eindruck gewonnen, daß unser Treffen in Latché uns ein gehöriges Stück vorangebracht hatte, worin mir mein Freund Jacques Delors, mit dem ich nach meiner Rückkehr aus Moskau telefoniert hatte, recht gab. Er meinte, Mitterrand scheine ihm sehr viel offener und entspannter zu sein als noch vor einigen Wochen.« Mit am Tisch sitzt an diesem 15. Februar in Paris der langjährige Präsidentenberater Jacques Attali, der später mit seinen von Kohl wenig geschätzten Indiskretionen über den Staatspräsidenten, die sich dann in Teilen auch noch als unzuverlässig oder gar falsch erweisen, von sich reden machen wird.

Zunächst berichtet der Kanzler von seinen Gesprächen mit Michail Gorbatschow: »Ich sagte zu Mitterrand, ich hätte den Eindruck gehabt, es sei auch für die Sowjetunion eine Beruhigung, daß der Weg zur Vereinigung Deutschlands auf das engste in die europäische Entwicklung eingebunden sei. Je mehr Rechte Deutschland an die EG übertrage, desto weniger wirklich erscheine das Gespenst eines Vierten Reiches.«

François Mitterrand habe sodann weit ausgeholt: Der Bundeskanzler sei zur Zeit der Mann, der an der Spitze einer spannenden historischen Entwicklung stehe. Von ihm, Mitterrand, könne man nicht erwarten, daß er wie ein deutscher Patriot spreche, er sei ein französischer Patriot. Auch als solcher sei er nicht beunruhigt. Deutschland sei eben eine historische Realität, mit der man sich abfinden müsse, ob es einem gefalle oder nicht. Ihm gefalle es, denn es wäre ungerecht, wenn man den Deutschen das Recht vorenthalte, sich zu vereinigen. Von dieser Position sei er nie abgewichen.

Dann sei Mitterrand wieder zum Kern seiner Bedenken gekommen, nämlich zu der Frage, wie die Bündnisproblematik für das erweiterte Deutschland geregelt werden könne. »Er sprach« – so der Kanzler – »über die Rückführung der sowjetischen Streitkräfte und merkte an, ob sich die deutsche Bevölkerung nicht alsbald auch die Frage stelle, was jetzt eigentlich noch französische, amerikanische und britische Soldaten auf deutschem Territorium sollten. Er wolle nicht warten, bis die Bevölkerung meine, auch die Gegenwart dieser Soldaten laste zu schwer auf ihr. Die Deutschen würden sehr bald sagen, sie akzeptierten keine Vormundschaft mehr, weder westliche noch östliche. Sie wollten als erwachsene Nation betrachtet werden. Fünfundvierzig Jahre nach dem Krieg gebe es zwischen den Vier Mächten und Deutschland nicht mehr Beziehungen wie zwischen Siegern und Besiegten. Jeder deutsche Politiker, der in einem vereinten Deutschland sagen werde: ›Wir sind ein erwachsenes Land und wollen keine fremden Truppen mehr‹, werde Erfolg haben. Was sollten die französischen Truppen dann noch in Deutschland? Er wolle auf jeden Fall handeln, ehe es so weit komme.

Ich legte Mitterrand dar, daß seine Auffassung bezüglich der westlichen Truppen in der Bundesrepublik nicht der Stimmung der deutschen Bevölkerung entspreche. Die Deutschen würden nicht den Abzug dieser Truppen verlangen. Der französische Staatspräsident stimmte mir zu, daß Teile dieser Streitkräfte auch weiterhin in Deutschland stationiert werden müßten, damit die Sicherheitsinteressen Deutschlands und auch Frankreichs gewahrt blieben. Es dürften jedoch nicht zu viele sein, sonst würden die Reflexe des deutschen Nationalgefühls wieder zum Vorschein kommen.

Rein juristisch, fuhr Mitterrand fort, hätten die Vier Mächte in allen Fragen, die Deutschland als Ganzes und Berlin beträfen, das Recht einzugreifen. Aber es gebe einen Unterschied zwischen den Rechten, die aus dem Krieg resultierten, und der Realität. In der Realität hätten die Vier Mächte kein Recht, gegen die Wiedervereinigung zu intervenieren; sie dürften das aber, wenn es um die Konsequenzen der Wiedervereinigung ginge. Das Recht, einzugreifen, hätten sie auch, wenn es um das Verhältnis der Deutschen zu ihren Nachbarn ginge. Er habe mir schon früher erklärt, daß die Verträge von 1918, 1919, 1929 und 1945 ungerecht gewesen seien. Aber man müsse damit leben. Was die polnische Westgrenze betreffe, so könne er die Gefühle der Deutschen verstehen, aber politisch gesehen müsse man sagen, daß der Verlust der deutschen Ostgebiete ein unabänderliches Schicksal sei. Wenn man dies in Frage stelle, würde sehr bald auch die Endgültigkeit anderer Grenzen in Mittel- und Osteuropa angezweifelt werden.«

Nicht zuletzt durch die Stimmungsmache der Opposition, so der Kanzler, die ihm unterstellt habe, er drücke sich vor einer klaren, unmißverständlichen Aussage zur polnischen Westgrenze, aber auch durch völlig überflüssige Äußerungen aus den Reihen der CDU/CSU seien bei den westlichen Verbündeten Zweifel an der deutschen Haltung aufgekommen: »Nicht nur die Polen drängten jetzt auf die endgültige Anerkennung der Oder-Neiße-Linie noch vor der Einheit. Unterstützung fanden sie inzwischen überall im Westen, auch in den Vereinigten Staaten. Zum ersten Anwalt in dieser Angelegenheit hatte sich jedoch Polens alter Verbündeter Frankreich gemacht.«

Der französische Staatspräsident habe im weiteren ausgeführt, daß die Oder-Neiße-Grenze eine direkte Hinterlassenschaft des Krieges sei. Stalin habe die Westverschiebung Polens gewollt, um sich polnisches Gebiet, aber auch einen Teil des deutschen Ostpreußen anzueignen. Polen habe die Oder-Neiße-Gebiete als Ausgleich für die verlorenen Gebiete im Osten erhalten. Dies sei eine schlechte Sache gewesen. Als er, Mitterrand, Geschichte gelernt habe, sei Schlesien für ihn deutsch gewesen. Preußen sei der Angelpunkt eines großen Reiches über Jahrhunderte gewesen. Aber heute sei die Lage eben anders. Er sage nicht, daß die Anerkennung der Oder-Neiße-Grenze eine Vorbedingung für die Wiedervereinigung sei, noch denke er das. Darauf habe er eingeworfen, so Kohl, daß die Bestätigung der Grenze mit der Wiedervereinigung einhergehen müsse und keine Vorleistung sein dürfe.

»Es war eine sehr ernste Unterhaltung«, erinnert sich Kohl. »Mitterrand sprach ruhig und eindringlich. Ich hörte sehr aufmerksam zu, als der französische Staatspräsident noch einmal auf die Befürchtungen hinwies, die die Wiedervereinigung Deutschlands in Frankreich wachrufe. Zum Schluß sagte Mitterrand, nachdem er einen Augenblick lang innegehalten hatte, er wolle nicht den Eindruck erwecken, ein schlechter Freund zu sein. Er beziehe sich bei dem Mitspracherecht der Vier Mächte nur auf die internationalen Konsequenzen der Einheit, nicht auf die inneren Angelegenheiten. Als Beispiel nannte er die Wiederherstellung des Landes Thüringen; persönlich würde er dies sehr begrüßen, weil er dort in deutscher Kriegsgefangenschaft gewesen sei. Im Scherz fügte er hinzu, er würde sich desavouiert fühlen, falls es kein Land Thüringen geben werde. Ich erwiderte, daß Frankreich und Deutschland den schwierigen Weg in die Zukunft zusammen gehen sollten und daß nichts den Schatz der Freundschaft beschädigen dürfe, die in über dreißig Jahren zwischen beiden Ländern gewachsen sei. François Mitterrand bekräftigte dies; er wolle alles, was getan werden müsse, zusammen mit mir tun: ›Mit wem denn sonst? Vielleicht sind wir schon so etwas geworden wie ein altes Ehepaar!‹«

Am darauffolgenden Tag schreibt die französische Presse von einem »Zerwürfnis«. Im *Figaro* heißt es, daß beide Politiker weit entfernt seien von dem »komplizenhaften« Einvernehmen zwischen de Gaulle und Adenauer oder der noch heute andauernden Freundschaft zwischen Giscard d'Estaing und Schmidt: »Schade! Seit langem war ein gutes Einvernehmen zwischen Frankreich und Deutschland noch nie so nötig wie jetzt. Aber das ist nicht der Fall.« Daneben attackieren die französischen Blätter, etwa *Le Quotidien de Paris* oder *La Libération*, Kohl durchweg wegen seiner Haltung in der Grenzfrage. Es gibt auch bösartige Stimmen, wie die von *La Haute-Marne libérée*, die ganz dem Geist längst vergangener Zeiten verhaftet sind, wenn es etwa heißt: »Der Adler hat seinen Flug wieder aufgenommen. Und nichts auf dem Kontinent hat die Macht, ihn aufzuhalten. ... Es wäre besser, die Franzosen bereits jetzt vorzuwarnen, die übrigens geahnt haben, daß in der Beteuerung einer einfachen französisch-germanischen Allianz etwas Trügerisches und Künstliches liegt.« Auch Blätter wie die *Fi-*

nancial Times, die *Washington Post* oder die Züricher *Weltwoche* üben härteste Kritik:»Mit derselben brutalen Tolpatschigkeit«, mit der»die deutsche Fußballmannschaft Siege ertrotzt«, überrolle der Kanzler alles»schnörkellos, rücksichtslos, gedankenlos«.

Er habe auch dies damals gelassen gesehen, sagt Kohl:»Ich galt für viele allein aufgrund der Tatsache, daß ich vollkommen ruhig deutsche Interessen vertreten habe, schon als Elefant im Porzellanladen. Ich eigne mich ja schon wegen meiner körperlichen Statur für Vergleiche dieser Art. So etwas muß man ertragen, das hat mich nicht angefochten. Daß die deutsche Einheit nun in Sichtweite vor uns lag, war für viele natürlich ein Schock. Aber bevor man sich über kritische Stimmen im Ausland aufregt, sollte man sich einmal in Deutschland umsehen. Auch bei uns haben ja viele gemeint, die Wiedervereinigung sei – wenn überhaupt – eine Frage des nächsten Jahrhunderts. Nicht wenige, die hier immer ›Einigkeit und Recht und Freiheit‹ gesungen hatten und sich dabei gelegentlich ein wohliges Nationalgefühl über den Rücken laufen ließen, dachten nun: Nach Möglichkeit darf sich durch diese Einheit aber nichts ändern, und es darf vor allem nicht an mein Portemonnaie gehen. Ich blieb gegenüber den Ängstlichen immer bei meinem alten Bild: Mit der deutschen Einheit ist es wie mit dem Rhein. Wir sollten darauf achten, daß er nicht übers Ufer tritt, daß er keinen Schaden anrichtet und daß viele ihre Freude daran finden, wie ruhig und majestätisch, aber auch dynamisch dieser Fluß dahinströmt. Der alte Vater Rhein ist ein großer europäischer Strom, der vieles gesehen und eine große Zukunft hat – und so ist es auch mit den Deutschen.«

Eine gute Woche nach seiner Visite in Paris ist der Bundeskanzler unterwegs nach Washington. Auf dem fast acht Stunden dauernden Flug studiert er nicht nur Akten, sondern liest auch in der Autobiographie des amerikanischen Präsidenten, in

304 ALLIANZEN FÜR DEUTSCHLAND

der dieser vor allem seine Erlebnisse als Kampfflieger über dem Pazifik während des Zweiten Weltkriegs beschreibt.

Auf dem Flughafen wird die deutsche Delegation von Außenminister Baker willkommen geheißen. Wenig später heben die bereitstehenden Hubschrauber der Präsidentenstaffel in Richtung Catoctin Mountains in Maryland ab, einem wenig anheimelnden Ort, wie Kohl findet. Camp David wird mit einem enormen Sicherheitsaufwand geschützt. Das gesamte Gelände ist außen zunächst von einem vier bis fünf Meter hohen Zaun umgeben, dann von einem weiteren inneren Zaun. Dazwischen liegt ein gerodeter Sicherheitsstreifen, auf dem kein Baum oder Strauch stehen darf. In regelmäßigen Abständen ragen Wachtürme in die Höhe, von denen aus schwerbewaffnete Marines das Gelände kontrollieren. Man habe sich, so der Kanzler, nicht sehr wohl gefühlt, wenn man sich diesem Zaun näherte. Sehr gemütlich und schön seien dagegen die unter Eichen versteckten Blockhütten gewesen.

In Camp David wird er – wie es bei der Marine Brauch ist – mit einem schrillen Pfeifton begrüßt, als er aus dem Hubschrauber steigt. Die angetretene Ehrenformation präsentiert das Gewehr, eine Schiffsglocke wird feierlich viermal geschlagen. Es folgt ein herzliches Wiedersehen zwischen dem von seiner Frau begleiteten Bundeskanzler und George und Barbara Bush, von der der Kanzler sagt, sie hätte zwar keinen eigenen politischen Ehrgeiz, wie etwa Raissa Gorbatschowa, aber dafür einen wunderbaren menschlichen Einfluß auf ihre Umgebung. »Sie ist eine prächtige Frau und Mutter, mit einer hinreißenden Art, Atmosphäre zu stiften. Sie ist unglaublich patent und hat einen herrlich trockenen Humor. Meine Frau Hannelore und Barbara Bush sind ein Herz und eine Seele. Sie hat große Sympathie für die Deutschen«, sagt der Kanzler und erinnert an die gemeinsame Schiffsfahrt auf dem Rhein während des ersten Besuchs des Präsidenten-Ehepaares in Deutschland im Mai 1989.

Barbara und George Bush fahren das Ehepaar Kohl persönlich mit elektrogetriebenen Golfwagen zu den Blockhäusern. Noch bevor sie in die Wagen einsteigen, ruft mit wortgewaltiger Stimme ein Reporter aus der Schar der hinter einer Absperrung wartenden Journalisten: »Mister Chancellor, what about Poland?« Es ist ein in den Vereinigten Staaten landauf, landab bekannter Zeitungsmann. Kohl ignoriert den Ruf, aber er ist vorgewarnt, daß seine Haltung in der Frage der polnischen Westgrenze auch in den Medien der Vereinigten Staaten mißdeutet wird. Wenig später beziehen die Kohls ihre Blockhütte, die »Bird Lodge«.

Während Hannelore Kohl und Barbara Bush plaudern, treffen der amerikanische Präsident und der deutsche Bundeskanzler im Konferenz-Blockhaus zusammen. Außenminister Genscher fehlt in Camp David. In Bonn ist von amerikanischer Seite Tage zuvor mitgeteilt worden, daß US-Außenminister Baker ebenfalls nicht dabeisein werde. Zur Überraschung der Deutschen ist dieser nun doch anwesend. Außerdem nehmen an der Runde auf amerikanischer Seite Sicherheitsberater Brent Scowcroft und Botschafter William Blackwill teil. Alle haben es sich bequem gemacht, der Kanzler in seiner Strickjacke, Außenminister Baker in texanischen Cowboystiefeln.

»Bei unserem Gespräch«, so Kohl, »ging es zunächst um die Situation in der Sowjetunion. Ich sagte, selbst wenn Michail Gorbatschow gestürzt würde, müßte ein Nachfolger früher oder später eine im Prinzip ähnliche Politik wie er führen – die Entwicklung zwinge ihn einfach dazu. Es gebe kein Zurück zu Stalin. Dann kam ich auf die NATO-Mitgliedschaft Deutschlands und die künftige Rolle der Vereinigten Staaten in Europa zu sprechen. Ich sagte unseren amerikanischen Freunden, nachdem ich die aktuelle Lage in der DDR geschildert hatte, daß das vereinte Deutschland Mitglied der NATO bleiben werde. Das sei sicher! Nach meiner Auffassung seien die deutsche

NATO-Mitgliedschaft und die Präsenz amerikanischer Streitkräfte in Europa elementare Voraussetzungen für die Sicherheit des Kontinents. Von Berlin seien es bis zur sowjetischen Grenze sechshundert Kilometer, nach den USA aber das Zehnfache.

George Bush hob daraufhin die Entschlossenheit der Vereinigten Staaten hervor, weiter in Europa präsent zu sein. Allerdings stünde er unter dem Druck, die Stärke der Streitkräfte zu reduzieren und die Verteidigungsausgaben zu kürzen. Um so wichtiger sei es deshalb, daß das vereinte Deutschland in der NATO bleibe. Er kam dann auf die Ängste und Sensibilitäten unserer Verbündeten zu sprechen. Ganz offen wolle er als Beispiel für mangelndes Feingefühl anführen, daß während der Ottawa-Konferenz den Italienern ziemlich unverblümt gesagt worden sei, für sie gebe es keinen Platz am Zwei-plus-Vier-Tisch. Dies habe nicht nur Italien, sondern auch andere europäische Länder gekränkt. Man müsse vor allem mit den kleineren NATO-Partnern sorgsam umgehen. Es dürfe nicht der Eindruck entstehen, als ob der amerikanische Präsident und der deutsche Bundeskanzler hier zusammensäßen und über das Schicksal Europas entschieden.

Ich stimmte ihm zu und sagte, ich sähe durchaus die Schwierigkeiten anderer europäischer Staaten. Die Karten in Deutschland würden neu gemischt, viele hätten Probleme, mit dem Tempo der Entwicklung psychologisch Schritt zu halten. Wir sprachen dann über verschiedene europäische Verbündete. Erfreulich sei die sich wandelnde Haltung der Italiener, sagte ich. Es gebe verständliche Probleme in kleineren Ländern, die besonders unter deutscher Besatzung zu leiden gehabt hätten. Schwierig sei auch Großbritannien. Die Haltung von Premierministerin Thatcher könne man wohl nicht ändern. Sie lebe in der Vergangenheit.

George Bush stimmte mir zu. Die Vereinigten Staaten fürchteten keine Geister aus der Vergangenheit und glaubten auch nicht, daß die Deutschen ewig büßen müßten. Dennoch müsse man die Ängste der anderen abbauen. Ich sagte dem Präsidenten daraufhin, viele Menschen in Deutschland fragten sich, ob es denn gar nicht zähle, daß man vierzig Jahre treu als Bündnispartner an der Seite der westlichen Demokratien gestanden habe. Er fiel mir ins Wort und sagte: ›Deutschland hat seine Pflicht getan. Die USA werden deshalb Deutschland helfen, ja sie haben sogar eine Verpflichtung dazu.‹

Wir sprachen in Camp David selbstverständlich − beinahe möchte ich sagen, überflüssigerweise − auch über die Frage der polnischen Westgrenze. Ich sagte George Bush, daß es dabei letztlich nicht um das ›Ob‹, sondern um das ›Wann‹ gehe. Nur ein gesamtdeutscher Souverän sei befugt, die endgültige Anerkennung verbindlich auszusprechen, und so werde es zweifellos auch kommen. Das Problem sei in Wahrheit ein psychologisches. Das gelte für beide Länder und in beide Richtungen. Zum Beispiel sei der Marschall des polnischen Sejm kürzlich in Bonn gewesen und habe Reparationsforderungen erhoben. Ein Eingehen auf solche Forderungen komme nicht in Betracht. Es würde mich innenpolitisch in eine katastrophale Lage bringen.«

Bush reagiert verständnisvoll, besteht aber darauf, daß Deutschland in der Grenzfrage sehr klar Stellung bezieht, und verweist auf die Stimmung in den Vereinigten Staaten, wo niemand die Haltung Kohls verstünde. »Im Falle einer ausbleibenden Stellungnahme der Bundesregierung«, so Kohl, »hegte der amerikanische Präsident die Befürchtung, daß der US-Kongreß eine Resolution verabschiede, die ihm wiederum seinen Einsatz für die Sache der Deutschen maßgeblich erschweren könnte.

Schließlich kamen wir auf unsere Erfolgsaussichten bei den Zwei-plus-Vier-Verhandlungen zu sprechen. Jim Baker meinte, daß Gorbatschow und Schewardnadse letztlich eine amerikanische Truppenpräsenz in Deutschland als stabilisierend ansähen. Eine deutsche NATO-Mitgliedschaft könnten sie allerdings nicht aktiv unterstützen; sie würden sie am Ende aber durchaus akzeptieren. Was man gegenwärtig an Entgegengesetztem aus Moskau höre, seien die Eröffnungszüge in einem Spiel.

Ich stimmte ihm zu: Was die Sowjets jetzt sagten, gehöre zum Verhandlungspoker. Am Ende werde die Frage nach unseren finanziellen Leistungen im Vordergrund stehen. Daß Moskau darüber nicht offen rede, gehöre zur nationalen Ehre. Die Sowjets hätten in Wahrheit mit der NATO-Mitgliedschaft des vereinten Deutschland kein Problem – sie hätten einen Preis. George Bush warf scherzhaft ein, ich hätte ja auch große Taschen. Die Sowjetunion sei nicht in der Position, dem Westen diktieren zu können, ob Deutschland in der NATO bleibe oder nicht. Man werde der Sowjetunion Achtung zollen und ihr helfen, das Gesicht zu wahren. Ich bedankte mich bei dieser Gelegenheit noch einmal für den Brief, in dem mir George Bush am Vorabend meiner Abreise nach Moskau die uneingeschränkte Unterstützung der Vereinigten Staaten zugesichert hatte.«

Nach einem gemeinsamen Abendessen in familiärer Atmosphäre, an dem neben Barbara Bush auch einige andere Familienmitglieder der Gastgeber teilnehmen, wird der durch sechs Stunden Zeitverschiebung lang gewordene Tag mit der Vorführung eines Spielfilms beschlossen. Auf dem Programm steht »Die Schatzinsel«. Bevor der Raum abgedunkelt wird, weist George Bush die deutschen Gäste darauf hin, daß dies keine Pflichtübung sei und jeder sich zurückziehen könne, wann er es für richtig halte. Nach einigen Minuten verfolgen nur noch George Bush, Brent Scowcroft und Helmut Kohls Mitarbeiter Uwe Kaestner das Geschehen auf der Leinwand.

Der darauffolgende Sonntagmorgen beginnt mit einem gemeinsamen Gottesdienst in der Marine-Kapelle. Ihm schließt sich die Fortsetzung der Gespräche an. Bevor man wieder vor dem Kamin Platz nimmt, führt Bush seine Besucher in ein kleines Büro und zeigt ihnen eine bemerkenswerte Trophäe. Es handelt sich um eine Karikatur Bushs mit einer Unzahl von Einschußlöchern. US-Marines hätten sie bei der Invasion Panamas erbeutet und ihm später geschenkt, berichtet er voller Stolz. Die Karikatur habe im Büro von Diktator Noriega gehangen, der regelmäßig mit seinem Revolver darauf geschossen habe.

George Bush will nun vom Bundeskanzler wissen, in welchem zeitlichen Rahmen dieser die Wiedervereinigung kommen sehe. »Ich antwortete ihm, daß keine sichere Prognose möglich sei. Zuviel müsse noch geleistet werden. Ich berichtete ihm von den Vorbereitungen zu den bevorstehenden ersten freien Wahlen in der DDR, von dem dortigen Wunsch, wieder Länder zu bilden, von unseren Anstrengungen, eine innerdeutsche Währungs- und Wirtschaftsunion zu schaffen, und all den anderen schwierigen Fragen. Nach meinem Eindruck machten jetzt viele Menschen in der DDR ihre Entscheidung, ob sie in der Heimat blieben oder in den Westen gingen, vom Ausgang der Volkskammerwahl abhängig. Letzte Woche habe zum Beispiel an der Dresdner Universität ein Gespräch zwischen Studenten und Vertretern der CDU stattgefunden. Ein Student habe erklärt, man könne sagen, was man wolle, aber wenn am 18. März die Anhänger des alten Regimes gewinnen würden, dann würde er seinen Koffer packen und gehen. Hierfür habe er stürmischen Applaus geerntet.

Jim Baker meinte, daß die Zwei-plus-Vier-Gespräche erst nach den Wahlen in der DDR stattfinden könnten. Dem stimmte ich zu: Wenn ein solches Gespräch schon vor den Volkskammerwahlen zustande käme, säßen auf der anderen Seite des Tisches die Sowjetunion und eine DDR, die ausschließlich sowjetische Interessen vertrete; der DDR-Außenminister sei nach wie vor ein Kommunist.«

Der amerikanische Außenminister habe nunmehr vorgeschlagen, daß man sich abseits jeglicher Öffentlichkeit in Einsplus-Drei-Konsultationen innerhalb des Westens abstimmen solle, ehe man nach dem 18. März in die Zwei-plus-Vier-Verhandlungen eintrete. Auch er, Kohl, habe diese Vorgehensweise für richtig gehalten. Wie sonst solle der Westen mit Erfolgsaussicht in die schwierigen Verhandlungen mit den Sowjets eintreten, wenn nicht François Mitterrand und Margaret Thatcher mit George Bush und ihm an einem Strang zögen? Besonders wichtig erscheine es ihm, so Kohl, daß auf Michail Gorbatschow und auf das Prestige der Sowjetunion Rücksicht genommen werde. Geschehe dies, bestünden gute Chancen, daß Gorbatschow das letzte Wort mit dem amerikanischen Präsidenten – sozusagen von Weltmacht zu Weltmacht – im Juni bei dem geplanten amerikanisch-sowjetischen Gipfel sprechen werde. Aus Moskauer Sicht habe Gorbatschow nur einen gleichrangigen Partner, und dies seien die Vereinigten Staaten. Bush habe dem mit der Bemerkung zugestimmt, daß man Gorbatschow in der Tat Gelegenheit geben müsse, sein Gesicht zu wahren. Er wolle den Gipfel mit Gorbatschow insbesondere auf dem Gebiet der Abrüstung zu einem Erfolg machen, den der sowjetische Generalsekretär auch nach innen vorzeigen könne.

Nach dem Gespräch fahren der Kanzler und der Präsident gemeinsam in einem Wagen zur Pressekonferenz nach Greentop Lodge, einem kleinen Ort unmittelbar in der Nähe von Camp David. Zum deutsch-amerikanischen Verhältnis erklärt Kohl: »Auch für das künftig geeinte Deutschland wird die Pflege der Freundschaft und der Ausbau der Beziehungen mit den USA eine vorrangige Aufgabe sein. Wir freuen uns über die immer enger werdende wirtschaftliche Zusammenarbeit, über noch mehr Austausch in Wissenschaft und Kultur und über die intensive Begegnung der Menschen, insbesondere der Jugend.« Der Bundeskanzler äußert sich auch zur Frage der polnischen

Westgrenze, für die sich die in Camp David ausharrenden Journalisten am meisten interessieren. Noch einmal wiederholt er, daß niemand die Einheit Deutschlands mit der Verschiebung bestehender Grenzen verbinden wolle. Bush ergänzt, daß Washington die Bestimmungen der KSZE-Schlußakte und damit die Unverletzlichkeit bestehender Grenzen in Europa respektiere. »Dies war selbstverständlich auch die deutsche Position, was einige der anwesenden Journalisten jedoch nicht davon abhielt, zwischen George Bush und mir einen Gegensatz zu konstruieren«, erinnert sich Kohl.

»Nach der Pressekonferenz trafen wir uns zu einem gemeinsamen Mittagessen, bei dem Jim Baker das Tischgebet sprach. Danach machten wir noch einen langen Spaziergang. Wir unterhielten uns dabei über unser Leben, über unsere Familien, unsere Kinder. Wegen des eisigen Februarwindes, der über Camp David hinwegfegte, hatten wir von der Marine dicke Anoraks mit pelzbesetzten Kapuzen erhalten, so daß wir wie Mitglieder eines Clubs aussahen – in gewisser Weise waren wir das ja auch.« Nach einem herzlichen Abschied bringt der Präsidentenhubschrauber die Deutschen wieder nach Washington, wo ihnen ein siebenstündiger Flug in die Heimat bevorsteht.

Zu Hause am Rhein kurieren die Karnevalsnarren ihren Aschermittwochskater aus, als Bush am 28. Februar mit Gorbatschow telefoniert, um ihn über seine Gespräche mit dem Bundeskanzler zu informieren. Heftige Attacken des Zentralorgans der KPdSU sind vorausgegangen. Die *Prawda* schreibt, ohne eine Veränderung seines militärpolitischen Status sei ein vereintes Deutschland in der NATO für die Sowjetunion völlig inakzeptabel. Die sowjetischen Sicherheitsinteressen seien auch dann berührt, wenn NATO-Streitkräfte nur auf dem derzeitigen Territorium der Bundesrepublik Deutschland stationiert würden. Dazu der Kanzler: »Die Erfinder dieser eindeutigen Künstelei suchten keine annehmbare Lösung, sondern wollten nur von ihren eigenen gefährlichen Plänen ablenken, durch die das bestehende militärische Gleichgewicht in Europa gestört worden wäre.«

Bush hebt bei seinem Telefongespräch mit Gorbatschow ausdrücklich hervor, er und Kohl seien der Auffassung, daß ein vereintes Deutschland Vollmitglied der NATO bleiben müsse, so wie sie es bei der abschließenden Presseerklärung in Camp David verkündet hätten. Das sei für ihn ein Problem, aber er werde darüber nachdenken, erwidert Gorbatschow. Bush informiert auch Mitterrand und wirbt bei ihm für die Sache der Deutschen. »François Mitterrand erzählte mir von dem Gespräch mit dem amerikanischen Präsidenten«, so Kohl, »als wir am Abend des 5. März miteinander telefonierten. Ich erläuterte ihm die mit George Bush verabredete Vorgehensweise und kam dann auf die polnische Westgrenze zu sprechen.«

Das Thema beherrscht inzwischen die internationale Debatte. Neuen Zündstoff hat die Diskussion dadurch erhalten, daß der polnische Ministerpräsident Mazowiecki Mitte Februar gegenüber den Vier Mächten sowohl die endgültige Anerkennung der Oder-Neiße-Linie als polnische Westgrenze noch vor der Wiedervereinigung als auch eine Teilnahme an den Zwei-plus-Vier-Verhandlungen gefordert hat. Am 23. Februar telefoniert Kohl mit ihm und versucht seine Sorgen hinsichtlich der Grenzfrage zu zerstreuen. »Ich sagte ihm am Telefon: ›Sie haben eine schwierige innenpolitische Situation und ich auch. Und eigentlich gehört ja zu freundschaftlichen Beziehungen, daß man versucht, den anderen zu verstehen und sich gegenseitig zu helfen.‹ Ebendies war jedoch in dieser Angelegenheit ziemlich kompliziert.«

Der sowjetische Außenminister Schewardnadse und auch der französische Außenminister Dumas zeigen sich dem polnischen Anliegen gegenüber sehr aufgeschlossen. Schewardnadse

spricht gegenüber Warschaus Botschafter in Moskau vom »un-
bestreitbaren moralischen und juristischen Recht der Republik
Polen auf ihre Stimme und ihren Platz im Verhandlungspro-
zeß«. Dumas fordert im Verlauf einer Rede, die er in Berlin
hält, nachdrücklich eine sofortige Anerkennung der Grenze
und beruft sich dabei auf den deutschen Außenminister, seinen
Freund.

In dem Telefonat am 5. März erläutert der Bundeskanzler
dem französischen Staatspräsidenten noch einmal seine Position. »Zwei wichtige Punkte durfte ich dabei nicht auslassen.
Ich schilderte François Mitterrand, daß die Bundesrepublik
und Polen im vergangenen November eine Vereinbarung un-
terschrieben hätten, mit der die Rechte der deutschen Minderheit gesichert werden sollten. Diese Erklärung müsse jedoch
auch für das gesamte Deutschland gelten. Ich erwarte daher
eine entsprechende Erklärung von Warschau. Außerdem habe
Polen 1953 gegenüber Deutschland auf Reparationen verzichtet. Auch dies müsse bekräftigt werden, ehe die Oder-Neiße-
Grenze formaljuristisch abschließend behandelt werde. Ich bat
Mitterrand, das bei seinen bevorstehenden Gesprächen mit der
polnischen Führung in Paris einzubringen.

Meine Beharrlichkeit in dieser Frage wurde – nicht nur von
der Opposition – vielfach dahingehend gedeutet, als gefährdete
ich leichtfertig die deutsch-französische Freundschaft. Scharfe
Kritik an meiner Haltung kam auch aus den Reihen des Koalitionspartners FDP.«

Während die innenpolitische Debatte und der äußere Druck
hinsichtlich der polnischen Westgrenze sich für den Bundeskanzler zum einzig wirklich unerquicklichen Kapitel des gesamten Wiedervereinigungsprozesses entwickeln, ist er im
Volkskammerwahlkampf ganz in seinem Element. Kohl hat allen Grund, hier optimistisch in die Zukunft zu sehen. Die Auf-
taktveranstaltung der sechs geplanten Kanzlerauftritte hat am

314 ALLIANZEN FÜR DEUTSCHLAND

20. Februar in Erfurt stattgefunden, an dem Tag, an dem die Volkskammer endlich die nötigen Verfassungsänderungen, das Wahlgesetz, die Wahlordnung sowie das Parteien- und Vereinigungsgesetz verabschiedet hat. Fünfzehntausend Plakate, die in den Bezirken Erfurt, Gera und Suhl aufgestellt worden sind, und hunderttausend Flugblätter haben den Bundeskanzler angekündigt. Er wisse noch gut, erzählt Kohl, wie er am 20. Februar mit seinem Büroleiter im Konrad-Adenauer-Haus, Michael Roik, dem stellvertretenden Leiter des Kanzlerbüros, Stephan Eisel, sowie CDU-Wahlkampfmanager Karl Schumacher zum Grenzübergang Herleshausen geflogen sei, um von dort aus über die Autobahn nach Erfurt zu fahren.

»Ich mußte in diesem Augenblick an meine erste Reise durch die südliche DDR denken, die ebenfalls hier in Herleshausen begonnen hatte. Damals – ich glaube, es war 1973 – war ich rheinland-pfälzischer Ministerpräsident und soeben zum Bundesvorsitzenden der CDU gewählt worden, als ich mich entschlossen hatte, mit meiner Frau und zwei, drei Begleitern privat in die DDR zu reisen. Bis dahin kannte ich diese Landschaften ja nur aus Schilderungen meiner Frau, die ihre Kindheit in Leipzig verbracht hatte, ehe sie mit ihren Eltern vor der Roten Armee in den Westen geflohen war.

Auf der Reise erlebten wir viel Unerquickliches. So wurde die Wartburg, eine der ersten Stationen, nach unserem Eintreffen in Minutenschnelle vom Staatssicherheitsdienst geräumt. Ganze Reisegruppen wurden hinausgetrieben. In einer Baracke des ehemaligen Konzentrationslagers Buchenwald bei Weimar fand ich mich als ›Kriegstreiber‹ vereint mit Franz Josef Strauß und Friedrich-Karl Flick auf einem riesigen Plakat. Ich stand inmitten einer Schulklasse, der von ihrer Lehrerin die ›Kriegstreiber von heute‹ erklärt wurden. Als die Kinder bemerkten, daß einer der Abgebildeten leibhaftig mitten unter ihnen stand, wurden sie eiligst aus der Baracke gescheucht.«

Siebzehn Jahre später sei alles anders gewesen: »Am Grenz-übergang wurden wir von einigen Uniformierten und Offiziellen herzlich willkommen geheißen. Das trug zu unserer latenten Unsicherheit noch mehr bei. Wir hatten doch nicht die leiseste Ahnung, was uns bei unserer ersten Wahlkampftour erwarten würde. Sie sollten kein Blaulicht einschalten und auch die Geschwindigkeitsbegrenzungen beachten, bat ich die Volkspolizisten, die unserem kleinen Konvoi vorausfuhren. Sie hielten sich dann peinlich genau daran.

Das erste, was uns auffiel und an Dresden erinnerte, als wir auf der Autobahn Richtung Erfurt fuhren, waren die vielen Transparente – an Brücken, Straßen und Häusern –, auf denen man mich begrüßte. Als wir feststellten, daß wir zu früh kommen würden, entschlossen wir uns, eine Rast einzulegen. In völliger Unkenntnis der Gegebenheiten der DDR suchten wir ein Café oder eine Gastwirtschaft, um eine Tasse Kaffee zu trinken – vergeblich. In einem kleinen Dorf, abseits der Hauptstraße, fanden wir schließlich eine Kantine. Als die Wirtin sah, wer da zu ihr hereinkam, schimpfte und klagte sie in schönstem thüringischen Dialekt. Es schien, als könne sie sich gar nicht mehr beruhigen. Auf unsere Nachfrage erfuhren wir, warum – ihr Mann und ihr Sohn waren nach Erfurt gefahren, um Helmut Kohl zu sehen, der jetzt bei ihr in der Küche stand. Aber dann bekamen wir doch noch unseren Kaffee.

Bevor wir uns wieder aufmachten, bat ich den für meine Sicherheit zuständigen Begleiter, er möge doch einmal seine ›Kollegen von der Stasi‹, die uns von der Grenze an begleiteten, fragen, mit wie vielen Menschen wir bei der Kundgebung in Erfurt rechnen könnten. ›Etwa drei- bis viertausend‹, lautete die Antwort. Als wir uns dann eine Stunde später dem Domplatz näherten, fuhren wir durch Spaliere von Menschen. Mehr als hundertfünfzigtausend waren gekommen. Kaum war ich aus dem Auto gestiegen, mußte ich zwischen Diestel und Kirchner schlichten, die sich über die Frage in die Haare geraten waren, wer zuerst sprechen werde.«

Erfurt, der Auftakt des Kanzler-Wahlkampfes für die »Allianz für Deutschland«, wird ein riesiger Erfolg. »Zu Zehntausenden«, so Kohl, »waren die Menschen gekommen und zeigten anrührende Transparente. Auf einem stand: ›Gott schütze unseren Kanzler‹. Es war eine bewegende Stunde auf dem Domplatz, dort wo der heilige Bonifatius, der Apostel der Deutschen, das Bistum begründet und Martin Luther einst gelehrt hatte. Der Königsweg der deutschen Kaufleute führte vom Rhein über Erfurt nach Rußland. In Erfurt brauchte ich nicht lange auszuführen, daß wir Deutschen ein Volk sind.

An diesem Tag zeichnete es sich zum ersten Mal ab, daß die Chancen der ›Allianz für Deutschland‹ besser waren, als alle Skeptiker vorausgesagt hatten«, erinnert sich Kohl, der nach der Kundgebung im historischen Weinhaus »Hohe Lilie«, einen Steinwurf vom Dom entfernt, mit den Vorsitzenden der »Allianz«-Parteien de Maizière, Schnur und Pfarrer Ebeling den weiteren Wahlkampf bespricht. In den wenigen verbleibenden Wochen bis zum 18. März würden insgesamt 83 Politiker der Unionsparteien 397mal sprechen; darüber hinaus sind von den CDU-Landesverbänden etwa 1400 Veranstaltungen geplant.

Ein weiterer Tagesordnungspunkt ist das Sofortprogramm der »Allianz«, das am 1. März vom Bundeskanzler und den Vorsitzenden der »Allianz«-Parteien der Öffentlichkeit vorgestellt werden soll. Dann geht es in der »Hohen Lilie« um die politische Auseinandersetzung mit der SPD. Sie sei nicht die Partei der deutschen Einheit, wird von allen Beteiligten immer wieder hervorgehoben. Um den »Allianz«-Parteivorsitzenden Wahlkampfmunition zu liefern, wird eine Broschüre mit dem Titel »Die Wendehälse in der SPD« verteilt, in der Äußerungen führender sozialdemokratischer Politiker zur deutschen Frage zusammengetragen worden sind.

Aus dem privaten Terminkalender des Bundeskanzlers. Eintrag am 20. Februar 1990, Auftakt des CDU-Wahlkampfes für die Volkskammerwahl in der DDR: »14.55 Uhr Abflug. 17 Uhr DDR Erfurt«.

Im Anschluß an die Sitzung geben die drei Vorsitzenden der »Allianz«-Parteien eine Erklärung ab, in der es heißt, ihr gemeinsames Ziel sei es, am 18. März den Sozialismus, in welcher Form auch immer, in der DDR abzulösen: »Angesichts des vom Sozialismus verursachten dramatischen Niedergangs der Wirtschaft, der Umwelt und in anderen Bereichen der Gesellschaft in der DDR gibt es nur einen vernünftigen Weg, der zu einer politischen und moralischen Gesundung ... führen kann: die schnelle Herstellung der Einheit Deutschlands und die Einführung der Sozialen Marktwirtschaft. ... Dem entscheidenden und erfolgreichen Einsatz von Bundeskanzler Helmut Kohl, seiner Überzeugungs- und Durchsetzungskraft ist es zu verdanken, daß sich alle Nachbarländer der Bundesrepublik Deutschland und der DDR, einschließlich der USA und der Sowjetunion, uneingeschränkt hinter den Wunsch der Deutschen nach Einheit stellen. Helmut Kohl hat das Tor zur Einheit weit aufgestoßen. Die Menschen in der DDR haben heute keinen entschiedeneren Freund als Bundeskanzler Kohl.«

Glückwünsche zum Wahlkampfauftakt in Erfurt werden dem Bundeskanzler von vielen Seiten zuteil. »Sie kamen aus ganz Deutschland, aber nicht nur von dort«, erzählt Kohl. »Besonders gefreut habe ich mich über den Anruf des kanadischen Premierministers Brian Mulroney, eines Freundes der Deutschen. Er erzählte mir, daß er die Erfurter Kundgebung im Fernsehen verfolgt habe und sehr beeindruckt gewesen sei.« Der Kanadier gratuliert dem Kanzler nochmals zu seiner Schlüsselrolle und seiner politischen Führung. Er freue sich darauf, das Ehepaar Kohl in naher Zukunft beim Besuch in seinem Lande begrüßen zu dürfen.

Im sächsischen Chemnitz finden sich mehr als zweihunderttausend Menschen ein, um den Mann zu sehen, der wie sie Deutschlands Einheit will. So ist es auch in Magdeburg am 6. März oder in Rostock drei Tage später. Für Helmut Kohl sind dies enorme Strapazen: am späten Nachmittag der Flug von Köln-Bonn nach Lübeck mit der gecharterten King Air, in die sich außer ihm noch seine Mitarbeiter, CDU-Sprecher Andreas Fritzenkötter, Büroleiter Michael Roik, Wirtschaftsberater Johannes Ludewig, zwei Sicherheitsbeamte und Hans Ulrich Kempski von der *Süddeutschen Zeitung* zwängen, dann die zweieinhalbstündige Autofahrt, während derer eine Unzahl von Telefonaten abgewickelt wird, schließlich kurz vor Rostock noch der letzte Blick auf den Stichwortzettel. Als Kohl aus dem Wagen gestiegen ist, gelingt es ihm kaum, durch die mit Tauen vor den begeisterten Menschenmassen abgesperrte Gasse zum Rednerpodest auf der Fischerbastion zu gelangen. Kempski berichtet über die Szene: »Als Kohl sein Ziel endlich erreicht, ist die rechte Hand zerkratzt und blutig. Kohl sieht ergriffen aus und glücklich.«

Wo Kohl auftaucht, verbreitet er Optimismus, ist »gut drauf«, wenn er etwa einen offenkundig sächsischen Volkspolizisten von der Eskorte fragt, ob es stimme, daß es in Sachsen die schönsten Mädchen gebe und den besten Kaffee, und ihn – nachdem dieser bejaht – darum bittet, ihn in ein Lokal zu fahren, wo es »einen Heeßen« gibt. Er genießt es, wenn die Menschen ihm zuwinken, läßt seinen Fahrer Seeber immer wieder anhalten, um Hände zu schütteln. Mit einer schwarzen Strickweste bekleidet, die er im gepanzerten Mercedes 500 gegen das Jackett austauscht, legt er Tausende Kilometer zurück in einer auch für ihn noch wenig bekannten Welt.

Während der langen Autofahrten erzählt Kohl öfter vom Wahlkampf des Jahres 1949, als er noch die Oberschule besuchte: »Ich war damals Tag und Nacht als Plakatkleber unterwegs oder nahm an Wahlkampfveranstaltungen der CDU teil, auch außerhalb der Pfalz. Bei einer solchen Gelegenheit – es war im Heidelberger Schloß – bin ich erstmals Konrad Adenauer begegnet, der dann mit der Union als Sieger aus der Bundestagswahl vom August 1949 hervorgegangen und kurz darauf erster Kanzler der soeben gegründeten Bundesrepublik Deutschland geworden ist.«

Der Triumphzug des Bundeskanzlers – jetzt, vier Jahrzehnte später – durch die DDR, in dessen Verlauf er mehr als eine Million Menschen persönlich anspricht, veranlaßt das sowjetische Außenministerium, in einer harschen Note an die Bundesregierung davor zu warnen, den Artikel 23 unmittelbar nach den Volkskammerwahlen zur Anwendung zu bringen, also die Wiedervereinigung Deutschlands zu vollziehen, ohne die sowjetischen Sicherheitsinteressen überhaupt noch in Rechnung zu stellen. In der *Prawda* wird die Maßnahme flankiert. Das Parteiorgan der KPdSU kommentiert, offensichtlich fühle sich der Kanzler schon nicht mehr an den Grundlagenvertrag gebunden, in dem das Prinzip der Nichteinmischung in die inneren Angelegenheiten des jeweils anderen deutschen Staates verankert sei. Wenn Kohl dazu aufrufe, »die kommunistischen Bonzen zu stürzen«, so sei das »unverhohlene Aufwiegelung«, heißt es in dem Blatt.

Der Endspurt des Wahlkampfes wird von einer Stasi-Affäre überschattet, der noch viele folgen werden. Der Kanzler: »Ich war kurz vor Mitternacht mit Bernd Neumann und Michael Roik von einem Wahlkampfeinsatz zurückgekommen, mit meiner Frau saßen wir noch im Bungalow zusammen. Da erhielt ich die Nachricht, daß Wolfgang Schnur, der Vorsitzende des DA, seit vielen Jahren für den Staatssicherheitsdienst gearbeitet haben solle. Sofort rief ich Volker Rühe an, der schon geschlafen hatte, und bat ihn, gleich zu uns zu kommen. Dann klingelten wir Eberhard Diepgen in Berlin aus dem Bett und teilten ihm mit, daß Neumann mit der ersten Maschine in Tegel landen werde. Beide gemeinsam sollten dann sofort Kontakt mit Schnur aufnehmen, um ihn zu befragen und so Klarheit zu schaffen. Sie suchten Schnur, der der seelischen Belastung ge-

sundheitlich nicht mehr gewachsen war, in einem Krankenhaus auf und bekamen von ihm im Prinzip bestätigt, was wir
über seine Stasi-Mitarbeit gehört hatten.

Am selben Tag hatte in Cottbus bereits die vorletzte Großkundgebung begonnen, auf der ich sprechen sollte. Mein Vor-
redner war Pfarrer Oswald Wutzke. Ich erinnere mich noch,
wie er Schnur leidenschaftlich als Opfer bösartiger Verleum-
dungen verteidigte, als ich schon von weitem Diepgen und
Neumann – beide soeben aus Berlin angereist – durch die Menge kommen sah. Bernd Neumann hörte die Worte des Pfarrers
– und wußte, daß der Redner irrte. Ähnlich hatten unmittelbar
zuvor auch andere aus der Bonner CDU für den DA-Vorsitzen-
den Partei ergriffen, weshalb es nicht gerade leicht fiel, die
Stasi-Tätigkeit Schnurs vor der Öffentlichkeit einzuräumen.
Wir mußten dies natürlich möglichst schnell tun, um mit Blick
auf den bevorstehenden Wahlsonntag den Schaden so klein wie
möglich zu halten. Kurz vor meinem letzten Wahlkampfauftritt
in Leipzig teilte ich dann in den dortigen Messehallen der Presse mit, daß Schnur auf eigenen Wunsch vom Vorsitz des DA
und darüber hinaus von seinen in der ›Allianz für Deutschland‹
übernommenen Verpflichtungen entbunden worden sei.«

Die Affäre Schnur zieht eine Flut von Anwürfen aus der SPD
nach sich. Der SPD-Bundesvorsitzende Hans-Jochen Vogel
spricht von einem »Schaden für die Demokratie«. Kohls Vertu-
schungsversuche hätten eine »verheerende Wirkung auf den
Glauben der Menschen in der DDR an die Demokratie«. Sein
ostdeutsches Gegenstück, Ibrahim Böhme, der nur wenige Wochen später als Inoffizieller Mitarbeiter des Staatssicherheitsdienstes enttarnt werden wird, begrüßt Schnurs Rücktritt.

Bei der Enttäuschung über Schnur und dem damit verbundenen Ärger bleibt es jedoch nicht. Noch einmal flammt im
Vorfeld der Volkskammerwahlen die Auseinandersetzung um
die polnische Westgrenze auf. Der Kanzler hat schon geglaubt,

das Thema sei vom Tisch, nachdem sich nach mehrstündiger Koalitionsrunde die Fraktionen von CDU/CSU und FDP am 6. März auf einen Entschließungsantrag geeinigt haben, der zwei Tage darauf den Deutschen Bundestag passiert. Darin heißt es, daß möglichst bald nach den Wahlen in der DDR beide frei gewählten Parlamente und Regierungen eine gleichlautende Erklärung auf der Grundlage der Entschließung des Deutschen Bundestages vom 8. November 1989 abgeben würden, mit der sie die Unverletzlichkeit der polnischen Westgrenze garantierten. Bestandteil der Erklärung ist darüber hinaus die Forderung nach einem Verzicht Polens auf Reparationsleistungen sowie nach einer Festschreibung der Rechte der deutschen Minderheit in Polen.

In der stürmischen Bundestagsdebatte am 8. März erklärt der Bundeskanzler: »Der politische Wille der von mir geführten Bundesregierung, diese Frage endgültig zu regeln, ist von mir immer wieder zum Ausdruck gebracht worden. Hieran Fragezeichen anzubringen, dient nicht deutschem Interesse. Ich habe seit der Regierungsübernahme 1982 nie einen Zweifel daran gelassen, daß wir an Buchstaben und Geist des Warschauer Vertrages in all seinen Teilen festhalten.«

Kohls Erklärung räumt im Ausland die durch die innenpolitische Debatte in der Bundesrepublik geschürten Zweifel an seiner Haltung gegenüber der polnischen Westgrenze noch nicht gänzlich aus dem Weg. Zwar zeigen sich Bush und auch Gorbatschow befriedigt. Letzterer äußert, das habe man seit langem hören wollen. Selbst die britische Premierministerin Margaret Thatcher spricht von einem »höchst staatsmännischen Schritt«. Doch in Paris, wo soeben General Jaruzelski und Ministerpräsident Mazowiecki zu Gesprächen mit Mitterrand zusammengetroffen sind, werden die Dinge offenbar anders gesehen. Jaruzelski beklagt, die Bundestagsresolution mache nicht klar, welche Grenze gemeint sei. Außerdem fordert

DIE DISKUSSION UM DIE POLNISCHE WESTGRENZE   323

BUNDESREPUBLIK DEUTSCHLAND
DER BUNDESKANZLER

Bonn, den 6. März 1990

Seiner Exzellenz
dem Vorsitzenden des Präsidiums
des Obersten Sowjets der Union
der Sozialistischen Sowjetrepubliken
Herrn Michail Sergejewitsch Gorbatschow

Moskau

Sehr geehrter Herr Generalsekretär,

anliegend übersende ich Ihnen den Text einer Entschließung zur Frage
der polnischen Westgrenze, auf den sich die Koalition heute geeinigt
hat und den sie an diesem Donnerstag im Deutschen Bundestag einbringen wird.

Ich würde es begrüßen, wenn die darin zum Ausdruck kommende Haltung
Ihre Unterstützung finden würde.

Ich darf hinzufügen, daß diesem Entschließungsantrag eingehende
Gespräche im Rahmen der Koalition vorausgegangen sind und daß ich
mich persönlich für das Zustandekommen dieses Textes eingesetzt
habe.

Mit freundlichen Grüßen

Brief des Bundeskanzlers an den sowjetischen Generalsekretär
Michail Gorbatschow mit dem Text einer Entschließung des
Bundestages zur polnischen Westgrenze.

er, Zwei-plus-Vier-Gespräche auch in Warschau stattfinden zu lassen.

Die Diskussion spitzt sich ein letztes Mal zu. Heute könne er nur noch den Kopf darüber schütteln, sagt Helmut Kohl: »Es war wenige Stunden vor meiner Abreise nach Leipzig, wo am 14. März die Abschlußkundgebung zu den Volkskammerwahlen stattfinden sollte, als mich François Mitterrand anrief. Er berichtete mir von zwei Punkten, in denen er mit Mazowiecki und Jaruzelski übereinstimme. Obwohl wir am 8. März mit unserer Entschließung im Bundestag Klarheit in der Frage der Oder-Neiße-Grenze geschaffen hatten, sprach François Mitterrand nun von der Notwendigkeit ihrer Anerkennung und dem Wunsch, daß die Verhandlungen zwischen den Deutschen und den Polen unverzüglich aufgenommen werden sollten, noch bevor die Einheit vollzogen sei.« Außerdem habe Mitterrand den Wunsch geäußert, daß Warschau während der Zwei-plus-Vier-Verhandlungen bei allen Fragen dabeisein sollte, die die polnische Westgrenze angingen.

»Es schien mir in diesem Augenblick, als lebe die kleine Entente wieder auf«, erinnert sich Kohl und meint damit die gemeinsame Politik Frankreichs und Polens zur Zeit der Weimarer Republik. »Als der spätere polnische Ministerpräsident Jan Bielecki Bonn besuchte und ich ihn fragte, ob Warschau und Paris wieder so ein Spiel machen wollten, da hat er mir erzählt, daß Mazowiecki ihm gesagt habe, man müsse zwischen Warschau und Paris Ping-Pong spielen – über das deutsche Netz hinweg. Das alte Spiel! Ich lachte ihn damals an und sagte zu ihm: ›Das könnt ihr natürlich tun. Überhaupt können wir alle wieder dieselben Dummheiten wie damals machen.‹

An jenem 14. März schilderte ich Mitterrand verärgert den Inhalt des Entschließungsantrages und sorgte für einige Klarstellungen. Ich hätte den Eindruck, so sagte ich ihm, daß alles, was ich für die Aussöhnung mit Polen getan hätte – und außer

DIE DISKUSSION UM DIE POLNISCHE WESTGRENZE   325

Willy Brandt hätte wohl kein deutscher Kanzler soviel dafür getan wie ich –, aus innenpolitischen Gründen in Polen beiseite geschoben werde. Innenpolitische Probleme gäbe es jedoch auch in der Bundesrepublik. Ich befände mich derzeit in einer seltsamen Lage. Die SPD versuche über die Anwendung des Artikels 146 eine Lage zu schaffen, die ein Ausscheiden aus der NATO erleichtere. Im Grunde habe die Situation viel Ähnlichkeit mit der von 1983, als in der Bundesrepublik die Stationierung der Pershing-Raketen auf der Tagesordnung gestanden hätte. Dieselben Leute, die sich damals gegen die Stationierung eingesetzt hätten, würden nun versuchen, eine Politik der Neutralität für das vereinte Deutschland durchzusetzen. Hinzu komme, daß im Westen Deutschlands wegen der großen Zahl von Übersiedlern populistische Vorurteile und Ängste geschürt würden. In der DDR befürchteten die Menschen, daß die Entwicklung zum Besseren zu lange auf sich warten ließe. In Frankreich nehme das niemand zur Kenntnis, dort lebe man wohl wie auf einem anderen Stern. Auf dem Stern jedoch, auf dem ich lebte, seien seit dem 1. Januar hundertvierzigtausend Übersiedler eingetroffen! Wenn die Volkskammerwahlen für die ›Allianz‹ verlorengingen, würde diese Zahl noch ansteigen.

Ich sagte François Mitterrand, daß ich es seltsam fände, wenn Erklärungen von Parlament und Regierung keine Bedeutung beigemessen und auch an meinem Wort gezweifelt werde. Ich sei betroffen, wie mit diesem Thema umgegangen werde. In der Grenzfrage werde der psychologische Eindruck erweckt, alles sei unklar. Aber das stimme nicht. Die Sache werde so gespielt, daß die Position der CDU geschwächt werde. Von den Polen komme keine positive Geste. Unabhängig davon wolle ich die Aussöhnung mit diesem Volk, sagte ich und führte als Beispiel die Aussöhnung zwischen Deutschen und Franzosen an.

Man dürfe bei alldem nicht nur auf die Psychologie der Polen Rücksicht nehmen, sondern man müsse auch auf die Psychologie der Deutschen achten. Die Würde eines Landes sei wichtig; dies gelte jedoch für alle Länder. Deshalb könnten wir natürlich nicht akzeptieren, daß die Behandlung der Grenzfrage ausschließlich in Warschau erfolge. Ich hätte den Eindruck, daß man Rücksicht auf die Gefühle aller Völker außer auf diejenigen der Deutschen nehme. Verärgert fuhr ich fort, daß ich betroffen sei über alles, was ich an Gehässigkeiten erlebte, und verwies auf die jüngste Ausgabe des französischen Enthüllungsmagazins *Le Canard Enchaîné*. Darin war berichtet worden, einer meiner engsten Mitarbeiter habe in London geäußert, das deutsch-französische Verhältnis kranke derzeit daran, daß zu viele Juden in Mitterrands Umgebung seien. Keiner meiner Mitarbeiter sei in London gewesen. Dies sei frei erfunden und Teil einer Kampagne, die auf allen Ebenen gegen mich und meine Partei laufe. Am Ende meiner bitteren Worte beschwor ich noch einmal die deutsch-französische Freundschaft und bekundete meinen Willen, diese Freundschaft auch mit den Polen erreichen zu wollen. Wir lebten in einer ungeheuer aufregenden Zeit, es sei allerdings auch schwierig, und man mache bittere Erfahrungen.

François Mitterrand bedankte sich gleich mehrfach für den menschlichen Aspekt, den ich eingebracht hätte. Er zweifele nicht daran, daß sich an der deutsch-französischen Freundschaft nichts ändern werde. Der wichtigste Punkt, der die gesamte Lage vergiftet hätte, sei die Grenzfrage gewesen. Dazu hätte ich ja nun etwas gesagt, meinte er in dem Bemühen, die Wogen zu glätten. Er kündigte an, daß er eine Presseerklärung herausgeben werde, in der klar herausgestellt werde, daß das Verhältnis zwischen Deutschland und Frankreich, zwischen beiden Regierungen und zwischen ihm und mir gut sei.«

Wie erklärt sich der Bundeskanzler heute, im Rückblick, die damalige Verstimmung? »Wenn ich zurückschaue, dann glaube ich, daß François Mitterrand die konkrete Situation einfach

DIE DISKUSSION UM DIE POLNISCHE WESTGRENZE 327

falsch eingeschätzt hat. Unser Telefonat war wie ein reinigendes Gewitter, das – um das Bild Mitterrands aufzugreifen – ein altes Ehepaar aushalten mußte. So war es dann auch. An unserer Freundschaft änderte sich nichts. Dazu hatten wir in der Vergangenheit viel zuviel Anteil genommen am persönlichen Schicksal des anderen. Auch später blieb das so. Ich werde ganz gewiß nicht vergessen, daß er mich zum Beispiel angerufen hat, als 1991 einer meiner Söhne in Italien so schwer verunglückt war. Ich stand in der Intensivstation und wurde dann herausgerufen, und er war am Apparat. Daran war nichts aufgesetzt, so ist François Mitterrand gewesen.«

Wenn auch die polnische Grenzfrage noch manche Irritation mit sich bringt und für manche Aufregung sorgt, wird das Thema allmählich auf den Stellenwert reduziert, der ihm zukommt. »Heute, im nachhinein«, meint der Bundeskanzler, »mutet die Debatte von damals gespenstisch an. Völlig unbegründet zweifelte man im Ausland an der Glaubwürdigkeit der Bundesregierung, nur weil eine schwierige außenpolitische Frage für innenpolitische Zwecke instrumentalisiert wurde.«

Ein »Nachhutgefecht«, so Kohl, habe noch Oskar Lafontaine in Paris geführt, der zur gleichen Zeit mit der französischen Regierung »Schadensbegrenzungsgespräche« geführt haben will. Vor Journalisten sagt er, Kohl habe in Frankreich und darüber hinaus »sehr viel Schaden angerichtet«. Er, Oskar Lafontaine, habe es daher für nötig befunden, in Paris die Position der deutschen Sozialdemokraten darzulegen, um Vertrauen zurückzugewinnen. Er habe auch vor, so bald als möglich nach Polen zu reisen, um dort ähnliche Gespräche zu führen.

Nur wenige Stunden nach seinem Telefonat mit François Mitterrand reist Helmut Kohl nach Leipzig, zur Abschlußkundgebung des Kanzlerwahlkampfes in der DDR. Dreihunderttausend Menschen haben sich auf dem alten Augustusplatz eingefunden, dort, wo Monate zuvor die mutigen Bürger der alten

Messe- und Handelsstadt gegen das Honecker-Regime demonstriert haben. Wie immer schreitet er bei Marschmusik durch ein enges Spalier, schüttelt unzählige Hände. Dann tritt er ans Podest, legt seine Uhr ab, zieht einen mit Filzstift beschriebenen Zettel aus der Tasche und beginnt zu reden. Doch die Menge hört nichts. Saboteure haben die Hauptleitung zu den Lautsprechern durchschnitten.

Der Kanzler wird unruhig. Die Menschen auf dem Augustusplatz stimmen derweil das Deutschlandlied an. Rasch ist der Schaden behoben. Kohl beginnt seine Rede von neuem, wird immer wieder von tosendem Beifall unterbrochen. Vierzig Minuten spricht er: »Wir wollen, daß die Menschen hier glücklich werden, in Sachsen und überall in der DDR, daß niemand seine Heimat verläßt, weil er an der Zukunft zweifelt. Jeder muß wissen: Wir haben gemeinsam eine gute Zukunft. Das ist die Botschaft, die ich Ihnen an diesem Abend für die Zukunft zurufen möchte: Wir sind stolz auf unsere Heimat. Sie auf ihre Heimatstadt Leipzig, auf das hoffentlich bald wieder erstehende Land Sachsen, auf unser deutsches Vaterland und auf eine gemeinsame europäische Zukunft. Das wird unser Weg sein, den wir gemeinsam gehen wollen. ... Helfen wir uns gegenseitig, und helfen Sie auch mir auf diesem Weg. Gott segne unser Vaterland!«

Kohl ist heute noch sehr bewegt, wenn er auf diesen Tag zurückblickt: »Das ist schon eine Erfahrung, die man nicht nur nicht vergißt, das waren Erlebnisse, die nie mehr wiederkommen. Allein schon bei der Erwähnung von Deutschland wurde gejubelt und geklatscht. In diese Abenddämmerung hinein, mitten in Leipzig, die deutsche Nationalhymne von Hunderttausenden gesungen – das ist für mich nicht irgendein Augenblick gewesen. Und hier wie auch auf all den anderen Plätzen war eindeutig klar: Die Menschen wollten mit der Einheit nicht mehr warten.«

4. Januar 1990. Mit dem französischen Staatspräsidenten François Mitterrand bei einem Spaziergang an der Atlantikküste während eines Privatbesuchs auf dessen Landsitz.

11. Februar 1990. Auf dem Rückflug von Moskau nach Bonn stößt der Kanzler mit den mitreisenden Journalisten auf den Erfolg des Kreml-Besuchs an.

Links oben: 10. Februar 1990. Bei seinem Besuch im Kreml erhält der Kanzler vom sowjetischen Generalsekretär Michail Gorbatschow das grundsätzliche Einverständnis zur Wiedervereinigung Deutschlands.

Links unten: Gemeinsam mit Außenminister Hans-Dietrich Genscher verkündet Helmut Kohl im Moskauer Pressezentrum das Ergebnis seiner Beratungen mit Gorbatschow.

24. Februar 1990. Mit US-Präsident George Bush und US-Außenminister James Baker in Camp David.

25. Februar 1990. In einer gemeinsamen Pressekonferenz betonen Kohl und Bush, daß auch ein geeintes Deutschland Vollmitglied der NATO sein müsse.

30. März 1990. Pressekonferenz mit der britischen Premierministerin Margaret Thatcher nach deutsch-britischen Konsultationen in London.

25. April 1990. Mit dem französischen Staatspräsidenten François Mitterrand im Élysée-Palast.

Am Schreibtisch im Kanzleramt.

April 1990. Morgendliche Lagebesprechung mit Kanzleramtsminister Rudolf Seiters im Kanzler-Büro.

5. Mai 1990. Erstes Außenminister-Treffen zu den Zwei-plus-Vier-Gesprächen in Bonn: James Baker (USA), Eduard Schewardnadse (UdSSR), Hans-Dietrich Genscher, Roland Dumas (Frankreich), Markus Meckel (DDR) und Douglas Hurd (Großbritannien) im Garten des Bundeskanzleramts.

18. Mai 1990. Nach der Unterzeichnung des Staatsvertrags über die Währungs-, Wirtschafts- und Sozialunion im Palais Schaumburg mit DDR-Ministerpräsident Lothar de Maizière, DDR-Finanzminister Walter Romberg und Bundesfinanzminister Theo Waigel.

9. Juli 1990. Mit Büroleiter Walter Neuer, US-Außenminister James Baker und dem Leiter der außenpolitischen Abteilung im Kanzleramt, Horst Teltschik, beim Weltwirtschaftsgipfel in Houston.

10. Juli 1990. Mit dem französischen Staatspräsidenten François Mitterrand und US-Präsident George Bush beim Mittagessen während des Weltwirtschaftsgipfels in Houston.

11. Juli 1990. Gespräch mit Journalisten auf dem Rückflug von Houston. Während des Flugs erhält Kohl die Nachricht von der Einladung Gorbatschows, mit ihm in seine kaukasische Heimat zu reisen.

16. Juli 1990. Abschließende Pressekonferenz mit Michail Gorbatschow in Schelesnowodsk, auf der die historischen Verhandlungsergebnisse bekanntgegeben werden.

Links oben: 15. Juli 1990. Frauen in kaukasischer Tracht begrüßen Helmut Kohl und Michail Gorbatschow sowie dessen Frau Raissa in Archys im Kaukasus.

Links unten: Gemeinsamer Spaziergang im Flußtal des Selemtschuk im Kaukasus, der Heimat Gorbatschows.

31. August 1990. In Ost-Berlin unterzeichnen Bundesinnenminister Wolfgang Schäuble und DDR-Staatssekretär Günther Krause in Anwesenheit von Lothar de Maizière den Vertrag über den Beitritt der DDR zur Bundesrepublik am 3. Oktober 1990.

12. September 1990. In Moskau unterzeichnen die sechs Außenminister der Zwei-plus-Vier-Konferenz den »Vertrag über die abschließende Regelung in bezug auf Deutschland«. Dabei: Roland Dumas, Eduard Schewardnadse, James Baker, Michail Gorbatschow, Hans-Dietrich Genscher, Lothar de Maizière und Douglas Hurd.

21. September 1990. Mit Altbundeskanzler Willy Brandt bei der Aufzeichnung eines Fernsehgesprächs zur Wiedervereinigung Deutschlands im Arbeitszimmer Konrad Adenauers im Palais Schaumburg.

2. Oktober 1990. Helmut Kohl wird beim Vereinigungsparteitag der CDU mit 98,5 Prozent der Delegierten-Stimmen im Amt des Parteivorsitzenden bestätigt.

3. Oktober 1990. Um 0.00 Uhr wird vor dem Reichstag in Berlin die schwarzrotgoldene Bundesflagge aufgezogen. Deutschland ist wiedervereinigt.

Auf der Freitreppe vor dem Reichstag erleben Helmut Kohl und seine Frau Hannelore gemeinsam mit Willy Brandt, Hans-Dietrich Genscher, Bundespräsident Richard von Weizsäcker und Lothar de Maizière die bewegenden Minuten des anbrechenden ersten Tags der deutschen Einheit.

3. Oktober 1990. Helmut und Hannelore Kohl winken vor dem Reichstagsgebäude den Hunderttausenden zu, die die deutsche Einheit feiern.

Mit der Kundgebung in Leipzig ist der Wahlkampf für Kohl beendet. Jetzt haben die Wähler das Wort. Der Kanzler hat in den vergangenen Wochen das ihm Mögliche an Einsatz gebracht. Nicht nur sein Gefühl sagt ihm, daß die »Allianz« gute Aussichten hat: »Ein besonders Sachkundiger, der in der DDR viel Verwandtschaft hat, Wolfgang Mischnick, berichtete mir, nachdem er einige Tage vor dem 18. März aus Dresden zurück nach Bonn gekommen war, er habe den Eindruck, daß die ›Allianz‹ nach vorne rücke. Auch die Demoskopen sprachen inzwischen von gestiegenen Chancen.«

Manchmal habe ihn das Gefühl belastet, daß die Erwartungen der Menschen in der DDR an ihn weit über das hinausgingen, was ein Bundeskanzler zu leisten vermöge. Er habe sich durch ihr Vertrauen in die Pflicht genommen gefühlt: »Dieses Bewußtsein war aber nicht nur eine Bürde, sondern es gab mir immer wieder auch die Kraft, notwendige Entscheidungen zu treffen.«

Entgegen seinen ursprünglichen Erwartungen hat er gerade in den SPD-Hochburgen der Weimarer Zeit, in Thüringen und Sachsen, besonders große Zustimmung erfahren. Umgekehrt hat die SPD, je näher der Wahltermin rückt, an Zustimmung bei den Deutschen in der DDR verloren. Dazu beigetragen haben sicherlich auch Auftritte mancher Repräsentanten der West-SPD. So hat Lafontaine auf dem Parteitag in Leipzig Ende Februar eine rasche Vereinigung beider deutscher Staaten abgelehnt und davor gewarnt, die D-Mark zu schnell einzuführen. »Seine fortwährenden Bekenntnisse zur Zweistaatlichkeit waren den Menschen in der DDR offenbar noch gut in Erinnerung geblieben, und sie zweifelten an der Ernsthaftigkeit seines politischen Willens, sich ihrer Anliegen auch wirklich anzunehmen«, meint der Kanzler.

In Bonn telefoniert Kohl am 15. März mit Bush, um ihn über den Verlauf des Volkskammerwahlkampfes zu informieren:

»Als ich ihm schilderte, daß ich bei meinen Wahlkampfauftritten in der DDR viel Anklang gefunden hätte mit meiner Forderung nach einer NATO-Mitgliedschaft des vereinten Deutschland, fragte er mich: ›Habe ich Sie richtig verstanden, daß dieses Konzept auch in der DDR attraktiv ist?‹ Ich erläuterte ihm die Botschaft, die ich den Menschen in der DDR gebracht hätte: Das Hauptverdienst an der derzeitigen Entwicklung liege bei den Landsleuten in der DDR; gleichzeitig verdankten wir unseren Freunden im westlichen Bündnis, vor allem den Amerikanern, daß ich als deutscher Bundeskanzler zu ihnen sprechen könnte. An dieser Stelle habe es stets riesigen Beifall gegeben und auch, wenn ich zum Schluß meiner Reden darauf hingewiesen hätte, daß ein vereintes Deutschland EG und NATO angehören müsse. George Bush versicherte mir, daß wir auf gleicher Wellenlänge lägen. Ich erwiderte: ›Wenn alle unsere Freunde so zu uns stünden wie der amerikanische Präsident, dann hätte ich weniger Probleme.‹ Er wünschte mir noch viel Glück für die Volkskammerwahlen am darauffolgenden Sonntag.«

Am Vorabend der Wahl tritt der Bundeskanzler mit einer Erklärung an die Öffentlichkeit, um die Bedeutung dieses Ereignisses herauszustellen: »Die Vereinigung der beiden Staaten in Deutschland zu einem freiheitlichen, demokratischen und sozialen Bundesstaat ist die Herausforderung der Stunde. Die Wahl zur Volkskammer der DDR ist eine Schicksalswahl für ganz Deutschland. Jeder wahlberechtigte Bürger in der DDR ist aufgerufen, sein Wahlrecht zu nutzen und mitzubauen an einer besseren Zukunft in seiner Heimat, mitzubauen an einem freien und geeinten Deutschland in einem freien und geeinten Europa.«

Nur Vertreter der älteren Generation hätten voll und ganz ermessen können, was die Volkskammerwahl am 18. März in historischer Perspektive bedeutete. »Man mußte schon um die achtzig Jahre alt sein«, so Kohl, »um sich persönlich an die letzten freien Wahlen auf dem Gebiet der DDR erinnern zu können. Die letzte wirklich freie Reichstagswahl fand im Herbst 1932 statt. Seitdem herrschte zwischen Elbe und Oder ununterbrochen ein undemokratisches Regime – zunächst die braune, dann die rote Diktatur. Ich fragte mich oft, was wohl in den Köpfen von alten Menschen vorgehen mochte, die zum ersten Mal seit achtundfünfzig Jahren wieder an einer freien, gleichen und geheimen Wahl teilnehmen konnten. Wer nur ein bißchen Sinn für Geschichte hat, dem wird die historische Bedeutung dieses Augenblicks sofort einleuchten.«

Sieg der
Selbstbestimmung

Es ist der 18. März 1990, kurz nach 18 Uhr. Die Wahllokale in der DDR haben seit einigen Minuten geschlossen. Über die Fernsehapparate flimmern die Prognosen für den Ausgang der Volkskammerwahlen. Die Sensation ist perfekt: Die »Allianz für Deutschland« liegt uneinholbar vorn. Mit 47,7 Prozent – davon erringt die CDU allein 40,5 Prozent – hat das Wahlbündnis die SPD haushoch geschlagen. Die Sozialdemokraten können enttäuschende 21,7 Prozent der Stimmen auf sich vereinigen, gefolgt von der SED-Nachfolgepartei PDS, die 16,3 Prozent erreicht.

Kohl hat zusammen mit seinen engsten Mitarbeitern die ersten Ergebnisse am Fernsehgerät in seinem Arbeitszimmer im Bundeskanzleramt verfolgt. Begeistert nimmt er ihre Glückwünsche entgegen. Die zurückliegenden Wochen, die wie im Fluge vergangen sind, waren voller Arbeit und Hektik, oft bis an die Grenzen der Belastbarkeit. Innerhalb von nur sechs Wochen hat man ein Bündnis zwischen untereinander zerstrittenen Partnern zusammengeschmiedet und in einem anstrengenden Spurt die Wahlen gewonnen.

»Der 18. März«, blickt Kohl zurück, »verlief ganz anders, als es viele erwartet hatten. Der Wahlsieg der ›Allianz‹-Parteien sprach für sich. Dieses Ergebnis hatte auch ich so nicht vorhergesehen. Ich hatte aber gespürt, wie sich in den letzten vierzehn Tagen in der DDR die Stimmung zugunsten der ›Allianz‹-Parteien gewendet hatte. Die Behauptungen von der strukturellen

Disposition der DDR für die SPD waren nun widerlegt. Als bemerkenswert empfand ich es damals, daß trotz allem, was geschehen war, die PDS noch sechzehn Prozent der Stimmen erhalten hatte. Es hatte sich für diese Leute offenbar ausgezahlt, daß sie sich in der deutschen Öffentlichkeit sogleich zu ›politischen Saubermännern‹ aufgeschwungen haben, obwohl sie doch die Hauptverantwortung für den Unrechtsstaat und für den wirtschaftlichen Niedergang der DDR trugen.«

In der relativen Stärke der PDS zeichnet sich bereits zu diesem Zeitpunkt ein Problem für die künftige Entwicklung der SPD im Osten Deutschlands ab. Ganz anders die Lage für die CDU: »Uns gab das Volkskammer-Wahlergebnis allen Grund, mit Zuversicht den gesamtdeutschen Wahlen entgegenzusehen. Dies war für unsere Wähler aus den bürgerlichen Schichten im Westen um so wichtiger, da man dort Befürchtungen hegte, daß ein wiedervereintes Deutschland automatisch auch auf unabsehbare Zeit ›rot‹ sein würde. Ich hatte etliche Briefe wohlmeinender Zeitgenossen erhalten, die mich fragten, ob man nicht besser auf die Einheit verzichten solle, damit die Bundesrepublik nicht in sozialistisches Fahrwasser gerate. Sonst hätte man vierzig Jahre umsonst gearbeitet.

Für die Unionsparteien waren sowohl der Wahlkampf als auch das Wahlergebnis ungeheuer motivierend. Ich habe während der Wahlkampfwochen hochachtbare Gestalten aus dem Bundestag, aus den Landtagen, aus Bundesregierung und Landesregierungen, ich habe Bürgermeister und Landräte erlebt, die im Gespräch mit den Wählern regelrecht aufblühten. Wenn die CDU in diesen Wochen etwas bewiesen hatte, dann war es ein Maß an Vitalität und Jugendfrische, wie man es ihr schon gar nicht mehr zugetraut hatte.

Am Wahlabend wurde mir auch wieder einmal deutlich, wie wenige unter den Journalisten der Union den Sieg gegönnt haben. Ich habe selten so viele sauertöpfische Gesichter gesehen

wie an diesem Abend. Wie groß die Enttäuschung vor allem bei
der SPD und bei den Grünen war, merkte ich bei der üblichen
Runde im Bonner ZDF-Studio, wo Theo Waigel, Hans-Jochen
Vogel, Otto Graf Lambsdorff, Ralf Fuecks, der Vorstandsspre-
cher der Grünen, und ich über den Wahlausgang diskutieren
sollten. Beim Schminken saß ich neben Hans-Jochen Vogel, den
ich bis dahin noch nie mit einem solchen Gesicht gesehen hatte. Die Grünen schämten sich nicht, von einer ›Dampfwalzen-
politik‹ zu sprechen und den Deutschen in der DDR vorzuwerfen, sie hätten sich für die D-Mark verkauft.«

Der Bundeskanzler weist Fuecks' Äußerungen als Unverfro-
renheit zurück. Sie zeigten ein Maß an Arroganz, über das man
sich nur wundern könne: »Die hier auf dem warmen Sofa der
Wohlstandsgesellschaft der Bundesrepublik sitzen und anderen
ein schlechtes Gewissen einreden, sollten ... den Wählern in
der DDR nicht vorwerfen, daß sie jetzt schlicht und einfach
danach streben, nach vierzig Jahren Schattenseite deutscher
Geschichte gemeinsam mit der Bundesrepublik, ohne deswegen ihre Identität aufzugeben, auf die Sonnenseite der Geschichte überzugehen.«

Kurz nach seinem Fernsehauftritt gibt der Kanzler eine Erklärung zum Wahlausgang ab, in der er den Menschen in der
DDR dankt. Darin heißt es: »Diese erste wirklich freie, geheime und direkte Wahl in der DDR ist ein historisches Ereignis.
... Die wohl friedlichste Revolution in der Geschichte der Deutschen hat es möglich gemacht, daß es zu dieser freien Wahl
kam. ... Ich finde, es tut uns gut, als Deutsche in dieser Stunde
– die eine glückliche Stunde ist – vor allem auch Dankbarkeit
zu bezeugen. Diese Dankbarkeit geht an die Männer und Frau-
en in der DDR, die auf den Straßen und Plätzen in diesen Monaten für die Freiheit, für Bürgerrechte, für freie Wahlen demonstriert haben und sie durchsetzten. Und an diejenigen in
der Welt, die aus ihrer Verantwortung diesen Weg mit frei ge-

macht haben.« Ehe Kohl dann auf das Abschneiden der »Allianz« eingeht, richtet er an die übersiedlungswilligen Landsleute die Botschaft, doch in ihrer Heimat zu bleiben: »Helfen Sie mit, in Ihren Städten, Dörfern und Gemeinden, in Ihren Fabriken, in Ihren Verwaltungen mit uns gemeinsam dieses wunderschöne Land aufzubauen.«

Die hierzu erforderlichen weiteren »Hausaufgaben« der Bundesregierung erläutert Helmut Kohl auf der Sitzung des CDU-Präsidiums am 19. März. Er hebt dabei hervor, daß das Wahlergebnis von dem Willen der Bevölkerung zur baldigen deutschen Einheit geprägt sei. Dann kommt er auf den Übersiedlerstrom und das Aufnahmeverfahren zu sprechen. Deshalb nimmt auch Wolfgang Schäuble an der Sitzung teil. Er vertritt die Position, daß das teure Aufnahmeverfahren erst abzuschaffen sei, wenn die Ursachen für die Übersiedlerströme behoben worden seien. Bei den Ministerpräsidenten stößt dies auf strikte Ablehnung: Nach der ersten freien Wahl gebe es keinen Grund mehr, an der bisherigen Praxis festzuhalten.

»Wir einigten uns schließlich über den weiteren Umgang mit den Übersiedlern in der Koalitionsrunde am Tag danach«, erinnert sich Kohl. »Dort hatten wir uns mit der FDP auf einen Fahrplan zur deutschen Einheit verständigt. Da wir hofften, daß nunmehr die Übersiedler-Zahlen zurückgingen, was dann in den nächsten Tagen auch eintrat, sollte das Aufnahmeverfahren mit dem 1. Juli 1990 abgeschafft werden. Mit demselben Tag beabsichtigten wir, die Währungs- und Wirtschaftsunion in der DDR Wirklichkeit werden zu lassen. Für diesen Termin hatte ich ein entscheidendes Motiv: Am 1. Juli begannen in der DDR die Sommerferien. Ich wollte, daß die DDR-Bürger D-Mark in der Hand haben, wenn sie erstmals Urlaub im Schwarzwald oder in Rimini machten. Die Verhandlungen darüber mußten daher sofort vorangebracht werden. Parallel dazu mußten wir uns gemeinsam um die ebenfalls angestrebte Sozialunion kümmern.«

RÜCKENSTÄRKUNG FÜR DIE EINHEIT 337

Am 21. März reist de Maizière, der Vorsitzende der Ost-CDU, die mehr als vierzig Prozent der auf die »Allianz« entfallenen Stimmen erhalten hat, begleitet von Ebeling und Eppelmann nach Bonn. Kohl beglückwünscht de Maizière, der seit dem Wahlsonntag nichts von sich hat hören lassen, zu seinem Erfolg. »Nachdem wir uns noch einmal über das phantastische Wahlergebnis unterhalten hatten«, so der Kanzler, »sprachen wir zusammen mit Theo Waigel über die weitere Vorgehensweise. Ich hielt es für wichtig, nunmehr ganz schnell feste institutionalisierte Bindungen zu schaffen, um die großen bevorstehenden Aufgaben gemeinsam meistern zu können. Über diese Formen einer künftigen Zusammenarbeit unterhielten wir uns dann.

Auch außenpolitisch bedeutete das Ergebnis der Volkskammerwahlen eine Stärkung unserer Position. Mein Weg in Richtung deutsche Einheit hatte nunmehr vor aller Welt seine Bestätigung durch die Menschen in der DDR selbst erfahren. Außerdem war unser gemeinsam mit den westlichen Verbündeten – allen voran den Vereinigten Staaten – artikulierter Wille bekräftigt worden, daß ein vereintes Deutschland in der NATO bleiben mußte. Ich sagte das George Bush, als er mich am frühen Nachmittag des 20. März anrief, um mir zum Wahlausgang zu gratulieren. Ich bedankte mich bei der Gelegenheit für seine tatkräftige Unterstützung.

Dann kam George Bush auf den bevorstehenden Besuch des polnischen Ministerpräsidenten Mazowiecki in Washington zu sprechen. Er sagte, er wolle sich mit mir genau absprechen, um sicher zu sein, daß er auf der gleichen Wellenlänge mit mir bleibe. Es könne sein, daß die Polen auf eine größere Rolle bei den Zwei-plus-Vier-Verhandlungen drängten. Er werde in einem solchen Fall darauf hinweisen, daß er die Gespräche als Forum über die Rechte und Verantwortlichkeiten der Vier Mächte ansehe. Wenn Mazowiecki danach frage, werde er klarstellen, daß die USA nicht dafür seien, Warschau als Gesprächsort vorzusehen. Er werde den Polen umfassende Gespräche anbieten, aber keine Erweiterung des Zwei-plus-Vier-Rahmens. Die amerikanische Seite werde die deutsche Position nicht unterminieren. Von ihm seien jedenfalls keine bösen Überraschungen zu erwarten. So war der Geist unserer Zusammenarbeit!

Bei dem Telefonat kündigte ich George Bush an, daß bald die gleichlautenden Erklärungen von Bundestag und Volkskammer zur polnischen Westgrenze abgegeben werden könnten. Beide Regierungen würden dann Briefe an Mazowiecki richten, mit denen der Beschluß der Parlamente übermittelt werde. Bis Anfang Juni könne Mazowiecki im Besitz dieser Schreiben sein. Im übrigen sei ich bereit, den Text dieser Schreiben vertraulich mit Mazowiecki abzustimmen. George Bush meinte daraufhin, je schneller dies geschehe, desto besser sei es. Es sehe nämlich so aus, als ob die Sowjetunion versuche, Unruhe zu stiften.« Der amerikanische Präsident, so Kohl, habe damit jene an Einfluß gewinnenden Männer um Gorbatschow gemeint, die nichts unversucht gelassen hätten, Hindernisse auf dem Weg zur deutschen Einheit zu errichten.

Ausgangspunkt der neuen Probleme ist Litauen. Am 12. März hat das in Wilna neu gewählte Parlament einmütig für die formelle Wiederherstellung der Unabhängigkeit des fünfzig Jahre zuvor von Stalin mit Zustimmung Hitlers annektierten Landes gestimmt. Der innenpolitisch bedrängte Gorbatschow kommt dadurch in eine schwierige Lage. Er weiß: Schickt er Truppen, ist sein guter Ruf in der Welt ruiniert. Schickt er keine und Litauen spaltet sich ab, wird er wohl dem Druck der »Hardliner« nicht standhalten können. Der sowjetische Generalsekretär muß daher lavieren – er stellt ein Ultimatum, läßt es aber verstreichen – und schmälert damit seinen Handlungsspielraum in der deutschen Frage. Bonn muß jetzt auch den »Faktor Litauen« berücksichtigen, will es nicht Gefahr laufen, die sowjetische Position in der deutschen Frage zu verhärten.

Als der Bundeskanzler am Nachmittag des 22. März für eine Stunde mit dem sowjetischen Botschafter Kwizinski im Kanzleramt zusammentrifft, bittet er den Diplomaten, den Inhalt des Gesprächs direkt an Michail Gorbatschow weiterzuleiten. »Juli Kwizinski«, so Kohl, »sprach die Konsequenzen an, die ein Weg in die Konfrontation zwischen Moskau und Wilna mit sich brächte, und warb im deutschen Interesse um Zurückhaltung des Westens. Er versicherte mir dabei, daß die Sowjetunion nicht gegen die Selbstbestimmung der Litauer sei; dieser Prozeß müßte jedoch, wie der Weg zur Einheit Deutschlands, in geordneten Bahnen verlaufen.

Nach einigen Minuten waren wir wieder bei der Kernfrage: der Bündniszugehörigkeit des vereinten Deutschland. Der Botschafter machte deutlich, daß es für die Sowjetunion innenpolitisch nicht verkraftbar wäre, wenn Deutschland Mitglied der NATO bliebe. Ich widersprach und sagte, daß ebendiese Mitgliedschaft im Interesse der Sowjetunion liege, denn ein neutrales Deutschland wäre die größere Belastung. Er fragte mich nun, ob ich mir ein vereintes Deutschland vorstellen könnte, das gleichzeitig in NATO und Warschauer Pakt Mitglied sei. Ein solcher Gedanke war natürlich völlig inakzeptabel für mich.

Ich schlug nun vor, daß das der NATO angehörende Gesamtdeutschland einen Vertrag mit der Sowjetunion schließen und die sowjetische Truppenpräsenz auf dem Gebiet der heutigen DDR für etwa fünf Jahre akzeptieren könne. Kwizinski ging darauf nicht ein und fragte statt dessen, ob sich nach meiner Auffassung eine Entmilitarisierung allein auf das Gebiet der DDR beziehe, oder ob nicht ein Teil der Bundesrepublik einbezogen werden könne. Er dächte an einen Streifen von hundertfünfzig Kilometern Breite. Auch darauf konnte ich mich nicht

340 SIEG DER SELBSTBESTIMMUNG

einlassen, denn die Bundesrepublik war an ihrer schmalsten Stelle ja nicht viel breiter. Schließlich meinte der Botschafter, es wäre das Gescheiteste, daß die Sowjetunion ihre Truppen aus Deutschland abzöge, wenn die drei Westmächte dasselbe täten. Aber auch dies war kein Angebot, auf das ich mich einlassen konnte.

Gegen Ende unserer Unterhaltung kamen wir noch auf die wirtschaftlichen Aspekte der deutschen Einheit zu sprechen. Kwizinski forderte, die Bundesrepublik solle die in unzähligen Verträgen zwischen Moskau und Ost-Berlin verankerten Verpflichtungen übernehmen und eine entsprechende Erklärung in die Dokumente der Zwei-plus-Vier-Verhandlungen einfügen. Ich erwiderte, ich könne nicht die Katze im Sack kaufen, außerdem sei die Bundesrepublik kein Dukatenesel, sagte aber gleichzeitig zu, daß Michail Gorbatschow vom guten Willen der Bundesregierung ausgehen könne.«

Am 29. März reist der Bundeskanzler ins britische Cambridge. Dort tagt im ehrwürdigen St. Catherine's College die Königswinter-Konferenz, ein Forum für den Meinungsaustausch von hochrangigen Repräsentanten aus beiden Ländern, das sein vierzigstes Jubiläum begeht. Das College ist einer jener englischen Bauten im neugotischen Stil, die dem Kanzler wegen ihrer geschichtsträchtigen Atmosphäre besonders gefallen.

Den Veranstaltern sind die Spannungen zwischen dem Bundeskanzler und Premierministerin Margaret Thatcher natürlich wohlbekannt. Kohl hat es schon am Flughafen vermieden, mit der Premierministerin in einem Wagen zum St. Catherine's College zu fahren. Nachdem man sich im Speisesaal, einer langgestreckten Halle, niedergelassen hat, kündigt der Toast-Master mit einem Gongschlag den Toast des Bundeskanzlers an. Kohl hebt sein Glas und trinkt auf das Wohl von Königin Elizabeth II. Anschließend erhebt sich Margaret Thatcher und bringt ihrerseits einen Toast auf das deutsche Staatsoberhaupt, den Bundespräsidenten, aus. Als die britische Premierministerin beim Essen scherzt, sie finde es verwunderlich, daß der Kanzler sich seine weiße Serviette immer quer über die Taille breite, antwortet dieser, das sei doch eine weiße Fahne – ein Symbol seiner Kapitulation vor der Eisernen Lady.

»Margaret Thatcher begrüßte mich in ihrer Ansprache mit einer Liebenswürdigkeit«, so Kohl, »mit der ich damals weiß Gott nicht gerechnet hatte. Der Umgang mit ihr war nämlich wie ein Wechselbad. Sie konnte hinreißend freundlich sein, wenn man etwa auf ihren Landsitz eingeladen war. Ganz besonderen Wert legte sie immer darauf, den Tee eigenhändig einzuschenken. Von einer Sekunde zur anderen war sie dann plötzlich wieder ganz Premierministerin und ging auf Distanz. Wenn die Atmosphäre dann zu sehr abkühlte, griff sie wieder zur Teekanne und goß nach. Ich habe eine Weile gebraucht, bis ich verstand, daß sie Kompromißbereitschaft als Schwäche auslegt. Mehr als einmal haben wir furchtbar miteinander gestritten. Das spielte sich in aller Regel so ab: Sie redete mit einer unglaublichen Geschwindigkeit und ließ mich kaum zu Wort kommen. Und nahm ich mir dennoch das Wort, fuhr sie regelmäßig dazwischen: ›Unterbrechen Sie mich nicht! Sie reden dauernd!‹ Margaret Thatcher, diese hochbegabte, entschiedene und respektable Frau, die ihre Meinung stets mit Konsequenz vertreten hat, kämpfte allerdings immer mit offenem Visier und war nie nachtragend, was ich ihr hoch anrechne.

Ich erinnere mich noch, wie wir einmal Ende der achtziger Jahre auf einem NATO-Gipfel über atomare Kurzstreckenwaffen, die vor allem in Deutschland aufgestellt werden sollten, kontrovers diskutierten und Margaret Thatcher ständig von ›Feigheit‹ sprach, ohne einen Namen zu nennen. Jedermann wußte damals, daß ich gemeint war, weil ich mich gegen diese Raketen stellte. Ich sagte noch einmal ganz deutlich, weshalb – weil nämlich im Ernstfall diese Raketen in Rostock, Leipzig und anderswo im Osten Deutschlands einschlügen. Dies hätte ich jetzt als Bundeskanzler gesagt, und nun – fuhr ich fort – spräche ich als Privatmann Helmut Kohl: ›Wenn ich mich in der Runde so umsehe, bin ich der einzige, der Vater von zwei Reserveoffizieren ist. Ich brauche daher von niemandem Belehrungen.‹ Dies beeindruckte Margaret Thatcher offensichtlich, doch es veranlaßte sie nicht, in der Sache nachzugeben.

In Cambridge zeigte sich Margaret Thatcher von ihrer liebenswürdigen Seite. Sie würdigte mein Eintreten für einen Verbleib des vereinten Deutschland in der NATO und tat dabei so, als sei sie schon immer für die Einheit gewesen. Und so sprach ich in meiner Rede davon, daß ich die Köstlichkeit dieser Stunde, in der sie mich so freundlich willkommen geheißen hätte, in vollen Zügen genösse. Dann erinnerte ich an eine mir unvergessen gebliebene gemeinsame Fahrt mit ihr in einem Panzer bei einem Truppenbesuch in Munster-Lager. ›Ich hatte‹, so erzählte ich der Tafelrunde, ›damals nicht erwartet, daß ich dort einsteigen sollte. Als ich das einigermaßen geschafft hatte, habe ich scheu um mich geblickt, aber Margaret war 'in full power'. Wenn sie jetzt sagt, sie habe zuerst geschossen, dann kann ich dazu nur feststellen: Ich habe nie etwas anderes erwartet, meine Damen und Herren. Selbst wenn ich zuerst geschossen hätte – ich hätte das zum Staatsgeheimnis erklärt. Es war richtig, daß Margaret zuerst geschossen hat, und sie hat natürlich auch getroffen. Ich meine das durchaus ernst. Daß uns Deutschen in der zweiten Hälfte dieses Jahrhunderts Zurückhaltung wohl ansteht, ist uns Jüngeren schon von Konrad Adenauer beigebracht worden. Dies sollten alle bedenken, die heute leichtfertig vom Gespenst des 'Vierten Reiches' sprechen.‹«

Spät am selben Abend bringt ein Bentley den Kanzler nach London, wo er tags darauf in der Downing Street No. 10 mit Margaret Thatcher zu einem Meinungsaustausch unter vier Augen zusammentrifft. Bevor sich die beiden im Kaminzimmer im ersten Stock zusammensetzen, verweilt Helmut Kohl – wie häufig bei seinen Besuchen in der Downing Street – ein paar Minuten vor den Porträts der ehemaligen britischen Premierminister und plaudert mit der Gastgeberin über diesen oder jenen. Wenige Tage zuvor hat Margaret Thatcher in einem *Spiegel*-Interview den Bundeskanzler wegen seines Politikstils und seiner Haltung zur polnischen Grenzfrage attackiert. »Jetzt war sie wie ausgewechselt«, erinnert sich Kohl.

Zunächst habe er noch einmal seine Haltung zur Bündnisfrage nachdrücklich bekräftigt: »Ich sagte ihr, ich glaubte nicht, daß dies zu einem wirklichen Problem in den Zwei-plus-Vier-Gesprächen werde, wenn sich Amerikaner, Franzosen und Briten und die Vertreter der beiden deutschen Staaten einig seien. Bezeichnend sei das Verhalten des sowjetischen Außenministers vor dem jüngsten Warschauer-Pakt-Treffen gewesen. Bei einem Gespräch mit dem tschechoslowakischen Außenminister Jiři Dienstbier habe dieser Schewardnadse erklärt, die ČSFR sei für eine NATO-Zugehörigkeit von ganz Deutschland. Schewardnadse habe seinen Kollegen daraufhin gebeten, dies deutlich in der Konferenz zu sagen. Als Dienstbier das getan hatte, bedankte sich Schewardnadse anschließend bei ihm für seine Stellungnahme. Auch die Berater von Gorbatschow ließen unter vier Augen durchblicken, daß man über die Frage der NATO-Zugehörigkeit offen reden müsse. In Wirklichkeit gehe es der Sowjetunion um die Lösung der mit der Stationierung ihrer Truppen zusammenhängenden finanziellen Fragen. Margaret Thatcher stimmte mir in allen Punkten zu und ergänzte, es sei wichtig, Gorbatschow bei der Lösung der wirtschaftlichen Probleme behilflich zu sein.«

Am 13. April trifft der amerikanische Präsident auf den Bermuda-Inseln mit Margaret Thatcher zusammen und einige Tage darauf in Key Largo/Florida mit Mitterrand, um auch ihn auf die weitere Vorgehensweise in der deutschen Frage einzuschwören, wie es in Camp David zwischen Bush und Kohl verabredet worden ist. In Presseerklärungen bekräftigen sie nunmehr mit einer Stimme, daß ein wiedervereintes Deutschland die uneingeschränkte Souveränität haben und Vollmitglied der NATO bleiben müsse.

»Insgesamt gesehen«, so der Kanzler, »hatte sich die Großwetterlage um die Osterzeit nicht schlecht entwickelt. Dankbar war ich vor allem meinem Freund George Bush. Es gab keinen in der internationalen Öffentlichkeit, der unsere Positionen, unsere Wünsche und unsere berechtigten Anliegen so überzeugend vertreten hätte. Daß die drei Westmächte die volle Souveränität als selbstverständliches Ziel für ein wiedervereintes Deutschland so nachdrücklich herausstellten, war nicht zuletzt das persönliche Verdienst von George Bush.

Es war schon eine glückliche Fügung, in dieser schwierigen Zeit einen solchen Partner an seiner Seite zu wissen. Gerade in der Politik gehört immer auch Fortüne dazu, man kann es auch Gnade nennen. Natürlich neigen wir alle dazu, Erfolge zunächst einmal als unser eigenes Verdienst zu betrachten. Das ist ganz normal, aber man sollte immer auch fähig bleiben, die Verdienste anderer zu sehen und zu würdigen. Gegen die Hybris gibt es ein wunderbares Mittel, das Papst Johannes XXIII. uns gelehrt hat. Wenn er in den Spiegel schaute, pflegte er sich selbst zu ermahnen: ›Giovanni, nimm dich nicht so wichtig!‹ Wer sich nicht selbst für das Maß aller Dinge hält, ist auch fähig zur Dankbarkeit für alles Gute, das ihm geschenkt wird.«

Über solche sehr persönlichen Dinge, über den Glauben und über die Politik spricht der Bundeskanzler an seinem sechzigsten Geburtstag. Aus diesem Anlaß geben Partei und Fraktion am 3. April einen großen Empfang in der Bonner Beethovenhalle. Sechzig Jahre alt zu werden, habe er sich ganz anders vorgestellt. Er habe ja noch ein großes Stück Weg vor sich, sagt Helmut Kohl und meint damit die Vollendung der deutschen

DER SECHZIGSTE GEBURTSTAG 345

BUNDESREPUBLIK DEUTSCHLAND
DER BUNDESKANZLER   Bonn, den *30*. April 1990

Seiner Exzellenz
dem Präsidenten der Vereinigten
Staaten von Amerika
Herrn George Bush

Washington, D.C.

Lieber George,

über Ihre und Barbaras Glückwünsche zu meinem 60. Geburtstag habe
ich mich sehr gefreut. Ich danke Ihnen herzlich.

In der Tat bewegt uns alle in diesen Wochen und Monaten die dyna-
mische Entwicklung in Deutschland auf dem Weg zur Herstellung der
Einheit, die mit den ersten freien und geheimen Wahlen und dem
ersten Zusammentreten eines demokratisch legitimierten Parlamentes
in der DDR einen weiteren wichtigen Meilenstein erreicht hat.

Ihnen ganz persönlich, Ihrer Regierung, dem Kongreß und dem amerikanischen Volk insgesamt gilt mein besonderer Dank für die große
Unterstützung, die der Prozeß der deutschen Einigung bei Ihnen
findet.

Mit herzlichen Grüßen von Hannelore und mir an Sie und Barbara,

Dank des Bundeskanzlers an den amerikanischen Präsidenten
George Bush für dessen Geburtstagsglückwünsche.

Einheit, aber auch die Vertiefung der europäischen Integration, die sein großes Anliegen sei und bleibe. Da ein Geburtstag immer ein Tag sei, an dem man zurückschaue, blicke er jetzt einmal zurück auf die frühen Jahre, auf sein Elternhaus, auf diejenigen, die ihn geprägt hätten, zum Beispiel Johannes Finck, Jakob Kaiser und Konrad Adenauer. Der habe einmal gesagt, wer so früh mit der Politik anfange, der müsse aufpassen, daß er kein Zyniker werde.

»Ich habe mich damals manchmal gefragt«, so Helmut Kohl rückblickend, »warum ich all diese Anstrengungen auf mich nahm. Mein wichtigster Antrieb war, daß ich in der dramatischen Situation, in der sich Deutschland und Europa befanden, meine Pflicht tun mußte. Pflichterfüllung kann auch Freude bedeuten und Glück. Das hat auch etwas mit der Sinngebung des Lebens zu tun. Durfte man als Christ in einer solchen Situation abseits stehen, wenn man die Chance hatte zu gestalten und wenn so viele Menschen – gerade unsere Landsleute in der DDR – einem so viel Vertrauen entgegenbrachten?«

Mehr als zweitausend Personen sind in die Beethovenhalle gekommen – alles, was Rang und Namen hat auf der Bonner Bühne –, und dies, obwohl Kohl eine Feier solchen Ausmaßes gar nicht gewollt hat. Sie lauschen dem »Glückauf, der Steiger kommt« der Bergmannskapelle, den Darbietungen des Dresdener Kammerorchesters »Virtuosi Saxoniae« und vor allem den Reden. Hans-Dietrich Genscher hebt die »fruchtbare Zusammenarbeit« in der »gemeinsamen Bundesregierung« hervor. Seit der Wende im Jahr 1982 sei aus der »Bekanntschaft« schließlich »Freundschaft« geworden. »Lieber Helmut, in der gemeinsamen Arbeit haben wir schwere und glückliche Stunden erlebt. ... Es hat zwischen uns gelegentlich kräftig gekracht im Gebälk«, was der Freundschaft keinen Abbruch getan habe.

Neben Genscher sprechen auch andere – einer davon steht nicht im Programm. Es ist Bundespräsident Richard von Weizsäcker, über den man am Tag vor dem Kanzler-Geburtstag in den Zeitungen gelesen hat, daß er im Schloß Bellevue, seinem Berliner Amtssitz, zu einem »Geheimtreffen« mit dem soeben abgewählten DDR-Ministerpräsidenten Modrow zusammengetroffen sei. In der Beethovenhalle meldet sich der Bundespräsident nunmehr zu Wort, um »ganz herzlich zu deinem Geburtstag zu gratulieren«. Von Weizsäcker, der in wohlgesetzten Worten seiner Hoffnung Ausdruck gibt, daß »unser Bundeskanzler« die große Verantwortung der deutschen Einheit »mit uns allen zusammen« tragen werde, stellt als Kenner guter Weine mit Blick auf dessen Geburtsjahr fest: »In den Annalen ist verzeichnet, daß der Jahrgang 1930 nicht besonders lieblich ausgefallen ist, aber stahlig.«

»Kurz nach meinem Geburtstag«, erzählt der Bundeskanzler, »fuhr ich wie jedes Jahr für zwei Wochen nach Hofgastein zur Fastenkur. Fasten bedeutet für mich mehr als nur Pfunde verlieren. Es hält auch den Geist fit. Diesmal hatte ich allerdings kaum Gelegenheit, Abstand von der Hektik des politischen Geschäfts zu gewinnen, denn ich mußte mehrmals am Tag mit Bonn und auch öfter mit Ost-Berlin telefonieren.«

Dort, im Palast der Republik, versammelt sich die Volkskammer am 5. April zu ihrer konstituierenden Sitzung, in deren Verlauf Sabine Bergmann-Pohl (CDU) zur Parlamentspräsidentin gewählt wird. Sie ist damit zugleich amtierendes Staatsoberhaupt der DDR und beauftragt de Maizière mit der Regierungsbildung. Dieser strebt – mit ausdrücklicher Unterstützung Kohls – eine große Koalition an. Die Verhandlungen mit der SPD gestalten sich zunächst schwierig, denn in der Bundesrepublik wird Lafontaine als Herausforderer Kohls für die Bundestagswahlen nominiert. Lafontaine sei – so Kohl – im Gegensatz zu Brandt der Meinung gewesen, daß im Vorfeld der Bundestagswahl Polarisierung erfolgversprechender sei als Konsenssuche.

348 SIEG DER SELBSTBESTIMMUNG

Erschwerend kommt die Stasi-Affäre um den Vorsitzenden der Ost-SPD, Ibrahim Böhme, hinzu. Zeitungsberichten zufolge soll er über viele Jahre hinweg unter verschiedenen Decknamen für den DDR-Staatssicherheitsdienst gearbeitet haben. Der Belastung durch das »Kesseltreiben«, wie er sagt, nicht mehr gewachsen, setzt er sich Ende März an einen unbekannten Ort ab. Seiner Partei rät er, sämtliche Koalitionsgespräche vorerst auszusetzen. Überhaupt herrscht im Ost-Berlin dieser Tage viel Aufgeregtheit in Sachen Staatssicherheitsdienst. Ursache sind Gerüchte, die von der Verstrickung zahlreicher Persönlichkeiten aus Politik und Gesellschaft wissen wollen.

Das Thema Stasi ist für den Bundeskanzler eine der problematischsten Hinterlassenschaften der SED-Diktatur: »Ich habe mich über dieses Thema mit Felipe González unterhalten. Er hatte Erfahrungen mit der Franco-Hinterlassenschaft. Die Spanier – so sagte er mir – hätten ein sehr eigenes Verhältnis zu ihrer Vergangenheit. Es habe ja keinen Eisernen Vorhang gegeben. Die Trennlinien seien mitten durch die Familien gegangen. Brüder hätten im Bürgerkrieg aufeinander geschossen, Väter auf Kinder und umgekehrt. Da sei ihnen nur die Möglichkeit geblieben, einen radikalen Schlußstrich zu ziehen. Anders hätte Spanien keine Zukunft gehabt.

Ich habe diesen spanischen Umgang mit der Vergangenheit selbst erlebt, ich glaube, es war in Toledo. Ich saß mit Felipe González in einer Bar und trank mit ihm eine Tasse Kaffee. Da kam ein etwas steif wirkender älterer Herr vorbei, zog vor dem Ministerpräsidenten den Hut, und der grüßte freundlich zurück. Als er weitergegangen war, fragte ich, wer das gewesen sei. Felipe González antwortete mir: ›Das war der Oberbürgermeister. Er hat mich früher einsperren lassen.‹ Daraufhin habe ich gefragt: ›Habt ihr denn noch Kontakt?‹ Ja, sagte Felipe González, man treffe sich gelegentlich – zum Beispiel wenn er, Felipe González, einen Empfang hier gebe. Wir unterhielten uns weiter über die Zeit des spanischen Bürgerkriegs. Ich fragte, ob eigentlich noch Francos Außenminister Serrano Suñer lebe. Ja, der lebe noch und sei jetzt etwa Anfang neunzig. Ich war ziemlich überrascht, als Felipe González hinzufügte, daß er Suñer gut kenne und auch ihn regelmäßig bei Staatsempfängen treffe. Er hat das als völlig normal empfunden und meine Verwunderung nicht verstanden.

Es liegen Welten zwischen dem spanischen und dem deutschen Umgang mit einer solchen Frage. Aber man muß dazu auch sagen, daß die Methode der Spanier sich nicht einfach auf deutsche Verhältnisse übertragen läßt. Was das Thema ›Stasi‹ angeht, bin ich der Auffassung, daß man diejenigen vor Gericht stellen sollte, die im Sinne des Strafrechts schuldig geworden sind. Man soll aber denen, die sich in ausweglos scheinender Lage nicht heldenhaft verhalten haben, jetzt nicht mit der Geste moralischer Überlegenheit kommen. Man muß sich immer wieder vor Augen führen, was es heißt, vierzig Jahre unter einem kommunistischen Regime zu leben. Das Beispiel Schnur ist ja exemplarisch: Er war schon als Jugendlicher zur Mitarbeit bei der Stasi genötigt worden. Welcher Jugendliche hat nicht irgendwann einmal eine Dummheit gemacht, etwa in der Schule, wo ihn dann ein raffiniertes System einfangen und jahrelang erpressen kann – und schon führt ihn sein Lebensweg beinahe zwangsläufig in den menschlichen Abgrund.

Wir haben es hier, verkürzt gesagt, mit dem uralten Spannungsverhältnis zwischen Gerechtigkeit und Barmherzigkeit zu tun. Beide sind hohe Güter, beide prägen eine Gesellschaft mit menschlichem Gesicht. Die Opfer wollen Gerechtigkeit, die Täter fordern Barmherzigkeit. Es gibt da keine einfachen, pauschalen Lösungen. Im Blick auf die DDR müssen wir zum Beispiel in Rechnung stellen, daß die kommunistische Diktatur über vier Jahrzehnte währte und kaum jemand glaubte – am wenigsten jene, die sich heute aufs hohe moralische Roß schwingen –, daß sie so schnell von der Bildfläche verschwinden würde.

Wir dürfen auch nicht den Fehler wiederholen, den man bei uns nach dem Ende des Zweiten Weltkrieges beobachten konnte, daß nämlich bestimmte Gruppierungen und Parteien für sich das Recht in Anspruch nahmen, zu definieren, wer ein Nazi gewesen war und wer nicht. Wer zum Beispiel der NSDAP angehört hatte und dann zur SPD ging, dem waren sogleich alle Sünden vergeben. Aber wehe, ein Parteigenosse trat den Unionsparteien bei: Er war sogleich zu ewiger Verdammnis verurteilt. Ganz schlimm wird es schließlich, wenn man sich einmal überlegt, wie die SED aus alten Nazis brave ›Antifaschisten‹ gemacht hat.

Heute stehen vor allem die Menschen in den westlichen Bundesländern in der Versuchung, pauschal über ihre Mitbürger in den neuen Bundesländern zu urteilen, ohne deren frühere Lebenssituation auch nur im entferntesten zu kennen. Wer, wie ich, nach dem Krieg die Chance gehabt hat, am Rhein zu leben – und nicht in Leipzig oder Dresden – und so in Freiheit aufzuwachsen, der sollte sehr vorsichtig sein, auf jene herabzusehen, die diese Chance nicht hatten. Ich weiß nicht, was aus mir geworden wäre, wenn ich 1950 in Leipzig gewesen wäre, wo meine Frau herkommt. Wäre ich in den Westen gegangen? Wäre ich geblieben und hätte mich angepaßt? Oder wäre ich wegen meiner Gegnerschaft zum Regime in dem berüchtigten Zuchthaus Bautzen gelandet? Ich kann diese Frage nicht beantworten. Wenn wir ehrlich sind, dann müssen wir zugeben, daß keiner von uns solche Fragen beantworten kann.

Wir in der alten Bundesrepublik haben – im Gegensatz zu den Menschen in der DDR – jahrzehntelang auf der Sonnenseite der deutschen Geschichte leben dürfen. Das war nicht unser Verdienst, wir hatten einfach Glück. Was wir jetzt brauchen, ist der Geist der inneren Aussöhnung. Wir dürfen die Opfer aber

DER UMGANG MIT DER VERGANGENHEIT   351

nicht drängen, denen zu verzeihen, die ihnen Unrecht zugefügt haben. Sie müssen diesen Schritt aus eigener Überzeugung tun. Das wird ihnen leichter fallen, wenn ihre früheren Peiniger sich zu der eigenen Schuld bekennen und um Vergebung bitten. Auch dies läßt sich natürlich nicht erzwingen. Auf keinen Fall aber dürfen wir hinnehmen – und das geschieht mancherorts leider schon –, daß ausgerechnet die Opfer als Störenfriede abgestempelt werden, während die Täter für sich das Recht in Anspruch nehmen, Unrecht zu verdrängen. Wer sich der Diktatur nicht gebeugt hat, wer zum Beispiel die besten Jahre seines Lebens in Bautzen eingekerkert war – der hat Anspruch auf unsere besondere Achtung!

Leider hat uns in den Turbulenzen der Wende- und Wiedervereinigungszeit 1989/90 die Kraft und die Zeit gefehlt, über all diese Dinge in einer vernünftigen Weise nachzudenken und entsprechende Regelungen zu finden. Es gab ja auch keine unumstrittene moralische Autorität, die hier glaubwürdig die Initiative hätte ergreifen können. Ich will hier nicht im einzelnen auf die problematische Staatsnähe mancher Kirchenmänner zu DDR-Zeiten eingehen; hier sind in den letzten Jahren ja viele bedrückende Einzelheiten bekannt geworden. Ich setze meine Hoffnung jetzt vor allem auf Bundespräsident Roman Herzog, der ein sehr gutes Gespür für diese Fragen hat und in der Bevölkerung – gerade auch bei den Menschen in den neuen Bundesländern – großes Ansehen genießt.«

Obwohl im Frühjahr 1990 die »Stasi-Debatte« beginnt, die seitdem nicht mehr abreißt, findet sich in der Tat niemand, der für dieses hochsensible und hochbedeutsame Thema genügend Kraft und Zeit findet. Die Ost-SPD ringt sich Anfang April doch noch dazu durch, mit der »Allianz« und den Liberalen eine Regierung zu bilden. Die von dem Ost-Berliner Theologie-Professor Richard Schröder geführte SPD-Fraktion hat den Rat Böhmes, der alle Parteiämter niederlegt, ausgeschlagen. Am

352 SIEG DER SELBSTBESTIMMUNG

13. April wird de Maizière als Ministerpräsident der Mehrparteienregierung vereidigt.

»Ich war nicht unzufrieden«, meint der Bundeskanzler, »denn es war in vier Wochen gelungen, eine demokratisch verfaßte Regierung auf die Beine zu stellen. Und diese vier Wochen waren nicht einmal vier Arbeitswochen gewesen, weil die SPD durch die Affäre um ihren Vorsitzenden tagelang nicht handlungsfähig war. Mit der Besetzung der Ministerposten hatte ich so gut wie nichts zu tun. Freilich, schon Wochen vor der Wahl stand fest, daß im Falle eines Sieges der »Allianz für Deutschland« Lothar de Maizière Regierungschef werden würde. Nach der Großkundgebung in Leipzig am 14. März sagte de Maizière zu mir, daß er für Pfarrer Ebeling etwas tun müsse. Wir unterhielten uns dann darüber, welchen Ministerposten er übernehmen könnte.« Eine Überraschung sei es für ihn, Kohl, gewesen, daß ausgerechnet Diestel, der sich mit de Maizière in den zurückliegenden Wochen bei jeder sich bietenden Gelegenheit gestritten habe, von diesem zum Innenminister gemacht worden sei.

Um bei der Abfassung der Regierungserklärung de Maizières behilflich zu sein, ist Teltschik nach Ost-Berlin gereist. Als der DDR-Premier dann am 12. April vor die Volkskammer tritt, zeigt sich der sonst so unsicher Wirkende selbstbewußt: »Das ›Ja‹ zur Einheit ist gesprochen. Über den Weg dorthin werden wir ein entscheidendes Wort mitzureden haben. Die Rahmenbedingungen müssen so gut, vernünftig und zukunftsfähig wie nötig sein.« De Maizière, der sich für die Anwendung des Artikels 23 beim Einigungsprozeß ausspricht, kündigt an, die 1952 abgeschafften Länder wieder einführen zu wollen. Was die Grundlagen der Währungs-, Wirtschafts- und Sozialunion angehe, so sollten diese in den folgenden acht Wochen geschaffen werden, damit dieser Schritt noch rechtzeitig vor der Sommerpause gemacht werden könne. Zugleich kündigt er an, daß seine Regierung auf einer Währungsumstellung von 1 zu 1 bei Löhnen, Renten und Sparguthaben bestehen werde. Im übrigen verspricht er den endgültigen Abriß der Mauer: »Noch in den nächsten Monaten wird dieses menschenunwürdige Schandmal abgerissen.«

Im außenpolitischen Teil seiner Regierungserklärung bekräftigt de Maizière, daß die Zukunft des vereinten Deutschland in einem ungeteilten, friedlichen Europa liege. Die Sowjetunion bittet er, Deutschlands Streben nach Einigung nicht als Bedrohung anzusehen. Besonderen Dank richtet er an Gorbatschow für dessen Rolle »in dem historischen Prozeß unserer Befreiung«. Er sichert Moskau freundschaftliche Zusammenarbeit, Loyalität gegenüber dem Warschauer Pakt, Achtung der sowjetischen Sicherheitsinteressen und eine strikte Einhaltung aller Außenhandelsverpflichtungen zu. Von einer NATO-Zugehörigkeit des vereinten Deutschland, die in der Koalitionsvereinbarung als Übergangslösung bis zur Schaffung eines gesamteuropäischen Sicherheitssystems ins Auge gefaßt wird, spricht de Maizière nicht. »Wenngleich uns nicht alles gefallen konnte, was Lothar de Maizière in seiner Regierungserklärung sagte, so war für mich damals wichtig, daß sich wie ein roter Faden durch die Rede zog, die Einheit Deutschlands nach Artikel 23 des Grundgesetzes herbeiführen zu wollen – und zwar nicht irgendwann, sondern so bald wie möglich«, urteilt der Bundeskanzler heute.

Am 24. April trifft Kohl zum ersten Mal mit de Maizière als frischgebackenem Ministerpräsidenten einer Regierung zusammen, deren Ziel es ist, sich selbst und den Staat, dem sie dient, abzuschaffen. Der Kanzler: »Wir waren damals zusammengekommen, um über die Einführung der Währungs-, Wirtschafts- und Sozialunion zum Stichtag 1. Juli zu sprechen. Am Tag zuvor hatten wir uns, nach wochenlanger harter Arbeit in den Kommissionen, auch innerhalb der Koalition über den Umtauschkurs geeinigt. Löhne und Gehälter sollten 1 zu 1 umgetauscht werden. Derselbe Kurs sollte auch für Sparguthaben bis zu einer Höhe von viertausend Mark (Ost) gelten. Alle weiteren Geld- und Kreditbestände wie auch die Schulden der Betriebe beabsichtigten wir 2 zu 1 umzutauschen. Außerdem hatten wir vereinbart, das DDR-Rentensystem Schritt für Schritt dem der Bundesrepublik anzupassen. Die Bundesbank hatte dies voll akzeptiert. De Maizière setzte sich für eine völlige Streichung der Inlandsschulden der privaten und genossenschaftlichen Betriebe ein. Außerdem wollte er Sparguthaben und sonstiges Geld in unbegrenzter Höhe im Verhältnis 1 zu 1 umgetauscht wissen. Das mußte ich zurückweisen, denn es hätte unsere wirtschaftlichen Möglichkeiten bei weitem überstiegen.«

Am Tag nach dem Treffen zwischen Kohl und de Maizière beginnen die Verhandlungen über die Währungs-, Wirtschafts- und Sozialunion. Die Delegationsleitung auf westdeutscher Seite liegt bei Hans Tietmeyer, Mitglied des Direktoriums der Bundesbank und in dieser Frage jetzt auch persönlicher Beauftragter des Bundeskanzlers. Ihm zur Seite stehen Kanzleramtsminister Rudolf Seiters sowie die Staatssekretäre Peter Klemm vom Finanz- und Klaus Kinkel vom Justizministerium. Die ostdeutsche Delegation wird vom Parlamentarischen Staatssekretär beim DDR-Ministerpräsidenten, Günther Krause, angeführt.

Der Bundeskanzler bittet seine Delegation eindringlich, bis Anfang Mai die Grundorientierungen zur Währungs-, Wirtschafts- und Sozialunion festzulegen: »Es ging mir darum, angesichts der Verunsicherung in der Bevölkerung möglichst schnell Klarheit zu schaffen. Außerdem kam es mir darauf an, mit Blick auf das Ausland und die für den 5. Mai geplante Zwei-plus-Vier-Konferenz zu demonstrieren, daß die Deutschen willens seien, die Entwicklung in Richtung Einheit energisch voranzubringen.«

Zu einer echten Gefahr für die außenpolitischen Bedingungen des Einigungsprozesses wird unterdessen der Litauen-Konflikt. Der Kreml hat Mitte April ein Wirtschaftsembargo gegen das baltische Land verhängt. Am 21. April appellieren die Außenminister der Europäischen Gemeinschaft, die Blockade aufzuheben, in Washington tagt am folgenden Tag der Nationale Sicherheitsrat. Obwohl dieser Bush Zurückhaltung empfiehlt, beschließt er, daß die Vereinigten Staaten im Falle eines Andauerns der Krise den bereits ratifizierten Vertrag über die amerikanisch-sowjetischen Handelsbeziehungen nicht in Kraft setzen würden.

»Ich befürchtete damals, daß sich die Zuspitzung der Krise um Litauen, die inzwischen eine internationale Dimension bekommen hatte, auf unsere deutsche Sache negativ auswirken würde«, erinnert sich der Bundeskanzler. Am 19. April hat die sowjetische Regierung eine Note überreicht, in der wiederum vor deutschen Eigenmächtigkeiten nachdrücklich gewarnt wird und von einem bereits vorliegenden Staatsvertrag zwischen der Bundesrepublik und der DDR die Rede ist, mit dem die deutsche Wiedervereinigung angeblich geregelt worden sei. »Ich beschloß«, so Kohl, »nunmehr alles zu tun, um den Einigungsprozeß zu beschleunigen. Nach meinem Eindruck war für die sowjetische Seite gar nicht so sehr die Frage der NATO-Zugehörigkeit des vereinten Deutschland entscheidend, sondern eine befriedigende Regelung der Wirtschaftsbeziehungen auf Grundlage der zwischen ihr und der DDR abgeschlossenen Verträge.«

Kohl sieht seine Chance darin, diesem sowjetischen Anliegen jetzt besonderes Augenmerk zu widmen. Mit de Maizière ist er sich einig, daß erst einmal das gesamte Material über die bilateralen Verträge zwischen Moskau und Ost-Berlin zusammengestellt werden müsse, was sich als ziemlich schwierig erweist. Darüber hinaus hat sich Kohl Gedanken über eine weit in die Zukunft reichende wirtschaftliche Zusammenarbeit des vereinten Deutschland mit der Sowjetunion gemacht. Nach seiner Vorstellung soll dieses Deutschland, fest im Westen verankert, eine Art »Brücke nach Osten« werden.

Am Nachmittag des 23. April läßt Kohl Moskaus Botschafter Kwizinski ins Kanzleramt rufen, um über ihn seine Vorstellungen an Gorbatschow weiterzuleiten. »Ich zerstreute zunächst erneut sowjetische Befürchtungen wegen eines deutschen Alleingangs und sagte ihm, daß ich jetzt den Zeitpunkt für gekommen hielte, gemeinsam die wirtschaftlichen Verpflichtungen der DDR gegenüber der Sowjetunion aufzuarbeiten. Außerdem wolle ich mit ihm erörtern, ob nicht schon jetzt die Vorbereitungen für einen gesamtdeutsch-sowjetischen Vertrag getroffen werden könnten, mit dem das Verhältnis zwischen beiden Ländern auf eine völlig neue Ebene gehoben werden solle. Damals, im Juni 1989, hatte ich im Garten des Kanzleramts bereits mit Gorbatschow über ein solches Vorhaben – über einen ›Großen Vertrag‹, wie wir es genannt hatten – gesprochen.

Kwizinski erklärte, daß es von Anfang an sein Traum gewesen sei, zwischen der Bundesrepublik und der Sowjetunion etwas im Bismarckschen Sinne zu machen. Ich hielt dem entgegen, daß gegenwärtig noch zuviel in die Vergangenheit statt nach vorne geblickt werde. Je fester Deutschland in den Westen integriert sei – damit meinte ich unseren Verbleib in der NATO –, desto besser könnten wir mit der Sowjetunion zusammenarbeiten. Es sei doch deutlich erkennbar, daß die Bereiche der Wirtschaft, der Technologie, der Forschung und der Kultur eine immer größere Bedeutung bekämen. Hierbei könnten wir Deutsche wichtige Beiträge leisten.

Wir kamen auf die Zwei-plus-Vier-Problematik zu sprechen. Kwizinski schlug vor, innere und äußere Aspekte der Wiedervereinigung zu entkoppeln. Er meinte damit, zunächst die staatliche Einheit zu vollziehen und dann erst Aspekte wie etwa die Bündnisfrage zu regeln. Ein solcher Vorschlag war völlig inakzeptabel. Damit wäre dem wiedervereinten Deutschland die volle Souveränität auf unbestimmte Zeit vorenthalten worden. Ebenso inakzeptabel war Kwizinskis Annahme, daß die sowjetischen Streitkräfte so lange auf dem Gebiet der DDR stationiert bleiben müßten wie die der Westalliierten auf dem Gebiet der Bundesrepublik. Er sprach dann noch von einer Reduzierung der Bundeswehr, die wir aber nicht weiter diskutierten. Abschließend erklärte der Botschafter, in Moskau sei nicht verborgen geblieben, daß die Regierungschefs der europäischen Staaten ausgewogen an das Litauen-Problem herangingen. Die Sowjetunion wisse diese Haltung zu schätzen.«

Die Krise um Litauen ist auch Gegenstand der 55. Deutsch-Französischen Konsultationen, zu denen der Bundeskanzler am 25. April nach Paris fliegt. Helmut Kohl ist bester Laune, scherzt mit den Reportern, als er vor dem Élysée-Palast aus dem Auto steigt und die Stufen hinaufeilt. »Ich traf auf einen völlig hinter unserer deutschen Sache stehenden François Mitterrand, der sehr herzliche Worte für mich fand«, erinnert sich Kohl. »In noch nie dagewesener Weise stimmten wir bei unserer tour d'-horizon durch die politische Landschaft überein. Zu Litauen vereinbarten wir, Präsident Landsbergis in einem gemeinsamen Brief aufzufordern, mit Michail Gorbatschow in Verhandlungen zu treten. Gleichzeitig beabsichtigten wir, auch den sowjetischen Generalsekretär über unseren Schritt zu informieren. Wir waren uns einig, daß die Vorgänge in Litauen lebensgefährlich für Gorbatschow werden konnten, wenn daraus eine Kettenreaktion entstand und zum Beispiel die Ukraine davon ergriffen wurde. Dies hätte nach unserer Überzeugung unweigerlich zu einer Machtergreifung der Militärs in Moskau geführt.

Es gelang mir außerdem, die Sorgen des französischen Präsidenten bezüglich der Präsenz französischer Truppen im vereinten Deutschland auszuräumen. Es gebe keine Stimmung gegen französische Truppen. Sie seien vielmehr Teil des kommunalen Lebens in den Garnisonsstädten. Mitterrand warf noch einmal ein, daß die Franzosen auf keinen Fall Besatzungsmacht sein wollten. Ich entgegnete, daß niemand in Deutschland sie als solche betrachte. Im Gegenteil: Die Stadt Zweibrücken, aus der die amerikanischen Truppen soeben abgerückt seien, habe sich schon jetzt erkundigt, ob nicht statt dessen französische Truppen kommen könnten.

Wir waren uns einig, daß deutsche Einheit und europäische Integration zwei Seiten einer Medaille seien. Da die deutsche Entwicklung unglaublich schnell voranschritt, hatten wir kurz zuvor eine gemeinsame Initiative gestartet, um parallel dazu die Einigung Europas voranzubringen.« In dieser an den Präsidenten des Europäischen Rates, den irischen Regierungschef Charles Haughey, adressierten Botschaft heißt es, es sei an der Zeit, die Gesamtheit der Beziehungen zwischen den Mitgliedsstaaten in eine Europäische Union umzuwandeln und diese mit den notwendigen Aktionsmitteln auszustatten. »Wir wollten die Sache dann ein paar Wochen nach dem Dubliner Sondergipfel, beim regulären, ebenfalls dort stattfindenden Gipfel im Juni vertiefen«, so Kohl. »Unser Ziel war es, daß im Dezember gemeinsam mit der Regierungskonferenz zur europäischen Wirtschafts- und Währungsunion eine zweite Regierungskonferenz über die Politische Union eröffnet würde.«

Der irische Ministerpräsident reagiert auf die deutsch-französische Initiative ausgesprochen positiv. Er begrüße es, daß durch das Ergebnis der Volkskammerwahl der Wiedervereinigungsprozeß Fahrt bekommen habe. Er rechne nicht mit Schwierigkeiten bei der Einigung auf eine gemeinsame Marschrichtung. In seinem Brief heißt es wörtlich: »Wir alle sind zuversichtlich, daß die deutsche Vereinigung einen wesentlichen Beitrag zur Weiterentwicklung Europas als Ganzes leisten wird.«

Am frühen Morgen des 28. April, einem Samstag, fliegt Kohl vom amerikanischen Stützpunkt Ramstein in der Pfalz aus zur Sondertagung des Europäischen Rates nach Dublin. Im alten Dublin Castle bekennen sich die Staats- und Regierungschefs der EG uneingeschränkt zum deutschen Wiedervereinigungsprozeß. Der Präsident der Europäischen Kommission, Jacques Delors, legt außerdem das beim Straßburger Gipfel in Auftrag gegebene Papier »Die Gemeinschaft und die deutsche Vereinigung« vor. Es handelt sich um einen Drei-Phasen-Plan bis hin zur endgültigen Integration des Gebiets der DDR in die EG.

Der Plan beginnt mit der Einführung der Währungsunion am 1. Juli 1990. Schritt für Schritt sollen die wirtschaftlichen Bedingungen in der DDR mit denen der Gemeinschaft kompatibel gemacht werden. In dem Schlußdokument, das ebenfalls von Delors erläutert wird, heißt es, die Gipfelteilnehmer erwarteten, »daß die Vereinigung ein positiver Faktor in der Entwicklung Europas im allgemeinen und der Gemeinschaft im besonderen sein wird«. Die EG geht dabei von einem Beitritt der DDR zur Bundesrepublik nach Artikel 23 des Grundgesetzes aus, denn dies würde auch eine reibungslose Eingliederung der DDR in die EG ohne Änderung der EWG-Verträge ermöglichen. Außerdem öffnet die EG der DDR den Zugang zu Krediten und Finanzhilfen. Die Bundesregierung verzichtet jedoch ausdrücklich auf die vom Präsidenten der Kommission vorgeschlagene Soforthilfe, die außerhalb der üblichen Regeln hätte gewährt werden müssen.

Kohl weist in seinem Diskussionsbeitrag auf den dringenden Wunsch der Deutschen hin, jedermann in Europa möge begreifen, daß sie sehr glücklich über die Parallelität von deutscher Einheit und europäischer Integration seien. Er als Bundeskanzler lege besonderen Wert darauf, daß bei den Verhandlungen zwischen der Bundesregierung und der Regierung der DDR eine umfassende Information der Regierungen innerhalb der

Europäischen Gemeinschaft erfolge und die Kommission mit ihrem Rat zur Seite stehe.

»Ich habe in all den Jahren meiner Amtsführung«, so Kohl, »keinen EG-Gipfel erlebt, auf dem wirklich ohne Wenn und Aber – sicherlich im Ton der Herzlichkeit nuanciert – die Kolleginnen und Kollegen in Sachen deutsche Einheit eine so eindeutige Position bezogen haben. Es zahlte sich jetzt aus, daß die Kommission unter Führung meines Freundes Jacques Delors ganz eindeutig die deutsche Position unterstützte. Es zahlte sich auch aus, daß einige unserer Partner seit Monaten in diese Richtung gingen und andere sich in diese Richtung bewegt hatten. Wir fanden in Dublin beachtliche Unterstützung, wobei ich noch einmal die Rolle des Gastgebers Charles Haughey sowie die von Felipe González, der immerhin Vizevorsitzender der Sozialistischen Internationale war, hervorheben möchte.«

Politische Beobachter stellen fest, daß der Erfolg von Dublin ganz entscheidend an den persönlichen Beziehungen des deutschen Kanzlers zu den beteiligten Staats- und Regierungschefs gehangen habe. »Es ist natürlich ein Irrtum zu glauben«, bemerkt dazu Kohl, »daß persönliche Freundschaften politische Probleme beseitigen könnten. Es geht in der internationalen Politik ja um die Interessen des eigenen Landes. Wahr ist aber auch: Wenn die Chemie stimmt, wenn man sich auf Anhieb gut versteht, wenn man einen gemeinsamen Weg gegangen ist und sich freundschaftliche Beziehungen entwickelt haben, ist alles viel einfacher. Dann kann man schon einmal sagen: ›Hör' mal, das mache ich auf keinen Fall, das kann ich meinen Leuten zu Hause nicht verständlich machen.‹ Im Prinzip gilt: Was im privaten Umgang miteinander richtig ist, ist auch in der Politik richtig. Dazu gehört auch, daß ich anrufe, wenn ich sehe, daß jemand anders Schwierigkeiten hat, und sage: ›Kopf hoch, ich drücke dir die Daumen.‹ Meine Mutter hat uns als Kinder gelehrt: ›Wenn es den Leuten gut geht, mußt du nicht hingehen, denn dann kommen alle zu ihnen. Aber wenn es den Leuten schlecht geht, dann mußt du es tun.‹

Wesentlich für stabile Beziehungen im privaten wie im politischen Bereich ist das Vertrauen in die Verläßlichkeit des Partners. Daß es uns Deutschen in den vergangenen Jahrzehnten und auch jetzt noch einmal in der Dramatik der vergangenen Wochen und Monate gelungen war, Mißtrauen abzubauen, erwies sich nun als unser wertvollstes Kapital. Vergleicht man den Gipfel von Straßburg im Winter 1989 mit dem Gipfel von Dublin im Frühling 1990 − der Kontrast hätte größer nicht sein können. Die Europäische Gemeinschaft und das Nordatlantische Bündnis standen solidarisch hinter uns, und auch zwischen der von mir geführten Bundesregierung und der demokratisch gewählten Regierung in Ost-Berlin bestand Übereinstimmung in den Zielen, die jetzt noch zu erreichen waren. Was neben unzähligen Fragen und Problemen, an denen wir mit unseren ostdeutschen Partnern arbeiteten, der Erfüllung unseres deutschen Traumes noch im Weg stand, war indes nach wie vor die Haltung Moskaus in der Frage der Bündniszugehörigkeit.«

Zwischen Bündnisfrage und Staatsvertrag

Durch die von Beamten des Bundesgrenzschutzes bewachte Pforte des Kanzleramtes fahren am Freitag, dem 4. Mai, zwei dunkle amerikanische Limousinen. Sie passieren die in der Frühlingssonne glänzende Großplastik Henry Moores und halten wenige Meter weiter vor dem Kanzlerbau. Aus den Autos steigen der amerikanische Außenminister James Baker und Vernon A. Walters, der amerikanische Botschafter in Bonn. Walters hat in den zurückliegenden Monaten seinen ganzen Einfluß in Washington geltend gemacht, um die deutsche Einheit voranzubringen. Kohl wird ihn später immer wieder als »großen Freund der Deutschen« würdigen. Schnellen Schrittes verschwinden die Besucher hinter den Glastüren.

Baker ist aus Brüssel gekommen, wo am Vortag die Außenminister der NATO-Staaten zu einer Sondersitzung zusammengekommen sind und für Deutschland wichtige Entscheidungen getroffen haben. Sie sind übereingekommen, Strategie und Streitkräfte der neuen Situation in Europa anzupassen. Außerdem ist der Verzicht des amerikanischen Präsidenten auf die Herstellung einer neuen Generation von Kurzstreckenraketen und der Verzicht auf eine atomare Bewaffnung Deutschlands formell gebilligt worden.

Jim Baker, so Helmut Kohl, sei ein glänzender Außenminister gewesen: »Seine Verhandlungsführung war brillant. Seine schnelle Auffassungsgabe und sein Witz halfen ihm dabei sehr. Er stammt aus einer angesehenen texanischen Familie. Er ist ein großartiger Anwalt und hatte das Zeug dazu, selbst Präsident zu werden. George Bush hätte wohl manches nicht erreicht, wenn Jim Baker ihm nicht zur Seite gestanden hätte. Auch er trat uns Deutschen mit vorbehaltloser Sympathie gegenüber. Noch heute besucht er mich hin und wieder, und wir tauschen gemeinsame Erinnerungen aus oder diskutieren über aktuelle Fragen der internationalen Politik.«

Bei dem Gespräch im Kanzleramt sei es darum gegangen, die weitere gemeinsame Vorgehensweise abzustimmen. Ein Thema sei dabei der weiter eskalierende Konflikt zwischen dem damals noch zur Sowjetunion zählenden Litauen und der Moskauer Zentralmacht gewesen. »Jim Baker schilderte mir«, so Kohl, »daß sich die Situation rasch zu einem Punkt hin entwickeln könne, an dem die Vereinigten Staaten mit konkreten Maßnahmen Partei für die Unabhängigkeitsbestrebungen der Litauer ergreifen müßten. Der Druck im Kongreß wachse, nachdem sich schon der Senat für ein Einfrieren der Handelsvergünstigungen für Moskau ausgesprochen habe, bis das sowjetische Embargo gegen Litauen aufgehoben sei und Verhandlungen zwischen Wilna und Moskau begonnen hätten. Die US-Regierung habe diese und mögliche andere Konsequenzen gegenüber Gorbatschow und Schewardnadse offen ausgesprochen. Ich entgegnete Jim Baker, daß ich ihm nicht zu sagen brauche, wo meine Sympathien lägen. Wir Deutschen trügen eine besondere Verantwortung und wünschten auch den baltischen Staaten die Rückgewinnung ihrer Unabhängigkeit.«

Bereits in seiner Regierungserklärung zum 50. Jahrestag des Beginns des Zweiten Weltkriegs am 1. September 1989 hat der Kanzler klargestellt, daß die Bundesregierung die Annexion der baltischen Staaten durch die Sowjetunion nicht anerkenne. Diese war in einem geheimen Zusatzprotokoll zu dem nach Hitler und Stalin benannten Pakt im Jahr 1939 besiegelt worden. In seiner Regierungserklärung hat Kohl den Pakt als »das Produkt eines zynischen Zusammenspiels zweier Diktaturen« bezeichnet. »Die eine der beiden«, so Kohl heute, »war in dem von ihr selbst entfachten Inferno ein für allemal untergegangen. Die Sowjetunion stand 1990 am Anfang eines schmerzhaften Prozesses der kritischen Selbstprüfung im Zeichen des ›Neuen Denkens‹.«

Er habe Jim Baker darauf hingewiesen, so Kohl, »daß der Litauen-Konflikt nicht zum Stolperstein für Michail Gorbatschow und seine Reformpolitik werden dürfe. Litauen sei nicht sein einziges Problem. Wenn der Generalsekretär morgen den Litauern nachgebe, stelle sich übermorgen auch für andere Sowjetrepubliken die Frage der Unabhängigkeit. Spätestens dann käme die Stunde derer, die sagten, Gorbatschow verspiele das Imperium. Niemand könne jedoch ein Interesse daran haben, daß dann in der Sowjetunion möglicherweise ein Militärregime an die Macht gelange, denn dies würde nicht zuletzt das abrupte Ende aller Reformpolitik in Mittel- und Osteuropa bedeuten.«

Um Gorbatschows Reformkurs nicht zu gefährden, habe er, Kohl, für viele kleine Schritte plädiert. Man müsse den Litauern sagen, daß sie mit ihrer Politik des Alles oder Nichts ihre Chance, unabhängig zu werden, aufs Spiel setzten. Daß sie innerhalb der nächsten fünf Jahre mit Klugheit, Geduld und psychologischem Geschick ihr Ziel erreichen könnten, davon sei er überzeugt. Baker habe diese Auffassung geteilt; auch bei den übrigen NATO-Partnern sei man sich voll und ganz des Problems bewußt und folge dem übergeordneten Gesichtspunkt, daß die Sowjetunion sich auf dem Reformweg vorwärtsbewegen müsse.

Ausgiebig sprechen Kohl und Baker an diesem 4. Mai noch darüber, wie der Westen Gorbatschow wirtschaftlich unterstützen könne. Nach Kohls Ansicht liegt das Hauptproblem darin, daß der Generalsekretär sich nicht entschließen kann, den entscheidenden Schritt zur Marktwirtschaft zu gehen; halbherzige Reformmaßnahmen führten indes nicht weiter. Jim Baker meint dazu, daß Gorbatschows Lage paradox sei: Einerseits habe er mit dem Präsidentenamt jetzt mehr Vollmachten denn je, andererseits könne er wegen zunehmender innerer Schwierigkeiten keine energischen Schritte in die richtige Richtung tun. So habe er vor Werktätigen in Swerdlowsk erklärt, daß es in der Sowjetunion Reformen wie etwa in Polen nicht geben werde.

»Mit Blick auf die bevorstehenden Zwei-plus-Vier-Verhandlungen«, fährt Kohl fort, »fragte mich Jim Baker, wie ich die Haltung der Regierung de Maizière, vor allem von Außenminister Meckel zur NATO-Mitgliedschaft eines vereinten Deutschland einschätze. Ich berichtete ihm daraufhin von den vielfältigen Problemen in der Ost-Berliner Koalition. Vor diesem Hintergrund werde sich die Regierung de Maizière zwar nicht in die erste Reihe der Befürworter stellen, am Ende aber die Bonner Haltung unterstützen. Was die Position der Sowjetunion anging, so stimmten wir wie bereits in Camp David überein, daß der Kreml pokere, um möglichst viele Vorteile herauszuschlagen. Dabei gehe es ihm wohl vor allem um die Wirtschaftsbeziehungen mit dem vereinten Deutschland; aber auch die künftige Entwicklung der NATO und ihrer Strategie seien für die Sowjets entscheidende Fragen.«

Baker und Walters haben das Kanzleramt gerade verlassen, als der sowjetische Außenminister Schewardnadse, begleitet von Botschafter Kwizinski, dort eintrifft, um mit dem Bundeskanzler zu sprechen. Kohl weiß, daß Schewardnadse ein besonders gutes und vertrauensvolles Verhältnis zu Gorbatschow hat, weshalb er mit ihm die Dinge freimütig besprechen kann. Thema sei auch hier zunächst Litauen gewesen: »Wir unterhielten uns sehr offen. Ich schilderte unseren Standpunkt, alles tun zu wollen, um eine Eskalation zu verhindern. Wir seien keine Scharfmacher; so hätten François Mitterrand und ich in einem gemeinsamen Brief den litauischen Präsidenten Landsbergis aufgefordert, die Unabhängigkeitserklärung Litauens vorerst auszusetzen und Verhandlungen mit Moskau aufzunehmen. Wenn er, Schewardnadse, den Eindruck habe, daß ich in aller Diskretion etwas Hilfreiches tun könnte, dann möge er mir dies sagen. Schewardnadse erwiderte darauf, er zweifele nicht daran, daß wir sowohl dem litauischen Volk als auch dem sowjetischen helfen wollten.«

Der sowjetische Außenminister habe dann, so Kohl, die harte Haltung Moskaus begründet. Jeder müsse sich an die Verfassung halten. Die Sowjetunion sei ein multinationaler Staat mit fünfzehn Republiken. Deshalb könne Moskau die Litauen-Frage nicht auf die leichte Schulter nehmen – schon gar nicht angesichts der momentanen Lage. Man könne nicht zulassen, daß die Union der Sowjetrepubliken, an der jahrzehntelang gebaut worden sei, zerfalle. Gewalt werde die sowjetische Führung gleichwohl nicht anwenden, zum Dialog sei sie jederzeit bereit. »Eduard Schewardnadse sprach dann die enormen Probleme bei der Perestroika an. Viele begrüßten die Reformen, viele meinten aber auch, sie zerstörten den Sozialismus und verrieten die Interessen der Arbeiterklasse. Dies mache die Lage Gorbatschows extrem schwierig. Man könne ohne Übertreibung sagen: Wenn die Perestroika keinen Erfolg habe, dann werde es entweder zur Anarchie oder zu einer neuen Diktatur kommen. Mir war«, so erinnert sich Kohl, »bei diesen Worten Schewardnadses bewußt, daß es sich nicht um eine theatralische Übertreibung handelte, sondern um bitteren Ernst. Ein dramatischer Kurswechsel – oder gar ein Umsturz – in Moskau würde nicht zuletzt das Ende der Hoffnung auf die deutsche Einheit bedeuten, zumindest jedoch eine friedliche Wiedervereinigung in weite Ferne rücken lassen. Wir wanderten auf einem schmalen Grat, und das galt vor allem auch für die damalige sowjetische Führung.«

Er habe dann, so Kohl weiter, das Angebot zu einer großangelegten wirtschaftlichen Zusammenarbeit mit der Sowjetunion wiederholt, das er schon Botschafter Kwizinski gemacht habe. Schewardnadse habe bestätigt, man sei auf sowjetischer Seite sehr daran interessiert, die Beziehungen zu einem vereinten Deutschland einschließlich der Wirtschaftsbeziehungen auf eine neue Grundlage zu stellen. Das Gegeneinander sei beide Völker sehr teuer zu stehen gekommen. Man könne nicht ernsthaft über die Lösung der europäischen und globalen Probleme reden, wenn man nicht auch zu einer dauerhaften Verständigung zwischen Rußland und Deutschland komme. Die Führung in Moskau bejahe die Entwicklung hin zur deutschen Einheit gerade auch unter diesem Gesichtspunkt; aber in Moskau bewegten sich die Dinge langsamer, weil es noch viele gebe, die Gorbatschow vorwürfen, eine »Aufgabe der DDR« laufe den strategischen Interessen der Sowjetunion zuwider.

Unmißverständlich habe Schewardnadse dann deutlich gemacht, daß der Kreml die Mitgliedschaft eines vereinten Deutschland in der NATO nicht hinnehmen werde. Er hoffe, mit dieser klaren Feststellung keine Enttäuschung auszulösen. »Interessant für mich«, so Kohl, »war dann aber eine Anmerkung von ihm, die das sowjetische ›Njet‹ zu relativieren schien. Er schließe nicht aus, so fügte er hinzu, daß man einen Kompromiß suchen und finden werde. Dies bestärkte mich in meiner Überzeugung, daß wir eine gute Chance hatten, uns in dieser entscheidenden Frage doch noch durchzusetzen; unsere Festigkeit würde sich am Ende bezahlt machen und die Pessimisten einmal mehr widerlegen!« Abschließend verabreden Kohl und Schewardnadse, ein Treffen zwischen dem Kanzler und Gorbatschow für den kommenden Sommer in Aussicht zu neh-

DIE ZWEI-PLUS-VIER-GESPRÄCHE IN BONN   369

men. Dieses Treffen werde, so kündigt Schewardnadse an, aller
Voraussicht nach außerhalb Moskaus stattfinden.

Am späten Vormittag des folgenden Tages beginnt im sogenannten Weltsaal des Bonner Auswärtigen Amtes die erste
Zwei-plus-Vier-Runde der Außenminister. »Unser Ziel«, so der
Kanzler, »mußte es sein, die Zwei-plus-Vier-Verhandlungen
über die äußeren Aspekte der deutschen Einheit so rasch wie
möglich abzuschließen, damit niemand in die Versuchung ge-
riete, das Thema im Rahmen der KSZE zu behandeln. Eine dort
geführte deutschlandpolitische Debatte wäre aufgrund der
zahlreichen KSZE-Mitgliedsstaaten höchstwahrscheinlich ins
Uferlose ausgeartet. Dies durfte nicht geschehen. Statt dessen
stellte ich mir vor, daß die KSZE lediglich das Ergebnis der
Zwei-plus-Vier-Verhandlungen zur Kenntnis nehmen und bil-
ligen sollte.«

Außenminister Genscher begrüßt am 5. Mai die Zwei-plus-
Vier-Delegationen und erinnert dabei an den in Europa vor fast
genau fünfundvierzig Jahren zu Ende gegangenen Zweiten
Weltkrieg. Er betont, daß die Vereinigung der beiden deutschen
Staaten dem Willen der Deutschen entspreche, verneint jegliche deutschen Gebietsansprüche und führt dann aus, daß die
deutsche Einheit als Beitrag für ein neues Europa verstanden
werden müsse. Schließlich erklärt er, daß die Vereinigung
Deutschlands nicht nur europäische Strukturen verändere, sondern auch die bilateralen Interessen zahlreicher Partner der
Bundesrepublik und der DDR berühre. »Wir wollen die Einheit
Deutschlands« – so Genscher – »nicht zum Nachteil oder Schaden anderer Staaten schaffen. Wir sind überzeugt, daß ein vereintes Deutschland die Möglichkeiten intensiver, gegenseitig
vorteilhafter Zusammenarbeit nicht schwächen, sondern wesentlich verbessern würde.«

Während die Außenminister der Vereinigten Staaten, Großbritanniens und Frankreichs ohne Wenn und Aber die Position

der Bundesregierung unterstützen, endet die Zustimmung der sowjetischen Seite bei der Frage der Bündniszugehörigkeit. Schewardnadse wiederholt die Position Moskaus: Die Bevölkerung seines Landes und der Oberste Sowjet stünden der NATO-Mitgliedschaft eines vereinten Deutschland eindeutig ablehnend gegenüber. Er warnt vor dem Trugschluß, die Sowjetunion würde hier spielen oder bluffen. Für sein Land bleibe die NATO, was sie immer gewesen sei: ein gegnerisches Militärbündnis, dessen Strategie den Ersteinsatz von Nuklearwaffen umfasse.

»Als mich Hans-Dietrich Genscher in einer Pause der Konferenz anrief«, so Kohl, »sprach er einen sehr brisanten Punkt an: Schewardnadse hatte im Verlauf der Verhandlungen vorgeschlagen, die inneren und äußeren Aspekte der deutschen Einheit zeitlich zu entkoppeln. Dies hätte praktisch bedeutet, daß zwar die staatliche Einheit Deutschlands schon bald möglich geworden wäre, nämlich durch einen Beitritt der DDR zur Bundesrepublik. Diese auf den ersten Blick elegant erscheinende Übergangslösung hätte aber einen entscheidenden Nachteil gehabt: Das vereinte Deutschland wäre auf unbestimmte Zeit massiven Einschränkungen seiner Souveränität unterworfen gewesen. Vor allem wäre uns – und das war ja auch erkennbar der Hintergedanke der sowjetischen Seite! – auf unbestimmte Zeit das Recht vorenthalten geblieben, über unsere Bündniszugehörigkeit frei zu entscheiden. Gerade bei der deutschen Linken gab es eine starke national-neutralistische Tradition, und Moskau wollte wohl Zeit gewinnen, um mit Hilfe dieser Strömung schließlich doch noch eine Neutralisierung der Bundesrepublik Deutschland zu erreichen. Da gab es nichts zu überlegen: Schewardnadses Vorschlag war für die Bundesregierung inakzeptabel.« Entsprechend lautet die Weisung Kohls, in diesem Punkt dürfe kein Millimeter nachgegeben werden, denn innere und äußere Aspekte der deutschen Einheit gehörten zusammen.

Am Abend des 5. Mai 1990 geht die erste Zwei-plus-Vier-Runde zu Ende. Herausgekommen ist wenig – abgesehen von der Bekräftigung, daß den Deutschen das Recht zuerkannt wird, in einem Staat zu leben. Man verabredet jedoch, sich im Juni in Berlin zu treffen, um politische und militärische Themen zu behandeln. Im Juli soll es dann in Paris unter Einbeziehung des polnischen Außenministers um die Oder-Neiße-Grenze gehen. Ein weiteres Treffen wird für den Dezember in Moskau ins Auge gefaßt.

Zur ersten Runde der Zwei-plus-Vier-Verhandlungen erklärt der Bundeskanzler am 6. Mai vor der Presse, der Verwirklichung des Selbstbestimmungsrechts aller Deutschen stünden keine Hindernisse mehr im Wege. Das Ziel seiner Politik bleibe es, die Sicherheit eines künftigen vereinten Deutschland mit der Sicherheit der Partner in einem sich wandelnden westlichen Bündnis zu verklammern. Zugleich gelte es – und hier knüpft Kohl an den neunten Punkt seines Zehn-Punkte-Programms vom November 1989 an – zügig an die Schaffung bündnisübergreifender Sicherheitsstrukturen in Europa heranzugehen: »Wir brauchen eine verläßliche Grundlage für die sicherheitspolitische Zusammenarbeit in ganz Europa, die das Vertrauen der europäischen Völker in ihre gemeinsame Zukunft stärkt und das Blockdenken nach und nach überwindet.«

Am 8. Mai titelt die *Frankfurter Allgemeine Zeitung*: »Genscher begrüßt Moskaus Bereitschaft zur Trennung der inneren und äußeren Aspekte der Vereinigung«. Der Bericht sorgt für Verwirrung. Der Bundesaußenminister dementiert, und der Bundeskanzler bekräftigt, daß er diese Überlegung strikt ablehnt. Ansonsten reagiert die Presse enttäuscht auf die erste Zwei-plus-Vier-Runde. Es wird gefragt, ob die Verhandlungen platzten, weil keine greifbaren Ergebnisse herausgekommen seien.

In der CDU/CSU-Fraktion zerstreut Kohl die Sorgen seiner

Parteifreunde: Ob denn wirklich jemand im Ernst geglaubt habe, daß der Außenminister der Sowjetunion nach Bonn gekommen sei, um dort gleich zu Beginn der Verhandlungen zu erklären, sein Land habe keinen sehnlicheren Wunsch, als der deutschen Einheit ohne jede Bedingung zuzustimmen? Wichtig sei, daß die Verhandlungen erst einmal in Gang gekommen seien und jede Seite ihre Ausgangsposition präsentiert habe. Jetzt müsse ein Kompromiß gefunden werden: »Und wir haben wirklich keinen Grund, nervös zu werden.«

»Mein Optimismus« – so der Kanzler im Rückblick auf den Mai 1990 – »beruhte einfach darauf, daß wir in der Frage der NATO-Mitgliedschaft in einer guten Position waren: Es gab damals außerhalb der Sowjetunion praktisch niemanden mehr, der nicht die Mitgliedschaft Gesamtdeutschlands in der NATO bejaht hätte. Auf der Außenministerkonferenz des Warschauer Pakts hatten sich auch die ČSFR, Polen, Ungarn und noch andere in diesem Sinne erklärt. Der eine oder andere Nachbar wird natürlich gedacht haben, es gehe hierbei nicht nur um Sicherheit für Deutschland, sondern auch um Sicherheit vor Deutschland. Die Motive waren mir letztlich gleichgültig, wenn wir im Ergebnis in der NATO bleiben konnten.«

In beiden Teilen Deutschlands, vor allem aber im Westen, ist die Wiedervereinigungseuphorie des Winters unterdessen merklich abgeebbt. Der Weg zur Einheit ist steiler und steiniger, als die meisten es sich vorgestellt haben. Die vielfach geäußerte Enttäuschung über den Ausgang der ersten Runde der Zwei-plus-Vier-Verhandlungen ist auch Ausdruck dieser Ernüchterung. Dennoch setzen die Menschen in der DDR auf den baldigen Beitritt zur Bundesrepublik; Garant dieser Politik ist in ihren Augen nach wie vor kein anderer als Kohl. Die Propaganda der unter dem Kürzel »PDS« firmierenden SED von der »Kolonialisierung der DDR durch den Westen« stößt ins Leere, ebenso die der Ost-SPD, wonach die Bundesrepublik zu wenig für die Menschen im Osten tue. Der Ausgang der Kommunalwahlen in der DDR vom 6. Mai macht dies manifest: Wie schon bei den Volkskammerwahlen wird die CDU die stärkste Partei.

Während die Ostdeutschen in diesen Tagen mit steigenden Erwartungen der Einführung der D-Mark entgegensehen, hat der Alltag die Westdeutschen wieder fest im Griff. »Ich spürte dies bei meinen Auftritten in den Landtagswahlkämpfen in Niedersachsen und Nordrhein-Westfalen«, so Kohl. »Immer wieder feuerte ich deshalb meine Parteifreunde an, für unsere großen Ziele tatsächlich auch zu kämpfen. Schon Konrad Adenauer hatte uns Jüngeren beigebracht, es heiße nicht ohne Grund ›Wahlkampf‹ – mit Betonung auf ›Kampf‹. Wenn man von einer Sache überzeugt ist, muß man auch bereit sein, dafür zu werben, offensiv dafür einzutreten. Das bedeutet natürlich auch Streit – manchmal sogar harte Auseinandersetzungen – mit dem politischen Gegner. Die freiheitliche Demokratie lebt davon. Zugleich braucht sie aber auch den Konsens über bestimmte Grundwerte und Spielregeln. Politische Gegnerschaft, Wettbewerb um Macht in der Demokratie dürfen niemals zu Feindschaft und Fanatismus verkommen. Bei allem Streit schulden wir einander Respekt!«

Am Abend des 24. April übermittelt Eduard Ackermann dem Kanzler die Nachricht, der saarländische Ministerpräsident und SPD-Kanzlerkandidat Lafontaine sei bei einer Wahlkampfveranstaltung mit einem Messer niedergestochen worden. »Dieser Mordanschlag auf Oskar Lafontaine hat mich tief erschüttert«, so Kohl. »Bei aller politischen Gegnerschaft habe ich stets Achtung vor seinem leidenschaftlichen Engagement für die eigene Überzeugung empfunden, und ich habe ganz besonderen Respekt davor, wie er nicht nur die körperlichen, sondern auch die seelischen Folgen des Anschlags gemeistert hat.« Jeder habe die Tat als Mahnung empfunden, auch in der leidenschaftlichsten Auseinandersetzung über den richtigen Weg zur deutschen

Einheit stets die Gebote des zivilisierten Umgangs miteinander zu beachten.

Der 13. Mai gerät für die CDU und für ihren Bundesvorsitzenden zu einem herben Rückschlag: In Niedersachsen erleidet die Union nach beinahe fünfzehn Jahren der Regierungszeit von Ministerpräsident Ernst Albrecht eine bittere Wahlniederlage. Der Kanzler meint dazu: »In der Politik muß man mit solchen Rückschlägen leben lernen. Etwas ganz anderes machte mir damals Sorge: Offenbar hatte die SPD Erfolg mit ihrer Wahlkampfstrategie, bei den Westdeutschen Angst vor den wirtschaftlichen Folgen der Einheit zu schüren. Landauf, landab erklärten SPD-Politiker, daß die Bundesbürger im Zuge der deutschen Einheit nicht überfordert werden dürften. Ich empfand es schlicht als Schande, daß in dieser Situation ein vernünftiger demokratischer Konsens – wie ihn übrigens Willy Brandt befürwortete – über die Grundfrage der Nation um kurzfristiger parteitaktischer Vorteile willen von der Opposition verweigert wurde.« In diesem Zusammenhang kritisiert Kohl auch führende Repräsentanten der Gewerkschaften, von denen allzu viele damals das Wort »Solidarität« aus ihrem Sprachgebrauch gestrichen hätten. Auch bei manchen hohen Kirchenvertretern habe er vergeblich auf ein Wort der Ermutigung gewartet.

»Mein Eindruck war, daß die Lage im Blick auf die Einheit nicht einfacher, sondern immer schwieriger wurde. Wenn wir auch daran arbeiteten, die D-Mark in der DDR einzuführen, und hoffen konnten, daß bald beide Teile unseres Vaterlandes durch eine gemeinsame Währung verbunden sein würden, so bedeutete das noch lange nicht, daß auch schon unsere Herzen im gleichen Takt schlugen. Die Vorstellung, daß wir beliebig viel Zeit für den Wiedervereinigungsprozeß hätten, konnte sich auch aus innenpolitischem Blickwinkel als gefährliche Illusion erweisen. Bildlich gesprochen, fuhr der Zug zur deutschen Einheit damals langsam durch den Bahnhof der deutschen Geschichte. Wir mußten jetzt einsteigen, denn er wäre wohl für lange Zeit nicht mehr wiedergekommen. Ich war daher fest entschlossen, in der Innen- wie in der Außenpolitik meinen Kurs in der deutschen Frage nicht zu ändern. Er war richtig, auch wenn wir an diesem oder jenem Punkt nicht Rückenwind, sondern Gegenwind hatten. Stimmungsschwankungen mußten also durchgestanden und die vor uns liegenden Probleme mutig und beharrlich angepackt werden.«

Im Mittelpunkt der innenpolitischen Anstrengungen der Bundesregierung steht nach wie vor die Schaffung einer gesamtdeutschen Währungs-, Wirtschafts- und Sozialunion. Bereits Anfang Mai haben die beiden Delegationen in der zentralen Frage des Umtauschkurses einen Kompromiß ausgehandelt, wonach Kinder bis zum vollendeten 14. Lebensjahr 2000 Mark (Ost) im Verhältnis 1 zu 1 in D-Mark umtauschen dürfen, Personen vom 15. bis 59. Lebensjahr 4000 und Menschen ab 60 Jahre 6000 Mark (Ost). Der Umtausch von darüber hinausgehenden Beträgen soll im Verhältnis 2 zu 1 stattfinden. Für Guthaben von Personen, die außerhalb der DDR leben und deren Vermögen nach dem 31. Dezember 1989 entstanden sind, soll ein Umtauschsatz im Verhältnis 3 zu 1 gelten.

In der DDR machen daraufhin SED/PDS, SPD und Gewerkschaften mit Warnstreiks und Protestversammlungen, an denen Tausende um ihre soziale Sicherheit besorgter Menschen teilnehmen, Stimmung gegen den »wirtschaftlichen Ausverkauf der DDR an die BRD«. Am 10. Mai spricht Ministerpräsident de Maizière in der Volkskammer davon, daß die DDR vor einer der schwersten wirtschaftlichen Krisen stünde, in der das Land je gewesen sei. Er steht unter dem Druck des Koalitionspartners SPD, der droht, das Regierungsbündnis mit der »Allianz für Deutschland« aufzukündigen.

So stellt sich die Situation dar, als der Kanzler am 14. Mai mit de Maizière zusammentrifft. Es ist ein überaus schwieriges Gespräch, bei dem es um einige noch ungelöste, aber keinesfalls unbedeutende Fragen geht. So tritt die DDR-Regierung zwar für den freien Handel mit Grund und Boden ein; sie will aber – um Spekulationen zu verhindern, wie sie meint – in einer Übergangszeit von zehn Jahren Personen, die an einem bestimmten Stichtag ihren Wohnsitz nicht in der DDR hatten, nur ein Erbpachtrecht mit Vorkaufsrecht zu den dann marktüblichen Preisen einräumen. »Dies hätte jegliche Investitionsbereitschaft im Keime erstickt. Ich mußte de Maizière daher diese Idee ausreden«, berichtet Kohl, dem es gelingt, seinen Gesprächspartner umzustimmen.

Über den Umstellungskurs der Renten im Verhältnis von 1 zu 1 und die Anpassung des DDR-Rentensystems an das der Bundesrepublik sind sich beide Politiker bald einig. Es sei ihm ein besonderes Anliegen gewesen, tätige Solidarität jener Generation zuteil werden zu lassen, die die volle Last des Krieges und von mehr als vierzig Jahren SED-Regime getragen habe, erinnert sich der Kanzler. Die finanzielle Absicherung der Rentner in den neuen Bundesländern sei wesentlich schneller verbessert worden, als es bei ausschließlich ökonomischer Betrachtung zu rechtfertigen gewesen wäre. Während die Durchschnittsrente im Osten Mitte 1990 bei höchstens 600 Mark (Ost) gelegen habe, betrage sie seit dem 1. Januar 1994 1 400 D-Mark.

Grundlegende Meinungsverschiedenheiten gibt es in der Frage, ob enteignete Immobilien zurückzugeben oder Entschädigungen zu zahlen seien. Was die Enteignungen angeht, die von der sowjetischen Besatzungsmacht zwischen 1945 und 1949 verfügt worden sind, gibt es ohnehin ein klares »Njet« des Kreml. Moskau hat am 28. April in einem Memorandum davor gewarnt, die »Gesetzlichkeiten der Maßnahmen und Verordnungen in Frage zu stellen, die die Vier Mächte in Fragen der Entnazifizierung, der Demilitarisierung und der Demokratisierung gemeinsam oder jede in ihrer ehemaligen Besatzungszone ergriffen haben. Die Rechtmäßigkeit dieser Beschlüsse, vor allem in Besitz- und Bodenfragen, unterliegt keiner neuerlichen Prüfung oder Revision durch deutsche Gerichte oder andere deutsche Staatsorgane«, hat es in dem Memorandum geheißen. Diese Vorgabe ist eine sowjetische Bedingung für die deutsche Einheit gewesen, wie das Bundesverfassungsgericht inzwischen bestätigt hat. Was die Enteignungen nach 1949 anlangt, können Bonn und Ost-Berlin vorerst keine Einigung erzielen, so daß dieses Thema aus dem Vertrag über die Währungs-, Wirtschafts- und Sozialunion ausgeklammert wird.

Ebenfalls am 14. Mai verhandeln die beiden Finanzminister Theo Waigel und Walter Romberg in Ost-Berlin über die haushaltspolitischen Spielräume der DDR und den daraus abzuleitenden Finanzbeitrag der Bundesrepublik für den Aufbau im östlichen Teil Deutschlands. Eine Entscheidung ist praktisch unmöglich, da auf seiten der DDR keine gesicherten Daten vorliegen. Erst am 17. Mai, als die Verhandlungen der beiden Minister in Bonn fortgesetzt werden, gelingt es, das Haushaltsdefizit der DDR für das Jahr 1990 einigermaßen zu beziffern. Die Bundesregierung gesteht der DDR dafür eine Kreditaufnahme von zehn Milliarden D-Mark zu. Das Geld soll aus dem am Vortag vom Bundeskanzler und den Ministerpräsidenten bestätigten »Fonds Deutsche Einheit« fließen.

Am frühen Vormittag des 17. Mai, während man in Bonn und Ost-Berlin in »Nachtschicht« fieberhaft an der Fertigstellung des Vertrags über die Währungs-, Wirtschafts- und Sozialunion arbeitet, fährt der Kanzler vom Washingtoner Watergate-Hotel zum Weißen Haus. Am Hauptportal wird er von Präsident Bush begrüßt, der ihn dann in sein Arbeitszimmer, das Oval Office, geleitet. Bei dem nun folgenden Gespräch erläutert Kohl seine Überlegung, Gorbatschow durch großzügige wirtschaftliche Unterstützung die Zustimmung zu einem Verbleib

Deutschlands in der NATO abzuringen. »Das Thema war insofern kompliziert und mußte mit unserem wichtigsten Verbündeten abgestimmt werden, weil Washington ja wegen der Krise um Litauen wirtschaftliche Sanktionen gegen Moskau erwog«, erinnert sich Kohl.

Um den bereits gegenüber Botschafter Kwizinski ins Spiel gebrachten Vorschlag einer umfangreichen Wirtschaftshilfe für die Sowjetunion zu konkretisieren – Bonn denkt zunächst an einen Bankenkredit in Höhe von fünf Milliarden D-Mark, für den es die Bürgschaft übernehmen will –, ist Teltschik zusammen mit den Vorstandsvorsitzenden der Deutschen Bank und der Dresdner Bank, Hilmar Kopper und Wolfgang Röller, nach Moskau geflogen. Die Banker haben dort mit Gorbatschow, Ministerpräsident Nikolai Ryschkow, Außenminister Schewardnadse und dem Chef der Außenwirtschaftsbank, Juri Moskowski, ausführliche Gespräche über die finanzpolitische Situation der Sowjetunion, über den Stand der Wirtschaftsreformen und den benötigten Kreditbedarf geführt. Was Kopper und Röller dann darüber zu berichten wissen, ist nach Auffassung des Kanzlers alles andere als beruhigend.

Jetzt, in Washington, schildert Kohl seinem Freund George Bush, wie bereits einige Tage zuvor US-Außenminister Baker in Bonn, daß Gorbatschow enorme Probleme habe und der gesamte Reformkurs in Gefahr gerate, wenn der Generalsekretär nicht bald Erfolge vorweisen könne. Die Fortsetzung des Reformkurses liege im gemeinsamen Interesse der gesamten westlichen Welt. »George Bush gab mir recht, sagte aber dann, daß es ihm angesichts der Ereignisse in Litauen schwerfalle, Moskau wirtschaftlich zu unterstützen. Ich erwiderte, daß man auch in Deutschland viel Sympathien für Litauen habe. Wir müßten uns aber davor hüten, daß allein dieses Thema die Politik des Westens gegenüber Moskau bestimme.

George Bush bekräftigte, daß die Perestroika nicht scheitern dürfe; dieses habe er auch der litauischen Premierministerin Kazimiera Prunskiene erläutert. Allerdings müsse er auch in Rechnung stellen, daß diese Zusammenhänge nicht überall in Senat und Kongreß so gesehen würden. Trotz der Gefahr eines Rückschlages bei der sowjetischen Reformpolitik verlangten dort einige sogar von ihm, wegen der sowjetischen Boykottmaßnahmen den für Ende Mai/Anfang Juni vorgesehenen Washingtoner Gipfel mit Gorbatschow zu verschieben und Sanktionen gegen Moskau zu verhängen.«

Der Kanzler macht im weiteren Verlauf seines Gesprächs mit dem US-Präsidenten deutlich, daß der amerikanisch-sowjetische Gipfel unbedingt zu einem Erfolg auch für Gorbatschow werden müsse. Im Gegensatz zu den Zeiten Stalins, Chruschtschows und Breschnews habe es die Führung der Sowjetunion heute auch daheim mit einer öffentlichen Meinung zu tun. Gerade angesichts der Probleme, mit denen er zu kämpfen habe, dürfe Gorbatschow in den Augen der eigenen sowie der Weltöffentlichkeit nicht als Verlierer dastehen, sondern müsse sich als selbstbewußter Vertreter einer Weltmacht präsentieren können. Kohl bedrängt Bush geradezu mit derlei Argumenten, weil er davon überzeugt ist, daß es im Umgang mit Gorbatschow sehr stark auf die Psychologie ankommt. Der amerikanische Präsident verspricht, Gorbatschow mit dem erforderlichen Respekt zu behandeln – einem Respekt, den er nicht nur als Individuum verdient habe, sondern der ihm als Oberhaupt der Sowjetunion zustehe.

»Gegen Ende unseres Gesprächs im Oval Office« – so der Kanzler – »kamen wir auf die US-Truppen in Europa zu sprechen. George Bush sorgte sich darum, daß der Abzug der sowjetischen Truppen mit der Frage nach dem Abzug der amerikanischen verknüpft werden könnte. Ich entgegnete ihm, daß er sich von solchen Stimmen, die es auch in der Bundesrepublik Deutschland gebe, nicht beeindrucken lassen sollte. Wer nach

380 ZWISCHEN BÜNDNISFRAGE UND STAATSVERTRAG

den Erfahrungen dieses Jahrhunderts auch nur etwas Gespür für die vitalen Interessen Deutschlands und Europas habe, der wisse, daß ein Abzug der US-Truppen ein verhängnisvoller Fehler wäre.«

Es ist 11.45 Uhr, als der Bundeskanzler und der amerikanische Präsident vom Oval Office in den Kabinettsaal des Weißen Hauses hinübergehen, wo das Delegationsgespräch stattfindet. George Bush heißt die Deutschen – darunter den hinzugekommenen Bundesaußenminister – herzlich willkommen. Er hebt hervor, daß es ihm besonders wichtig sei, vor dem amerikanisch-sowjetischen Gipfel die deutschen Ansichten und Einschätzungen zu hören.

Dann ergreift der Kanzler das Wort. Er bezeichnet den Präsidenten als »Glücksfall für Europa und die Deutschen«. Dies sei in der jetzigen dramatischen Übergangzeit mit ihren Gefahren und Chancen besonders wichtig und hilfreich. Im 20. Jahrhundert hätten im Weißen Haus allzu viele Präsidenten regiert, die weniger von Europa und Deutschland verstanden hätten als der gegenwärtige Präsident. Die Deutschen wollten den vor ihnen liegenden Weg in engster Gemeinschaft und Abstimmung mit den Vereinigten Staaten gehen.

Bei dem Delegationsgespräch geht es dann noch einmal um Grundsätzliches. Der Verbleib Gesamtdeutschlands in der NATO soll den Sowjets auch durch eine veränderte Strategie des Bündnisses schmackhaft gemacht werden; hierüber soll Anfang Juli abschließend in London beraten werden. Deutsche und Amerikaner haben den Eindruck, daß die Öffentlichkeitsarbeit der sowjetischen Regierung inzwischen darauf angelegt ist, bei der eigenen Bevölkerung die NATO zu entdämonisieren. In diesem Zusammenhang seien nicht zuletzt der Besuch des sowjetischen Außenministers bei der NATO in Brüssel sowie die Einladung von NATO-Generalsekretär Manfred Wörner nach Moskau zu sehen.

»Mir selbst«, so betont Kohl, »kam es darauf an, ein weiteres Mal gegenüber den Amerikanern für ein schnelleres Tempo bei der Klärung der äußeren Aspekte der deutschen Einheit zu werben. Das war natürlich die Konsequenz aus meiner Grundentscheidung, eine Entkoppelung von inneren und äußeren Aspekten der Wiedervereinigung unter gar keinen Umständen zuzulassen. Ich trug daher meinen dringenden Wunsch vor, George Bush möge Gorbatschow klarmachen, es sei auch im Interesse der USA, daß der Zwei-plus-Vier-Prozeß nicht unnötig verlängert werde. Zur Begründung meiner Bitte verglich ich meine Situation mit der eines Bauern, der vorsorglich, weil möglicherweise ein Gewitter droht, die Heuernte einbringen möchte.«

Das bevorstehende Treffen Bushs mit Gorbatschow und der NATO-Gipfel sind zwei außerordentlich bedeutsame Termine, die – ungeachtet aller Details der Tagesordnung – die Führungsstärke des Westens und insbesondere des Präsidenten der Vereinigten Staaten in dieser Übergangszeit voller Ängste und Hoffnungen auf den Prüfstand stellen. Kohl formuliert dies in dem Delegationsgespräch mit den Worten, politische Führungskraft sei gerade in einer Übergangsphase auch deshalb so wichtig, weil in den freien Gesellschaften des Westens die Fixpunkte der eigenen Wertordnung von vielen nicht mehr klar genug wahrgenommen würden. Jetzt sei politische Führung gefordert, die deutlich in Übereinstimmung mit dieser Wertordnung stehe.

Nachdem Genscher über die erste Runde der Zwei-plus-Vier-Gespräche in Bonn berichtet und über Fragen der weiteren Runden Auskunft gegeben hat, endet der Besuch der Deutschen mit einem gemeinsamen Essen im Weißen Haus. In der anschließenden Pressekonferenz hebt Bush hervor, daß die Vereinigten Staaten und die Bundesrepublik über Wege und Ziele in bezug auf die deutsche Einheit voll übereinstimmen. Gleich danach begeben sich die Gäste zum Washingtoner Flughafen, denn im sechstausend Kilometer entfernten Bonn ist für den

382 ZWISCHEN BÜNDNISFRAGE UND STAATSVERTRAG

Vormittag des 18. Mai die Unterzeichnung des Vertrags über die Schaffung einer Währungs-, Wirtschafts- und Sozialunion mit der DDR angesetzt.

Nach einer kurzen Nacht im Flugzeug eilt Kohl am folgenden Morgen vom Kanzlerbau hinüber zum Palais Schaumburg. Dort, wo seine Vorgänger von Adenauer bis Schmidt regiert haben, soll die feierliche Unterzeichnung des Vertragswerkes stattfinden. Die Delegationen, die den Vertrag ausgearbeitet haben, die Honoratioren bis hin zu den Ministern und DDR-Ministerpräsident de Maizière haben bereits hinter dem Tisch im alten Kabinettsaal Aufstellung genommen, auf dem die beiden in Leder gebundenen Exemplare des Vertrages liegen.

»Man kann sich« – hebt Kohl hervor – »heute kaum noch vorstellen, unter welchem Hochdruck an diesem Regelwerk gearbeitet worden war. So etwas hatte es noch nie gegeben: einen Vertrag, mit dem sich ein Land dazu verpflichtet, seine Wirtschaftsordnung gleichsam über Nacht völlig zu verändern – von einer zentralisierten Kommandowirtschaft zu einer Sozialen Marktwirtschaft. Viele hatten in den vorangegangenen Tagen und Wochen oft bis an den Rand der Erschöpfung daran mitgewirkt. Für mich gehört diese Vorarbeit zur innerdeutschen Währungs-, Wirtschafts- und Sozialunion zu den größten Leistungen der modernen deutschen Wirtschaftsgeschichte. Besonders dankbar bin ich Theo Waigel, der sich mit unermüdlichem persönlichen Einsatz auch in dieser entscheidenden Frage bleibende Verdienste um die Einheit unseres Vaterlandes erworben hat. Hans Tietmeyer hat als Leiter der westdeutschen Delegation ebenfalls maßgeblich dazu beigetragen, daß der Vertrag ein Erfolg wurde. Beide hatten ein gewaltiges Pensum zu bewältigen. Sie konnten sich dabei auf den Rat und die Mitarbeit erstklassiger Fachleute aus Bundesministerien und Kanzleramt stützen, von denen ich hier – stellvertretend für alle anderen – Johannes Ludewig erwähnen möchte.«

Das umfangreiche Vertragswerk wird durch eine Präambel eingeleitet, in der beide Seiten der Tatsache gedenken, daß in der DDR im Herbst 1989 eine friedliche Revolution stattgefunden hat. Sie bekunden ihren gemeinsamen Willen, in Freiheit die Einheit Deutschlands in einer europäischen Friedensordnung alsbald zu vollenden. Die Soziale Marktwirtschaft soll auch in der DDR eingeführt werden mit dem Ziel, die Lebens- und Beschäftigungsbedingungen der ostdeutschen Bevölkerung stetig zu verbessern. Außerdem gehen beide Seiten von dem Wunsch aus, »durch die Schaffung einer Währungs-, Wirtschafts- und Sozialunion einen ersten bedeutenden Schritt in Richtung auf die Herstellung der staatlichen Einheit nach Artikel 23 des Grundgesetzes als Beitrag zur europäischen Einigung unter Berücksichtigung der Tatsache zu unternehmen, daß die äußeren Aspekte der Herstellung der Einheit Gegenstand der Gespräche mit den Regierungen der Französischen Republik, der Union der Sozialistischen Sowjetrepubliken, des Vereinigten Königreichs Großbritannien und Nordirland und der Vereinigten Staaten von Amerika sind«.

Im ersten Kapitel des Vertrages werden das Privateigentum, der Leistungswettbewerb, die freie Preisbildung sowie die grundsätzlich volle Freizügigkeit von Arbeit, Kapitalgütern und Dienstleistungen als Grundlage der Sozialen Marktwirtschaft festgeschrieben. Kapitel II enthält Bestimmungen über die Währungsunion, in erster Linie die Umstellungsmodalitäten. In den Kapiteln III und IV geht es um die Bestimmungen über die Wirtschaftsunion und über die Sozialunion. In Kapitel V werden die Bestimmungen über den Staatshaushalt und die Finanzen geregelt. In dem Gemeinsamen Protokoll werden abschließend allgemeine Leitsätze und Leitsätze für einzelne Rechtsgebiete, wie etwa das Wirtschafts- oder Baurecht, festgeschrieben.

»Es war schon ein ergreifender Augenblick«, so Kohl, »als

384 ZWISCHEN BÜNDNISFRAGE UND STAATSVERTRAG

Theo Waigel und der sozialdemokratische DDR-Finanzminister Walter Romberg ihre Unterschriften unter das Papier setzten. Für die Menschen in Deutschland wurde damit in wichtigen Bereichen ihres täglichen Lebens der Weg zur Einheit erlebbare Wirklichkeit. Eine gemeinsame Währung ist nicht nur gemeinsames Zahlungsmittel, sondern ein Gegenstand von herausragender politischer Symbolik: Die Stabilität der D-Mark stand und steht auch für die Stabilität der freiheitlichen Demokratie auf dem Fundament unseres Grundgesetzes. Es war eine traumatische Erfahrung aller Deutschen gewesen, daß die Hyperinflation nach dem Ersten Weltkrieg an der Destabilisierung der Weimarer Republik wesentlichen Anteil hatte. Vor diesem Hintergrund verband sich mit der Unterzeichnung des Staatsvertrages noch eine andere Botschaft: Die Geschicke der Deutschen in der Bundesrepublik und in der DDR wurden dadurch unauflösbar miteinander verbunden.«

Der Kanzler fährt fort: »Wir hatten uns mit dem Übergang von der sozialistischen Kommandowirtschaft zur Sozialen Marktwirtschaft wahrlich keine leichte Aufgabe gestellt. Wir betraten in vielerlei Hinsicht Neuland und mußten nach Lösungen für eine Fülle nie dagewesener Probleme suchen.«

Die errechneten 115 Milliarden D-Mark, die man seinerzeit mit Blick auf die Wiederherstellung der staatlichen Einheit bis 1994 für nötig und ausreichend hält, sollen in einer gemeinsamen Anstrengung von Bund, Ländern und Kommunen aufgebracht werden. Zwanzig Milliarden D-Mark sollen durch Einsparungen der sogenannten teilungsbedingten Kosten, die übrigen 95 Milliarden zur einen Hälfte vom Bund und zur anderen Hälfte von den Ländern und Gemeinden durch Kreditaufnahme finanziert werden.

»Heute mögen uns diese Zahlen ziemlich unbedeutend vorkommen«, kommentiert der Kanzler die damalige Situation. »Tatsächlich sind allein aus dem Bundeshaushalt zwischen

DIE WÄHRUNGS-, WIRTSCHAFTS- UND SOZIALUNION 385

1990 und Ende 1996 insgesamt 720 Milliarden D-Mark in die neuen Bundesländer geflossen. Auch wenn ich diese Zahlen schon damals im Frühjahr 1990 gekannt hätte – ich hätte in allen wesentlichen Punkten nicht anders gehandelt. Denn der politische – und letztlich auch der wirtschaftliche – Preis einer Verzögerung der deutschen Einheit würde heute mit Sicherheit sehr viel schwerer auf uns lasten als die finanziellen Bürden, die wir mit dem schnellen Weg der Wiedervereinigung auf uns genommen haben. Ich weise in diesem Zusammenhang nur auf die für beide Seiten destabilisierende Wirkung des Über-siedlerstroms hin. Glaubt jemand denn im Ernst, daß es damals noch möglich gewesen wäre, die innerdeutsche Grenze wieder dichtzumachen – ganz abgesehen davon, daß dies zutiefst un-moralisch und ein klarer Verstoß gegen Verfassung, Mensch-lichkeit und nationale Solidarität gewesen wäre?

Im nachhinein weiß man es natürlich besser. Deshalb ist es gut, gelegentlich daran zu erinnern, wie etwa der Wert des ›volkseigenen‹ Vermögens der DDR damals von allen taxiert wurde. In der Annahme, die DDR sei die zehntgrößte Indu-strienation der Erde, ging man von 1200 Milliarden D-Mark aus. So haben wir zum Beispiel bei den Verhandlungen zum Vertrag über die Währungs-, Wirtschafts- und Sozialunion ge-glaubt, mit dem Verkauf der einstigen ›volkseigenen Betriebe‹ durch die Treuhand die Schulden der DDR finanzieren zu kön-nen. Ja, wir glaubten sogar, daß wir, nachdem wir einen ab-schließenden Überblick über das DDR-eigene Vermögen haben würden, an die Bevölkerung Anteilsscheine ausgeben könn-ten.«

Der Kanzler spricht damit Kapitel II, Artikel 10 des Vertrags-werkes zur Währungs-, Wirtschafts- und Sozialunion an. Es heißt dort: »Nach einer Bestandsaufnahme des volkseigenen Vermögens und seiner Ertragsfähigkeit sowie nach seiner vor-rangigen Nutzung für die Strukturanpassung der Wirtschaft und für die Sanierung des Staatshaushaltes wird die Deutsche Demokratische Republik nach Möglichkeit vorsehen, daß den Sparern zu einem späteren Zeitpunkt für den bei der Umstellung 2 zu 1 reduzierten Betrag ein verbrieftes Anteilsrecht am volkseigenen Vermögen eingeräumt werden kann.«

»Auch der erste, später ermordete Präsident der Treuhandanstalt, Detlev Carsten Rohwedder« – so Kohl weiter –, »ging zu Beginn seiner Amtszeit 1990 noch von einem Netto-Industrievermögen der DDR in Höhe von 600 Milliarden D-Mark aus. Tatsächlich aber beendete die Treuhandanstalt ihre Arbeit 1994 mit einem Defizit von etwa 250 Milliarden D-Mark. Dies hatte nur zu einem sehr geringen Teil damit zu tun, daß die zu Modrows Regierungszeit gegründete Treuhand zunächst eine Art Selbstbedienungsladen für verdiente Genossen war. Es lag auch nicht daran, daß Rohwedder oder seine Nachfolgerin Birgit Breuel nicht hervorragende Arbeit geleistet hätten. Vielmehr hatte man die Leistungsfähigkeit der DDR-Wirtschaft völlig falsch eingeschätzt. Innerhalb des kommunistischen Machtbereichs spielten die ›volkseigenen Betriebe‹ qualitativ zwar eine führende Rolle, aber ihre Produkte waren auf dem Weltmarkt zunächst nur schwer absetzbar. Es wäre vieles leichter gewesen, wenn der osteuropäische und sowjetische Markt intakt geblieben wären. Leider war das nicht der Fall. Vor allem das Ende der Sowjetunion hat zu einem dramatischen Einbruch geführt.

Im nachhinein habe ich mich allerdings sehr oft gefragt, wie es zu der Fehleinschätzung der wirtschaftlichen Leistungskraft der DDR kommen konnte. Es lag meines Erachtens schlicht und einfach daran, daß wir zuwenig wußten. Auch die DDR-Forschung hatte uns nicht klüger gemacht. Was wir erfuhren, waren letztendlich die Propagandalügen, die von Desinformationsspezialisten des Staatssicherheitsdienstes und der SED überaus geschickt verbreitet wurden. Alles in allem ist dem

DDR-Regime so sicherlich eines der größten Täuschungsmanöver aller Zeiten gelungen.

Mir ist später oft vorgehalten worden, ich hätte den Menschen in den neuen Bundesländern Sand in die Augen gestreut, als ich ihnen ›blühende Landschaften‹ in Aussicht stellte. Viele, die mich deshalb kritisiert haben, waren daher verblüfft, als ich Anfang 1994 ankündigte, daß ich im Bundestagswahlkampf überall dort auftreten werde, wo ich schon 1990 zu den Menschen gesprochen hatte. Ich habe auf den Wahlkampfkundgebungen 1994 gesagt: Es stimmt, ich habe mich im Blick auf die blühenden Landschaften im Zeitmaß geirrt. Aber in der Hauptsache habe ich mich nicht geirrt: Wer mit offenen Augen durch die neuen Bundesländer fährt und das heutige Erscheinungsbild mit dem von 1990 vergleicht, der wird nicht abstreiten können, daß wir mit dem Aufbau Ost schon weit vorangekommen sind.«

Der Vertrag zur Währungs-, Wirtschafts- und Sozialunion stößt auf die Kritik der jeweiligen Opposition in Volkskammer und Bundestag. In einer schwierigen Situation ist die SPD, die in Ost-Berlin der Regierungskoalition angehört, während sie in Bonn die Opposition bildet. Während ihr Vorsitzender in Ost-Berlin von einem »brauchbaren Kompromiß« spricht, ist in Bonner SPD-Kreisen von »Unausgewogenheit« die Rede. Da die SPD im Bundesrat, den das Vertragswerk passieren muß, die Mehrheit besitzt, macht die West-SPD ihre Zustimmung von Nachbesserungen abhängig. So sollen Maßnahmen zur Erleichterung des Strukturwandels der DDR-Wirtschaft in den Staatsvertrag aufgenommen werden. Der Umweltschutz soll einen höheren Stellenwert erhalten. Die Vermögen der SED sollen für »Zwecke der Allgemeinheit« herangezogen werden. Außerdem wird verlangt, daß der Kanzler den Konsens mit den maßgeblichen politischen Kräften in Bonn, also auch mit der oppositionellen SPD, suchen solle.

»Ich hatte damals nicht den geringsten Zweifel«, so Kohl, »daß der Staatsvertrag im Bundesrat und im Bundestag eine Mehrheit finden würde. Auch die SPD wußte ja, daß eine Ablehnung zu einem Massenexodus aus der DDR geführt hätte. Die Sozialdemokraten wollten doch nur einige Nachbesserungen einbringen, um hinterher sagen zu können, ihre Vorschläge hätten den Vertrag wesentlich verbessert. Wenn etwas schiefgegangen wäre, hätten sie freilich dabei noch die Rückzugsmöglichkeit gehabt und mir den ›Schwarzen Peter‹ zuschieben können. Das alles war nur ein Manöver mit Blick auf die Wähler.«

Ende Mai kreisen die Gedanken Kohls ganz um den amerikanisch-sowjetischen Gipfel, zu dem Gorbatschow am letzten Tag des Monats in Washington erwartet wird. Der Kanzler ist beunruhigt. Dazu beigetragen hat ein Brief von Mitterrand, den dieser nach seiner Rückkehr aus Moskau, wo er mit Gorbatschow zusammengetroffen ist, an Kohl geschrieben hat. »Der französische Staatspräsident berichtete mir darin, daß sich der größte Teil seines Gesprächs mit dem Generalsekretär um Deutschland gedreht habe. Michail Gorbatschow sei fest entschlossen – so François Mitterrand –, die NATO-Mitgliedschaft eines vereinten Deutschland keinesfalls zuzulassen. Er habe sogar zu verstehen gegeben, daß er im Falle eines Fait accompli gezwungen wäre, seine Politik gegenüber dem Westen vor allem in den Abrüstungsfragen zu überdenken, schrieb mir François Mitterrand.«

Am Vorabend des amerikanisch-sowjetischen Gipfels greift Kohl deshalb zum Telefonhörer, um mit dem US-Präsidenten zu sprechen. »George Bush sagte mir, daß er mitten in den Gipfelvorbereitungen stecke. Ich bedankte mich zunächst noch einmal für seinen Einsatz für unsere Sache und wies darauf hin, daß es jetzt darauf ankomme, Michail Gorbatschow begreiflich zu machen, daß die Vereinigten Staaten und die Bundesrepublik eng zusammenstünden, gleichgültig, wie sich die Dinge entwickelten. Ausdruck hierfür sei die Mitgliedschaft eines künftig wiedervereinten Deutschland in der NATO, und zwar ohne jede Einschränkung. George Bush solle dies dem Generalsekretär klar und deutlich sagen. Ich kam dann auf die Bedeutung einer deutschen Wirtschaftshilfe für die Sowjetunion zu sprechen und wies den Präsidenten noch einmal ausdrücklich darauf hin, daß Gorbatschow unbedingt unsere Unterstützung brauche. Seine Lage sei kritisch. Gorbatschow sollte aber wissen, daß wir seine Schwäche nicht ausnutzen wollten.«

Bush habe sich bedankt und erwidert, daß die Vereinigten Staaten und die Bundesrepublik Seite an Seite stünden, gleichgültig, was auch kommen werde. Bei dem bevorstehenden Gipfel erwarte er in der Bündnisfrage noch keinen Durchbruch. Er werde natürlich seine Auffassung zu den Zwei-plus-Vier-Gesprächen darlegen und gegenüber Gorbatschow auch deutlich machen, daß die Vereinigten Staaten auf einer Ablösung der Rechte der Vier Mächte beim Vollzug der deutschen Einheit ohne jegliche Einschränkung der deutschen Souveränität bestünden. Bush habe das Telefonat mit der Bemerkung beendet, Gorbatschow werde das Gefühl haben, es sei ein guter Gipfel gewesen, wenn er Washington wieder verlasse.

Am Tag darauf beginnt in der amerikanischen Hauptstadt das Gipfeltreffen. Der US-Präsident, der sich zum Anwalt der deutschen Interessen macht, gibt seinem Gesprächspartner eine Reihe von Zusicherungen. Dazu gehören die Überprüfung der NATO-Strategie, die Aufnahme von Verhandlungen über atomare Kurzstrecken-Raketen, die Reduzierung der Bundeswehr, die Nicht-Stationierung von NATO-Streitkräften auf dem Territorium der DDR ebenso wie der endgültige Verzicht auf die früheren deutschen Ostgebiete und das befristete Verbleiben von Moskaus Truppen in Ost-Deutschland. Bush gibt auch das Angebot der Bundesregierung an Gorbatschow weiter, daß die Deutschen bereit seien, die sowjetische Wirtschaft intensiv zu stützen. Im Gegenzug fordert er vom Generalsekretär die Mitgliedschaft eines vereinten Deutschland in der NATO. Diese lehnt Gorbatschow jedoch nach wie vor ab, wenn er auch im Verlauf der abschließenden Pressekonferenz einschränkt, das bedeute nicht, daß die Bemühungen nutzlos gewesen seien.

Kurze Zeit später berichtet der amerikanische Präsident dem Kanzler über den Verlauf des Gipfels. »George Bush« – so Kohl – »schilderte mir Erfreuliches. Er sagte, Gorbatschow habe voll mit seiner Auffassung übereingestimmt, daß die Entscheidung, welchem Bündnis ein Land angehören wolle, gemäß der KSZE-Schlußakte einzig und allein Sache des jeweiligen Landes sei. Wenn der Generalsekretär zwar noch eine gesamtdeutsche NATO-Mitgliedschaft kategorisch abgelehnt habe, so mache Gorbatschows KSZE-Zugeständnis doch Hoffnung und müsse beim Wort genommen werden.«

Die Bedeutung des Treffens habe aber vor allem darin gelegen, so der Kanzler weiter, daß sich die Beziehungen zwischen den beiden Präsidenten weiter ausgesprochen gut entwickelt hätten. Bei allen Gegensätzen habe fast eine Art Vertrauensverhältnis bestanden. Für die Bundesrepublik sei es dabei besonders wichtig gewesen, daß der amerikanische Präsident in einer Weise die deutschen Interessen vertreten habe, wie das noch kein amerikanischer Präsident getan habe. »Dies hatte seinen Grund darin, daß George Bush uns vertraute und ganz auf Deutschland setzte als seinen auch in Zukunft wichtigsten Partner in Europa.«

Bei Kohl verfestigt sich in diesen Tagen die Überzeugung, daß es vor allem zwei Ansatzpunkte gibt, um die harte Haltung Gorbatschows in der Bündnisfrage aufzuweichen. Zum einen scheint ihm die wirtschaftliche Unterstützung für die Sowjetunion von zentraler Bedeutung zu sein. Zum anderen weiß er um den hohen Stellenwert, den der Kreml den Sicherheitsbedürfnissen der Sowjetunion beimißt. Das heißt, wenn es gelänge, durch eine gemeinsame großangelegte wirtschaftliche Stützungsmaßnahme des Westens die Perestroika zu stabilisieren, und wenn gleichzeitig von der NATO konkrete, den Sicherheitsbedürfnissen Moskaus Rechnung tragende Initiativen ausgingen, dann würde – davon ist Kohl überzeugt – Gorbatschow einlenken.

Als der Bundeskanzler am 5. Juni zu einer viertägigen Reise in die Vereinigten Staaten aufbricht, steht in seinem Terminkalender deshalb wiederum ein Treffen mit George Bush, um ebendieses Thema zu erörtern. Doch zunächst macht er in New York Station. Vor dem American Council on Germany spricht er zur deutschen Einheit und zum europäischen Integrationsprozeß. Veranstaltungsort ist das Plaza Hotel am Central Park. Kohl ist zum Verdruß der amerikanischen Sicherheitsbeamten von den Waldorf Astoria Towers, wo er wohnt, zu Fuß über die Fifth Avenue zum Plaza gegangen, wo ihn Ivana Trump, die Hausherrin, zu Beginn der Veranstaltung empfängt.

Fünfzehntausend Flugkilometer legt der Kanzler auf seiner Reise durch die USA zurück. Fünf offizielle Essen werden für ihn gegeben. Er hält drei Reden, gibt zwei Pressekonferenzen. Höhepunkt ist sein Abstecher nach Cambridge bei Boston, wo ihm von der Harvard-Universität der Ehrendoktor der Rechte verliehen wird. Es ist bereits der zehnte Dr. h.c., doch er schätzt diese Ehrung besonders, weiß er doch um den Rang der Hochschule in dem kleinen Universitätsstädtchen in Massachusetts. Nicht mehr enden will der Applaus, nachdem er seine Rede, in der er Professoren und Studenten seine politischen Ziele erläutert, beendet hat. Die ihn begleitende Korrespondentin der Wochenzeitung *Die Zeit* schreibt von einem Mann, »der mit schlafwandlerischer Sicherheit auf sein Ziel zustrebt«.

»Man brachte mir und unserer deutschen Sache«, so Kohl, »eine unglaubliche Sympathie entgegen.« Bei der Festveranstaltung sei vom Laudator an das berühmte Wort Kennedys erinnert worden, der fünfzig Jahre zuvor in Harvard sein Examen gemacht hatte: »John F. Kennedy hat den unvergeßlichen Satz gesagt: Ich bin ein Berliner! Ich rufe Ihnen, Herr Bundeskanzler, nun in aller Namen zu: Wir sind alle Deutsche!« Mit dieser Geste, so Kohl, hätten die amerikanischen Freunde zum Ausdruck gebracht, daß auch ihnen die deutsche Einheit in Freiheit, die Erlangung des Selbstbestimmungsrechts aller Deutschen, eine Sache des Herzens sei.

»Überhaupt schlug uns Deutschen in den Vereinigten Staaten eine große Herzlichkeit entgegen«, fährt Kohl fort. »Für viele war es ›in‹, sich auf ihre deutschen Vorfahren zu besinnen und zu ihnen zu bekennen. Ich habe nie die Arroganz mancher Europäer verstanden, die voller Dünkel auf die Amerikaner herabsehen. Ich fühle mich einfach wohl unter den Amerikanern; sie begegnen einem mit Offenheit und Herzlichkeit. Was mir an ihnen besonders gut gefällt, ist ihr Sinn für Symbole und Gesten. Man mag es kaum glauben, aber ich habe einmal mit einer schlichten Postkarte dem US-Präsidenten Ronald Reagan eine große Freude bereitet. Diese Postkarte hatte eine Vorgeschichte: Es war im Jahr 1982, wenige Monate, bevor ich Bundeskanzler wurde. Ich besuchte damals Leipzig. Als ›Muß‹ galt ein Abstecher in das berühmte Lokal ›Auerbachs Keller‹. Als wir dort ankamen, waren wir maßlos enttäuscht: Außer einem Kellner, der uns nicht bediente, saß nur etwa ein Dutzend junger Männer um einen Tisch herum.

Ich stopfte meine Pfeife, steckte sie mir an. Da kam einer dieser jungen Leute an unseren Tisch und fragte mich: ›Was ist denn das für ein Feuerzeug?‹ Ich antwortete: ›Ein Pfeifenfeuerzeug.‹ Ob es ihm denn gefalle, fügte ich hinzu. Als er dies bejahte, schenkte ich es ihm. Der junge Mann revanchierte sich nun und bat uns an seinen Tisch. Dort unterhielten wir uns sehr angeregt über alles mögliche, nur nicht über Politik. Es war spät geworden, als wir das Lokal verließen. Es hatte sich herausgestellt, daß es Studenten waren, die soeben ihre Reserveübung bei der Nationalen Volksarmee beendet hatten. Zum Abschied sagten zwei der Leutnants zu meiner Frau: ›Wir wünschen, daß Ihr Mann bald Bundeskanzler wird.‹

Ich war gerade gewählt, als eine meiner Sekretärinnen eine Ansichtskarte von ›Auerbachs Keller‹ in der Post fand. Darauf war zu lesen: ›Herzlichen Glückwunsch zum Bundeskanzler!‹ Darunter zwölf im Kreis angeordnete, unleserliche Unterschriften und: ›Ihre Bekannten aus Auerbachs Keller‹. Das war die Postkarte, die ich später Ronald Reagan schenkte. Ihn hatte diese Geschichte sehr gerührt, als ich sie ihm einmal erzählte. Er hatte nie in der deutschen Frage gewankt und dabei besonders auf die jungen Leute in der DDR gesetzt.«

Am späten Nachmittag des 8. Juni sitzt der Kanzler wieder im Oval Office des Weißen Hauses. Und wieder geht es darum, wie die Sowjets in der Bündnisfrage zum Einlenken veranlaßt werden könnten. Im schottischen Turnberry verabschieden am selben Tag die NATO-Außenminister eine Botschaft an den Warschauer Pakt. Darin bekunden die Mitgliedsstaaten des westlichen Bündnisses ihre Entschlossenheit, eine »neue europäische Friedensordnung« schaffen zu wollen und dazu »der Sowjetunion und allen anderen europäischen Ländern die Hand zu Freundschaft und Zusammenarbeit« zu reichen.

Dem amerikanischen Präsidenten schlägt der Kanzler nun vor, für den NATO-Gipfel in London eine noch weitergehende Botschaft zu erarbeiten, die den Sowjets verdeutliche, daß sich die NATO fortentwickele. Bush hält dies für eine gute Idee. Kohls Anregung, eventuell einen Nichtangriffspakt zwischen NATO und Warschauer Pakt zu erwägen, begegnet er jedoch mit Bedenken. Außenminister Baker, der später zu dem Gespräch hinzukommt, fügt an, man sei sich in Turnberry einig gewesen, nichts zu tun, was den schon auseinanderfallenden

Warschauer Pakt stütze. Er denkt dabei an die heikle Frage eines Austritts Ungarns aus dem östlichen Militärbündnis.

Der Kanzler regt nun an, mit einzelnen Mitgliedsstaaten des Warschauer Paktes Nichtangriffspakte abzuschließen. Seine Vorstellung sei es gewesen, daß der amerikanische Präsident dieses Angebot auf dem Londoner NATO-Gipfel der Sowjetunion und ihren Verbündeten unterbreiten sollte, sagt Kohl rückblickend. Bush habe ihm versichert, darüber nachdenken zu wollen. Bei dieser Gelegenheit habe der US-Präsident erzählt, daß Gorbatschow ihn gefragt habe, ob die Sowjetunion nicht der NATO beitreten könnte. Er, Bush, habe ihm daraufhin im Scherz geantwortet, ob sich der Herr Generalsekretär vorstellen könne, daß Marschall Achromejew unter NATO-General Galvin diene.

In Washington geht es an diesem 8. Juni auch um die Truppenstärke der Streitkräfte des vereinten Deutschland. Zu diesem Zeitpunkt hat die Bundeswehr 480 000 Mann, die Nationale Volksarmee zählt 170 000 Soldaten. Die Sowjets denken an eine Truppenstärke des vereinten Deutschland von 200 000 bis 250 000 Mann. Dies ist für die westliche Seite nicht akzeptabel. Kohl und Bush beschließen, daß sich die NATO dieses Themas annehmen müsse. Der US-Präsident möchte, daß es dort im engsten Kreis behandelt wird.

»George Bush«, so Kohl, »fragte mich in diesem Zusammenhang danach, wie lange die sowjetischen Truppen noch in einem vereinten Deutschland stationiert blieben, ehe sie abgezogen würden. Ich antwortete ihm, daß ich mit zwei bis drei Jahren rechnete. Im übrigen müsse man sehen, daß der Verbleib sowjetischer Streitkräfte in der DDR zu erheblichen Problemen führen würde. Die Soldaten würden die Währungsumstellung und das damit einhergehende Warenangebot erleben. Sie fragten dann sicherlich, weshalb es in der angeblich fortschrittlichsten aller Gesellschaftsordnungen, dem Sozialismus, permanente Versorgungsmängel gebe. Dies wäre nicht gut für die Moral und Disziplin der sowjetischen Armee. Es läge daher im Interesse Moskaus, die Truppen nicht allzu lange in Deutschland zu belassen.« Der US-Präsident erkundigt sich daraufhin, ob es zutreffe, daß die Sowjets auch das Problem der Unterbringung ihrer in Deutschland stationierten Streitkräfte bei einer Rückführung in die Sowjetunion ins Feld führten. Kohl bejaht dies, ohne auch nur annähernd zu ahnen, wieviel Nerven die Verhandlungen in dieser Frage noch kosten werden.

»Bei meinem Gespräch im Weißen Haus ging es mir natürlich auch darum«, so Kohl weiter, »George Bush für eine Beteiligung an den wirtschaftlichen Stützungsmaßnahmen für Gorbatschows Perestroika zu erwärmen. Ich erläuterte, daß die Sowjets an eine westliche Aktion mit einem Volumen von zwanzig bis fünfundzwanzig Milliarden D-Mark dächten. Es handele sich dabei um Kredite, für die die jeweiligen westlichen Regierungen die Bürgschaften übernehmen müßten. Bush sagte daraufhin, daß Gorbatschow ihm gegenüber derartige Zahlen nicht genannt habe. Lediglich am letzten Tag des Gipfels habe dieser im Hinausgehen erklärt, daß er Wirtschaftshilfe brauche und hoffe, die Vereinigten Staaten würden sich an einer entsprechenden Hilfsaktion beteiligen.«

George Bush habe sich sodann mit der Frage an Baker gewandt, ob Gorbatschow Einzelheiten zu der gewünschten westlichen Hilfe vorgetragen habe. Der US-Außenminister habe geantwortet, daß ihm diese bereits bei seinem letzten Besuch in Moskau genannt worden seien. Dabei wäre allerdings von einem Gesamtvolumen zwischen fünfundzwanzig und dreißig Milliarden Dollar die Rede gewesen. »Als ich Jim Baker unterbrach«, so Kohl, »um darauf hinzuweisen, daß es sich um D-Mark handeln müsse, war ich mir natürlich längst im klaren, daß die amerikanische Bereitschaft, Gelder für die Sowjetunion frei zu machen, gering war. George Bush sagte, vor allem wegen Litauen würde er im Kongreß auf Granit beißen, wenn er dort entsprechende Vorschläge einbrächte. Jim Baker fügte hinzu, die amerikanische Gesetzgebung lasse es nicht zu, daß sich die Sowjets am US-Kapitalmarkt bedienten. Dies habe unter anderem mit der Problematik russischer Altschulden zu tun.

Sowenig es mir gelang, George Bush für finanzielle Hilfen für die Sowjetunion zu gewinnen, sosehr konnte ich ihn offenbar davon überzeugen, daß vom Londoner NATO-Gipfel die klare Botschaft ausgesandt werden müsse, daß sich das Bündnis weiter verändere«, resümiert Kohl. Kaum wieder zurück am Rhein, erreicht ihn ein Brief des US-Präsidenten, in dem dieser schreibt, er habe sich Kohls Ratschläge sehr zu Herzen genommen. In dieser Zeit der schnellen Veränderungen gebe ihm die Gewißheit, daß Kohl und er sich über die bevorstehenden historischen Sachverhalte einig seien, immense Sicherheit.

Nur wenige Tage später meldet sich der amerikanische Präsident abermals. Er sei inzwischen zu der Überzeugung gelangt, daß der bevorstehende NATO-Gipfel der wichtigste in der Geschichte des Nordatlantischen Bündnisses sein werde. Noch immer seien sich die Staatsführungen Osteuropas nicht im klaren über die Rolle der NATO im Zusammenhang mit der Sicherheit in Europa. Deshalb müsse von diesem Gipfel die eindeutige Botschaft ausgehen – vor allem auch an Gorbatschow –, daß die NATO dabei sei, sich zu wandeln. Wichtig sei deshalb eine Gipfel-Erklärung, die kurz, unbürokratisch und so formuliert sein müsse, daß sie nicht nur von Fachleuten verstanden werde. In dieser Erklärung will der US-Präsident auch eine veränderte NATO-Strategie ansprechen. Er geht auf Kohls Vorstellungen zu einem Nichtangriffsvertrag ein und legt hierzu ein Papier vor, in dem angeregt wird, daß die NATO und die einzelnen Staaten des Warschauer Paktes entsprechende Erklärungen abgeben sollen. Außerdem schlägt er vor, daß die Warschauer-Pakt-Staaten bei der NATO Missionen einrichten und

FÜNF MILLIARDEN FÜR DIE PERESTROIKA   397

Michail Gorbatschow zu einer Rede vor dem Nordatlantikrat eingeladen wird.

Kurz nach Kohls Rückkehr aus Washington übergibt der neue sowjetische Botschafter in Bonn, Wladislaw Terechow, bei seinem Antrittsbesuch im Kanzleramt einen Brief des sowjetischen Generalsekretärs. Gorbatschow bedankt sich darin für die Bereitschaft der Bundesregierung, die Bürgschaft des ungebundenen Finanzkredits in Höhe von fünf Milliarden D-Mark zu übernehmen. Was die Frage weiterer langfristiger Kredite betrifft, die er für die Bewältigung der Reformen als notwendig ansieht, schlägt Gorbatschow die Schaffung eines Konsortiums vor und bittet den Kanzler, dabei behilflich zu sein. Er begründet sein Anliegen damit, daß ein gesichertes Vorankommen der Sowjetunion auf dem Wege der Perestroika nicht nur für sein Land, sondern für die gesamte Welt von Bedeutung sei. Wörtlich heißt es in dem optimistischen Schreiben des sowjetischen Generalsekretärs: »Jetzt werden die Weichen für einen koordinierten Übergang ins nächste Jahrhundert gestellt.«

Wichtiger für die deutsche Sache ist jedoch Gorbatschows Bekundung, er sei sicher, daß die äußeren Aspekte der deutschen Einheit, also die Frage der Bündniszugehörigkeit, vor der KSZE-Konferenz im Herbst geregelt sein würden. Dies werde den Weg frei machen für die praktischen Schritte zur Schaffung gesamtdeutscher Organe, schreibt er weiter. Schließlich kommt er auf die von ihm und Kohl bereits im Juni 1989 in Bonn angesprochene neue Dimension der deutsch-sowjetischen Zusammenarbeit zu sprechen, für die der Blick nun geschärft werden solle. Dies sei beider Pflicht.

Der Kanzler antwortet dem sowjetischen Generalsekretär keine vierundzwanzig Stunden später. In seinem Schreiben, so Kohl, habe er sich für die Bestätigung bedankt, daß die Sowjetunion dafür eintrete, im Rahmen der laufenden Gespräche eine umfassende Regelung der äußeren Aspekte der deutschen Einheit noch vor dem Gipfeltreffen der KSZE auszuarbeiten. Er verstehe dies in dem Sinn, daß damit auch die Frage der Bündniszugehörigkeit des künftigen geeinten Deutschland in konstruktivem Geist gelöst werde. Er habe Gorbatschow sodann angekündigt, daß der verabredete Fünf-Milliarden-Kredit innerhalb kürzester Zeit realisiert werden könne. Außerdem habe er ihm versichert, darüber hinausgehende politische und finanzielle Unterstützung für den Reformweg der Sowjetunion und die damit verbundene Frage weiterer langfristiger Kredite bei den nächsten Gipfeltreffen der Europäischen Gemeinschaft und der sieben westlichen Industrieländer anzusprechen. Über Einzelheiten werde er sich mit ihm dann bei ihrer Zusammenkunft in der zweiten Julihälfte persönlich unterhalten.

Bereits am 15. Juni wird Botschafter Terechow wieder im Bundeskanzleramt vorstellig, um das Antwortschreiben Gorbatschows zu übergeben. »Diesmal war der Tonfall geradezu herzlich«, berichtet Kohl. »Er stelle mit Genugtuung fest, so schrieb Michail Gorbatschow, daß die Fragen, die von uns erörtert würden, operativ und im Geiste des Wunsches nach gegenseitigem Entgegenkommen gelöst würden. Gorbatschow schlug vor, daß die Gespräche über die konkreten Kreditvereinbarungen ›binnen zweitägiger Frist‹ beginnen sollten. Die Einzelheiten sollten durch die sowjetische Botschaft in Bonn abgesprochen werden.«

Gorbatschow kommt dann auf die Treffen der Außenminister beider Länder zu sprechen, denen Moskau eine besondere Bedeutung beimißt. Genscher ist in Brest soeben wieder mit Schewardnadse zusammengekommen, um über die komplexen Einzelfragen der äußeren Aspekte der deutschen Einheit zu verhandeln. Beide Außenminister haben diesen Ort gewählt, weil dort Schewardnadses Bruder zu Beginn des deutschen Angriffs auf die Sowjetunion gefallen ist. Übersehen worden ist dabei, daß in Brest im Jahre 1939 Wehrmachtverbände und Einheiten der Roten Armee die Niederwerfung Polens mit

DIE ZWEI-PLUS-VIER-GESPRÄCHE IN BERLIN 399

einer gemeinsamen Truppenparade gefeiert haben; Warschau reagiert empört.

Was die entscheidende Frage der Bündniszugehörigkeit angegangen sei, so Kohl, habe Gorbatschow geschrieben, daß sie sich bei dem geplanten Treffen in der Sowjetunion offen und auch konstruktiv damit auseinandersetzen würden. Eine große Bedeutung würden hierfür auch die Ergebnisse des NATO-Gipfeltreffens in London haben. Der Generalsekretär habe bereits die Zusammenarbeit des wiedervereinten Deutschland mit seinem Land im Auge gehabt, wenn er formuliert habe, daß der wichtigste Punkt der Begegnung die anvisierten neuen Beziehungen seien. Für mehrere Jahrzehnte werde das politische Klima in Europa in vieler Hinsicht von den Entscheidungen abhängen, die von ihnen getroffen würden.

Angesichts der aufgeschlossenen Haltung Gorbatschows ist man im Bundeskanzleramt um so verwunderter über den Auftritt Schewardnadses bei der zweiten Runde der Zwei-plus-Vier-Gespräche, die am 22. Juni in Ost-Berlin stattfindet, nachdem die sechs Außenminister dem Abbau des Kontrollgebäudes am Checkpoint Charlie beigewohnt haben. Schewardnadse legt nämlich einen Entwurf vor, der den längst vom Tisch geglaubten Vorschlag einer Doppelmitgliedschaft des vereinten Deutschland in Warschauer Pakt und NATO aufwärmt. Zu dieser Mitgliedschaft sollen auch die Reduzierung der deutschen Streitkräfte auf eine Stärke zwischen 200000 und 250000 Mann sowie der Fortbestand der alliierten Rechte in Deutschland für eine Übergangszeit von fünf Jahren gehören. Berlin soll bis dahin Vier-Sektoren-Stadt bleiben. DDR-Außenminister Meckel, der noch ein gutes Jahr zuvor evangelischer Pfarrer im Mecklenburgischen gewesen ist, stellt sich auf die Seite seines sowjetischen Außenminister-Kollegen und billigt dessen Vorschlag. Seine Begründung: Die Sowjetunion fürchte, den Zweiten Weltkrieg nachträglich zu verlieren.

Überhaupt hat der DDR-Außenminister, der in Kopenhagen eine »Pufferzone« zwischen beiden Militärbündnissen gefordert und damit Deutschland gemeint hat, soeben durch ein Papier von sich reden gemacht, in dem er die Bemühungen der Bundesregierung in der Bündnisfrage unterläuft. Selbst den US-Präsidenten beunruhigt er offenbar damit: Bush hat den DDR-Ministerpräsidenten auf Meckels Vorschläge angesprochen, als dieser sich am 13. Juni zu einem Meinungsaustausch im Weißen Haus aufgehalten hat. De Maizière hat ausweichend reagiert und in allgemeiner Form von einer Brückenfunktion gesprochen, die das vereinte Deutschland übernehmen solle. Gerade vom Warschauer-Pakt-Gipfel zurückgekehrt, so de Maizière in Washington, sei er sich der Sorgen »der Brüder und Schwestern im Osten« angesichts des NATO-Truppenumfangs sehr bewußt geworden – bemerkenswerte Äußerungen, die eher die Befürchtungen alter kommunistischer Politfunktionäre wiedergegeben haben dürften als die der Bevölkerung. Für die allermeisten Menschen in den Ländern Ostmitteleuropas stehen die Soldaten der westlichen Allianz nämlich für Demokratie und Freiheit.

Die Intervention Schewardnadses bei den Berliner Zwei-plus-Vier-Verhandlungen stößt auf den erbitterten Widerstand Bakers, der von Hurd, Dumas und Genscher unterstützt wird. Schewardnadse gesteht dann doch zu, daß sich auch die Sowjetunion definitiv bereit erklärt, die Zwei-plus-Vier-Verhandlungen noch vor der KSZE-Konferenz am 7. November abzuschließen. Sein Vorschlag, die deutsche Souveränität für fünf Jahre auszusetzen, ist damit vom Tisch. Auf der anschließenden Pressekonferenz räumt der sowjetische Außenminister ein, daß sein Vorstoß nicht die »letzte Wahrheit« sei und die Suche nach Kompromißlösungen fortgesetzt werden müsse.

Zur selben Stunde, da in Ost-Berlin die Außenminister tagen, fährt der Kanzler zusammen mit dem französischen Staatspräsidenten den Rhein abwärts nach Assmannshausen, wo im Hotel Krone ein gemeinsames Abendessen verabredet ist. Beide Männer sprechen dabei über den europäischen Integrationsprozeß, den sie bei dem bevorstehenden EG-Gipfel in Dublin voranbringen wollen. Es geht jedoch auch um ein anderes Thema. »Ich habe«, so erinnert sich Kohl, »bei François Mitterrand natürlich auch dafür geworben, bei der Unterstützung der Reformbewegung in der Sowjetunion und in Osteuropa behilflich zu sein. Er stimmte mit mir überein, daß es erforderlich wäre, bis zum Herbst ein Hilfsprogramm für die Sowjetunion auf die Beine zu stellen, sonst sei es zu spät. François Mitterrand sagte mir, daß er, unabhängig von mir, die gleichen Überlegungen angestellt habe und es sich offenbar um eine Gedankenübertragung handeln würde.

Uns war beiden klar, daß es sehr schwer werden würde, die Vereinigten Staaten und Japan dafür zu gewinnen. François Mitterrand berichtete mir, daß er ein Schreiben von George Bush erhalten habe, in dem dieser eine sehr restriktive Haltung einnehme, was Finanzhilfen für die Sowjetunion anginge. Aber es gab keinen anderen Weg, wenn wir vermeiden wollten, daß Michail Gorbatschows Reformkurs scheiterte.

Wir sprachen auch über den bevorstehenden NATO-Gipfel in London und darüber, daß von dort ein deutliches Signal in Richtung Moskau ausgehen müsse. François Mitterrand folgte mir auch hierin. Erfreut war er, als ich ihm berichtete, daß Bundestag und Volkskammer am Vortag mit großer Mehrheit der Gemeinsamen Entschließung zur polnischen Westgrenze zugestimmt hatten.«

In dem Papier bekennt sich der Bundestag zu seiner Verantwortung vor der deutschen und europäischen Geschichte. Es nennt die Verbrechen, die von Deutschen und in deutschem Namen am polnischen Volk begangen worden sind, hebt aber auch hervor, daß Millionen von Deutschen, die aus ihrer angestammten Heimat vertrieben worden sind, großes Unrecht geschehen ist. Dann wird der Wunsch geäußert, daß ein vereintes Deutschland und die Republik Polen die Politik der Verständigung und Versöhnung zwischen Deutschen und Polen konsequent fortsetzen; dabei komme dem Engagement der jungen Generation eine besondere Bedeutung zu. Schließlich wird der Wille erklärt, daß der Verlauf der Grenze zwischen dem vereinten Deutschland und Polen durch einen völkerrechtlichen Vertrag endgültig festgeschrieben wird.

Der französische Staatspräsident berichtet dem Kanzler in Assmannshausen, er habe am Morgen auf dem Flug nach Deutschland dessen Rede vom Vortag, dem 21. Juni, gelesen. Es sei eine sehr überzeugende Rede gewesen. »Ich hatte«, so Kohl, »vor der Unionsfraktion noch einmal eindringlich appelliert, für die Polen-Entschließung zu stimmen. In der internationalen Politik sei niemand bereit, seine Zustimmung zur Einheit unseres Vaterlandes zu geben, wenn wir nicht vorher zu einer solchen Resolution kämen. Ich selbst hätte mich oft geprüft in all den zurückliegenden Monaten. Ich sei danach ganz sicher, so appellierte ich an die Abgeordneten, daß das, was ich vorschlüge, der richtige Weg sei. Es gebe keine Alternative dazu. Wer sage, er könne die Resolution nicht mittragen, müsse auch ehrlich sagen, daß er in Kauf nehme, daß aus der Einheit nichts werde.

All das sagte ich nicht leichten Herzens. Ich dachte an die vielen in unserem Land, die die für den 21. Juni vorgesehene Bundestagsentschließung tief berühren und schmerzen würde. Diese Menschen waren und sind der Heimat ihrer Vorfahren fest verbunden. Sie konnten angesichts der unausweichlichen Anerkennung der Oder-Neiße-Linie als polnischer Westgrenze nichts anderes als Trauer empfinden, und niemand hatte das Recht, ihren Gefühlen seine Achtung zu versagen.

Ich nahm gerade auch in diesen für viele Heimatvertriebene

so schweren Tagen Persönlichkeiten wie unseren Bundestags-
kollegen Herbert Czaja gegen den bösartigen Vorwurf des ›Revanchismus‹ in Schutz. Sie vertraten zwar eine andere Auffassung als die Bundestagsmehrheit, aber an ihrer Friedensliebe
und Verständigungsbereitschaft war nicht der geringste Zweifel
erlaubt. Der Bund der Vertriebenen war in Zeiten, in denen es
manchem opportun erschien, nicht mehr vom Ziel der deutschen Einheit zu sprechen, für die Wiedervereinigung unseres
Vaterlandes eingetreten. Das ist heute schon fast vergessen, und
deshalb erinnere ich immer wieder daran.

Ich zitierte im In- und Ausland bei jeder guten Gelegenheit
aus der ›Charta der deutschen Heimatvertriebenen‹ von 1950,
in der es unter anderem heißt: ›Wir werden jedes Beginnen mit
allen Kräften unterstützen, das auf die Schaffung eines geeinten Europa gerichtet ist, in dem die Völker ohne Furcht und
Zwang leben können.‹ Ausdrücklich verzichteten die Heimatvertriebenen schon damals auf Rache und Vergeltung: ›Dieser
Entschluß ist uns ernst und heilig im Gedenken an das unend-
liche Leid, welches im besonderen das letzte Jahrzehnt über die
Menschheit gebracht hat.‹

Mit diesen Worten hatten die deutschen Heimatvertriebenen vor aller Welt bekundet, daß die Saat des Hasses und der
Gewalt – die Saat Hitlers und Stalins – nicht fortlaufend neues
Unrecht hervorbringen dürfe. Historischen Rang erhielten und
erhalten diese Worte dadurch, daß hier Menschen sprachen, die
in einer ganz besonderen Weise die schrecklichen Folgen von
Feindschaft und nationalistischer Verblendung am eigenen
Leib hatten erdulden müssen. Es geht hier nicht um irgendein
theoretisches Problem. Die sogenannten ethnischen Säuberun-
gen im früheren Jugoslawien während der vergangenen Jahre
haben uns eindringlich vor Augen geführt, was für entsetzliche
Folgen es haben kann, wenn der Geist der Vergeltung über den
Geist der Versöhnung siegt.

Auf polnischer Seite haben sich Pioniere der Aussöhnung schon seit langem um ein besseres Verständnis zwischen unseren beiden Völkern verdient gemacht und dabei auch das Gespräch mit den deutschen Heimatvertriebenen gesucht. Ich erwähne hier nur Stanislaw Stomma und Wladyslaw Bartoszewski. Auch im polnischen Episkopat waren ja solche Kräfte aktiv; so hatten die katholischen Bischöfe Polens schon 1965 ein bewegendes Versöhnungsschreiben an ihre deutschen Amtsbrüder gerichtet. Leider gab es in Polen aber auch immer wieder den einen oder anderen Kirchenfürsten, der es eher mit dem Nationalismus hielt.

Aus meiner Sicht war es besonders wichtig, daß sich die Angehörigen der deutschen Minderheit in Polen im Gottesdienst in der Sprache ihrer Eltern ausdrücken durften. Die Pflege sprachlich-kultureller Traditionen durch Minderheiten war und ist ja keine Frage, die nur den Staat etwas angeht; hier sind gerade auch die Kirchen in ihrer Seelsorge gefordert.

Ich bin froh und dankbar dafür, daß auf polnischer wie auf deutscher Seite viele Vorbehalte, Ängste und Ressentiments in den vergangenen Jahren abgebaut werden konnten. Unsere Hilfsbereitschaft und Zuverlässigkeit als Partner wird geschätzt, und wir gelten bei unseren Nachbarn nicht mehr als der deutsche ›Koloß‹, der alles zu erdrücken droht. François Mitterrand hatte als einer der ersten in Europa begriffen, daß die deutsche Einheit, wenn sie unter europäischen Vorzeichen erfolgen würde, nicht zuletzt der Einigung Europas und damit dem Frieden auf unserem Kontinent zugute kommen werde.«

In Assmannshausen berichtet der Kanzler dem französischen Staatspräsidenten auch von der Abstimmung im Bundestag über den Staatsvertrag zur Währungs-, Wirtschafts- und Sozialunion, der mit überwältigender Mehrheit das Parlament passiert hat. Kurz vor seiner Abreise zu dem Treffen mit Mitterrand an diesem 22. Juni hat das Vertragswerk auch die Zustimmung des Bundesrates erhalten. Nur zwei Bundesländer – das Saarland und Niedersachsen – haben ihre Zustimmung verweigert.

Nach dem Abendessen gehen beide Staatsmänner wieder an Bord und fahren weiter in Richtung St. Goarshausen. »Ich hatte mir für den französischen Staatspräsidenten eine Überraschung ausgedacht«, erinnert sich Kohl. »Als wir Kaub passierten, übergab ich ihm einen alten Merian-Stich von dieser Stelle des Rheins. Er war sichtlich erfreut über das Geschenk, schaute mich dann aber etwas prüfend an. Er wußte natürlich, daß Blücher hier – es war in der Neujahrsnacht 1813/14 – mit seiner Armee den Strom überquert hatte, um auch die linksrheinischen Gebiete von der Herrschaft des geschlagen vom russischen Feldzug zurückgekehrten Napoleon zu befreien.«

Er lege Wert darauf, so der Kanzler, daß seine Geschenke an befreundete Staats- und Regierungschefs stets einen besonderen politischen oder persönlichen Bezug zum Beschenkten hätten: »Ich kann so meine Wertschätzung und Sympathie mit einer Geste zum Ausdruck bringen. Zugleich kann ich aber auch deutlich machen, was mir persönlich wichtig ist. So habe ich in den vergangenen Jahren verschiedenen Kollegen zum Beispiel einen Bildband über die Männer und Frauen des deutschen Widerstands zugeschickt. Gerade François Mitterrand war sehr empfänglich für solche Aufmerksamkeiten.«

Von Gipfel zu Gipfel

Es sind hektische Frühsommertage in diesem Jahr 1990. Was das »In-der-Welt-Herumfliegen« angeht, kann der Kanzler seinem Außenminister problemlos Konkurrenz machen. Der Blick in Kohls Terminkalender bestätigt es: Am 25. Juni wird er auf dem EG-Gipfel in Dublin sein, am 5. und 6. Juli auf dem der NATO in London, drei Tage später beim Weltwirtschaftsgipfel im amerikanischen Houston. Am 12. Juli wird er nach Bonn zurückkehren, um dann am 14. Juli zu den Gesprächen mit Gorbatschow in die Sowjetunion zu reisen.

Bei alledem unterstützt ihn ein kleines, schlagkräftiges Team von außenpolitischen Beratern unter Leitung des Ministerialdirektors Teltschik. »Horst Teltschik«, so erinnert sich der Kanzler, »war bereits seit meiner Zeit als Ministerpräsident von Rheinland-Pfalz einer meiner engsten Mitarbeiter. Die Außen- und Sicherheitspolitik sowie die Europa- und Deutschlandpolitik waren seine Leidenschaft. Gerade in den Jahren 1989/90 hat er diskret, mit Verantwortungsgefühl und Verhandlungsgeschick eine Reihe heikler und wichtiger Missionen in meinem persönlichen Auftrag erledigt.« Kohl hebt auch die wichtige Rolle von Teltschiks Stellvertreter, Peter Hartmann, hervor und würdigt die Mitarbeit von Joachim Bitterlich, den seinerzeit für europäische Angelegenheiten zuständigen Referatsleiter, und Uwe Kaestner.

Drei Wochen stehen bevor, in denen es vor allem darum geht, die letzte und schwierigste außenpolitische Hürde auf dem

408 VON GIPFEL ZU GIPFEL

Weg zur Einheit zu nehmen – die Verweigerung Moskaus gegenüber einer NATO-Mitgliedschaft des vereinten Deutschland. Voraussetzungen eines Erfolgs sind nach wie vor zwei Botschaften für Gorbatschow und die Reformer im Kreml. Erstens: Der Westen erklärt sich bereit, in einer konzertierten Aktion die Perestroika wirtschaftlich zu stützen. Zweitens: Die NATO definiert ihre Rolle neu und nimmt den Sowjets damit die sicherheitspolitischen Bedenken.

»Als ich am 25. Juni von der amerikanischen Air Base Ramstein in der Pfalz zum Europäischen Rat nach Dublin flog«, so Kohl, »wußte ich, daß ich in François Mitterrand einen engen Verbündeten hatte. Zusammen gelang es uns, die Unterstützung für die Sowjetunion und die übrigen mittel- und osteuropäischen Staaten dann tatsächlich zum Hauptthema des Gipfels zu machen. Schnell wurden wir uns einig, daß die Europäische Gemeinschaft in diesem Teil Europas besonders gefordert sei. Der Rat beschloß, die dortigen Bemühungen, allen voran die der Sowjetunion, in Richtung auf eine marktwirtschaftlich ausgerichtete Wirtschaftspolitik konkret zu unterstützen.« Die Kommission soll dabei mit Hilfe der Weltbank und der Bank für Wiederaufbau und Entwicklung die notwendigen Überlegungen anstellen, mit der sowjetischen Regierung Konsultationen aufnehmen und umgehend Vorschläge für eine Finanzhilfe ausarbeiten.

Als der Kanzler am Vormittag des zweiten EG-Gipfeltages mit dem französischen Staatspräsidenten frühstückt, stimmen sie darin überein, daß bisher alles gut gelaufen sei. François Mitterrand schränkt aber ein, daß ihm der die Sowjetunion betreffende Text »etwas schwach« erscheine. Kohl erwidert darauf, daß dies an ihrer Entschlossenheit, etwas zu tun, nichts ändere und er auch nicht die Absicht habe, über den Text lange zu streiten.

Neben den beschlossenen Schritten zur finanziellen Unterstützung der Reformbewegung in Mittel- und Osteuropa wird in Dublin auch der europäische Integrationsprozeß vorangetrieben. »Genaugenommen wurde damals das Startsignal für eine Entwicklung gegeben«, so Kohl, »die zum Vertrag von Maastricht und damit zur Schaffung der Europäischen Union führte. Bislang hatten wir uns vor allem auf die Frage einer europäischen Wirtschafts- und Währungsunion konzentriert; jetzt kam die Entscheidung zur Einberufung einer Regierungskonferenz über die Politische Union hinzu. Das entsprach der gemeinsamen Initiative von François Mitterrand und mir vom Frühjahr. Jetzt hatte die Europäische Union eine klare politische Vorgabe für die Arbeit der kommenden beiden Jahre. Für uns Deutsche hatte dies den Vorteil, daß nun unter unseren europäischen Nachbarn niemand mehr daran zweifeln konnte, wie ernst es uns mit der Einbettung des vereinten Deutschland in ein vereintes Europa war.«

In Dublin ist auch DDR-Ministerpräsident de Maizière dabei. Gemeinsam mit dem Kanzler unterrichtet er den Rat über die Entwicklung in Deutschland, wo am 1. Juli 1990 die Währungs-, Wirtschafts- und Sozialunion in Kraft treten wird. Die Vorbereitungen hierzu laufen derweil auf Hochtouren. In unvorstellbaren Mengen sind D-Mark-Banknoten in den Keller des Ost-Berliner Zentralkomitee-Gebäudes, des ehemaligen Sitzes der Reichsbank, geschafft worden, um von dort über die gesamte DDR verteilt zu werden. In Berlin ist es schon am Samstag, dem 30. Juni, um 0.00 Uhr soweit: In der Filiale der Deutschen Bank am Alexanderplatz werden die ersten D-Mark-Scheine ausgegeben. Vor der Bank drängen sich Tausende, Feuerwerksraketen steigen in den Himmel, Sektkorken knallen, Hupkonzerte ertönen in den Straßen. Überall in der DDR werden D-Mark-Partys gefeiert. Gleichzeitig heben sich die Schlagbäume an der gesamten innerdeutschen Grenze, stellen die Grenzer die Kontrollen ein.

Der Bundeskanzler erklärt in einer Fernsehansprache: »Die Deutschen in der Bundesrepublik und in der DDR sind jetzt wieder unauflöslich miteinander verbunden. Sie sind es zunächst durch eine gemeinsame Währung, durch die gemeinsame Ordnung der Sozialen Marktwirtschaft. Sie werden es bald auch wieder in einem freien und vereinten Staat sein.« Kohl ruft den Menschen in der DDR zu: »Wir werden es schaffen!« Er erinnert an die Zeit vor über vierzig Jahren, als in einer ungleich schwierigeren Situation aus den Trümmern der Städte und Dörfer die Bundesrepublik Deutschland aufgebaut und eine stabile Demokratie errichtet worden sei. »Am heutigen Tag bitte ich Sie alle: Gehen wir ohne Zögern gemeinsam ans Werk. Es geht um unsere gemeinsame Zukunft – in einem vereinten Deutschland und einem vereinten Europa.«

Mit Beginn der Währungs-, Wirtschafts- und Sozialunion werden binnen Jahresfrist hundert Milliarden D-Mark in den östlichen Teil Deutschlands fließen. Das ist jede vierte Mark des Bundeshaushalts. Die außergewöhnliche Dimension dieser Anstrengung, so Kohl rückblickend, verdeutliche ein Vergleich mit der Marshallplan-Hilfe der Vereinigten Staaten für die Westzonen Deutschlands und die Westsektoren Berlins nach dem Zweiten Weltkrieg. Über mehrere Jahre verteilt hätten damals in aktuellen Preisen gerechnet rund achthundert D-Mark pro Bürger zur Verfügung gestanden. Nun sei allein für den Zeitraum bis zum 1. Juli 1991 weit mehr als das Siebenfache – nämlich 6 100 D-Mark – auf jeden Bürger im östlichen Teil Deutschlands gekommen. Nur wer sich dies vergegenwärtige, könne sich eine Vorstellung von der Dimension der Aufbauhilfe machen.

Am Vormittag des 5. Juli trifft Kohl zum NATO-Gipfel in der britischen Hauptstadt ein. Im State Drawing Room des Lancaster House versammeln sich die Staats- und Regierungschefs des westlichen Bündnisses mit ihren Außenministern zu einer ersten informellen Begegnung. Gemeinsam gehen sie hinüber in die Long Gallery, den eigentlichen Konferenzraum. Dort begrüßt die britische Premierministerin Margaret Thatcher die Delegationen. NATO-Generalsekretär Wörner eröffnet den Sondergipfel, von dem US-Präsident Bush gesagt hat, er werde der wichtigste in der Geschichte des Nordatlantischen Bündnisses werden.

In Moskau liefern sich zur gleichen Stunde auf dem Parteitag der KPdSU, der am 2. Juli begonnen hat, Reformgegner und Reformbefürworter erbitterte Wortgefechte. »Wir gingen damals davon aus«, so der Kanzler, »daß Michail Gorbatschow den Parteitag und damit die KPdSU vor die Entscheidung stellen wollte, entweder die notwendigen Reformen aktiv mitzugestalten oder jeden Anspruch auf die führende Rolle in der Gesellschaft zu verwirken. Wir wußten, daß die Mehrheit in der Staatspartei den Reformen ablehnend gegenüberstand, daß Gorbatschows Vorhaben ein riskanter Kraftakt sein und der Ausgang des Gipfels nicht ohne Auswirkungen auf den Moskauer Parteitag bleiben würde.«

Der französische Staatspräsident ist der erste, der im Lancaster House das Wort ergreift. Er hebt die Bedeutung des Zeitpunkts für den Gipfel hervor und fordert, daß sich die Allianz den Veränderungen in Europa anpasse. Ihr defensiver Charakter müsse hervorgehoben werden, ohne dabei die Glaubwürdigkeit als Militärbündnis mit einer atomaren Abschreckung zu vernachlässigen. Auf Mitterrand, der die neue Aufgabe der NATO künftig dahingehend verstanden wissen will, daß sie Sicherheit garantiere und die Zusammenarbeit mit den Staaten Ost- und Mitteleuropas fördere, folgt George Bush als Redner. Er sieht vier Neuerungen für das Bündnis der Zukunft: als politische Aufgaben die Zusammenarbeit mit dem Osten und die Arbeit an einem neuen Europa im Rahmen der KSZE sowie als militärische Aufgaben die Strukturveränderung der konventionellen Streitkräfte und die Entwicklung einer neuen Strategie, insbesondere auch für die Atomwaffen. Der US-Präsident kommt dann auf Deutschland zu sprechen, dessen Zukunft der Gipfel beeinflussen werde. Moskau müsse deutlich gemacht werden, daß die Zugehörigkeit eines vereinten Deutschland zur NATO auch im sowjetischen Interesse liege.

Dann ergreift Kohl das Wort und umreißt die Prinzipien seiner Politik. Er kündigt an, daß das wiedervereinte Deutschland im atlantischen Bündnis der zuverlässige Stabilitätsfaktor sein werde, den Europa in seiner Mitte brauche. Der Kanzler weiter: »Ich freue mich, daß unsere unmittelbaren Nachbarn im Osten diese Auffassung teilen. Andere müssen noch überzeugt werden, daß die von uns allen gewünschte Mitgliedschaft des vereinten Deutschland auch für sie einen Zugewinn an Stabilität und eine neue Chance der Partnerschaft darstellt. Dazu gehört, daß wir hier in London verdeutlichen, wie das nordatlantische Verteidigungsbündnis der neunziger Jahre seine Rolle und seinen Kurs zukunftsgewandt bestimmt. ... Das Gütesiegel der von jeher politischen Rolle unseres Bündnisses ist es jedoch, Gegnern von gestern, die der Konfrontation entsagen und dies konkret beweisen, die Hand zu Freundschaft und Zusammenarbeit auszustrecken.«

Nachdem er noch einmal den Willen der Europäer zur wirtschaftlichen Unterstützung der Reformbewegung bekräftigt hat, kündigt Kohl an, im Rahmen der Wiener Abrüstungsverhandlungen über die Stärke der Streitkräfte des vereinten Deutschland sprechen zu wollen. »Über dieses Thema«, so Kohl rückblickend, »hatten wir uns in den Tagen vor dem Londoner Gipfel leidenschaftlich gestritten. Die Frage lautete: Was kann den Sowjets zugemutet werden? Hans-Dietrich Genscher glaubte, alles, was über eine Truppenstärke von 350000 Mann hinausgehe, sei unrealistisch. Ich war der Meinung, wenn wir mit 350 000 in die Verhandlungen gingen, stünden wir am Ende bei 280 000, weshalb ich vorschlug, mit 400 000 Mann anzufangen. Wir ließen dann aber die Angelegenheit auf sich beruhen, denn in London stand ja diese Frage nicht an.«

Nach einem festlichen Dinner am Abend des ersten Gipfeltages, zu dem Königin Elizabeth II. in den Buckingham-Palast geladen hat, diskutieren die Staats- und Regierungschefs am nächsten Vormittag den Wortlaut der gemeinsamen Erklärung. Zwischen Bonn und Washington ist das Papier schon mehrmals über die verschlüsselte Telex-Leitung hin- und hergegangen. Mit überwältigender Zustimmung wird schließlich die »Londoner Erklärung – Die Nordatlantische Allianz im Wandel« gebilligt.

In dem Dokument, das der Kanzler als einen »Markstein in der Geschichte des Bündnisses« bezeichnet, erklärt sich die NATO bereit, mit den Staaten des Warschauer Paktes feierlich zu besiegeln, daß man einander nicht mehr als Gegner betrachtet. Gemäß der Charta der Vereinten Nationen und der KSZE-Schlußakte bekräftigt das Bündnis seine Verpflichtung zu einem gesamteuropäischen Gewaltverzicht. Die übrigen KSZE-Mitgliedsstaaten werden aufgefordert, sich der Selbstverpflichtung der NATO-Staaten zum Nichtangriff anzuschließen. Den Warschauer-Pakt-Staaten wird angeboten, Missionen beim Nordatlandischen Bündnis einzurichten. In die Erklärung aufgenommen wird auch die Ankündigung der Deutschen, bei den Wiener Abrüstungsverhandlungen verbindliche Aussagen über die Truppenstärke der Streitkräfte des vereinten Deutschland zu machen.

Nachdem der NATO-Sondergipfel am 6. Juli mit einem Schlußwort von Generalsekretär Wörner zu Ende gegangen ist, fliegt ein hochzufriedener Kanzler am frühen Nachmittag vom Flughafen London-Northolt zurück nach Köln-Bonn. Vieles von dem, was in die Londoner Erklärung eingeflossen ist, geht auf seine Initiative zurück. »Ich wußte« – so Kohl –, »daß diese Erklärung Michail Gorbatschow auf dem Parteitag der KPdSU stützen und damit auch meine Position bei den für Mitte des Monats vorgesehenen Gesprächen in Moskau enorm verbessern würde. Was davor noch zu tun blieb, war, auch die nichteuropäischen Industrienationen auf dem Weltwirtschaftsgipfel in Houston davon zu überzeugen, daß Michail Gorbatschow, aber auch den übrigen Führern der Reformbewegung in Mittel- und Osteuropa, geholfen werden mußte, damit sie ihren Weg in Richtung Demokratie fortsetzen konnten.«

Bevor der Kanzler jedoch zu seiner vierten Reise in die Vereinigten Staaten in diesem Jahr aufbricht, fliegt er am 8. Juli nach Rom. »Wer schafft, muß auch feiern – das ist ein Motto aus meiner pfälzischen Heimat, an das ich mich immer gehalten habe.« Die deutsche Nationalmannschaft hat das Endspiel um die Fußball-Weltmeisterschaft erreicht, und der Kanzler will dabeisein. Mit auf der Tribüne im römischen Olympiastadion sitzen Bundespräsident von Weizsäcker und zehn Bundesminister. Kohl, einst Mittelläufer in der B-Jugend, kommt schon eine ganze Stunde vor dem Anpfiff ins Stadion. »Ich bin in der Tat ein Fußballfan und wußte, daß die Argentinier, unsere Endspielgegner, ein harter Brocken sein würden«, kommentiert er. Als Andreas Brehme in der zweiten Halbzeit einen Foulelfmeter zum 1:0 für die deutsche Mannschaft verwandelt, hält es den Kanzler nicht mehr auf seinem Sitz. Stehend fiebert er dem Schlußpfiff entgegen, zusammen mit vierzigtausend Schlachtenbummlern aus Deutschland. »Ich habe mir später berichten lassen«, so Kohl, »wie sehr sich auch die Fußballfans in der DDR gefreut haben. Nicht die Bundesrepublik hatte den Titel errungen, sondern ganz Deutschland.«

Noch spät am Abend verläßt der Kanzler die Ewige Stadt. Es geht nach Köln-Bonn, wo er um ein Uhr nachts in die wartende Boeing der Bundeswehr umsteigt, die ihn, Genscher, Waigel und Haussmann ins texanische Houston bringt. Dort landen sie nach elfeinhalbstündigem Flug morgens um fünf Uhr Ortszeit. Noch bevor in der Lovett Hall auf dem Gelände der Rice-Universität der Weltwirtschaftsgipfel beginnt, sitzen die Deutschen am Vormittag im Houstonian Hotel dem US-Präsidenten und seiner Delegation gegenüber.

Bush hat im Vorfeld des Weltwirtschaftsgipfels ein Schreiben Gorbatschows erhalten, in dem dieser festhält, daß die Teilung Europas zunehmend der Vergangenheit angehöre und der Gegensatz zwischen den Supermächten allmählich partnerschaftlichen Beziehungen weiche. Er halte nunmehr den Zeitpunkt für gekommen, die Überwindung der wirtschaftlichen Teilung der Welt auf die Tagesordnung zu setzen, schreibt der Generalsekretär weiter, ehe er auf den schwierigen Prozeß verweist, in dem sich die Perestroika gegenwärtig befinde. Am Ende seines Briefes wird Gorbatschow konkret: Er suche nach Möglichkeiten, die inneren Umwandlungen durch finanzielle und wirtschaftliche Unterstützung von außen zu ergänzen.

»In London, am Rande des NATO-Sondergipfels« – so der Kanzler –, »hatte ich mich mit Mitterrand darüber verständigt, daß wir, wie schon in Dublin, auch hier in Houston gemeinsam vorgehen wollten. Unsere Marschroute sah vor, daß der Gipfel alles vorbereiten sollte, damit von Dezember an konkrete Hilfe für die Sowjetunion auf den Weg gebracht werden konnte. Wir waren uns in der Einschätzung einig, daß US-Präsident Bush vor den Parlamentswahlen in den Vereinigten Staaten, die im November anstanden, nichts würde unternehmen können, weil der Kongreß gegen jegliche Unterstützung der Sowjetunion war.«

»Was die Hilfsbereitschaft der Japaner anlangte, so war das Kurilen-Problem ein entscheidendes Hindernis«. erinnert sich Kohl. Stalin hatte die Inselgruppe kurz vor Ende des Zweiten Weltkriegs, nachdem er dem bereits geschlagenen Japan den

Krieg erklärt hatte, von der Roten Armee besetzen lassen und nicht mehr zurückgegeben. Seitdem war die Auseinandersetzung um die Inseln zu einer Dauerbelastung für die japanisch-sowjetischen Beziehungen geworden. »Trotzdem hielten François Mitterrand und ich es für wichtig«, so Kohl, »auch die Japaner von der Notwendigkeit der Stützung der Reformbewegung zu überzeugen.«

»Unser erstes, vormittägliches Gespräch in Houston dauerte eine knappe Stunde«, fährt der Kanzler fort. »George Bush stellte fest, daß sich die deutsche Position hinsichtlich westlicher Wirtschaftshilfe für die Sowjetunion von der amerikanischen unterscheide. Aber Deutschland müsse diese Frage für sich entscheiden, sagte er und brachte sein Verständnis für unsere Haltung zum Ausdruck. Als weiteres Argument gegen eine US-Wirtschaftshilfe führte er an, daß die Sowjetunion das kommunistische Castro-Regime auf Kuba mit Milliardenbeträgen unterstütze.

Ich erwiderte, dennoch überzeugt davon zu sein, daß eine vernünftige Regelung gefunden werden könne. Man brauche im Augenblick keine Entscheidung. Der früheste Entscheidungszeitpunkt liege im Dezember. Bis dahin könne das Reformkonzept Gorbatschows begutachtet werden. Inzwischen solle man der Sowjetunion mit Nahrungsmitteln helfen. Abschließend bemerkte ich, daß es ungerecht wäre, wenn wir Länder wie Polen, die Tschechoslowakei und Ungarn vergäßen, die große Hoffnungen in die Gipfelländer setzten.«

Am Nachmittag wird auf dem Gelände der Rice-Universität der Weltwirtschaftsgipfel feierlich eröffnet. Nach dem obligatorischen Fototermin wird am Konferenztisch Platz genommen: Kohl flankiert von EU-Kommissionspräsident Delors und Mitterrand, neben ihnen Andreotti. Auf der anderen Seite des langgezogenen Ovals der Kanadier Mulroney, Bush, die englische Premierministerin Thatcher und der japanische Premier

Toshiki Kaifu. Der Kanzler braucht bei ihnen nicht mehr für die Sache der Deutschen zu werben. Sie stehen alle zu ihm, auch die »Eiserne Lady«, die sich mit der Entwicklung abgefunden hat. Auf dem Programm des dreitägigen Gipfels stehen der Protektionismus beim Welthandel und die schwierige Frage, wie man es mit Anleihen für China halte, ebenso die Kohlendioxyd-Belastung der Erdatmosphäre sowie der Schutz des tropischen Regenwaldes – und natürlich das besondere Anliegen Kohls und Mitterrands, das sich auch EG-Präsident Delors ausdrücklich zu eigen macht.

»Unserem Anliegen wurde insofern die Dramatik genommen« – so der Kanzler –, »als Michail Gorbatschow am 10. Juli, also am zweiten Houstoner Konferenztag, vom Parteitag der KPdSU mit großer Mehrheit in seinem Amt als Generalsekretär bestätigt wurde. Das änderte natürlich nichts daran, daß er die Unterstützung des Westens brauchte. George Bush und die amerikanische Delegation wollten aber davon nicht viel wissen. Sie wollten den Sowjets zwar mitteilen, daß sie den Reformkurs unterstützten, aber nicht mit Geld. Dieses sei hinausgeworfen, solange die Entwicklung in der Sowjetunion keine klaren Konturen habe, argumentierten sie und verlangten außerdem, daß der Kreml seine Verteidigungsausgaben senke und die Unterstützung demokratiefeindlicher Staaten streiche.

François Mitterrand wies die Vorstellungen Bushs energisch zurück. Er berief sich auf die einheitliche Haltung der EG-Staaten in dieser Frage. Es gehe jetzt darum, den Reformmotor in der Sowjetunion anzuwerfen, und weniger darum, Forderungen zu stellen. Er, Mitterrand, halte daher den amerikanischen Textentwurf für die abschließende Erklärung des Gipfels in der Sache für schädlich. Ich pflichtete ihm bei und sagte, es gebe jetzt die Chance, daß sich in der Sowjetunion die Dinge zum Besseren änderten. Scheitere Gorbatschow, würde alles noch viel teurer kommen. Es wäre daher meines Erachtens ein elementarer Fehler, den sowjetischen Generalsekretär, der sich hilfesuchend an die sieben führenden Industrienationen der Welt gewandt habe, abschlägig zu bescheiden.«

Bush läßt sich von Mitterrand und Kohl überzeugen und lenkt ein. In einer abschließenden Erklärung verpflichten sich die »Sieben«, die Reformbewegung in der Sowjetunion und in Mittel- und Osteuropa zu unterstützen. Hinsichtlich der finanziellen Hilfe wird festgestellt, daß einige Staaten bereits jetzt in der Lage seien, Kredite zu gewähren. Darüber hinaus wird festgehalten, daß der Internationale Währungsfonds, die Weltbank und die Europäische Bank für Wiederaufbau und Entwicklung in enger Abstimmung mit der EG-Kommission eine Bestandsaufnahme über die ökonomische Situation in der Sowjetunion ausarbeiten sollen, damit sinnvoll geholfen werden kann. Dies solle bis zum Ende des Jahres geschehen.

»Alles in allem war die Erklärung von Houston nach denen von Dublin und London das dritte positive Signal in Richtung Sowjetunion«, resümiert der Bundeskanzler, »so daß ich mir eine echte Chance ausrechnete, dem gestärkt aus dem KPdSU-Parteitag hervorgegangenen Michail Gorbatschow die volle NATO-Mitgliedschaft des vereinten Deutschland abringen zu können. Als ich auf dem Rückflug nach Deutschland die Nachricht erhielt, daß wir – Michail Gorbatschow und ich – im Rahmen meines Besuches in der Sowjetunion in die kaukasische Heimat des Generalsekretärs reisen würden, wurde ich noch zuversichtlicher.«

»Der Weltwirtschaftsgipfel war von einer menschlichen Harmonie geprägt, wie ich sie bis dahin noch nicht erlebt hatte«, erinnert sich Kohl. »Es war eine sehr persönliche Beziehung zwischen allen Teilnehmern entstanden. Seit Houston ist so etwas wie eine familiäre Atmosphäre unter den Teilnehmern des Weltwirtschaftsgipfels zur Normalität geworden. Ich erinnere mich an eine Episode, die diesen neuen Stil verdeutlicht.

Jim Bakers Frau hatte mir erzählt, daß seine hochbetagte Mutter noch heute nur ein paar Straßen vom Konferenzort entfernt lebe. Ich hatte die Idee, der alten Dame einen Brief zu schreiben, unter den alle sieben Staats- und Regierungschefs ihren Namen setzten. Ihrem Sohn habe ich darin reichlich Komplimente gemacht. Wie ich später erfahren habe, hat sie sich sehr darüber gefreut und den Brief sogar eingerahmt an die Wand gehängt.

Ich finde, solche scheinbar banalen Dinge sind wichtig, weil sie einem helfen, ›auf dem Teppich zu bleiben‹. In luftigen Höhen eines Gipfels ist man allzu weit vom normalen Leben entfernt. Ich habe bei diesen Begegnungen schon Kollegen erlebt, die sich krampfhaft an ihre Papiere klammerten und nicht in der Lage waren, mit spontanen Wortmeldungen auf eine Diskussion zu reagieren. Da kann es schon einmal hilfreich sein, durch eine Frotzelei ein befreiendes Lachen bei den Partnern auszulösen. Ich habe zum Beispiel Felipe Gonzáles immer gerne mit der Bemerkung aufgezogen, ich sei außerstande zu verstehen, wie ein so intelligenter Mann Sozialist sein könne.

In den letzten Jahren hat auch die neue Angewohnheit – früher gab es das ja nur in Ausnahmefällen – , einander schon sehr bald mit Vornamen anzureden und dann auch zu duzen, viel zur Entkrampfung beigetragen. Ich selbst habe die neue Sitte eingeführt, daß die Teilnehmer an internationalen Gipfeln immer häufiger gemeinsam im Bus fahren. Es fing alles damit an, daß ich es irgendwann einmal leid war, ständig allein in einer gepanzerten Limousine sitzen zu müssen. Das ist unbequem, und außerdem schottet es einen von der Außenwelt völlig ab. Im Bus hingegen kann man es sich bequem machen, und man sieht mehr von Stadt und Land. Für unsere Protokollbeamten war es zunächst ein schwer erträglicher Anblick, wenn der deutsche Bundeskanzler einen Bus bestieg, während die übrigen Staats- und Regierungschefs in einer Kolonne von schwarzen Limousinen fuhren. Aber mittlerweile haben auch die meisten meiner Kollegen erkannt, daß das Busfahren viel mehr Charme hat.

Zur ›Bodenhaftung‹ gehört auch, sich den Terminkalender nicht vom Verwaltungsapparat diktieren zu lassen, sondern nach Möglichkeit Herr seiner eigenen Zeit zu bleiben. Das gibt einem die Freiheit, in der Hektik des politischen Alltags Spielräume für die Pflege persönlicher Beziehungen zu wahren. Dazu gehört für mich auch die Verbundenheit mit der eigenen Heimat und Herkunft. ›Heimat‹ ist ja ein schönes deutsches Wort, für das es meines Wissens in anderen Sprachen keine genaue Entsprechung gibt. Gerade auch mein gutes Verhältnis zu Michail Gorbatschow war davon geprägt, daß er viel Sinn für die Bedeutung solcher Dinge hatte.«

Durchbruch im Kaukasus

Auf der wuchtigen Freitreppe des Gästehauses des sowjetischen Außenministeriums, der Villa Morosow, einem neugotischen Bau in der Moskauer Uliza Alexeja Tolstowo 17, erwartet ein gutgelaunter Gorbatschow am Vormittag des 15. Juli 1990 den deutschen Kanzler mit den Worten: »Die Erde ist rund, und wir beide fliegen ständig um sie herum.« Kohl antwortet: »Mein Bedarf ist gedeckt.« Dann will der sowjetische Präsident wissen, ob Kohl, der gerade erst aus den Vereinigten Staaten zurückgekehrt ist, noch unter der Zeitverschiebung leide. Der Bundeskanzler verneint und macht dem Generalsekretär das Kompliment, daß er aussähe, als sei er gerade aus dem Urlaub zurückgekehrt. Der winkt mit dem Hinweis ab, wegen des Parteitages kaum geschlafen zu haben. »Aber das war doch für Sie ein Riesenerfolg«, erwidert Kohl lachend und fügt hinzu: »Ich freue mich auf unsere Gespräche und hoffe, daß auch sie erfolgreich sein werden.«

Der Kanzler ist bereits am Vorabend mit der Boeing der Bundesluftwaffe, der diesmal aufgrund des gewaltigen Journalisten-Andrangs eine zweite gefolgt ist, auf dem Regierungsflughafen Wnukowo II angekommen. Unterwegs hat er den Journalisten Rede und Antwort gestanden, sich noch einmal mit den Ministern Genscher, Waigel und Klein abgestimmt, ist mit ihnen die wichtigsten Fragen durchgegangen, hat das eine oder andere mit seinem schwarzen Filzstift festgehalten.

Als die Maschinen gelandet sind, ist es längst Nacht in der

sowjetischen Hauptstadt geworden. Auf ihrer wie üblich rasanten Fahrt zu den Gästehäusern auf den Leninbergen hat Kohl, der von Außenminister Schewardnadse empfangen worden ist, die Wagenkolonne anhalten lassen, um einen Blick über das nächtliche Moskau zu werfen: über die hell erleuchteten Kreml-Bauten, über die Silhouetten der Hochhäuser aus der Stalin-Zeit. Rasch haben ihn Passanten erkannt, sind auf ihn zugekommen, woraufhin er mit Hilfe seines Dolmetschers ein paar Worte mit ihnen gewechselt hat. Auch dies gehört aus der Sicht des Kanzlers zu Völkerverständigung und Freundschaft.

Nachdem in der Villa Morosow das Blitzlichtgewitter der Fotografen vorüber ist und die Halogenscheinwerfer der Kamerateams ausgeschaltet sind, ziehen sich Kohl und Gorbatschow in den Salon zurück. Mit dabei sind neben den beiden Dolmetschern Horst Teltschik und Anatoli Tschernjajew, bei dem Gorbatschow in den fünfziger Jahren an der Moskauer Lomonossow-Universität studiert hat. »Ich eröffnete das Gespräch«, so Kohl, »mit dem Hinweis auf die besonderen Chancen, die mit diesem Treffen gegeben seien. Unsere Aufgabe sei es jetzt, diese zu nutzen. Bevor wir die Stafette an die nächste Generation weiterreichten, hätten wir am Ende dieses Jahrhunderts noch einiges in Ordnung zu bringen. Ich zitierte Bismarck, der einmal gesagt hatte: ›Man kann nicht selber etwas schaffen, man kann nur abwarten, bis man den Schritt Gottes durch die Ereignisse hallen hört; dann den Zipfel seines Mantels fassen – das ist alles.‹ Gerade diese Worte seien passend für unsere Zeit.

Michail Gorbatschow stimmte mir zu. Er teile meine Auffassung, daß unsere Generation über eine einzigartige Chance verfüge. Ich erinnerte nun an unser gemeinsames Gespräch im Park des Kanzleramtes in Bonn und bekundete meinen Willen, daran anzuknüpfen. Dann gratulierte ich ihm zu seiner Wiederwahl als Generalsekretär. Diese sei im Westen mit großer Genugtuung aufgenommen worden. Ich selbst hätte mit ihm gefühlt und gesehen, daß es ihm nicht leichtgemacht worden sei. Gorbatschow stimmte mir lebhaft zu und berichtete nun von den harten Auseinandersetzungen innerhalb der KPdSU, an deren Ende sein Widersacher Ligatschow gestürzt worden war. Die Reformgegner hätten versucht, das Ruder herumzureißen und Sand in das Getriebe der Perestroika zu streuen. Daraufhin sei es zu einem offenen Schlagabtausch gekommen. Michail Gorbatschow berichtete noch eine ganze Weile von seinem ›Ritt auf dem Tiger‹ und kam dann auf den Parteiaustritt von Boris Jelzin zu sprechen. Er bedaure dies, denn er glaube, daß Jelzin unüberlegt gehandelt habe. Er, Gorbatschow, wolle aber dennoch die Verbindung halten und habe schon ein Treffen mit ihm vereinbart.

Was die Reformen angehe, so sagte mir Gorbatschow, wolle er nun zügig handeln und bis Ende des Jahres die notwendigen Gesetzesänderungen für die Wirtschaftsreformen durchbringen. Seinen Ausführungen entnahm ich, daß er dabei den Staatsapparat stärker einsetzen wollte und die Partei zurückzunehmen gedachte. Er strotzte geradezu vor Elan und gab sich fest entschlossen, seinen Weg zu gehen – einen Weg, zu dem er keine Alternative sah. Mir schien es, als sei er sich durchaus bewußt gewesen, daß er auch scheitern könnte, wenn er mit einer gewissen Selbstironie sagte, er habe ohnehin die Brücken hinter sich abgebrochen.«

Der Kanzler berichtet dem Generalsekretär nun von den drei Gipfeln der vorausgegangenen Wochen. In all diesen Konferenzen sei die gemeinsame Überzeugung spürbar gewesen, daß der Reformprozeß in der Sowjetunion unterstützt werden solle. NATO-Generalsekretär Wörner habe ihn ja bereits am Vortag über die Veränderungen im westlichen Bündnis informiert. Innerhalb der letzten zwei Monate, so erwidert Gorbatschow, habe sich in der Tat vieles verändert. Die Londoner Erklärung der NATO sei ein richtiger Schritt in die richtige Richtung gewesen, auch wenn sie noch Ballast der Vergangenheit mit sich trage. Aussagen über die Zusammenarbeit und darüber, daß die Sowjetunion nicht länger als Gegner betrachtet werde, seien ein sehr wichtiger politischer Fortschritt und ein Beweis für die grundlegenden Veränderungen.

Gorbatschow fährt fort, daß er die Rolle, die der Bundeskanzler dabei spiele, sehr wohl kenne und schätze. In der Sowjetunion werde dies aufmerksam verfolgt. Der Kanzler habe sicherlich bemerkt, daß man die Bevölkerung Schritt für Schritt mit dem Gedanken an eine deutsch-sowjetische Freundschaft vertraut mache. Von den Militärs werde dies nur sehr widerstrebend hingenommen. Dort begehre man sogar auf, sage, daß die Früchte des großen Sieges im Vaterländischen Krieg gegen D-Mark verkauft würden. Er, Gorbatschow, sei aber optimistisch, auch sie allmählich auf den richtigen Weg zu bringen.

»Ich kam dann schnell zur Sache, indem ich sagte, daß uns ein gutes Stück Arbeit bevorstünde«, erinnert sich der Kanzler. »Es gelte, ein Einvernehmen über die Zukunft der sowjetischen Truppen in Deutschland, über die Mitgliedschaft des vereinten Deutschland in der NATO sowie über die künftige Stärke der gesamtdeutschen Armee herbeizuführen. Dies seien die drei Hürden, die wir meistern müßten, auch mit Blick auf die Zwei-plus-Vier-Gespräche. Hinzu kämen die Fragen der künftigen bilateralen Zusammenarbeit, zu der wir erste, schriftlich niedergelegte Gedanken austauschten. Michail Gorbatschow ging zunächst gar nicht darauf ein, sondern zitierte Heraklit, der gesagt habe, alles sei im Fluß. Er wollte mir damit verdeutlichen, daß sich binnen weniger Monate, nun sogar binnen weniger Tage, die Lage dramatisch verändert habe. Jetzt sei der Zeitpunkt gekommen, die notwendigen Entscheidungen zu treffen.

Michail Gorbatschow kam nun auf das Kernproblem zu sprechen: die Mitgliedschaft Deutschlands in der NATO. Zu meiner

Überraschung sagte er: ›Hier ist die Sache doch klar.‹ Dann wurde er jedoch mehrdeutig, was den Geltungsbereich des Atlantischen Bündnisses im künftigen Deutschland und die Präsenz der sowjetischen Truppen auf dem Gebiet der DDR anging. Ich fragte nach, ob Deutschland nun gleichzeitig mit der Wiedervereinigung seine volle Souveränität erhalten werde oder nicht. Gorbatschow bejahte dies mit einem knappen ›Selbstverständlich‹. Er hatte damit zum ersten Mal eingeräumt, daß Deutschland ohne eine Übergangszeit seine volle Souveränität erlangen sollte, was einen eminenten Fortschritt für unsere Sache bedeutete. Ich stellte nun noch einmal klar, daß das souveräne Deutschland als Ganzes der NATO angehören müsse. In der Hoffnung, eine eindeutige Antwort zu erhalten, fügte ich hinzu: ›Darüber sind wir uns doch einig.‹ Ich erhielt sie jedoch nicht. Gorbatschow antwortete, daß das vereinte Deutschland zwar de jure Mitglied der NATO sein dürfe, de facto jedoch das Gebiet der ehemaligen DDR nicht in deren Wirkungsbereich eingegliedert werden könne, da sich dort sowjetische Truppen aufhielten. Die Souveränität des vereinten Deutschland werde davon jedoch in keiner Weise berührt. Nach Ablauf der Übergangsperiode könne man dann mit Verhandlungen über den Abzug der sowjetischen Truppen beginnen.

Nun sah ich klarer in dem Punkt, wie sich Gorbatschow die Sache vorstellte: Deutschland sollte zwar als Ganzes formal der NATO angehören, faktisch aber nur mit dem Gebiet der alten Bundesrepublik. Zu einem späteren Zeitpunkt könnte sich dies ändern, wenn wir erfolgreich über den Abzug der sowjetischen Streitkräfte verhandelt hätten. Entgegen Gorbatschows Beteuerung wären wir also doch nicht souverän gewesen. Mit den späteren Truppenabzugsverhandlungen hätte Moskau einen Hebel in der Hand behalten, um dann doch noch Druck in der Bündnisfrage auszuüben. Dem konnte ich natürlich nicht zustimmen. Damit schienen unsere beiden Standpunkte letztlich doch unvereinbar zu sein. Gorbatschow spürte nun wohl meine Skepsis. Er fügte begütigend hinzu: ›Wir haben hier in Moskau unsere Gespräche begonnen und werden sie im kaukasischen Gebirge fortsetzen. In der Bergluft sieht man vieles klarer.‹

Wir hatten uns schon von unseren Plätzen erhoben, als ich ihn, um ganz sicher zu gehen, fragte, ob die Reise in den Kaukasus überhaupt einen Sinn mache. Ich sagte, daß ich nur fahren würde, wenn am Ende unserer Gespräche die volle Souveränität des vereinten Deutschland und dessen uneingeschränkte NATO-Mitgliedschaft stünden. Ansonsten sei es besser, ich reiste wieder nach Hause. Michail Gorbatschow sagte auf diese Bemerkung hin weder ›Ja‹ noch ›Nein‹. Er sagte nur: ›Wir sollten fliegen.‹ In diesem Augenblick wußte ich, daß wir es schaffen würden.«

Mehr als vierzig Minuten haben beide Staatsmänner »überzogen«, als sich die Tür des Salons öffnet und sie herauskommen, um in den Speisesaal hinüberzugehen. Dort soll – um doch noch im Zeitplan bleiben zu können – während des Mittagessens das Delegationsgespräch stattfinden. Daran nehmen auf deutscher Seite Genscher, Waigel, Klein, Botschafter Blech, Teltschik, Kastrup, Haller und Neuer sowie Dolmetscher Weiß teil. Auf sowjetischer Seite Schewardnadse, Finanzminister Pawlow, der stellvertretende Ministerpräsident Stepan Sitarjan, der stellvertretende Außenminister und frühere Bonner Botschafter Moskaus, Kwizinski, sowie dessen Nachfolger Terechow und schließlich der allgegenwärtige Kurpakow, der Dolmetscher des Generalsekretärs. Gorbatschow begrüßt noch einmal die Delegationen: Beim ersten Gespräch am heutigen Vormittag habe man sich gleichsam aufgewärmt. Jetzt bestünden sehr gute Aussichten für eine Einigung, so wiederholte er, denn in der herrlichen kaukasischen Luft arbeiteten die Gehirne besser.

Gorbatschow bedankt sich im Namen seines Landes für die

MITTAGESSEN IN MOSKAU 427

Bundesbürgschaft für den inzwischen auf den Weg gebrachten Fünf-Milliarden-Kredit und gibt einen ausführlichen Bericht über den Verlauf des KPdSU-Parteitags. Der Bundeskanzler bedankt sich für die freundliche Aufnahme in der Sowjetunion und das konstruktive Gespräch. »Dann kam ich«, so Kohl, »auf den Weltwirtschaftsgipfel und den Brief zu sprechen, den Michail Gorbatschow an die Sieben geschrieben hatte. Ich berichtete, daß diese und auch die Europäische Gemeinschaft ihn bis Ende des Jahres beantworten wollten und daß George Bush in Houston wörtlich gesagt habe: ›Wir wollen, daß Michail Gorbatschow Erfolg hat!‹

Dies sei, wenn man drei bis vier Jahre zurückschaue, recht bemerkenswert, fügte ich hinzu und kündigte an, daß die Deutschen dabei behilflich sein würden, und zwar schon in den nächsten Monaten durch die Entsendung von Wirtschaftsfachleuten und durch andere praktische Hilfen. Gorbatschow dankte mir und sagte, daß die Diskussion noch vertieft werden müsse. Dies gelte insbesondere für diejenigen Fragen, die mit der Vereinigung Deutschlands zusammenhingen. Hierzu habe man das Gespräch bereits aufgenommen, und er sei sicher, daß man die Probleme löse und damit beiden Ländern, aber auch Europa insgesamt, einen Dienst erweisen werde.«

Beim Mittagessen geht es entspannt zu. Der Generalsekretär hebt sein Wodkaglas und prostet dem Kanzler zu: Dies sei das einzige Getränk in der Sowjetunion, das wirklich sauber sei. Klein ruft ihm daraufhin über den Tisch zu: »Und das haben Sie verboten!«, woraufhin Gorbatschow kontert: »Den Wodka habe ich nicht verboten, nur das Trinken!« Ministerpräsident Ryschkow fragt: »Wie wär's, wenn die Deutschen bei uns Brauereien einrichten würden?« Gorbatschow ergänzt lachend: »Das stünde der Perestroika gut an!«

Kurze Zeit später stellen sich beide Staatsmänner – zur Überraschung der Journalisten gemeinsam – der Presse. Gorbatschow berichtet, man sei in den Gesprächen bereits an sehr große Fragen herangetreten; da sie über gute Zähne verfügten, sei er zuversichtlich, daß alle harten Nüsse geknackt würden. Um ein Fazit zu ziehen, sei es allerdings noch zu früh. Im übrigen sei beim Mittagessen bereits über zwei Verträge konkret gesprochen worden. Auf die Frage eines Korrespondenten, um welchen Inhalt es dabei ginge, antwortet Kohl knapp: »Um Bier.« Der sowjetische Präsident ergänzt: »Bei uns sollen nämlich mindestens zwei Brauereien gebaut werden«, und Waigel kann es sich nicht verkneifen, anzumerken, daß mindestens eine aus Bayern dabeisein müsse.

Um halb zwei steigt der Kanzler mit in Gorbatschows sieben Tonnen schwere, 400 PS starke SIL-Limousine, die sie zum Regierungsflughafen Wnukowo II bringt. Vorne auf dem Beifahrersitz ein altbekanntes Gesicht: Es gehört Chefleibwächter Generalmajor Wladimir Medwedjew, der schon Breschnews Sicherheit garantiert hat und den sie in Moskau den »zweiten Schatten Michail Gorbatschows« nennen. »Wenn ich mich recht erinnere«, so der Kanzler, »ist es auf dieser Fahrt gewesen, daß ich die Frage der Truppenstärke des vereinten Deutschland angesprochen habe. Michail Gorbatschow hat darauf geantwortet, daß diese doch schon zwischen unseren Außenministern ausgehandelt worden sei. Er nannte eine Größenordnung von unter 300000 Mann. Ich habe ihm daraufhin gesagt, daß dies nicht die Auffassung der Bundesregierung sei. Ich begründete ihm nunmehr, weshalb wir in Deutschland weiterhin eine Wehrpflichtarmee bräuchten, und dafür sei nun einmal eine Truppenstärke von 370000 Mann erforderlich. Er hat sich das alles angehört und nicht widersprochen. Ich schloß daraus, daß er meinen Vorschlag nicht von vornherein ablehnte.«

Pünktlich hält die SIL-Limousine auf dem Flugfeld vor der Präsidenten-Maschine, einer Iljuschin 62, die kurz darauf in die kaukasische Heimat des Generalsekretärs startet. Kohl sitzt

– abgesehen von den Dolmetschern – mit Gorbatschow allein im luxuriös ausgestatteten Präsidenten-Salon im hinteren Teil der Maschine. Während kleine, typisch russische Gerichte serviert werden, unterhalten sie sich ganz privat, wie vor einem guten Jahr im Garten des Bundeskanzleramtes. Gorbatschow erzählt von der Vergangenheit, von seiner eigenen Kindheit im Süden des Sowjetreiches, von der Partei, die in ihrer langen Geschichte so viele Menschenopfer gefordert hat.

Er schildert das Schicksal des einstigen Dorfältesten seines Heimatortes Priwolnoje, der gleich nach der Revolution eine landwirtschaftliche Genossenschaft gegründet hat. Nach der stalinistischen Zwangskollektivierung sei der überzeugte Kommunist Vorsitzender der Kolchose geworden. Mit seinem Organisationstalent habe er für das gesamte Dorf erträgliche Lebensverhältnisse geschaffen, auch während der deutschen Besatzungszeit – nicht als Kollaborateur, sondern, um etwas für die Menschen in seiner Heimat zu tun. Aus diesem Grund sei er nach der Rückeroberung des Gebiets durch die Rote Armee verhaftet und deportiert worden. So sei es damals in der Sowjetunion zugegangen.

Gorbatschow erzählt auch von seiner Zeit als Politfunktionär in Stawropol. Er erzählt von seinem Studium an der Moskauer Lomonossow-Universität und von den gemeinsamen Jahren, die er dort mit seiner Frau verbracht hat. Gegen Ende des tausendsechshundert Kilometer langen Fluges kommt Raissa Gorbatschowa zu den beiden Männern in den Salon.

Nach zwei Stunden über den endlosen Weiten Rußlands setzt die Iljuschin auf der Landebahn der Stadt Stawropol auf. »Am Flughafen«, erzählt der Kanzler, »wurden wir von den örtlichen Funktionären begrüßt. Einige hundert Menschen hatten Aufstellung genommen, applaudierten und drückten uns Blumensträuße in die Hände. Vom Flughafen fuhren wir zum Gefallenen-Ehrenmal, einem gewaltigen Monolith mit in den Stein gemeißelten Gesichtern dreier Rotarmisten. Kriegsveteranen kamen zu Michail Gorbatschow und mir und appellierten an uns, nunmehr den Frieden zwischen unseren Völkern endgültig zu besiegeln. Gorbatschow drehte sich zu mir um und sagte: ›Das ist genau das, was wir damals in Bonn besprochen haben.‹

Dann zeigte er mir das Gebäude des Stawropoler Gebietssowjet, wo er acht Jahre lang als Parteisekretär gearbeitet hatte. Sein ehemaliges Büro war für den Besuch hergerichtet worden. Auf dem Schreibtisch lag ein Organigramm des Strawropoler Gebiets. Fein säuberlich ausgerichtet die Schreibutensilien. Fernsehreporter baten Gorbatschow, sich für eine schnelle Kameraeinstellung an seinen alten Arbeitsplatz zu setzen. Er tat dies und sagte: ›Hier hat alles angefangen.‹«

Nach dem Zwischenstopp in Stawropol steigen der Kanzler, der Generalsekretär und die beiden Außenminister in Hubschrauber, die sogleich ihre Triebwerke anwerfen und abheben. In einer riesigen Staubwolke bleiben die winkenden Stawropoler Parteifunktionäre zurück. Im Formationsflug geht es Richtung Kaukasus. Ein paar Minuten später scheren die Hubschrauber mit der deutschen Delegation aus dem Verband aus und landen mitten auf einem von Horizont zu Horizont reichenden Stoppelacker. Er gehört zu einer Kolchose, die nach dem russischen Revolutionsgeneral Tschapajew benannt ist. Mehrere Mähdrescher sind bei der Ernte.

»Nachdem wir aus der Maschine gestiegen waren«, erinnert sich Kohl, »wurden wir von jungen Bauernmädchen begrüßt. Sie überreichten uns Brot und Salz als Zeichen der Gastfreundschaft.« In der alten ländlichen Tradition seiner kaukasischen Heimat küßt Gorbatschow das Brot, bestreut es mit Salz, bricht es und verteilt es. Der Kanzler macht drei Kreuzzeichen auf den Laib: »So hatte es früher meine Mutter getan, als ich noch ein Kind war. Ich erklärte Gorbatschow die Bedeutung dieser symbolischen Handlung.«

Wenig später klettern beide Staatsmänner auf einen der Mähdrescher, fahren ein Stück mit und unterhalten sich eine Weile über die Probleme der sowjetischen Landwirtschaft. Gorbatschow erzählt von seinen vergeblichen Mühen, die Effizienz der Landwirtschaft zu erhöhen. Auch heute noch verdürben große Teile des Getreides durch unsachgemäße Lagerung oder beim Transport. Aber dies werde sich ja alles ändern, meint Gorbatschow, der im Kanzler einen kompetenten Gesprächspartner vor sich hat. »Als Junge« – so Kohl – »habe ich davon geträumt, einmal Bauer zu werden.« Das weite Land, die dunkle fruchtbare Erde, der Geruch des gemähten Getreides, die Menschen in ihrer Ursprünglichkeit hätten auf ihn einen tiefen Eindruck gemacht.

Weiter geht der Flug in den Kaukasus. An den runden Bullaugen der Mi 8 ziehen die ersten Höhenzüge vorbei. Zwischen den Wolken werden für Augenblicke die schneebedeckten Gipfel des Hochgebirges sichtbar. Als die Hubschrauber in dem kleinen, im Selemtschuk-Tal gelegenen, von dichten Wäldern umgebenen Dorf Archys landen, werden die Deutschen so herzlich begrüßt wie zuvor in Stawropol.

Das Präsidenten-Ehepaar und der Kanzler fahren gemeinsam zu einer zwischen Bäumen versteckten Lichtung, auf der die Gorbatschow-Datscha steht. An der ehemaligen staatlichen Oberförsterei rauscht der Fluß Selemtschuk wie ein Wildwasser vorbei. Es ist ein wuchtiges dreiteiliges Haus aus ockerfarbenem Stein mit einem roten Ziegeldach. Eine breite Freitreppe führt zum Eingang. Die Datscha verfügt neben einigen Zimmern über einen Konferenzraum. Innen ist sie karg ausgestattet. Die Einrichtung ist aus hellem Kiefern- oder Lärchenholz. Einziger Luxus: eine Schuhputzmaschine.

»Ich war kaum in meinem Zimmer«, erzählt der Kanzler, »als Gorbatschow bei mir anfragen ließ, ob wir einen Spaziergang machen wollten. Ich zog meine schwarze Strickjacke an.

Kurze Zeit später ging ich mit Michail Gorbatschow – er hatte einen Pullover übergezogen – am Selemtschuk entlang. Mitglieder unserer Delegation und Journalisten folgten uns. Nach ein paar Metern blieb Gorbatschow stehen, kletterte die Uferböschung hinunter und reichte mir die Hand, als Aufforderung, ihm zu folgen. So standen wir am reißenden Wasser und sprachen über die Tücken des Flusses. Selten hatte ich Michail Gorbatschow in einer so gelösten Stimmung erlebt. Wir machten Rast an einer aus Baumstämmen bestehenden Sitzgruppe. Hans-Dietrich Genscher gesellte sich dazu. Keiner von uns hatte Lust, in diesem Augenblick über ›große Politik‹ zu reden. Und so plauderten wir über Gott und die Welt.«

Beim Abendessen sei es wie unter Freunden gewesen: »Gorbatschow erzählte von seiner Familie, von seiner Großmutter, die immer eine Ikone im Zimmer gehabt habe, von seinem Großvater, der früh auf den Kommunismus gesetzt und Lenin und Stalin verehrt habe, weil er sich von ihnen die Verbesserung seiner ärmlichen Lebensumstände versprochen habe. Als Gorbatschow dies erzählte«, so Kohl, »mußte ich daran denken, wie sich die Dinge doch immer wieder gleichen. Es war doch in Deutschland Ende der zwanziger Jahre in manchem ähnlich gewesen. Teile der Bevölkerung hatten hier auf Hitler gesetzt, weil sie glaubten, daß er sie aus der Not, die mit der Weltwirtschaftskrise über Millionen Deutsche gekommen war, herausführen würde. Die meisten hatten nicht geahnt, was folgen würde, und als sie es begriffen, war es zu spät.«

Auch über weniger ernste Themen unterhalten sich Gastgeber und Gäste, so zum Beispiel über die Fußballweltmeisterschaft in Rom. Gorbatschow, der den Deutschen zum Gewinn des Titels gratuliert, hört den Schilderungen des Bundeskanzlers über den Verlauf des Endspiels interessiert zu, stellt die eine oder andere Zwischenfrage, die Kohl sachkundig beantwortet. Als die Kellner abservieren, geht es fast ausgelassen zu.

Gorbatschow erzählt von seiner Tochter Irina, die mit den Jungen Pionieren nach Bachtschisaraj gereist sei und dort den Palast des Tataren-Khans mit seinen ausgedehnten Haremsgemächern besichtigt habe. Dies habe sie so beeindruckt, daß sie nach ihrer Rückkehr ihren Vater gefragt habe, warum er nur eine Frau habe. Er habe darauf geantwortet: »Wer mit einer Philosophin verheiratet ist, braucht nur eine.«

Es ist nach 22 Uhr, als sich Kohl und Gorbatschow zu einem kurzen Vier-Augen-Gespräch zusammensetzen, um die für den folgenden Vormittag geplanten Verhandlungen vorzubereiten. »Ich habe« – so der Kanzler – »mit dem Generalsekretär noch einmal das Kernproblem angesprochen und gesagt, daß ich keine Einschränkungen akzeptieren würde, was die NATO-Mitgliedschaft des vereinten Deutschland angehe. Er hat wiederum geschwiegen. Im Anschluß daran stimmte ich mich noch kurz mit Hans-Dietrich Genscher, Theo Waigel und Johnny Klein ab und berichtete ihnen von meinen vertraulichen Gesprächen mit Gorbatschow am Vormittag in Moskau. Es war schon nach Mitternacht, als ich auf den Balkon der Datscha trat. Es war ein wunderschöner Sternenhimmel, und vor mir lag die dunkle Silhouette des Kaukasus. Vieles ging mir durch den Kopf. Vor allem aber fragte ich mich, was der kommende Tag wohl bringen würde. Es stand für uns Deutsche so viel auf dem Spiel – aber ich hatte ein gutes Gefühl.«

Für zehn Uhr am nächsten Morgen sind die entscheidenden Gespräche im Konferenzraum der alten Oberförsterei angesetzt. An einem langen Lärchentisch nehmen die Angehörigen der beiden Delegationen Platz. Gorbatschow witzelt zunächst über Genschers dicken Aktenordner. »Haben Sie das wirklich alles heute aufgeschrieben?« Der Außenminister reagiert schlagfertig: »Das ist nur ein kleiner Teil.« Daraufhin wendet sich Schewardnadse an seinen Chef: »Hier sieht man einmal, daß Außenminister wirklich arbeiten.« Dann eröffnet Kohl die

Verhandlungen, von denen später gesagt werden wird, er und sein Außenminister hätten sich wie selten ergänzt.

Der Kanzler knüpft an das Vier-Augen-Gespräch vom Vorabend an. »Ich schlug vor«, so berichtet er, »man solle jetzt schon mit den Arbeiten an unserem großen bilateralen Vertrag beginnen, mit dem wir die Beziehungen zwischen unseren beiden Ländern von Grund auf neu regeln wollten. Als Zielvorstellung empfahl ich, den Vertrag in einem Jahr fertigzustellen. Gorbatschow stimmte zu und fragte mich, ob ich mit diesem Vertrag tatsächlich eine langfristige Perspektive für die deutsch-sowjetischen Beziehungen eröffnen wolle. Ich bejahte dies und bekräftigte meinen Willen, eine völlig neue Qualität der Beziehungen anzustreben.

Dann kam ich auf das Kernproblem. Hauptziel sei die volle Souveränität ohne jede Einschränkung für das vereinte Deutschland. Hans-Dietrich Genscher ergänzte, die Zwei-plus-Vier-Verhandlungen müßten mit einem Dokument abgeschlossen werden, das die volle Souveränität Deutschlands festschreibe und keine Fragen offenlasse. Gorbatschow antwortete darauf, daß zuvor einige Voraussetzungen erfüllt sein müßten. Zu diesen gehöre die Regelung der Fragen, die mit dem Aufenthalt der sowjetischen Truppen in Deutschland zusammenhingen. Darüber müsse ein separater Vertrag abgeschlossen werden. Ich schlug nunmehr vor, daß dieser Vertrag, mit dem auch die Abzugsfristen geregelt werden sollten, bis zum Abschluß der Zwei-plus-Vier-Gespräche unter Dach und Fach sein sollte. Michail Gorbatschow widersprach mir zu meiner Erleichterung nicht.

Hans-Dietrich Genscher merkte daraufhin an, in dem abschließenden Zwei-plus-Vier-Dokument müsse festgeschrieben werden, daß Deutschland das Recht habe, sich einem Bündnis seiner Wahl anzuschließen. Dies werde natürlich die NATO sein. Gorbatschow stimmte zu, verlangte aber, daß die

NATO in dem Abschlußdokument nicht ausdrücklich erwähnt werde. Es sei für ihn dann leichter, in der Sowjetunion Verständnis dafür zu finden, daß das vereinte Deutschland das Recht habe, sein Bündnis zu wählen. Er brauche Argumente, um der sowjetischen Bevölkerung die Lage zu erklären.«

Immer noch nicht endgültig geklärt ist zu diesem Zeitpunkt die Frage nach dem Geltungsbereich des Atlantischen Bündnisses im vereinten Deutschland. Schewardnadse präzisiert nun die Vorstellungen des Kreml. Er führt aus, daß auch nach einem Abzug der sowjetischen Truppen aus Ostdeutschland sich die NATO-Strukturen nicht auf dieses Gebiet erstrecken dürften. Dies müsse beim Abschluß eines bilateralen Vertrages über den Truppenabzug berücksichtigt werden. Gorbatschow erläutert den Sachverhalt dahingehend, daß dies insbesondere für Nuklearwaffen der NATO gelten müsse. Eine gesamtdeutsche Bundeswehr dürfe allerdings – solange die betreffenden Verbände nicht der NATO unterstellt seien – auf diesem Gebiet stationiert werden.

»Hans-Dietrich Genscher machte Gorbatschow zu Recht darauf aufmerksam«, so Kohl, »daß diese Einschränkung mit der vollen Souveränität des wiedervereinten Deutschland nicht vereinbar sei. Gorbatschow bestritt dies. So ging es noch einige Zeit lang hin und her, ehe Gorbatschow unserem hartnäckigen Drängen Schritt für Schritt nachgab. Zunächst bejahte er die Frage, ob die Artikel 5 und 6 des NATO-Vertrages auch für den Osten Deutschlands Gültigkeit hätten. Schließlich stimmte er zu, daß nach dem Abzug der Sowjet-Streitkräfte auch der NATO unterstellte deutsche Truppen auf dem Gebiet der DDR stationiert werden dürften. Wir waren damit in der entscheidenden Frage am Ziel angelangt. Wir hatten Michail Gorbatschow die volle und uneingeschränkte NATO-Mitgliedschaft des vereinten Deutschland abgerungen.

Auch in der Frage, in wie vielen Jahren der Abzug der sowjetischen Streitkräfte abgewickelt sein sollte, konnten wir unsere Vorstellungen durchsetzen. Zunächst hatte Gorbatschow noch davon gesprochen, daß der Abzug in fünf bis sieben Jahren erfolgen solle. Nun einigten wir uns auf einen Zeitraum von drei bis vier Jahren. Ich mußte in diesem Augenblick daran denken, daß die ersten Soldaten der Roten Armee die Grenze des Deutschen Reiches im November 1944 überschritten hatten. Jetzt würden Ende 1994, genau ein halbes Jahrhundert später, die letzten sowjetischen Soldaten Deutschland verlassen. Wir sagten dabei unseren Gesprächspartnern zu, daß wir bei der Beschaffung von Wohnraum für die heimkehrenden sowjetischen Truppen mit Rat und Tat behilflich sein und außerdem mit einem Überleitungsvertrag die Folgen der D-Mark-Einführung in der DDR für die dort stationierten Truppen auffangen würden.«

Zur Überraschung einiger Teilnehmer der Runde einigen sich Kohl und Gorbatschow auch rasch auf eine Obergrenze der Truppenstärke des vereinten Deutschland von 370 000 Mann. Hierbei hat es offenbar ein Mißverständnis gegeben, denn Gorbatschow geht zunächst von 350 000 aus. Der Kanzler lehnt dies strikt ab: »Ich erklärte Gorbatschow, daß die von uns vorgeschlagene Truppenreduzierung bereits den größten Abrüstungsschritt bedeute, den ein moderner Staat jemals durchgeführt habe. Der Generalsekretär schwieg einen Augenblick, antwortete dann aber: ›Na gut, dreihundertsiebzigtausend.‹ Wir sicherten unseren Gastgebern zu, daß wir bei den Wiener Abrüstungsverhandlungen eine entsprechende Erklärung abgeben würden.

Am Ende unserer über dreistündigen Sitzung fragte Michail Gorbatschow, wie die Ergebnisse unserer Gespräche der Presse mitgeteilt werden sollten. Vor allem müsse der Eindruck vermieden werden, daß wir über die Köpfe der anderen Zwei-plus-Vier-Teilnehmerstaaten hinweg entschieden hätten, fuhr er fort und meinte, daß die erste Frage an den Bundeskanzler lauten werde: ›Hat Michail Gorbatschow dem NATO-Beitritt Gesamtdeutschlands zugestimmt?‹ Es werde dann heißen: ›Der sowjetische Generalsekretär hat sich die NATO-Mitgliedschaft Gesamtdeutschlands abkaufen lassen.‹ Ich möge diesen Punkt einfach so formulieren, daß Deutschland die volle Souveränität erhalte und als vereintes Land über die Bündniszugehörigkeit frei entscheiden werde.«

Keine zwei Stunden später sitzen Kohl und Gorbatschow in der SIL-Limousine und fahren, gefolgt von einem guten Dutzend Ladas, durch das Selemtschuk-Tal in Richtung Schelesnowodsk. Hinter sich lassen sie das idyllisch gelegene Archys, in dem beide Staatsmänner Weltgeschichte geschrieben haben. Bald erreicht der Konvoi den auf grünen Hügeln gelegenen Kurort. Vor einem Lungensanatorium halten die Fahrzeuge. Umringt von Hunderten von Schaulustigen gehen die Delegationen in das Gebäude, in dem die internationale Pressekonferenz stattfinden soll.

Diese wird von Gorbatschow eröffnet. Er spricht von der intensiven Suche nach Lösungen für Europa und die Welt und kündigt an, daß die anwesenden Journalisten auf interessante Nachrichten gefaßt sein müßten, bevor er das Wort an Kohl übergibt. Der Kanzler sagt, daß die zurückliegenden Tage einen neuen Höhepunkt in der Geschichte der deutsch-sowjetischen Beziehungen darstellten. Dies betreffe die Dichte der Gespräche in Moskau, im Flugzeug und in der Heimat des Präsidenten. »Ich habe diese Einladung in seine Heimat als eine ganz besondere Geste verstanden. ... Unsere Gespräche waren von größter Offenheit und gegenseitigem Verständnis und auch von persönlicher Sympathie geprägt. Mit dazu beigetragen hat das Umfeld, das wir vorgefunden haben, die herzlichen Begegnungen mit den Menschen in Stawropol oder mit jenen Bauern auf einem Getreidefeld, die wir nach einer Zwischenlandung mit dem Hubschrauber aufgesucht haben. Aber das Besondere und die Bedeutung unseres Zusammentreffens liegt in den Ergebnissen«, betont Kohl und zählt, nachdem er den angestrebten großen Vertrag zwischen beiden Ländern erörtert hat, acht zentrale Punkte auf:

»*Erstens*: Die Einigung Deutschlands umfaßt die Bundesrepublik Deutschland, die DDR und ganz Berlin.

Zweitens: Wenn die Einigung vollzogen wird, werden die Vier-Mächte-Rechte und -Verantwortlichkeiten vollständig abgelöst. Damit erhält das geeinte Deutschland zum Zeitpunkt seiner Vereinigung seine volle und uneingeschränkte Souveränität.

Drittens: Das vereinte Deutschland kann in Ausübung seiner uneingeschränkten Souveränität frei und selbst entscheiden, ob und welchem Bündnis es angehören will. Das entspricht der KSZE-Schlußakte. Ich habe als die Auffassung der Regierung der Bundesrepublik Deutschland erklärt, daß das geeinte Deutschland Mitglied des atlantischen Bündnisses sein möchte. Und ich bin sicher, dies entspricht auch der Ansicht der Regierung der DDR.

Viertens: Das geeinte Deutschland schließt mit der Sowjetunion einen zweiseitigen Vertrag zur Abwicklung des Truppenabzugs aus der DDR, der innerhalb von drei bis vier Jahren beendet sein soll. Gleichzeitig soll mit der Sowjetunion ein Überleitungsvertrag über die Auswirkung der Einführung der D-Mark in der DDR für diesen Zeitraum von drei bis vier Jahren abgeschlossen werden.

Fünftens: Solange sowjetische Truppen noch auf dem ehemaligen DDR-Territorium stationiert bleiben, werden die NATO-Strukturen nicht auf diesen Teil Deutschlands ausgedehnt. Die sofortige Anwendung von Artikel 5 und 6 des NATO-Vertrages bleibt davon von Anfang an unberührt.

Sechstens: Nicht-integrierte Verbände der Bundeswehr, das

Wir werden diese Gespräche auf allen Ebenen fortsetzen und weiter konkretisieren.

IV) Ich möchte mich zum Abschluß ausdrücklich bei Präsident Gorbatschow und seiner charmanten Gattin Raissa für die herzliche Gastfreundschaft bedanken. ~~Dies hat viel dazu~~ sehr zur Verständigung beigetragen. Das persönliche Vertrauen ist weiter gewachsen.

Ich danke auch ausdrücklich Bundesaußenminister ~~meinem Kollegen~~ Genscher und ~~Außenminister~~ dem Schewardnadze, die im Rahmen ihrer Begegnungen und bei den 2 + 4 - Gesprächen erfolgreiche Vorarbeit geleistet ~~haben~~.

Ich habe zum Abschluß unserer Gespräche Präsident Gorbatschow und seine Frau Raissa in die Bundesrepublik Deutschland eingeladen. Vielleicht sehen wir uns dann schon beim nächsten Mal in meiner Heimat in der Pfalz.

Handschriftlicher Textentwurf von Kohls außenpolitischem Berater Horst Teltschik für die Pressekonferenz des Bundeskanzlers nach dem erfolgreichen Abschluß der Verhandlungen im Kaukasus.

heißt Verbände der territorialen Verteidigung, können ab sofort nach der Einigung Deutschlands auf dem Gebiet der heutigen DDR und in Berlin stationiert werden. Für die Dauer der Präsenz sowjetischer Truppen auf dem ehemaligen DDR-Territorium sollen nach der Vereinigung nach unserer Vorstellung die Truppen der drei Westmächte in Berlin verbleiben. Die Bundesregierung wird die drei Westmächte darum ersuchen und die Stationierung mit den jeweiligen Regierungen vertraglich regeln.

Siebtens: Die Bundesregierung erklärt sich bereit, noch in den laufenden Wiener Verhandlungen eine Verpflichtungserklärung abzugeben, die Streitkräfte eines geeinten Deutschland innerhalb von drei bis vier Jahren auf eine Personalstärke von 370000 Mann zu reduzieren. Die Reduzierung soll mit dem Inkrafttreten des ersten Wiener Abkommens begonnen werden.

Achtens: Ein geeintes Deutschland wird auf Herstellung, Besitz und Verfügung über ABC-Waffen verzichten und Mitglied des Nichtweiterverbreitungsvertrages bleiben.«

Noch während der Kanzler die acht Punkte vorträgt, wird in den Reihen der Journalisten die Aufregung immer größer: Ist es tatsächlich wahr, daß der Einheit Deutschlands nichts mehr im Wege steht? Euphorisch sind die Berichte, die über die wenigen Telefonleitungen aus Schelesnowodsk in alle Welt abgesetzt werden.

Nach über einer Stunde beendet Gorbatschow die Pressekonferenz mit den Worten:»Der Kanzler hat mich nach Deutschland in seine Heimat eingeladen. Ich werde diese Einladung annehmen.« Durch eine Seitentür verlassen die beiden Staatsmänner dann das Gebäude, treten vor die aufgebauten Kameras von ARD und ZDF und fahren zum Flugplatz von Mineralnyje Wody. Das Ehepaar Gorbatschow und Außenminister Schewardnadse begleiten die Deutschen noch zur Gangway. Während hinter einer Absperrung eine Gruppe meist junger Leute deutsche und sowjetische Papierfähnchen schwenkt, nimmt man Abschied. Kohl steigt die Treppe hinauf, dreht sich noch einmal um und winkt, ehe er in der Tür der Boeing 707 der Bundesluftwaffe verschwindet.

Die Kanzler-Maschine fliegt bereits über dem Schwarzen Meer, als Kohl zu den mitreisenden Journalisten ins Heck des Jets kommt. Er wartet noch auf die Stewards, die Sekt servieren. Gemeinsam heben sie das Glas und stoßen auf einen Verhandlungserfolg an, von dem – so hebt Kohl hervor – noch ein halbes Jahr zuvor kaum jemand zu träumen gewagt habe. »Dieses Ergebnis war nicht zuletzt die Frucht einer großen gemeinsamen Anstrengung«, resümiert der Kanzler. »Hans-Dietrich Genscher hatte daran wesentlichen Anteil, und ich bin ihm sehr dankbar dafür. Zusammen waren wir seit dem Regierungswechsel 1982 in der Koalition der Mitte einen guten Weg gegangen, der innen- wie außenpolitisch die Grundlagen für das geschaffen hatte, was jetzt in greifbarer Nähe lag: die Wiedervereinigung Deutschlands unter dem Vorzeichen unserer Zugehörigkeit zur westlichen Wertegemeinschaft. Natürlich hatte es zwischen Genscher und mir immer wieder auch Spannungen gegeben, wie sie in einer Koalition von Partnern mit eigenständigem Profil ganz natürlich sind. Aber ich wußte auch: Ich konnte mich in den entscheidenden Augenblicken stets darauf verlassen, daß er und ich in der Frage der deutschen Einheit an einem Strang zogen.

Das galt und gilt genauso für Theo Waigel. Er war in jenen Wochen nicht nur bei der innerdeutschen Währungs-, Wirtschafts- und Sozialunion gefordert, sondern mußte sich auch noch ständig um die äußerst schwierige Frage einer finanziellen Regelung für die Rückkehr der sowjetischen Truppen aus der DDR in ihre Heimat kümmern, um nur ein Beispiel zu nennen. Er hat mit großem Verhandlungsgeschick – wobei ihm

442 DURCHBRUCH IM KAUKASUS

BUNDESREPUBLIK DEUTSCHLAND
DER BUNDESKANZLER

Bonn, den 17. 07. 1990

Seiner Exzellenz
dem Präsidenten der
Französischen Republik
Herrn Francois Mitterrand

Paris

Lieber Francois,

mit diesem Schreiben möchte ich Sie persönlich über meine Gespräche
mit Präsident Michael Gorbatschow in Moskau und im Kaukasus
unterrichten: Ihr Ergebnis bedeutet den Durchbruch zur deutschen
Einheit im festen Bündnis mit den freiheitlichen Demokratien
Westeuropas und Nordamerikas und in zunehmender politischer und
wirtschaftlicher Integration Europas.

I.

Ich habe Präsident Gorbatschow trotz des hinter ihm liegenden anstrengenden Parteitags in guter Verfassung, in bester Stimmung und
mit gewohnter Energie angetroffen. Gegenüber seinen Kollegen in der
Führung und erst recht gegenüber den hohen Funktionären des
sowjetischen Außenministeriums wirkt er eher mit noch gesteigerter
Autorität. Beeindruckend war insbesondere seine Entschlossenheit,
Entscheidungen sofort zu treffen und durch detaillierte Vorgaben
ihre Verwirklichung sicherzustellen.

Ich habe meine Gespräche mit Präsident Gorbatschow auf einer gemeinsamen philosophischen Grundlage geführt: Als Angehörige derselben
Generation, die den Krieg und seine Folgen noch bewußt miterlebt
hat, haben wir uns der Herausforderung gestellt, jetzt die große,
vielleicht einmalige Chance zu ergreifen, daran mitzuwirken, die

...

Aus einem Brief des Bundeskanzlers an den französischen Staatspräsidenten François Mitterrand. Kohl informiert über seine Gespräche mit Michail Gorbatschow.

- 2 -

Teilung Europas endgültig zu überwinden und die Zukunft unseres
Kontinents auf Dauer friedlich, sicher und frei zu gestalten.

II.

Ich freue mich, daß es gelungen ist, die sicherheitspolitische Lage
des geeinten Deutschland entsprechend den von uns seit langem
gemeinsam erhobenen Forderungen festzuschreiben.

Damit sind die 2 + 4-Gespräche wesentlich erleichtert worden, und
ihr erfolgreicher Abschluß vor dem KSZE-Gipfel im November im Paris
ist nunmehr ein Fixpunkt der europäischen Politik der nächsten
Monate.

Die sicherheitspolitischen Ergebnisse der Gespräche habe ich
öffentlich - in Gegenwart und mit ausdrücklicher Billigung Präsident
Gorbatschows - in folgenden Punkten zusammengefaßt:

1.   Die Einigung Deutschlands umfaßt die Bundesrepublik Deutsch-
     land, die DDR und ganz Berlin.

2.   Mit der Herstellung der Einheit Deutschlands werden die Vier-
     Mächte-Rechte und -Verantwortlichkeiten in Bezug auf Deutsch-
     land als Ganzes und Berlin beendet. Das vereinte Deutschland
     erhält zum Zeitpunkt seiner Vereinigung seine volle und unein-
     geschränkte Souveränität.

3.   Das geeinte Deutschland kann - entsprechend der KSZE-Schluß-
     akte - in Ausübung seiner Souveränität frei und selbst ent-
     scheiden, ob und welchem Bündnis es angehören will.

Diesen Dank möchte ich Ihnen, lieber Francois, auch ganz persönlich
aussprechen.

                    Mit herzlichen Grüßen

ganz besonders sein bayerischer Charme zugute kam – die Interessen unseres Landes vertreten.

Gerade hier zeigt sich auch die Gemeinsamkeit unseres Erfolges als Koalition aus CDU, CSU und FDP. Hätten wir in den Jahren nach 1982 nicht gemeinsam die Kräfte des wirtschaftlichen Aufschwungs gestärkt und den Bundeshaushalt konsolidiert, dann hätten wir 1990 mit Sicherheit nicht über die Leistungsfähigkeit verfügt, die wir unbedingt brauchten, um die wirtschaftlich-finanziellen Herausforderungen der Einheit zu meistern. Aber«, so fügt der Kanzler hinzu, »bei alledem darf man nicht vergessen, daß Fortüne auch dazugehört. Und Fortüne hatte ich gehabt.«

FEILSCHEN
BIS ZUM SCHLUSS

»In meinem politischen Leben« – so Helmut Kohl – »ist schon viel über mich gesagt und geschrieben worden. Aber noch niemand hat behaupten können, ich sei ein ausgesprochener Liebling der Medien. Um so mehr genoß ich die Freundlichkeiten, die mir nach der Rückkehr aus dem Kaukasus von unterschiedlichster Seite zuteil wurden.« Der Verleger Rudolf Augstein schreibt im *Spiegel*: »Den Staatsmann Kohl wird man nicht mehr von der politischen Landkarte tilgen können.« »Die Welt staunt über Kohl – Adenauer und Brandt übertroffen«, titelt die *BILD*-Zeitung. Besondere Genugtuung habe er darüber empfunden, daß in der ausländischen Presse von den alten Verdächtigungen und Zweifeln gegenüber den Deutschen nichts mehr zu lesen gewesen sei. *Le Monde* bescheinigt dem Kanzler »einen Triumph der Kühnheit«, die Londoner *Times* schreibt vom »größten Bravourstück seiner Laufbahn«, und der Wiener *Kurier* stellt fest: »Mit professioneller Präzision und einem unglaublichen Gespür für das Machbare hat Kohl die Zusammenführung im Eilzugtempo durchgezogen.«

Im Kanzleramt treffen seit der Rückkehr Kohls aus der Sowjetunion Hunderte von Glückwunsch-Telegrammen ein. Der amerikanische Präsident gratuliert dem Kanzler zu seiner »hervorragenden Führungsrolle« und erklärt, er sei stolz auf die Leistung seines Freundes Helmut Kohl. Die Regierungschefs Europas stehen dem nicht nach. Selbst die britische Premierministerin läßt es sich nicht nehmen, dem Kanzler ihre Glückwünsche zu übermitteln. Die Zustimmung Gorbatschows zur NATO-Mitgliedschaft Gesamtdeutschlands, so schreibt sie, sei ein gewaltiger Schritt nach vorn.

Für die dritte Runde der Zwei-plus-Vier-Gespräche in Paris, an denen diesmal der polnische Außenminister Skubiszewski teilnimmt, scheint sich inzwischen kaum noch jemand zu interessieren. Die Außenminister gehen davon aus, daß sämtliche Kernfragen geklärt sind, und nehmen die Ergebnisse vom Kaukasus in ihre Erklärung mit auf. Außerdem einigen sie sich darauf, die Zwei-plus-Vier-Gespräche am 12. September in Moskau zu beenden. In der Frage der polnischen Westgrenze, die längst keine Frage mehr ist, versucht Genscher, Fehleinschätzungen und Befürchtungen der polnischen Seite aus dem Weg zu räumen.

Ein Rest von Besorgnis über die deutschen Absichten hinsichtlich der Oder-Neiße-Grenze trübt das deutsch-polnische Verhältnis auch noch nach der gemeinsamen Entschließung von Bundestag und Volkskammer. Kohl erinnert sich, daß Ministerpräsident Mazowiecki die Entschließung als nicht weitgehend genug angesehen habe, obwohl im Text doch eindeutig zum Ausdruck gekommen sei, daß der künftige gesamtdeutsche Souverän die Oder-Neiße-Linie endgültig als polnische Westgrenze anerkennen werde. Zusätzlich hätten die Polen die Garantie gehabt, daß ihr Anliegen von allen übrigen Europäern und – worauf es entscheidend ankam – den Vier Mächten, also den Vereinigten Staaten, Frankreich, Großbritannien und der Sowjetunion, voll unterstützt worden sei.

»Ich konzentrierte meine Überlegungen«, so hebt der Kanzler hervor, »damals schon auf die Zukunft des deutsch-polnischen Verhältnisses in einem zusammenwachsenden Europa. Meine Vorstellung war es gewesen, daß das vereinte Deutschland mit der Republik Polen einen Vertrag über gutnachbarliche und freundschaftliche Beziehungen schließen sollte, der die

Zukunft des deutsch-polnischen Verhältnisses umfassend regeln würde. Tadeusz Mazowiecki bestand demgegenüber darauf, nach der Wiedervereinigung zunächst einmal isoliert den Grenzvertrag unter Dach und Fach zu bringen. Ich fand diese von Mißtrauen geprägte Reaktion enttäuschend, respektierte sie jedoch.

Noch vor meiner Abreise in die Sowjetunion hatte ich Mazowiecki unter anderem geschrieben, er könne davon ausgehen, daß die Regierung des vereinten Deutschland bereit sein werde, binnen drei Monaten nach dem Zusammentreten des gesamtdeutschen Parlaments der polnischen Regierung einen Vertragsentwurf auf der Grundlage der gemeinsamen Entschließung vom Juni zu übermitteln. Ich kündigte außerdem an, daß wir bei den Pariser Verhandlungen eine derartige Absichtserklärung in den Zwei-plus-Vier-Prozeß einbringen würden. Hans-Dietrich Genscher und sein polnischer Kollege Skubiszewski hatten sich dann in Paris auf eine solche Vorgehensweise einigen können. Mazowiecki schien dies immer noch nicht zu genügen. Der Tonfall seines Antwortschreibens war zwar versöhnlich, aber in der Sache bestand er darauf, daß der Grenzvertrag schon vor der Wahl eines gesamtdeutschen Parlaments geschlossen werden müsse. So geschah es dann auch, und zwar im November.

Ich habe es bedauert, daß infolgedessen die Grenzfrage alle anderen wichtigen Themen im deutsch-polnischen Verhältnis, vor allem die großen Zukunftsthemen, für lange Zeit erst einmal in den Hintergrund gerückt hat. Wir strebten mit Polen einen umfassenden Vertrag ebenso an wie mit der Sowjetunion. Es wäre nicht zuletzt mit Blick auf geschichtliche Erfahrungen von hohem symbolischem Wert gewesen, wenn der umfassende deutsch-polnische Vertrag noch vor dem entsprechenden deutsch-sowjetischen Vertrag hätte abgeschlossen werden können. Darauf habe ich Mazowiecki vergeblich hingewiesen. Andererseits ist heute unübersehbar, daß die Partnerschaft zwischen Deutschen und Polen sich seit der Wiedervereinigung in einer Weise positiv entwickelt hat, wie ich es mir damals kaum hätte träumen lassen.«

Da die außenpolitischen Aspekte der deutschen Einheit, wie auf der Zwei-plus-Vier-Konferenz in Paris festgelegt wird, wohl bis September geklärt werden können, kommt es für den Kanzler nun darauf an, zügig die Regelung der noch ausstehenden inneren Aspekte in Angriff zu nehmen. Eine Frage von zentraler Bedeutung ist dabei, wann die ersten gesamtdeutschen Wahlen stattfinden sollen. Weil die zehnte Legislaturperiode des Deutschen Bundestags Anfang 1991 zu Ende geht, müssen die Bundestagswahlen im Zeitraum von Mitte November 1990 bis Mitte Januar 1991 stattfinden. Würde die DDR erst zu einem späteren Zeitpunkt der Bundesrepublik beitreten, müßte der bis dahin neugewählte Bundestag aufgelöst werden, um durch ein von allen Deutschen gewähltes Parlament ersetzt zu werden. Dies würde nicht zuletzt verfassungsrechtliche Probleme aufwerfen. Schon im Vorjahr hat man sich in Bonn auf den 2. Dezember 1990 als Wahltag verständigt. Für Kohl wird dieses Datum so zum Fixpunkt seiner zeitlichen Planung auf dem Weg zur Einheit.

»Ich strebte dieses Datum für die ersten gesamtdeutschen Wahlen an«, erklärt der Kanzler, »weil ich mir zunehmend Sorgen um das innenpolitische Klima machte. Immer mehr Bedenkenträger und Miesmacher hatten sich zu Wort gemeldet und die Ängste der Menschen in beiden Teilen Deutschlands geschürt. Hinzu kamen die fortgesetzten Kampagnen der Opposition. Die gesamtdeutschen Bundestagswahlen sollten nach meiner Vorstellung eine Abstimmung des deutschen Volkes über die Wiedervereinigung sein. Es stand ein regelrechter Berg von Arbeit vor uns, mit dem wir fertig werden mußten. Dazu gehörte nach dem Vertrag über die Währungs-, Wirtschafts- und Sozialunion nun ein zweiter Staatsvertrag, mit dem all die komplizierten anderen rechtlichen Fragen verbindlich geregelt werden sollten, die sich aus dem Beitritt der DDR zum Geltungsbereich des Grundgesetzes ergaben. Ein zweiter Staatsvertrag war zwar nicht zwingend erforderlich, denn all diese Fragen hätten auch nach dem Beitritt durch eine Vielzahl von Überleitungsgesetzen geregelt werden können. Dies hätte jedoch sehr viel Zeit gekostet und die Unsicherheit unter den Menschen im östlichen Teil unseres Vaterlandes noch weiter vergrößert. Zu einem zweiten Staatsvertrag gab es meiner Auffassung nach deshalb keine Alternative.«

Schon Ende Juni hat der Kabinettsausschuß »Deutsche Einheit« Einvernehmen darüber erzielt, daß die Rechtsüberleitung im Zusammenhang mit dem Beitritt der DDR in einem Staatsvertrag vereinbart werden sollte, und die Zuständigkeit des Bundesinnenministers bestätigt. Wolfgang Schäuble hat zu diesem Zeitpunkt bereits einen Schubladenentwurf – er nennt es »Diskussionselemente« – bereitliegen, den er unverzüglich allen elf Bundesländern und den Fraktionen des Bundestages zukommen läßt. Er möchte einen breiten Konsens, ehe er in die Verhandlungen mit der DDR-Regierung geht. Diese beginnen am 6. Juli im Amtsgebäude de Maizières in Ost-Berlin. Während auf westlicher Seite Schäuble die Delegation führt, hat sich auf östlicher Seite der Ministerpräsident selbst eingeschaltet. Verhandlungspartner des Bundesinnenministers ist vor allem Günther Krause, de Maizières Amtschef, der schon bei den Verhandlungen zum Vertrag über die Währungs-, Wirtschafts- und Sozialunion führend dabeigewesen ist. Ihm zur Seite steht der sächsische CDU-Vorsitzende Klaus Reichenbach.

De Maizière umreißt in seiner Eröffnungsansprache die Vorstellungen seiner Regierung von einem zweiten Staatsvertrag, den er »Einigungsvertrag« benannt wissen will. Er strebe einen Vertrag zwischen zwei gleichberechtigten Partnern an, von denen einer untergehen werde. Deshalb seien die Interessen der Menschen dieses Partnerstaates zu sichern. Die beim ersten Staatsvertrag noch offen gebliebenen Vermögens- und Eigentumsfragen, deren Eckwerte in einer Gemeinsamen Erklärung beider deutscher Regierungen festgehalten worden seien, müßten juristisch einwandfrei festgeschrieben werden – mit einem verbindlichen Auftrag an den späteren gemeinsamen Gesetzgeber, diese umsetzen zu müssen. Schäuble erklärt sich mit der Sprachregelung »Einigungsvertrag« einverstanden und verweist darauf, daß bei den bevorstehenden Vertragsverhandlungen die Belange beider deutscher Parlamente tangiert sein würden. Dann appelliert er an den Kooperationsgeist mit Blick auf das gemeinsame Ziel, das da heiße: deutsche Einheit.

De Maizière plädiert dafür, zunächst getrennte Wahlen in beiden Teilen Deutschlands zum gemeinsamen Bundestag abzuhalten und erst danach dem Geltungsbereich des Grundgesetzes beizutreten. Der DDR-Ministerpräsident, der die Vorstellungen Kohls, bis zu welchem Datum die Wiedervereinigung vollzogen sein soll, nicht teilt, begründet seinen Vorschlag mit organisatorischen Schwierigkeiten. Er verweist außerdem auf die Fünf-Prozent-Klausel des westdeutschen Wahlgesetzes, die auf die Verhältnisse in der DDR mit ihrer Vielzahl kleiner Parteien übertragen bedeute, daß etwa dreißig Prozent der ostdeutschen Wähler in einem gesamtdeutschen Bundestag nicht vertreten wären. Schäuble erläutert dagegen, daß er eine umgekehrte Reihenfolge – zuerst Beitrittserklärung der Volkskammer und dann gemeinsame Wahlen – für den besseren Weg halte, weil er der schnellere sei.

Offenbar von dem Willen beseelt, die deutsche Einheit für jedermann sichtbar als Bruch auch mit der bundesrepublikanischen Kontinuität festzuschreiben, schlägt de Maizière bei dieser ersten Gesprächsrunde zum Einigungsvertrag vor, das vereinte Deutschland »Deutsche Bundesrepublik« oder »Bund

DIE VERHANDLUNGEN ZUM EINIGUNGSVERTRAG 451

Deutscher Länder« zu nennen und überdies das von Hoffmann
von Fallersleben gedichtete »Einigkeit und Recht und Freiheit« durch den Wortlaut der von Johannes R. Becher getexte-
ten DDR-Nationalhymne »Auferstanden aus Ruinen« zu ergänzen.

Der Kanzler ist empört, als er davon hört, macht aber seinem
Ärger keine Luft, denn auch er weiß, daß die Verhandlungen
über den Einigungsvertrag mehr als schwierig sein werden.
»Ich setzte dabei ganz auf meinen alten Freund Wolfgang
Schäuble«, erinnert er sich. »Er war für diese Aufgabe der beste
Mann. Vor allem kam ihm zugute, daß er inzwischen ein gutes
Verhältnis zum DDR-Ministerpräsidenten aufgebaut hatte.
Auch verstand er sich ausgezeichnet mit Günther Krause. Dies
würde, so hoffte ich damals, zwar die vielfachen Probleme nicht
lösen, aber vielleicht etwas vereinfachen.«

Während die beiden Delegationen am Einigungsvertrag arbeiten, rückt die Regierung de Maizière dann doch von ihrer
Vorstellung ab, getrennte Wahlen zum künftigen gesamtdeutschen Parlament abhalten zu wollen. Nicht zuletzt die Ergebnisse der Kanzlerreise in den Kaukasus verstärken den Druck
auf de Maizière. Er fürchtet nun, die Dinge könnten ihm aus
dem Ruder laufen. Schon am 17. Juni hat es einen Antrag der
DSU-Fraktion der Volkskammer auf sofortigen Beitritt der
DDR zur Bundesrepublik gegeben. Nur mit viel Mühe ist es de
Maizière gelungen, diesen in die Ausschüsse zu überweisen und
damit Zeit zu gewinnen. Am 22. Juli findet dann in der Volkskammer ein Antrag eine Mehrheit, mit dem die Bundesrepublik aufgefordert wird, ein gemeinsames Wahlgesetz auszuarbeiten.

Der in Bonn sofort aufgegriffene Vorschlag wird zum Kraft-
akt, denn an der im westdeutschen Wahlgesetz verankerten
Fünf-Prozent-Klausel scheiden sich die Geister. Während die
FDP, die immer dann besonders gut abschneidet, wenn sie im

Vorfeld von Wahlen angeblich an der Fünf-Prozent-Hürde zu scheitern droht, und die SPD gemeinsam für die im westdeutschen Wahlgesetz verankerte Klausel streiten, treten CDU und Grüne mit Blick auf ihre teils schwachen östlichen Partner für eine Abschaffung der Klausel ein und finden damit die Zustimmung der SED-Nachfolgepartei PDS, die ihrerseits fürchtet, bei gesamtdeutschen Wahlen an dieser Hürde zu scheitern.

Schließlich einigt man sich auf eine Regelung, die zwar die Fünf-Prozent-Klausel festschreibt, zugleich aber für diese erste Wahl Listenverbindungen zwischen Parteien und politischen Gruppierungen zuläßt. Diese Lösung wird vom Bundesverfassungsgericht verworfen, das einer Organklage von Grünen, Republikanern und Linker Liste/PDS Ende September stattgibt. Wegen »mangelnder Chancengleichheit« entscheiden die Richter, daß die Fünf-Prozent-Klausel getrennt auf die beiden Teile Deutschlands angewandt werden müsse. Wer also auf dem Gebiet der DDR bei diesen ersten gesamtdeutschen Wahlen mehr als fünf Prozent der Stimmen erreicht, wird im Parlament des vereinten Deutschland vertreten sein.

Zwischen Bonn und Ost-Berlin herrscht unterdessen Einigkeit, daß die ersten gemeinsamen Wahlen am 2. Dezember stattfinden sollen, als der Kanzler am Wochenende nach seiner Rückkehr aus dem Kaukasus nach strapaziösen Monaten in seinen Urlaub nach St. Gilgen aufbricht. Wie in jedem Jahr sucht er sich auch diesmal durch Bergtouren und durch Bootspartien auf dem Wolfgangsee zu entspannen. Doch wie schon im Vorjahr wird daraus nichts Rechtes, denn immer neue Probleme bedürfen seines Eingreifens.

An den 2. August erinnert sich Kohl noch besonders gut: »Ich kam von einer Wanderung zurück, als mir Walter Neuer die Nachricht überbrachte, daß Lothar de Maizière mich unverzüglich sprechen wolle. Ich erwiderte, daß dies doch kein Problem sei. Wir könnten doch telefonieren. Dem war jedoch nicht so.

Der DDR-Ministerpräsident wollte mich persönlich sprechen und befand sich bereits mit Günther Krause auf dem Weg zu mir. Nachdem sie am Nachmittag mit ihrer riesigen Maschine auf dem kleinen Salzburger Flughafen gelandet waren, kamen sie eine Stunde später in St. Gilgen an. De Maizière fiel gleich mit der Tür ins Haus. Er schilderte mir eindringlich, daß seine Regierung die Situation in der DDR nicht mehr bis zum 2. Dezember beherrschen könne. Trotz der Bonner Milliarden rechne er mit dem baldigen wirtschaftlichen Kollaps seines Landes. Alles werde im Chaos versinken. Als Ausweg schlug er nun vor, in der darauffolgenden Woche vor die Volkskammer zu treten und den Beitritt der DDR zur Bundesrepublik bereits für den 14. Oktober zu verkünden. Für diesen Tag seien auch die Landtagswahlen in den bis dahin gegründeten fünf neuen Ländern vorgesehen. Es biete sich daher an, parallel dazu auch die ersten gesamtdeutschen Wahlen durchzuführen.

Ich stimmte Lothar de Maizière zu, was die Beitrittserklärung durch die Volkskammer anging. Auch seinem Vorschlag, die gemeinsamen Wahlen auf den 14. Oktober vorzuverlegen, stand ich durchaus aufgeschlossen gegenüber. Zwei Möglichkeiten bot das Grundgesetz für eine Verkürzung der Legislaturperiode, die beide allerdings hochkomplizierte rechtliche Probleme mit sich brachten. Ich ging deshalb davon aus, daß wir diese Frage zunächst einmal innerhalb unserer Fraktionen und Koalitionen, aber auch zwischen unseren Regierungen noch genauestens erörtern müßten. Nicht zuletzt mußte mit dem Bundespräsidenten gesprochen werden.

Bis tief in die Nacht saßen wir damals in St. Gilgen noch zusammen. Ich erinnere mich, daß sich Günther Krause ans Klavier setzte und herrliche Melodien spielte, zu denen wir nach einigen Schoppen Wein gemeinsam sangen. Alles in allem endete der Abend in einer prächtigen Stimmung. Das böse Erwachen kam am Tag danach – als Lothar de Maizière am

3. August in Ost-Berlin plötzlich vor die Presse trat und im Alleingang, ohne Rücksprache mit dem Koalitionspartner oder der Fraktion, verkündete, daß Beitritt, Landtagswahlen und die erste gesamtdeutsche Wahl am 14. Oktober stattfänden. Ich war fassungslos, als mich Wolfgang Schäuble noch am selben Tag in St. Gilgen anrief und mich über de Maizières Schritt informierte. Weshalb er diesen Alleingang unternommen hatte, darüber bin ich mir bis heute nicht im klaren, denn auch er hätte wissen müssen, daß er mit dieser Eigenwilligkeit die Chancen für gesamtdeutsche Wahlen am 14. Oktober zunichte gemacht hatte.«

Die Sozialdemokraten vermuten nun einen gemeinsamen Coup von Kohl und de Maizière, »die mit ihrem Latein am Ende seien«. Sie sprechen von einem Komplott. »Eine Vorverlegung der Wahlen« – so der Kanzler – »paßte den Sozialdemokraten nicht in ihr Konzept. Ihr Kalkül lag auf der Hand: Je länger der Weg zur Einheit, desto größer würden die Schwierigkeiten, und damit stiegen automatisch die Erfolgsaussichten von Lafontaine.« Die Verfassungsjuristen sind sich einig: Eine Vorverlegung der Bundestagswahl ist nur über eine Änderung des Grundgesetzes zu verwirklichen. Dafür bedarf es der Zustimmung der SPD, die nun niemand mehr erwarten kann.

Belastet werden durch den Vorstoß de Maizières auch die Verhandlungen zum Einigungsvertrag, denn in der westdeutschen Delegation sitzen auch die Vertreter der Bundesländer, und dies sind seit dem Ende der Regierung Albrecht in Niedersachsen mehrheitlich Sozialdemokraten. Schwerer wiegt dabei jedoch, daß mit der Ratifizierung des Einigungsvertrages auch Änderungen im Grundgesetz vorgenommen werden müssen, für die wiederum eine Zweidrittel-Mehrheit in Bundestag und Bundesrat, das heißt, auch die Zustimmung der SPD, erforderlich sein wird.

Schon nach der ersten Verhandlungsrunde hat niemand

mehr die Illusion, daß ein schnelles Einvernehmen zu erzielen sein wird. Zu groß sind die Meinungsunterschiede zwischen beiden Delegationen, aber auch innerhalb der jeweiligen Delegationen selbst. Zu viele Einzelinteressen und jede Menge Taktik, besonders mit Blick auf die Dezember-Wahl, bestimmen die Gespräche. Zu den umstrittensten Punkten gehören die Hauptstadtfrage, die Rechtsangleichung, die künftige Finanzverfassung und vor allem die Eigentumsproblematik, aber auch der Umgang mit den Stasi-Akten und die Strafbarkeit des Schwangerschaftsabbruchs. Trotz alledem müssen schnelle Antworten gefunden werden.

Was die künftige Hauptstadt des vereinten Deutschland angeht, so fordert die DDR-Delegation die Festlegung auf Berlin, ohne die es keinen Einigungsvertrag geben werde. »Ich hatte große Sympathien für diese Überlegung, war jedoch der Meinung, daß mit dieser Frage die ohnehin schwierigen Verhandlungen nicht belastet werden dürften«, sagt Kohl und fährt fort: »Eine große Zahl von Abgeordneten des Bundestages war gegen Berlin als Parlaments- und Regierungssitz. Als Ausweg bot sich an, die Entscheidung dem gesamtdeutschen Parlament zu überlassen. Wolfgang Schäuble ist es durch seine geschickte Verhandlungsführung gelungen, dies bei den Gesprächen über den Einigungsvertrag einzubringen.

Ich hatte mir vorgenommen, zu gegebener Zeit im Deutschen Bundestag meinen Standpunkt zu Berlin noch einmal deutlich zu machen. Jahrzehntelang hatten wir uns ohne Wenn und Aber zu Berlin als deutscher Hauptstadt bekannt. Dies war von enormer Bedeutung, denn der von Mauer und Stacheldraht umgebene freie Teil der Stadt brauchte eine Perspektive, wollte er unter den Bedingungen der Teilung überleben – und diese Perspektive konnte nur darin bestehen, einmal wieder Hauptstadt eines in Frieden und Freiheit wiedervereinten Deutschland zu sein. Das war selbstverständlich auch die Position eines

Kurt Schumacher, eines Ernst Reuter, eines Willy Brandt gewesen.«

Seit Beginn der achtziger Jahre ist in der SPD hingegen die Vorstellung verbreitet, daß Berlins Rolle als »Hauptstadt der Nation« auf »nationalistischem Gedankengut« gründe und deshalb hinderlich sei bei der Suche nach einer zukunftsorientierten Rolle der westlichen Teilstadt. Ihren Höhe- und gleichzeitig Endpunkt haben diese Überlegungen in der Vorstellung des letzten Berliner Regierenden Bürgermeisters der Vorwendezeit, Walter Momper, gefunden, der gefordert hat, West-Berlin solle die »Hauptstadt der Phantasie, die Hauptstadt der Kreativität und der Selbstverwirklichung« werden, während die SED den Ostteil der Stadt entgegen den Vereinbarungen des Vier-Mächte-Abkommens als »Hauptstadt der DDR« beansprucht hatte.

Beide Verhandlungsdelegationen einigen sich während der zweiten Runde am 1. August auf eine Kompromißformel, die vorsieht, daß Berlin die künftige Hauptstadt des vereinten Deutschland sein wird, jedoch die Beantwortung der Frage, ob es auch Sitz von Parlament und Regierung sein werde, auf die Zeit nach der Wiedervereinigung verschiebt.

Überraschend kommt es auch zu einer Einigung in der schwierigen Frage der Übertragung der westdeutschen Rechtsordnung. Die DDR-Abordnung hat zunächst eine schrittweise Rechtsangleichung gefordert, wie auch Schäuble, der eine Überlastung der ostdeutschen Gerichte fürchtet. Nun einigt man sich darauf, das Bundesrecht mit wenigen Ausnahmen in einem Zug in der DDR einführen zu wollen.

Die dritte Runde der Verhandlungen zum Einigungsvertrag, die im Bonner Verkehrsministerium am 20. August beginnt – für Kohl ist es der erste Arbeitstag in Bonn nach seinem Urlaub –, ist von den Ereignissen in Ost-Berlin überschattet. Dort ist der von der Regierung de Maizière eingeforderte Wahlvertrag an der erforderlichen Zweidrittel-Mehrheit in der Volkskammer gescheitert. Außerdem erschüttert ein handfester Krach die dortige Regierungskoalition. Ministerpräsident de Maizière hat den sozialdemokratischen Finanzminister Romberg sowie den parteilosen, aber von der SPD vorgeschlagenen Landwirtschaftsminister Peter Pollack entlassen. Zwei weitere Minister erklären daraufhin unter Protest ihren Rücktritt. Kurz darauf beschließt die Volkskammerfraktion der SPD ihren Austritt aus der Koalitionsregierung de Maizières, der nunmehr in Personalunion das durch den Abgang von Meckel vakant gewordene Amt des DDR-Außenministers mit übernimmt.

Als Folge des Regierungsaustritts der Ost-SPD werden die Verhandlungen zum Einigungsvertrag noch schwieriger. Ihr Vorsitzender Wolfgang Thierse droht ganz offen, das Vertragswerk scheitern zu lassen, wenn die Vorstellungen seiner Partei nicht gebührend berücksichtigt würden. Die SPD verlangt ultimativ die Stärkung der Finanzkraft von Ländern und Gemeinden, die endgültige Festschreibung der Zwangskollektivierungen in der DDR sowie eine neue gesamtdeutsche Verfassung anstelle einer Übernahme des Grundgesetzes.

Es gelingt Schäuble dennoch, seine Verhandlungslinie weitgehend durchzusetzen. Die Eingriffe in das Grundgesetz sollen auf das für den Einigungsprozeß erforderliche Minimum und damit auf die Präambel und die Artikel 23, 51 (er legt die Stimmverteilung im Bundesrat fest) sowie 146 beschränkt werden. In dem neuen Artikel 146 soll künftig festgehalten werden, daß es dem deutschen Volk vorbehalten bleibe, über eine neue Verfassung zu beschließen.»Diesen Punkt hatte die SPD durchgesetzt. Wir konnten damit leben, denn wir waren sicher, daß es für eine Totalrevision des Grundgesetzes keine Mehrheit geben würde«, sagt der Kanzler.

Was die von SPD und Ost-Berliner Regierung geforderte Festschreibung der unter sowjetischer Zonenherrschaft durch-

458 FEILSCHEN BIS ZUM SCHLUSS

geführten Enteignungen angeht, so weiß Schäuble, daß es angesichts der sowjetischen Intervention vom April des Jahres keinerlei Spielraum gibt. Anders liegen die Dinge in der Frage, wie mit dem unter SED-Herrschaft enteigneten Grund und Boden umgegangen werden soll. Bonn will das Prinzip der Rückgabe vor Entschädigung durchsetzen.

Die Delegationen verhandeln noch im Bonner Verkehrsministerium über die strittigen Punkte des Einigungsvertrages, als in der Nacht vom 22. auf den 23. August die Volkskammer den Beitritt zur Bundesrepublik mit der erforderlichen Zweidrittel-Mehrheit für den 3. Oktober beschließt, nachdem sie auch dem Wahlvertrag in einem zweiten Urnengang zugestimmt hat. In der Entschließung wird davon ausgegangen, daß die Beratungen zum Einigungsvertrag und die Zwei-plus-Vier-Verhandlungen bis zu diesem Termin abgeschlossen sind. Außerdem – so wird vorausgesetzt – soll die Länderbildung so weit vorbereitet sein, daß am 14. Oktober die Wahl zu den Länderparlamenten stattfinden kann.

Der Kanzler ist begeistert. Er hat mit de Maizière mehrmals über die Wahl des Tages, an dem die Einheit vollzogen werden soll, gesprochen. Aus seiner Sicht bietet sich der 3. Oktober zugleich als neuer Nationalfeiertag an. »Zunächst war ja dafür der Tag der Berliner Maueröffnung, der 9. November, ins Gespräch gebracht worden«, erinnert sich Kohl und sagt, er habe dieses Datum verworfen, weil er sich als künftigen Nationalfeiertag einen Tag der Freude gewünscht habe. Zwar hat am 9. November 1918 der Sozialdemokrat Philipp Scheidemann die erste deutsche Republik ausgerufen, doch in einer unseligen Verkettung historischer Ereignisse hat Hitler am gleichen Tag – fünf Jahre später – gegen die bayerische Regierung geputscht und dann bewußt am 9. November 1938 unter Federführung seines Propagandaministers Goebbels die Reichspogromnacht inszenieren lassen.

DIE BEITRITTSENTSCHEIDUNG DER VOLKSKAMMER 459

»Mir schwebte ein Nationalfeiertag Anfang Oktober vor«, so Kohl, »weil zu diesem Zeitpunkt das Wetter in der Regel noch gut ist und die Menschen im Freien feiern können. Mir hatte es bei unseren französischen Nachbarn immer gut gefallen, daß der 14. Juli, ihr Nationalfeiertag, nicht nur ein Anlaß für pathetische Reden ist, sondern im ganzen Land fröhlich gefeiert wird. Die deutsche Einheit in Frieden und Freiheit – das ist doch nun wirklich ein Grund, sich unbeschwert zu freuen. All diesen Überlegungen kam entgegen, daß am 1. Oktober die KSZE-Außenministerkonferenz in New York beginnen sollte. Dieses Datum galt es abzuwarten, um der KSZE die Möglichkeit zu geben, das Ergebnis der bis dahin beendeten Zwei-plus-Vier-Gespräche abzusegnen.«

Am Tag nach der Volkskammer-Entscheidung würdigt der Kanzler das Ereignis in einer Regierungserklärung vor dem Deutschen Bundestag. In seiner Rede zollt er den Kollegen und Kolleginnen der Volkskammer seine Anerkennung. Sie hätten mit ihrem klaren Votum den entscheidenden Schritt zur Einheit Deutschlands getan und damit in eindrucksvoller Weise den Auftrag erfüllt, den ihnen die Landsleute in der DDR mit der Volkskammerwahl am 18. März 1990 erteilt hatten. Dann zitiert der Kanzler den früheren SPD-Vorsitzenden Kurt Schumacher, der in der ersten Debatte des Deutschen Bundestages im September 1949 gesagt hatte: »Wir wünschen, daß bei aller Verschiedenheit der Auffassungen sozialer, politischer und kultureller Natur die Angelegenheit der deutschen Einheit überall in Deutschland die Angelegenheit der gleichen Herzenswärme und der gleichen politischen Entschiedenheit wird.«

Keine vierundzwanzig Stunden später steht Kohl vor der CDU-Volkskammerfraktion. Noch immer unter dem Eindruck der Beitrittsentscheidung, dankt er den Versammelten. Er spricht die wirtschaftlichen Schwierigkeiten an, die de Maizière bewogen haben, auf den schnellen Einheitskurs einzuschwenken. »Natürlich hat der Übergang von der Kommandowirtschaft zur Sozialen Marktwirtschaft«, so Kohl im Rückblick, »auch bittere Erfahrungen für die Menschen in der östlichen Hälfte unseres Vaterlandes mit sich gebracht. Viele Spekulanten und Abenteurer hatten seit dem 1. Juli bei den ohnehin verunsicherten Menschen mit ihrem Verhalten die schlimmsten Vorurteile über den ›Kapitalismus‹ bestätigt.« Für die Stimmungsmacher aus den Reihen der PDS, die ohnehin schon von »Anschluß«, »Unterwerfung« oder gar »Inbesitznahme« der DDR durch die Bundesrepublik gesprochen hätten, sei das Auftreten dieser Westdeutschen Wasser auf die Propagandamühlen gewesen. Es sei geradezu der Eindruck erweckt worden, als seien nicht die Kommunisten, sondern als sei die Bundesregierung für den wirtschaftlichen und ökologischen Bankrott des SED-Regimes verantwortlich gewesen, so Kohl.

Vor der CDU-Volkskammerfraktion entwirft der Kanzler nun Zukunftsperspektiven und appelliert an die Abgeordneten, auf diesen letzten Metern zum großen Ziel durchzustehen. Er hat an diesem Freitag, dem 24. August, allen Grund, optimistisch zu sein, denn die beiden Delegationen, die nunmehr seit Wochen am Zustandekommen des Einigungsvertrages arbeiten, haben den Vertragsentwurf fertiggestellt und in weiten Teilen miteinander abgestimmt. Dennoch bleiben einige strittige Punkte, als man die dritte Verhandlungsrunde beendet, vor allem die Frage, wie die Steuereinnahmen verteilt werden sollen. Außerdem steht eine Klärung der Frage aus, wie der nach westdeutschem Recht strafbare, in der DDR legal praktizierte Schwangerschaftsabbruch und der Umgang mit den Stasi-Akten im vereinten Deutschland gehandhabt werden sollen.

In dieser Situation wenden sich der SPD-Vorsitzende Vogel und seine drei Stellvertreter Herta Däubler-Gmelin, Johannes Rau und Oskar Lafontaine in einem Schreiben an den Kanzler und verlangen, die bislang noch nicht geklärten Punkte »unverzüglich zum Gegenstand eines Spitzengesprächs« zu machen. Kohl einigt sich mit den SPD-Politikern darauf, mit ihnen am 26. August im Kanzleramt zusammenzutreffen, denn er braucht deren Stimmen in Bundestag und Bundesrat. Außer Kohl und Schäuble sind bei dem Treffen mit der SPD-Führung im kleinen Kabinettsaal Finanzminister Waigel, Kanzleramtsminister Seiters, der CDU/CSU-Fraktionsvorsitzende Dregger, CSU-Landesgruppenchef Bötsch sowie von der FDP Graf Lambsdorff, Genscher und Mischnick dabei.

»Ich denke, es ist den Sozialdemokraten auch beim Einigungsvertrag, wie schon beim Vertrag zur Währungs-, Wirtschafts- und Sozialunion, darum gegangen«, so der Kanzler, »mit Blick auf die Öffentlichkeit ein Zeichen zu setzen, denn am 2. Dezember sollte ja gewählt werden. Sie forderten dann auch von mir mit lautstarker Begleitung der Medien, die von der SED Enteigneten zu entschädigen. Durch eine Politik der Rückgabe vor Entschädigung, wie sie die Bundesregierung vorhabe, könne man keinen sozialen Frieden herbeiführen.

Ich versuchte mich damals in die Situation derer zu versetzen, die vor zehn, fünfzehn Jahren in Leipzig, Magdeburg oder Dresden ein Haus erworben hatten, das im Laufe der Jahre nun zu ihrem Zuhause geworden war. Natürlich würde es für sie bitter sein, wenn sie nach einer Übergangsfrist von mehreren Jahren ausziehen müßten. Aber wir mußten auch an all diejenigen denken, denen oftmals die Elternhäuser durch SED-Willkür abgenommen worden waren. Wie bitter mußte es erst für diese Menschen gewesen sein! Sie hatten nicht nur den moralischen Anspruch, ihr Eigentum zurückzuerlangen, sondern sie hatten auch das Grundgesetz auf ihrer Seite, in dem der Schutz des Eigentums verankert ist. Nach sorgfältigem Abwägen aller Faktoren hatten wir uns daher entschlossen, Rückgabe vor Entschädigung zu stellen.

Wir diskutierten im Kanzleramt auch über die Finanzausstattung der neu zu bildenden Länder. Die SPD vertrat hierbei eine in sich widersprüchliche Position. Sie forderte auf der einen Seite mehr Geld für die neuen Bundesländer. Auf der anderen Seite waren die Sozialdemokraten nicht in der Lage, die Zustimmung der von ihnen geführten Landesregierungen zu garantieren. Offensichtlich glaubten sie, sich mit dieser Methode Sympathien in Ost und West gleichermaßen erwerben zu können.«

Ein weiterer Punkt, an dem die unterschiedlichen Meinungen aufeinanderprallen, ist die Problematik des verschiedenen Rechts beim Schwangerschaftsabbruch in beiden Teilen Deutschlands. In der DDR gibt es eine Fristenlösung, die einen Abbruch bis zum dritten Monat auf einen einfachen Gang zum Arzt reduziert. »Ich hielt es damals« – so der Kanzler – »für einen falschen Weg, in einer auch emotional so stark belasteten Frage eine einheitliche Handhabung des Paragraphen 218 sozusagen übers Knie zu brechen. Ebendies hätten wir in der Kürze der uns verbleibenden Zeit tun müssen. Mit den Sozialdemokraten wären wir uns ohnehin nicht einig geworden. Aber auch in der Ost-CDU gab es Auffassungen, die von der Mehrheitsmeinung der CDU im Westen stark abwichen. So hatte Lothar de Maizière – obwohl selbst Synodaler der Berlin-Brandenburgischen Kirche – zu meiner Überraschung schon zu Beginn der Verhandlungen über den Einigungsvertrag unmißverständlich klargemacht, daß er diesen scheitern lassen würde, wenn wir die in der Bundesrepublik gesetzlich vorgegebene Indikationslösung für ganz Deutschland durchsetzen wollten. Es blieb daher gar nichts anderes übrig, als das Thema aus den Verhandlungen herauszulösen und für eine Übergangszeit von zwei Jahren eine unterschiedliche Rechtslage in Ost und West hinzunehmen.«

In der Frage von Grund und Boden wird im Einigungsvertrag die in der Gemeinsamen Erklärung vom 15. Juni festgehaltene Regelung in modifizierter Form übernommen. Sie sieht nunmehr zwar »Rückgabe vor Entschädigung« vor, ermöglicht aber auch eine umgekehrte Vorgehensweise, wenn etwa ein Grundstück investiven Zwecken dient und zum Beispiel Arbeitsplätze sichert.

Für die Finanzierung der Einheit und den Länderfinanzausgleich sieht der erzielte Kompromiß vor, die Finanzverfassung zwar auf die neu zu schaffenden Bundesländer zu übertragen, diese aber bis 1994 vom Länderfinanzausgleich auszuschließen. Außerdem sollen die neuen Länder 1991 nur fünfundfünfzig Prozent des durchschnittlichen Umsatzsteueranteils pro Einwohner erhalten, der allerdings bis 1995 auf hundert Prozent steigen soll. Begründet wird diese Schlechterstellung mit dem Hinweis auf die Aufbauhilfe von 115 Milliarden D-Mark aus dem »Fonds Deutsche Einheit«, von denen 47,5 Milliarden von den alten Bundesländern aufgebracht werden müssen.

Zum Umgang mit den Stasi-Unterlagen, die der Obhut des Bundesarchivs übergeben werden sollen – so haben es die Delegationen bereits einvernehmlich ausgehandelt –, schafft die Volkskammer in letzter Minute eine neue Ausgangslage: Sie beschließt ein »Gesetz über die Sicherung und Nutzung der personenbezogenen Daten des ehemaligen Ministeriums für Staatssicherheit/Amtes für Nationale Sicherheit«. Damit soll für die Opfer des Bespitzelungs- und Terrorapparates der Zugang zu ihren Akten sofort frei gemacht werden.

»Da es sich hierbei um den Willen der freigewählten Volkskammer in einer ureigenen DDR-Angelegenheit handelte«, meint der Kanzler, »durften wir im Westen uns natürlich nicht darüber hinwegsetzen. Darüber entscheiden, wie mit diesem Erbe umgegangen werden sollte, konnten nur diejenigen, die unter diesem Herrschaftsinstrument der SED gelebt und gelitten hatten. Sie hatten einen Anspruch darauf, die reine Wahrheit zu erfahren. Wenn ich heute zurückschaue, dann halte ich diese Entscheidung von damals für richtig, wenngleich ich zeitweise daran gezweifelt habe. Ich fürchtete, der ganze Unrat, der da hochkommen würde, könnte das Klima in Deutschland vergiften. Dies ist nicht eingetreten, weil es die Opfer verstanden haben, mit dieser düsteren Hinterlassenschaft verantwortungsbewußt umzugehen.«

Um dem Anliegen der Volkskammer gerecht zu werden, arbeiten deren Stasi-Beauftragter, der Rostocker Pfarrer Joachim Gauck, und der Staatssekretär im Bundesinnenministerium, Hans Neusel, eine Regelung aus, in der beide Seiten dem gesamtdeutschen Gesetzgeber empfehlen, die Grundsätze des Volkskammergesetzes zu berücksichtigen. Der Empfehlung zufolge sollen die Unterlagen bereitgestellt werden zum Zwecke der Wiedergutmachung und Rehabilitierung von Opfern, zur Verfolgung von Straftaten, die im Zusammenhang mit der Tätigkeit des Staatssicherheitsdienstes stehen, sowie zur Überprüfung von Parlamentariern und Beschäftigten des Öffentlichen Dienstes.

Am 31. August 1990 – nicht einmal acht Wochen nach Verhandlungsbeginn – ist es soweit: Schäuble und Krause unterzeichnen im Ost-Berliner Kronprinzenpalais das Vertragswerk. Es regelt in neun Kapiteln und sechsundvierzig Artikeln auf rund tausend Seiten das ganze Spektrum der mit dem Beitritt der DDR zur Bundesrepublik entstehenden Fragen. Sie reichen von den Beitrittsbestimmungen und den Grundgesetzänderungen über die künftige Finanzverfassung und die Gestaltung der Verwaltung bis hin zu den Maßnahmen der Strukturanpassung in den neuen Ländern und einer Vielzahl von Regelungen auf den Gebieten Arbeit, Soziales, Familie, Frauen, Kultur, Wissenschaft und Sport. Mehr als neunzig Prozent des Textumfangs des gewaltigen Vertragswerkes machen die sogenannten Anlagen aus, in denen Einzelfragen oftmals bis ins letzte Detail geregelt werden.

»Es war schon eine einzigartige Leistung«, so Kohl, »die Wolfgang Schäuble und Günther Krause und all ihre Mitarbeiter in der Kürze der Zeit und angesichts der Vielzahl widerstreitender Interessen vollbracht hatten. Vor allem Wolfgang Schäuble hat in diesen Wochen und Monaten ein ungeheures Arbeitspensum bewältigt. Nicht zuletzt infolge seiner mehrjährigen Tätigkeit als Chef des Bundeskanzleramtes war er einer der besten Kenner der innerdeutschen Probleme. Er hat seine Pflicht mit dem ganzen Einsatz seiner Person erfüllt.

Nach dem Vertrag über die Währungs-, Wirtschafts- und Sozialunion, dem Wahlvertrag, der Volkskammer-Entschließung zum Beitritt und der Festsetzung aller Termine waren damit, einmal abgesehen von der noch ausstehenden Ratifizierung des Einigungsvertrages durch Volkskammer und Bundestag, die inneren Aspekte der deutschen Einheit geregelt. Was die Zustimmung durch beide Parlamente anging, so zweifelte ich nicht daran, daß sie erfolgen würde, was ja dann auch geschah.«

Was nun an rechtlichen Grundlagen auf dem Weg zur deutschen Einheit noch aussteht, ist das Dokument, mit dem die Zwei-plus-Vier-Gespräche abgeschlossen werden sollen. Aus der Sicht des Kanzleramtes ist die für den 12. September in Moskau vorgesehene Paraphierung des entscheidenden Vertrages, mit dem Deutschland am 3. Oktober seine volle Souveränität zurückerhalten soll, nur noch ein formaler Akt. Doch es kommt ganz anders: Schewardnadse teilt Genscher in einem Schreiben mit, daß das Zwei-plus-Vier-Dokument wie vorgesehen am 12. September in Moskau unterzeichnet werden könne. Er erwähnt jedoch auch sowjetische Besorgnisse. In der Führung der Streitkräfte werde die Auffassung vertreten, daß die Sowjettruppen nicht, wie zwischen Kohl und Gorbatschow verabredet, in einem Zeitraum von drei bis vier Jahren abgezogen werden könnten. Die Rede ist nun von mindestens fünf bis sieben Jahren. Nach einem Gespräch zwischen Kwizinski und Teltschik, das am

28. August stattfindet, wird klar: Gorbatschow will die Vereinbarungen nachbessern.

»Wir verhandelten mit den Sowjets zu diesem Zeitpunkt über vier Verträge«, erläutert der Bundeskanzler. »Mit jeweils einem Vertrag sollten die neuen nachbarschaftlichen Beziehungen und die wirtschaftlich-technologische Zusammenarbeit geregelt werden. Bei den anderen beiden Verträgen ging es um die Bedingungen des befristeten Aufenthalts und des Abzugs der sowjetischen Streitkräfte sowie um überleitende Maßnahmen. Mit dem sogenannten Überleitungsvertrag wollten wir uns verpflichten, für die aus Deutschland zurückkehrenden Sowjetsoldaten ein großangelegtes Wohnungsbau-Programm zu finanzieren und hierfür etwa acht Milliarden D-Mark zur Verfügung zu stellen. Nun signalisierte uns der Kreml, daß dies zu wenig sei, und bezifferte seine Vorstellungen auf mehr als achtzehn Milliarden D-Mark.

Auch die USA wollten damals Geld von uns. Das machte die Sache nicht einfacher. Durch den irakischen Einmarsch in Kuweit waren den Vereinigten Staaten erhebliche Kosten entstanden. Sie mußten Truppen verlegen und Länder unterstützen, die nun kein Rohöl mehr bekamen. Weil für den ganzen Westen Interessen auf dem Spiel standen, erwarteten die USA auch von uns einen finanziellen Beitrag. Angesichts der enormen Summen für den Aufbau der neuen Bundesländer galt es daher, sparsam zu wirtschaften. Ich war deswegen nicht gewillt, den neuen Forderungen Moskaus nachzukommen.«

Am Vormittag des 7. September telefoniert Kohl mit Gorbatschow. Es ist das erste Mal, daß beide Männer nach ihren Verhandlungen im Kaukasus miteinander sprechen. Der Generalsekretär habe einen bedrückten Eindruck gemacht, erinnert sich Kohl: »Michail Gorbatschow leitete das Gespräch mit den Worten ein, das Leben sei nicht einfach. Er hoffe, noch Zeiten zu erleben, wo er in größerer Ruhe mit mir in den Bergen wandern könne. Dann kam er auf sein eigentliches Anliegen zu sprechen: Bei den Verhandlungen über die Kosten des Aufenthaltes und der Stationierung der sowjetischen Streitkräfte in Deutschland liefe nicht alles glatt.

Ich erwiderte, daß wir großzügige Hilfe beim Wohnungsbau für die zurückkehrenden Truppen vereinbart hätten, und jetzt würden von sowjetischer Seite auf einmal auch noch Gelder für die Stationierung der Soldaten bis zum Abzug und darüber hinaus für deren Rücktransport gefordert. Der Generalsekretär antwortete mir, er hoffe, daß man bei den historischen Beschlüssen bleiben könne und diese nicht durch Details gefährde. Man sei ja auch von sowjetischer Seite nicht kleinlich aufgetreten. Das war ein Wink mit dem Zaunpfahl!«

Er habe Gorbatschow nun darauf hingewiesen, daß es der Bundesrepublik nicht an gutem Willen fehle, und das Angebot von acht Milliarden D-Mark wiederholt. »Gorbatschow erklärte mir«, so Kohl, »daß diese Zahl in eine Sackgasse führe. Nach sowjetischen Berechnungen käme man auf einen Betrag von elf Milliarden, die allein für den Wohnungsbau und die dazugehörige Infrastruktur erforderlich seien. Mein Gesprächspartner wurde nun sehr drastisch: Das Angebot der deutschen Seite unterminiere die gemeinsame Arbeit, die bisher geleistet worden sei. Die sowjetischen Forderungen seien keine Bettelei. Er müsse aber offen mit mir reden. Es dürften keine Hindernisse geschaffen werden, die das sprengen könnten, was aufgebaut worden sei.

Gorbatschow verknüpfte schließlich noch einmal die nach seinen Worten ›schicksalsträchtige Frage des Aufenthalts und Abzugs der sowjetischen Truppen‹ unmittelbar mit den von ihm geforderten Zahlungen. Er fragte mich, welche Weisungen er seinem Außenminister Schewardnadse mit Blick auf die bevorstehende letzte Runde der Zwei-plus-Vier-Gespräche geben solle. Wörtlich sagte Gorbatschow: ›Die Situation ist für mich sehr alarmierend. Ich habe den Eindruck, ich bin in eine Falle gelaufen.‹ Ich widersprach ihm heftig und sagte ihm, daß man so nicht miteinander reden könne. Ich versuchte nun, Zeit zu gewinnen, und bat Gorbatschow, die Dinge noch einmal zu überlegen; wir sollten in drei Tagen wieder miteinander telefonieren.«

In der Mittagszeit des 10. September setzen Kohl und Gorbatschow ihr Gespräch fort. Der Bundeskanzler hat die Zeit genutzt, um sich mit Waigel und Haussmann zu beraten. »Die Sowjets hatten inzwischen abermals ihre Forderungen auf sechzehn bis achtzehn Milliarden D-Mark beziffert, und wir wußten allzu gut, daß Gorbatschow Herr des Geschehens war. Er hatte es in der Hand, die letzte Runde der Zwei-plus-Vier-Gespräche platzen zu lassen und uns damit nur wenige Meter vor unserem Ziel enorme Probleme zu bereiten, denn noch standen fast vierhunderttausend sowjetische Soldaten auf deutschem Boden. Als Gegenangebot schlug ich Gorbatschow nun elf bis zwölf Milliarden D-Mark vor, nachdem er mich mit einer Freundlichkeit begrüßt hatte, als hätte es das unerfreuliche Telefongespräch vom 7. September nie gegeben. Er wolle nicht feilschen, erwiderte er, hoffe aber, daß wir den geforderten Betrag aufbrächten, da es ja um die Vereinigung Deutschlands ginge.

Das war eine deutliche Sprache. Ich sah mich daher genötigt, der Sowjetunion zusätzlich zu unserem Angebot einen zinslosen Drei-Milliarden-Kredit anzubieten. Gorbatschow meinte daraufhin, daß das Problem so gelöst werden könne, und hob hervor, daß wir auch diese sehr schwierige Etappe erfolgreich gemeistert hätten. Am Ende des Telefonats sagte er noch – und wirkte dabei wie ausgewechselt –, daß er mir die Hand drücke.«

Kohls Erwartung, der »Vertrag über die abschließenden Regelungen in bezug auf Deutschland« – so der Name des Dokuments, mit dem die Zwei-plus-Vier-Gespräche am 12. Septem-

ber in Moskau ihren Abschluß finden sollen – sei nunmehr
unter Dach und Fach, erweist sich jedoch als verfrüht. Völlig
überraschend erklärt am 11. September in Moskau der britische
Außenminister Douglas Hurd im Kreise einiger seiner Amts-
kollegen, daß er das Dokument nicht unterschreiben werde.
Seine Begründung lautet: Man wisse nicht, wie lange Gorbatschow sich halten könne; deswegen halte es die Regierung Ihrer Majestät für unabdingbar, nach dem Abzug der Sowjetstreit-
kräfte NATO-Manöver auf dem jetzigen Territorium der DDR
abhalten zu können. Lange nach Mitternacht klingelt Genscher
daraufhin Baker aus dem Schlaf. In dessen Residenz kommt es
zu einer nächtlichen Krisensitzung. Der US-Außenminister
verspricht Hilfe. Am folgenden Morgen gewinnt Genscher
auch Dumas. Beide bedrängen Hurd, woraufhin der Brite –
nach einigen Rücksprachen mit London – einlenkt.

Kurze Zeit später setzen Schewardnadse, Baker, Dumas,
Hurd, Genscher und de Maizière in Gegenwart Gorbatschows
ihre Unterschrift unter den Vertrag, mit dem Deutschland am
3. Oktober seine volle Souveränität zurückerlangen wird. Das
Dokument hat zehn Artikel. Entscheidend ist Artikel 7. Dort
heißt es: »Die Französische Republik, das Vereinigte König-
reich Großbritannien und Nordirland, die Union der Sozialistischen Sowjetrepubliken und die Vereinigten Staaten von Amerika beenden hiermit ihre Rechte in bezug auf Berlin und
Deutschland als Ganzes. Als Ergebnis werden die entsprechenden, damit zusammenhängenden vierseitigen Vereinbarungen,
Beschlüsse und Praktiken beendet und alle entsprechenden
Einrichtungen der Vier Mächte aufgelöst. Das vereinigte
Deutschland hat demgemäß volle Souveränität über seine inneren und äußeren Angelegenheiten.«

Am Tag darauf paraphieren Genscher und Schewardnadse
in Moskau den Vertrag zwischen der Bundesrepublik und der
Sowjetunion über gute Nachbarschaft, Partnerschaft und Zu-

sammenarbeit. Auch die übrigen drei Verträge mit der Sowjetunion sind unterschriftsreif und sollen alsbald paraphiert werden. »Mit dem abschließenden Dokument der Zwei-plus-Vier-Gespräche und den bilateralen Verträgen hatten wir alle vertraglichen Voraussetzungen für die deutsche Einheit unter Dach und Fach. Außerdem hatten wir – ein gutes Jahr nach meinem Gespräch mit Gorbatschow im Garten des Bonner Kanzleramtes – unsere Beziehungen zur Sowjetunion auf eine neue, in die Zukunft weisende Grundlage gestellt«, resümiert der Kanzler.

An die Adresse all jener gewandt, die ihm damals und noch heute vorwerfen, er sei auf dem Weg zur staatlichen Einheit Deutschlands zu schnell vorangegangen, sagt Kohl: »Solange nicht alles unter Dach und Fach war, mußte ich in jenen Wochen und Monaten befürchten, daß die Reformgegner Gorbatschow dazu zwingen würden, seinen deutschlandpolitischen Kurs zu ändern. Selbst nach dem Parteitag der KPdSU, aus dem Michail Gorbatschow im Juli gestärkt hervorgegangen war, war seine Position nicht sicher genug – angesichts der Vielzahl von Problemen, mit denen er konfrontiert war und für die man ihn als ersten Mann der Sowjetunion verantwortlich machte. Eines seiner ganz großen Probleme war die sich ständig verschlechternde wirtschaftliche Lage. Hinzu kam das Nationalitätenproblem. Der Konflikt um Litauen, das seine Unabhängigkeit ausgerufen hatte, die Moskau nicht hinnehmen wollte, schwelte damals ja weiter. Zwar war es uns gelungen zu verhindern, daß sich die Situation verschärfte. Dennoch konnte der Konflikt jederzeit eskalieren, was ja dann auch im Januar 1991 geschah.

Der enorme Druck, der auf Gorbatschow lastete, erklärt für mich das Zustandekommen der unerquicklichen Telefongespräche vom 7. und 10. September, aber auch eines Schreibens, das Botschafter Terechow am 26. September im Kanzleramt übergab. Gorbatschow schrieb darin in ungewöhnlich harschem Ton, daß die strafrechtliche Verfolgung der SED-Führung, der Spione des Staatssicherheitsdienstes und all der anderen, die Seite an Seite mit Moskau für die Sache des Kommunismus gekämpft hätten, zu unterbleiben habe. In seinen Augen – so Gorbatschow – solle damit der ehemalige Gegner ›im Geiste eines primitiven Antikommunismus‹ gezwungen werden, ›den bitteren Kelch bis zur Neige zu leeren‹. Habe man erst einen Täter, so werde sich schon ein passender Paragraph finden. Im übrigen lasse sich aus Archiven auf Wunsch alles mögliche herausfinden. Die offene oder gar verborgene Propagierung eines Antikommunismus sei nicht mit den Prinzipien der guten Nachbarschaft zu vereinbaren. Gorbatschow sprach von ›kaltem Krieg‹ an der ›innerdeutschen Front‹ und sogar von einer ›Hexenjagd‹.

Der Brief war in Ton und Stil ein erstaunliches Dokument. Wir schlossen damals nicht aus, daß Reformgegner im KGB oder die ›alten Genossen‹ in der KPdSU den Entwurf geliefert hatten. Manches sprach aber auch dafür, daß es Gorbatschow selbst gewesen war, der das Schreiben formuliert hatte. Wie dem auch gewesen sein mag, es bedeutete eine inakzeptable Einmischung in die inneren Angelegenheiten der Bundesrepublik Deutschland. Gorbatschow berief sich auf unser Gespräch von Archys und schrieb von jenem Schlußstrich, den wir unter die Vergangenheit ziehen wollten; damit war freilich zu keinem Zeitpunkt gemeint gewesen, die historische Wirklichkeit einfach unter den Teppich zu kehren.

Immer wieder hatten wir doch darin übereingestimmt, daß wir aus der Geschichte lernen müßten, um die Fehler von gestern nicht zu wiederholen. Aus diesem Grund, so hatte er mir mehrmals gesagt, wolle er die Verbrechen der Stalin-Zeit schonungslos offenlegen. Nichts anderes sollte im vereinten Deutschland im Hinblick auf das von der SED begangene Unrecht geschehen. Von einer ›Hexenjagd‹ konnte keine Rede sein, denn zur Rechenschaft gezogen wurde ja nur der, der eine Straftat begangen hatte, die noch nicht verjährt war.

Wie richtig es war, im Schnellschritt der Einheit unseres Vaterlandes entgegenzustreben, zeigte sich angesichts des Konflikts um Kuweit, über den ich mich am 15. September in Ludwigshafen ausführlich mit Jim Baker und Vernon Walters unterhielt. Dieser Konflikt wäre sicherlich nicht ohne negative Rückwirkungen auf den Wiedervereinigungsprozeß geblieben, wenn wir die Einheit zu diesem Zeitpunkt nicht schon so weit vorangetrieben hätten.«

Über die Lage am Golf spricht der Kanzler auch mit Mitterrand, mit dem er am späten Nachmittag des 17. September zu deutsch-französischen Konsultationen in der Münchner Residenz zusammentrifft. Der Staatspräsident ist bester Laune und sichtlich bemüht, die Verstimmungen der ersten Monate des Jahres vergessen zu machen. Und auch Kohl ist entspannt, obwohl er wieder auf Wahlkampftour durch die Noch-DDR unterwegs ist. Zwölf Auftritte sind bis zu den Wahlen in den fünf neuen Ländern am 14. Oktober geplant. Er weiß nun sicher: Nichts wird verhindern können, daß Deutschland zu diesem Zeitpunkt schon elf Tage wiedervereint sein wird.

Bei den Gesprächen mit dem französischen Staatspräsidenten geht es auch um Fragen der europäischen Integration und des Verbleibs französischer Truppen in Deutschland. Man kommt ferner auf die Situation in der Sowjetunion zu sprechen, über die man beunruhigt ist. Der Kanzler berichtet von seinem letzten Telefonat mit dem amerikanischen Präsidenten, dessen Augenmerk ganz auf den Nahen Osten gerichtet sei. Bush habe gesagt, daß die Vereinigten Staaten gerade dabei seien, ihre Position gegenüber der Sowjetunion zu verändern, was Finanzhilfen angehe. Sie hätten, gerade auch im Lichte der Golfkrise, erkannt, wie nützlich es sein könne, von der Sowjetunion mit einer konstruktiven Haltung unterstützt zu werden. Bush könne jedoch eine entsprechende Entscheidung erst nach den Kongreßwahlen im November herbeiführen.

Am Abend sitzen Mitterrand und Kohl im Cuvilliés-Theater, in das die bayerische Staatsregierung zu einer Aufführung von »Figaros Hochzeit« eingeladen hat. Beim festlichen Diner im Antiquarium der Residenz würdigt der Staatspräsident in einer improvisierten Ansprache die deutsch-französischen Beziehungen. »Mit dem ihm eigenen Pathos«, so Kohl, »sprach er die bevorstehende Einheit an. Die Franzosen hätten das Gefühl, den Weg dorthin mit ihren deutschen Freunden und Nachbarn zusammen gegangen zu sein. François Mitterrand beschwor unsere Vision von dem einen Europa und hob hervor, daß unsere beiden Länder weiterhin Motor des Einigungswerkes bleiben müßten. Viele der von ihm vorgetragenen Gedanken fanden sich dann auch in unserer gemeinsamen Erklärung wieder.«

Einigkeit und
Recht und Freiheit

Von allen Seiten strömen die Menschen auf den Platz der Republik vor dem Berliner Reichstagsgebäude. Es sind schon mehr als hunderttausend, obwohl es noch Stunden dauern wird, ehe um Mitternacht die sechzig Quadratmeter große schwarzrotgoldene Fahne am eigens dafür aufgestellten Mast aufgezogen wird. Sie alle wollen mitfeiern, wollen ihre Verbundenheit mit dem vereinten Deutschland ausdrücken. Sie wollen einmal Kindern und Enkeln aus eigenem Erleben erzählen können, wie es damals in jener Nacht vom 2. auf den 3. Oktober 1990 zugegangen ist, wenn davon in den Geschichtsbüchern zu lesen sein wird.

Weshalb man den Festakt vor dem Reichstagsgebäude hat stattfinden lassen? »Von einem Fenster des Westportals«, so Kohl, »hat der Sozialdemokrat Scheidemann im November 1918 die erste deutsche Republik ausgerufen. Ihr Ende symbolisierten die Flammen, die im Februar 1933 aus der Kuppel des Gebäudes schlugen. Nach dem Ende des Zweiten Weltkriegs hißten die Sowjets auf der Ruine die Rote Fahne und leiteten damit die Teilung Deutschlands und Europas ein. Welch einen geeigneteren Ort hätte es also geben können, um fünfundvierzig Jahre später die Überwindung dieser Teilung und den Beginn einer neuen, hoffentlich friedlicheren Ära zu begehen?«

Vorne an der Absperrung, gut vierzig Meter vom Hauptportal des Reichstagsgebäudes entfernt, drängen sich bereits die Menschen. Hinten, wo noch mehr Platz ist, tanzen junge Frauen mit schwarzrotgoldenen Bändern im Haar zur Volksmusik, die aus großen Lautsprechertürmen über den Platz schallt. Das Bild der Sänger, die zur gleichen Zeit auf dem sagenumwobenen Brocken im Harz »Kein schöner Land in dieser Zeit« oder »Die Gedanken sind frei« anstimmen, wird auf riesigen Videowänden eingespielt. Als der Moderator sagt, daß es mit dem Spuk derer, die diese Gedanken mit gewaltigen technischen Anlagen vom Brocken aus ausgehorcht hätten, ein für allemal vorbei sei, kommt erster Jubel auf.

Der Bundeskanzler und seine Ehefrau, Mitstreiter aus Kanzleramt und Partei, Minister und Repräsentanten der Opposition haben sich derweil im nahen Schauspielhaus am Platz der Akademie versammelt. Dort findet der allerletzte Staatsakt der DDR statt, zu dem Ministerpräsident de Maizière geladen hat. Kurt Masur dirigiert das Leipziger Gewandhaus-Orchester. Gespielt wird Beethovens Neunte Symphonie. Als der Chor Schillers »Ode an die Freude« anstimmt, als das »Freude schöner Götterfunken« den klassizistischen Bau erfüllt, kämpfen nicht wenige mit den Tränen.

Kohl steht noch tief unter dem Eindruck des erst wenige Stunden zuvor in Hamburg zu Ende gegangenen Vereinigungsparteitags der CDU. Am Vormittag des 1. Oktober hat er im Congress-Centrum zunächst den 38. Bundesparteitag eröffnet, hat die Delegierten aus den fünf neuen Ländern und aus Ost-Berlin noch als Gäste begrüßt. Nach der Wahl des Tagungspräsidiums und nach Abgabe der obligatorischen Berichte ist über die für die Durchführung des Vereinigungsparteitags erforderlichen Anträge zur Änderung des Statuts der CDU Deutschlands beraten und abgestimmt worden. Mit überwältigender Mehrheit machen die Delegierten den Weg frei für die vereinte CDU Deutschlands. Nach nur einer guten Stunde schließt der Bundesvorsitzende den 38. Bundesparteitag und beruft für den frühen Nachmittag den ersten Parteitag der wiedervereinten CDU Deutschlands ein.

»In meiner Eröffnungsansprache« – so der Kanzler – »spannte ich den geschichtlichen Bogen von der Gründung der CDU bis in die Gegenwart am Beispiel bedeutender Gründerpersönlichkeiten wie Andreas Hermes und Jakob Kaiser. Ich erinnerte an all jene aus unseren Reihen, die brauner und roter Gewaltherrschaft zum Opfer fielen. Ihre Visionen seien nicht zuletzt dank der Politik der CDU Wirklichkeit geworden, sagte ich und nannte die Namen meiner Vorgänger im Amt des Parteivorsitzenden, Konrad Adenauer, Ludwig Erhard, Kurt Georg Kiesinger und Rainer Barzel, die alle an der Verwirklichung unseres großen Zieles gearbeitet hätten. Dann widmeten wir unseren Toten ein stilles Gebet.«

Der nächste Tagesordnungspunkt sei ihm unter die Haut gegangen, berichtet der Kanzler und meint damit die Beitrittserklärungen der CDU-Landesverbände. Der Vorsitzende des Tagungspräsidiums ruft als ersten den brandenburgischen Landesverband auf. Karl-Heinz Kretschmer tritt ans Mikrofon, erklärt feierlich den Beitritt und appelliert an die Bundespartei: »Helfen Sie uns, die Hinterlassenschaft des Sozialismus zu beseitigen!« Nach lang anhaltendem Beifall gratuliert Kohl dem Vertreter des Landesverbandes Brandenburg. CDU-Generalsekretär Rühe heißt ihn und seine Parteifreunde herzlich willkommen. Nacheinander erklären so die CDU-Landesverbände Mecklenburg-Vorpommern, Sachsen-Anhalt, Sachsen und Thüringen ihren Beitritt. Als letzte tritt die Ost-Berliner Delegierte Elke Hoffmann ans Pult und erklärt, daß der Landesverband Ost-Berlin bereits Teil der CDU sei. Schon am 8. September haben sich die elf Kreisverbände des Ostteils mit den zwölf des westlichen Berlin zu einem Landesverband zusammengeschlossen. Die fast tausend Delegierten erheben sich daraufhin von ihren Plätzen und stimmen das Deutschlandlied an.

478 EINIGKEIT UND RECHT UND FREIHEIT

Nach den Reden Kohls und de Maizières, der von der Ost-CDU als »einziger Alternative zur SED« spricht, und einer langen Aussprache mit vielen persönlich gefärbten Redebeiträgen wird der bisherige Bundesvorsitzende mit 943 von 957 gültigen Stimmen in seinem Amt bestätigt. Mit stehenden Ovationen und »Helmut, Helmut«-Sprechchören wird Kohl gefeiert. Zum Stellvertretenden Bundesvorsitzenden wird kurz darauf de Maizière gewählt. In der Mittagszeit des 2. Oktober endet der Vereinigungsparteitag. »Ich war stolz darauf«, sagt Kohl, »daß die CDU als erste demokratische Partei jetzt einen gesamtdeutschen Verband bildete. Das unterstrich auch den Anspruch der Union auf die politische Führung im vereinten Deutschland.«

Kurz darauf sei er mit einigen Ministern und seinen engsten Mitarbeitern auf dem Flughafen Hamburg-Fuhlsbüttel in eine Maschine der Bundesluftwaffe gestiegen. »Man kann es heute schon nicht mehr verstehen. Auch dies war ein besonderer Augenblick. Es war nämlich das erste Mal seit fünfundvierzig Jahren, daß ein deutsches Militärflugzeug von der Bundesrepublik direkt nach Berlin flog. Wir hatten eine Sondergenehmigung der Alliierten, deren Rechte ja erst am 3. Oktober um null Uhr erloschen.«

Am frühen Abend hält der Kanzler über beide Programme des öffentlich-rechtlichen Fernsehens eine Ansprache zum bevorstehenden Tag der deutschen Einheit. In wenigen Stunden werde ein Traum Wirklichkeit, sagt er und spricht von dem glücklichsten Augenblick seines Lebens. Noch einmal lenkt er den Blick zurück auf vierzig Jahre deutscher Teilung, auf die zerrissenen Familien und die Opfer der Mauer. Noch einmal dankt er den Partnern im Westen, »allen voran Präsident George Bush, aber auch den Freunden in Frankreich und Großbritannien«. Er dankt den Reformbewegungen in Mittel-, Ost- und Südosteuropa und hebt die Rolle der Ungarn besonders hervor. Schließlich würdigt er Michail Gorbatschow. Dann sagt

```
Referat 323                          Bonn, den 26. September 1990
MR Harting (2326)
```

Frau PR/BK
(Kopie Herrn AL 2, Herrn Leiter Büro Chef BK)

Betr.: Flug des Herrn Bundeskanzlers von Hamburg nach Berlin-Tempelhof am
2. Oktober 1990 mit einer Maschine der Bundeswehr/Luftwaffe

Inzwischen ist mit den Alliierten abgestimmt, daß der Herr Bundeskanzler für
den vorgesehenen Flug von Hamburg nach Berlin-Tempelhof am 2. Oktober 1990 mit
einer Maschine der Bundeswehr Landrecht erhält, obwohl die Alliierten Vorbe-
haltsrechte formalrechtlich erst ab dem Zeitpunkt der Verwirklichung der
deutschen Einheit am 3. Oktober 1990 suspendiert werden.

Harting

Aktennotiz für den Flug des Bundeskanzlers von Hamburg nach
Berlin am Vorabend der Einheit. Für diesen Flug war eine Sondergenehmigung der Alliierten notwendig.

er: »Daß dieser Tag schon jetzt kommt, ist besonders jenen Deutschen zu verdanken, die mit der Kraft ihrer Freiheitsliebe die SED-Diktatur überwanden. Ihre Friedfertigkeit und ihre Besonnenheit bleiben beispielhaft.«

In seiner Fernsehansprache beschwört Kohl den Geist guter Nachbarschaft und Freundschaft mit den Völkern Europas. Er spricht von Solidarität und guter Nachbarschaft auch im Inneren und gibt seiner Überzeugung Ausdruck, daß die wirtschaftlichen Probleme zu lösen sein werden, »gewiß nicht über Nacht, aber doch in einer überschaubaren Zeit«. Abschließend sagt er: »Über vierzig Jahre SED-Diktatur haben gerade auch in den Herzen der Menschen tiefe Wunden geschlagen. Der Rechtsstaat hat die Aufgabe, Gerechtigkeit und inneren Frieden zu schaffen. Hier stehen wir alle vor einer schwierigen Bewährungsprobe. Schweres Unrecht muß gesühnt werden, doch wir brauchen auch die Kraft zur inneren Aussöhnung. Ich bitte alle Deutschen: Erweisen wir uns der gemeinsamen Freiheit würdig! Der 3. Oktober ist ein Tag der Freude, des Dankes und der Hoffnung. Die junge Generation in Deutschland hat jetzt – wie kaum eine andere Generation vor ihr – alle Chancen auf ein ganzes Leben in Frieden und Freiheit. ... Deutschland ist unser Vaterland, das vereinte Europa ist unsere Zukunft. Gott segne unser deutsches Vaterland.«

Im Schauspielhaus am Platz der Akademie, der bald wieder Gendarmenmarkt heißen wird, ist Schillers »Ode an die Freude« soeben verklungen. De Maizière tritt ans Rednerpult. Er spricht von einem »Abschied ohne Tränen« und mahnt, nach der notwendigen Klärung von Schuld und Unschuld müßten Aussöhnung und Befriedung der Gesellschaft stehen. In einer guten Stunde wird es den Staat, dessen Ministerpräsident er noch ist, nicht mehr geben. »Lothar de Maizière«, erinnert sich Kohl, war sichtlich bewegt, als er seine Rede hielt. Wenn er von einem ›Abschied ohne Tränen‹ sprach, dann brachte er damit zum Ausdruck, daß er der DDR nicht nachtrauerte. Es blieb aber der Abschied, und Lothar de Maizière spürte – wie viele aus seiner Generation – den tiefen Einschnitt, den dieser Augenblick bedeutete. Ich wurde mir dessen bewußt, als wir später im Reichstagsgebäude saßen, draußen die Menschen jubelten und ich ihn aufforderte, mit mir ans Fenster zu kommen. Er winkte nur ab.«

Auf dem Platz der Republik, wohin Beethovens Neunte Symphonie direkt übertragen worden ist, sind es inzwischen eine halbe Million Menschen, die auf den großen Augenblick warten. Eine Bläsergruppe spielt festliche Musik von Brahms, Mendelssohn Bartholdy und anderen. Dann singt der Berliner Konzertchor, der vor dem Westportal des Wallot-Baus Aufstellung genommen hat. Allmählich füllt sich die Tribüne mit den Ehrengästen. »Ich hatte mich mit meiner Frau und einigen unserer Begleiter noch für ein paar Minuten in mein Dienstzimmer begeben«, so Kohl. »Dort stand ich einer ausländischen Journalistin Rede und Antwort. Als wir uns dann auf den Weg zum Westportal machten, wären wir beinahe nicht mehr hingekommen. Es herrschte nämlich ein unvorstellbares Gedränge.« Schließlich bahnen einige Sicherheitsbeamte dem Kanzler und seiner Frau doch noch den Weg. Als Helmut Kohl das Podest betritt, brandet enthusiastischer Beifall auf. »Helmut, Helmut«-Rufe unterbrechen den Chorgesang, unzählige schwarzrotgoldene Fahnen wehen über den Hunderttausenden.

Es ist kurz vor Mitternacht. Vierzehn Mädchen und Jungen aus Berlin schreiten mit dem riesigen Fahnentuch die Treppen des Reichstages herunter. Die begeisterten Menschenmengen durchbrechen die Absperrungen und schieben sich in Richtung Podest vor. Die Zeremonie stockt. Einen Augenblick lang droht die Lage außer Kontrolle zu geraten. Es geht dann doch gut. Die jugendlichen Fahnenträger setzen sich wieder in Richtung Mast in Bewegung, während vom Schöneberger Rathaus herüber der Schlag der Freiheitsglocke ertönt, jener Glokke, die amerikanische Bürger aus Verbundenheit mit den Menschen des freien Teils von Berlin gestiftet haben. Es dauert jetzt nur noch wenige Minuten, bis die Fahne des demokratischen Deutschland gehißt wird, die Farben des Hambacher Festes. Unter dem Jubel der Menschen hebt sich das Tuch aus der Vielzahl der kleineren Fahnen empor. Bundespräsident von Weizsäcker tritt ans Mikrofon und gelobt im Namen aller Deutschen: »In freier Selbstbestimmung wollen wir die Einheit Deutschlands vollenden. Für unsere Aufgaben sind wir uns der Verantwortung vor Gott und den Menschen bewußt. Wir wollen in einem vereinten Europa dem Frieden der Welt dienen.«

Die Bläser und der Chor intonieren das Lied der Deutschen. Hunderttausende stimmen in das »Einigkeit und Recht und Freiheit« mit ein, während der herbstliche Westwind die riesige Fahne oben am Mast erfaßt. Zwischen Brandt, der seine Ergriffenheit nicht verbirgt, und Genscher auf der einen und von Weizsäcker sowie de Maizière auf der anderen Seite stehen der Kanzler und seine Frau. »Es gibt Momente im menschlichen Leben«, so Helmut Kohl im Rückblick, »da zieht die eigene Vergangenheit vor dem inneren Auge wie im Zeitraffer vorbei. Mir ging es damals ebenso. Ich sah die Bilder des zerbombten Ludwigshafen, die Freunde im Gesprächskreis von Johannes Finck. Voller Dankbarkeit sah ich die vielen Lehrmeister, Weggefährten und Kameraden, mit denen ich in den vergangenen Jahrzehnten für Einheit und Freiheit gekämpft hatte. Noch einmal passierten die schweren Entscheidungen Revue, die ich in all den Jahren zu treffen hatte.

Und ich ›erlebte‹ noch einmal die Stationen auf dem Weg zur Einheit unseres Vaterlandes – meine Gespräche in Schloß Gymnich mit der ungarischen Führung, die Nachricht vom Fall der Berliner Mauer, die mich in Warschau erreichte, den großartigen Empfang, den man mir in Dresden bereitete, meine Treffen mit George Bush, Michail Gorbatschow und François Mitterrand.

Mir ging in diesem Augenblick vor dem Berliner Reichstagsgebäude durch den Kopf, daß alles auch hätte anders kommen können. Als wir uns im Herbst 1989 auf den Weg zur Einheit machten, war dies wie vor der Durchquerung eines Hochmoores: Wir standen knietief im Wasser, Nebel behinderte die Sicht, und wir wußten nur, daß es irgendwo einen festen Pfad gab. Wo er genau verlief, wußten wir nicht. Wir tasteten uns Schritt für Schritt vor und kamen wohlbehalten auf der anderen Seite an. Ohne Gottes Hilfe hätten wir es wohl nicht geschafft«, sagt der Kanzler nachdenklich und fügt hinzu: »Bei alldem war ich mir freilich auch bewußt, daß wir erst den einen Teil unserer Vision, mit der wir nach dem Krieg angetreten waren, verwirklicht hatten. Vor uns lag und liegt auch heute noch die Vollendung des anderen Teils: die Einigung Europas.«

PERSONENREGISTER

Achromejew, Sergej 394
Ackermann, Eduard 60, 71, 75, 109,
 126f., 129f., 213, 216, 288, 373
Adam, Theo 222
Adameč, Ladislav 95f.
Adenauer, Konrad 10f., 15–18, 28, 32,
 119, 130, 146, 177, 197, 228, 242f.,
 274, 302, 319, 342, 346, 373, 382,
 445, 477
Albertz, Heinrich 182
Albrecht, Ernst 75, 374, 454
Andreotti, Giulio 190, 197, 416
Andropow, Juri 54, 278f.
Attali, Jacques 298
Augstein, Rudolf 445
Axen, Hermann 112
Axmann, Arthur 46

Bahr, Egon 18
Baker, James 264, 267, 269, 273f.,
 304f., 307ff., 311, 363–366, 378,
 393, 395f., 400, 419, 469, 472
Bangemann, Martin 109
Bartoszewski, Wladyslaw 404
Barzel, Rainer 19, 477
Bebel, August 202
Becher, Johannes R. 451
Beethoven, Ludwig van 476, 481
Berghofer, Wolfgang 214
Bergmann-Pohl, Sabine 347
Bergsdorf, Wolfgang 37, 213
Biedenkopf, Kurt 75
Bielecki, Jan 324
Bisky, Lothar 210
Bismarck, Otto Fürst von 239, 356,
 422
Bitterlich, Joachim 159, 407

Blackwill, William 305
Blech, Klaus 269, 426
Blücher, Gebhard Leberecht 405
Blüm, Norbert 213, 288
Bohley, Bärbel 96
Böhme, Ibrahim 294, 321, 348, 351
Bondarenko, Alexander 275f.
Bonhoeffer, Dietrich 180
Bötsch, Wolfgang 461
Brandt, Willy 18, 20f., 27, 38, 130,
 136f., 202, 207, 225, 243, 272, 276,
 324, 347, 374, 445, 456, 482
Brehme, Andreas 414
Breschnew, Leonid 58, 171, 276, 280,
 379, 428
Breuel, Birgit 386
Bronfman, Edgar 244
Bush, Barbara 49, 304f., 308
Bush, George 7, 10, 36, 49, 87, 104f.,
 138, 144, 157f., 166, 171f., 176f.,
 185–189, 191f., 265ff., 297f., 304 bis
 312, 322, 329f., 337f., 344, 355, 364,
 377–381, 388–391, 393–396, 400f.,
 411, 415–418, 427, 472, 478, 483

Carstens, Karl 76
Castro, Fidel 416
Ceauşescu, Nicolae 72, 192f.
Churchill, Winston 196
Chruschtschow, Nikita 17, 379
Conrad, Bernt 173
Czaja, Herbert 403
Czok, Dietmar 206

Däubler-Gmelin, Herta 460
Delors, Jacques 201, 298, 359f., 416f.
Delp, Alfred 146

PERSONENREGISTER 485

Dienstbier, Jiři 192, 343
Diepgen, Eberhard 131, 135, 284, 320 f.
Diestel, Peter Michael 286, 288 f., 315, 352
Dregger, Alfred 77, 289, 461
Dreher, Klaus 173
Duisberg, Claus-Jürgen 159
Dulles, John Foster 177
Dumas, Roland 184, 198, 312 f., 400, 469

Ebeling, Hans-Wilhelm 286, 288 f., 316, 337, 352
Eberlein, Werner 246
Eisel, Stephan 70, 314
Elizabeth II. 340, 413
Engholm, Björn 108, 286
Eppelmann, Rainer 96, 206, 288, 296, 337
Erhard, Ludwig 18 f., 28, 224, 260, 477

Falin, Valentin 256, 275 f.
Feldmeyer, Karl 173
Finck, Johannes 13, 346, 482
Fischer, Oskar 80 f., 244, 246
Flick, Friedrich-Karl 314
Franco, Francisco 348 f.
Fritzenkötter, Andreas 319
Fuecks, Ralf 335
Führer, Christian 96

Galinski, Heinz 148
Galvin, John 394
Gauck, Joachim 464
Gaulle, Charles de 197, 302
Geißler, Heiner 75–80, 87
Genscher, Hans-Dietrich 25, 40, 71 f., 81, 92 ff., 96, 125, 130 f., 175, 180, 184, 191 f., 209 f., 268, 275 f., 278, 282, 292, 297, 305, 346, 369 ff., 381, 398, 400, 412, 414, 421, 426, 432 bis 435, 441, 446 f., 461, 465, 469, 482
Gerassimow, Gennadi 139, 246
Gerlach, Manfred 97, 199, 226, 246
Gerstenmaier, Eugen 146
Giscard d'Estaing, Valéry 153, 302
Goebbels, Joseph 458
González, Felipe 143, 197, 348 f., 360, 419

Gorbatschow, Michail 7, 10, 26, 29, 35, 37, 39–47, 49 ff., 53, 70, 73, 75, 89 ff., 97, 99, 104 ff., 108–112, 115 f., 131 f., 139, 141–145, 149, 155–158, 165 f., 168, 171 ff., 176 f., 183, 186 ff., 190–194, 198 f., 207, 209 ff., 224, 229, 233 f., 253–257, 263 f., 267–277, 279 ff., 297, 299, 305, 307, 310 ff., 322 f., 338 ff., 343, 353, 356 f., 364 bis 368, 377 ff., 381, 388–391, 394–399, 401, 407 f., 411, 414–418, 420–437, 440, 443, 446, 465–471, 478, 483
Gorbatschowa, Irina 433
Gorbatschowa, Raissa 39, 49, 304, 429
Götting, Gerald 97, 112
Gradl, Johann Baptist 10, 204 f.
Graf, Willi 54 f.
Grass, Günter 261
Gremitskich, Juri 256
Gromyko, Andrej 23, 278
Gueffroy, Chris 58
Gysi, Gregor 211, 237, 284

Hager, Kurt 112
Haller, Gert 426
Hanz, Martin 160
Hartmann, Peter 159, 407
Haughey, Charles 197, 358, 360
Haussmann, Helmut 213, 295, 415, 468
Havel, Václav 192, 230
Heisig, Bernhard 222
Hempel, Johannes 223
Heraklit 424
Herles, Wolfgang 174
Hermes, Andreas 146, 477
Herrhausen, Alfred 177–180, 227
Herrhausen, Traudl 179
Herzog, Roman 351
Heuss, Theodor 243
Heym, Stefan 182
Hitler, Adolf 45 f., 56, 146, 338, 364, 403, 432, 458
Hoffmann, Elke 477
Hoffmann von Fallersleben 451
Hohenfellner, Rudolf 79
Homann, Heinrich 112
Hommen, Wilfried 174
Honecker, Erich 22, 24 f., 28, 31 ff., 37, 39, 41 f., 53–58, 60–63, 68, 72,

486 PERSONENREGISTER

81, 90, 92, 95, 97 ff., 101, 106 f., 111,
114, 136, 143, 148, 199, 207, 237,
246, 251, 272, 327
Honecker, Margot 42, 111, 251
Horn, Gyula 65, 68, 71, 75, 80 f.
Horváth, István 71, 80, 209
Hurd, Douglas 400, 469
Husák, Gustav 192

Iliescu, Ion 193

Jakowlew, Alexander 276, 279
Jarowinski, Werner 246
Jaruzelski, Wojciech 25, 49, 129,
144 f., 322, 324
Jelzin, Boris 423
Johannes XXIII. 344
Joskowicz, Menachem 147
Jünger, Ernst 237
Jungk, Robert 182

Kaestner, Uwe 159, 276, 281, 308, 407
Kaifu, Toshiki 417
Kaiser, Jakob 13 f., 346, 477
Kaminsky, Horst 262
Kass, Rüdiger 159
Kastrup, Dieter 426
Kempski, Hans Ulrich 319
Kennedy, John F. 392
Kenntemich, Wolfgang 173
Keßler, Heinz 246
Kiechle, Ignaz 281
Kiesinger, Kurt Georg 18 f., 28, 477
Kinkel, Klaus 354
Kirchner, Martin 206, 288, 315 f.
Kishon, Ephraim 243
Klein, Hans (Johnny) 126, 213, 421,
426 f., 433
Klemm, Peter 354
Klier, Freya 96
Kohl, Hannelore 37, 160, 209, 304 f.,
314, 320, 481 f.
Kohl, Walter 46
Kopper, Hilmar 378
Kotschemassow, Wjatscheslaw 246
Kovacs, Laszlo 80
Kowaljow, Sergej 276
Krack, Erhard 223, 246
Krause, Günther 354, 449, 451, 453,
464 f.

Krenz, Egon 107–117, 139–143, 148,
154 ff., 186, 199, 215, 246
Kretschmer, Karl-Heinz 477
Krolikowski, Werner 62
Krone, Heinrich 10
Kurpakow, Iwan 426
Kwizinski, Juli 131, 211, 256, 276, 280,
339 f., 356 f., 366, 368, 378, 426, 465

Lafontaine, Oskar 102, 108, 180, 202,
260 f., 286, 291, 327, 329, 347, 373,
454, 460
Lambeck, Martin S. 174
Lambsdorff, Otto Graf 156, 174, 180,
335, 461
Landsbergis, Vytautas 357, 367
Lenin, Wladimir Iljitsch 36, 432
Liebknecht, Wilhelm 202
Ligatschow, Jegor 89, 423
Lorenz, Peter 224
Lubbers, Ruud 197
Ludewig, Johannes 319, 382
Lukaschek, Hans 146
Luther, Martin 316

Maizière, Lothar de 148, 283 ff.,
288 f., 316, 337, 347, 352–355, 366,
375 f., 382, 400, 409, 449–454, 456 bis
459, 462, 469, 476, 478, 480 ff.
Maizière, Thomas de 284
Maizière, Ulrich de 283
Masur, Kurt 476
Mattheuer, Wolfgang 222
Mazowiecki, Tadeusz 35, 119, 121 ff.,
125 f., 129, 147, 312, 322, 324, 337 f.,
446 f.
Meckel, Markus 366, 399 f., 457
Medwedjew, Wladimir 428
Mendelssohn Bartholdy, Felix 481
Mertes, Michael 159 f.
Michelis, Gianni de 183
Mielke, Erich 89, 107, 112
Mischnick, Wolfgang 329, 461
Mittag, Günter 53
Mitterrand, François 7, 27, 36, 112 f.,
138 f., 144, 149 f., 156 f., 184, 197 bis
201, 226, 230–237, 263 f., 298–302,
310, 312 f., 322, 324–327, 343, 357 f.,
367, 388, 401, 404 f., 408 f., 411,
415–418, 443, 472 f., 483

PERSONENREGISTER 487

Mitterrand, Danièle 232, 237
Möbius, Walter 79
Mock, Alois 65
Modrow, Hans 98, 114, 140, 148f.,
 154, 156, 159, 163, 181ff., 192, 206,
 210f., 213–216, 223, 246–251,
 253–258, 263, 270, 283, 285, 288,
 294ff., 347, 386
Moltke, Helmuth James Graf von
 123, 146
Momper, Walter 108, 129ff., 135f.,
 149, 223, 286, 456
Moore, Henry 363
Moskowski, Juri 378
Müller, Konrad 232
Mulroney, Brian 318, 416
Mützelburg, Bernd 94

Nagy, Imre 35
Napoleon I. Bonaparte 62, 405
Németh, Miklós 67, 70–75, 80, 83,
 89, 155, 207ff.
Neuer, Walter 60, 126, 213f., 268,
 298, 426, 452
Neumann, Bernd 290, 320f.
Neusel, Hans 464
Nier, Kurt 60f.
Noriega, Manuel 309
Nossol, Alfons 121, 123, 147

Oesterle-Schwerin, Jutta 175
Ost, Friedhelm 37, 290

Pawlow, Walentin 426
Pflugbeil, Sebastian 295
Platzeck, Matthias 295f.
Poher, Alain 184
Pöhl, Karl-Otto 262f.
Pollack, Peter 457
Poppe, Gerd 295
Popper, Karl Raimund 9
Portugalow, Nikolai 156
Prill, Norbert 159
Prunskiene, Kazimiera 379

Ramstetter, Gebrüder 160
Rau, Johannes 295, 460
Reagan, Ronald 29, 49, 104, 185, 201,
 224, 279, 392f.
Reichenbach, Klaus 449

Reuter, Ernst 456
Ribbentrop, Joachim von 197
Rohwedder, Detlev Carsten 386
Roik, Michael 314, 319f.
Röller, Wolfgang 378
Romberg, Walter 295, 377, 384, 457
Rühe, Volker 76, 87, 207, 283, 285,
 288ff., 293, 320, 477
Ryschkow, Nikolai 378, 427

Schabowski, Günter 107, 126f., 246
Schalck-Golodkowski, Alexander
 108, 116, 186, 215
Schäuble, Wolfgang 108, 116f., 179,
 283f., 336, 449ff., 454–458, 461,
 464f.
Scheel, Walter 18, 225
Scheidemann, Philipp 458, 475
Schell, Maximilian 230
Schewardnadse, Eduard 92, 149, 183,
 264, 268, 270, 275, 307, 312, 343,
 364, 366–370, 378, 398ff., 422, 426,
 433, 435, 440, 465, 467, 469
Schiller, Friedrich von 476, 480
Schleyer, Hanns-Martin 179
Schmidt, Helmut 24–27, 137, 302,
 382
Schmude, Jürgen 32
Schnur, Wolfgang 206, 288f., 316,
 320f., 349
Scholl, Hans 54
Scholl, Sophie 54
Scholz, Rupert 160
Schröder, Richard 351
Schumacher, Karl 314
Schumacher, Kurt 204, 456, 459
Schuman, Robert 120, 231
Schürer, Gerhard 115, 246
Schwarz, Heinz 137
Scowcroft, Brent 305, 308
Seeber, Eckart 37, 223, 319
Seiters, Rudolf 57f., 60f., 71, 92–96,
 108f., 116f., 126f., 140, 154f., 173,
 213f., 258, 260, 287f., 295, 354, 461
Shamir, Yitzhak 241
Silajew, Iwan 176
Sindermann, Horst 55, 246
Sitarjan, Stepan 426
Skubiszewski, Krzysztof 125, 446f.
Sölle, Dorothee 182

488 PERSONENREGISTER

Späth, Lothar 75, 87
Speck, Manfred 94
Springer, Axel 224
Stalin, Josef 15, 17, 45, 56, 145, 301,
305, 338, 364, 379, 403, 415, 422,
432, 471
Stern, Maram 244
Stolpe, Manfred 88, 284
Stomma, Stanislaw 404
Stoph, Willi 20, 107, 113f.
Strauß, Franz Josef 30, 314
Streibl, Max 295
Štrougal, Lubomir 90f.
Sudhoff, Jürgen 68, 94
Suharto, Hadji Mohamed 195
Suñer, Serrano 349
Süssmuth, Rita 75, 80

Talleyrand, Charles Maurice de 62
Teltschik, Horst 60, 71, 104, 130f.,
159, 213, 216, 268, 270, 276, 281,
298, 352, 378, 407, 422, 426, 439, 465
Templin, Lotte 96
Templin, Wolfgang 96
Terechow, Wladislaw 397f., 426, 470
Thatcher, Margaret 7, 138, 144, 149,
184, 190, 196, 306, 310, 322, 340 bis
343, 411, 416
Thierse, Wolfgang 457
Tietmeyer, Hans 354, 382
Tisch, Harry 111
Tökés, László 192
Tomašek, František 90f.
Trump, Ivana 391
Tschapajew, Wassili 430
Tschernenko, Konstantin 278
Tschernjajew, Anatoli 270, 422

Ulbricht, Walter 17, 224

Vogel, Hans-Jochen 32, 108, 118, 130,
286, 321, 335, 460
Vogel, Wolfgang 90
Voigt, Karsten 80, 175
Vollmer, Antje 118

Wagner, Konrad 218
Waigel, Theo 295f., 335, 337, 377,
382, 384, 414, 421, 426, 428, 433,
441, 461, 468
Wallot, Paul 481
Walters, Vernon A. 130, 363, 366, 472
Weber, Juliane 70f., 79, 179, 213, 216,
288
Wehner, Herbert 29
Weidenfeld, Lord George 243
Weiß, Andreas 426
Weizsäcker, Richard von 40, 181, 293,
346f., 414, 482
Wilhelm II. 197
Wilms, Dorothee 213
Wimmer, Willy 284
Wohlrabe, Jürgen 130f., 135
Wolf, Christa 292
Wolf, Markus 112
Wolk, Winfried 206
Wörner, Manfred 188, 190, 380, 411,
413, 423
Wutzke, Oswald 321

Yilin, Yao 100

Zwerenz, Gerhard 182

BILDNACHWEIS

Klemens Beidlich, Bonn 9; J.H. Darchinger, Bonn 27, 54; dpa, Frankfurt/Main 23
(Kumm), 26 (Wieseler), 30, 35; Michael Ebner, Bonn 8; Illustrierte BUNTE/
W. Rabanus, München 38, 39; von Manstein Werbeagentur, Solingen 33; Bundes-
bildstelle, Bonn 1, 7, 15, 17, 18, 19, 21, 24 (Liebe), 28, 31, 32, 34, 36 (Reineke), 37
(Schambeck), 41, 42, 43 (Schaack), 44 (Schaack), 46, 47, 50, 51, 52; Ullstein Bilder-
dienst, Berlin 2, 3, 4 (Simon), 5 (Jüschke), 6, 10, 11, 12, 13 (Werek), 14, 16 (Peters),
20 (Tola), 22, 25, 29, 40, 45, 48 (Engler), 49, 53 (Schneider).